Con Revuela puedes acceder a un entorno de aprendizaje para ver tu libro digital, recursos, contenidos y relacionarte con tus docentes y compañeros.

Entrar en Revuela es muy fácil

Accede a la siguiente web: **smaprendizaje.com**

Si ya tienes un usuario puedes seguir utilizándolo. Si no tienes usuario tendrás que registrarte en el entorno.

Accede con tus datos e introduce el código de licencia que aparece en la página izquierda para activar tu libro.

Si tienes alguna duda, puedes contactar con nosotros a través de la sección de Ayuda desde **smaprendizaje.com**.

Revuela

Esto no es solo un libro de Física y Química, es empezar a definir la inquietud científica que hay en ti

W0409010

4

secundaria

Física y Química

sm

Así aprendes con Revuela

Revuela te ofrece **situaciones de aprendizaje** contextualizadas que vinculan el aprendizaje de la Física y Química con RETOS que tienes que superar. Estos RETOS están conectados con cuestiones que ocurren a nuestro alrededor o en otras partes del planeta, y que nos afectan a todos. Con Revuela:

Colaborarás con tus compañeros.	Organizarás tus ideas y cada vez pensarás mejor.	Actuarás para cuidarte a ti y a los demás, y cuidar del planeta.	Adquirirás destrezas para expresarte con seguridad.	Te darás cuenta de cuál es la mejor manera de aprender.
Aprendizaje cooperativo	**Estrategias de pensamiento**	**Ética del cuidado**	**Habilidades comunicativas**	**Autonomía y autoconocimiento**

Este libro te permite trabajar de distintas maneras:

1 **Por bloques de contenido.** En el orden que tienen las situaciones en el libro.

La materia | El cambio químico | La interacción y el movimiento | La energía

2 **Por contenidos temáticos.** Los saberes básicos se organizan en contenidos temáticos que engloban varias situaciones de aprendizaje.

Así son las **situaciones de aprendizaje** de Revuela:

Empezamos
Conocerás situaciones que serán tu contexto para aprender.

¡Vamos a aprender!
Descubrirás todo lo que necesitas aprender para resolver el reto.

Nuestro reto
Aquí conocerás tu reto. ¿Lo harás solo o con tu equipo?

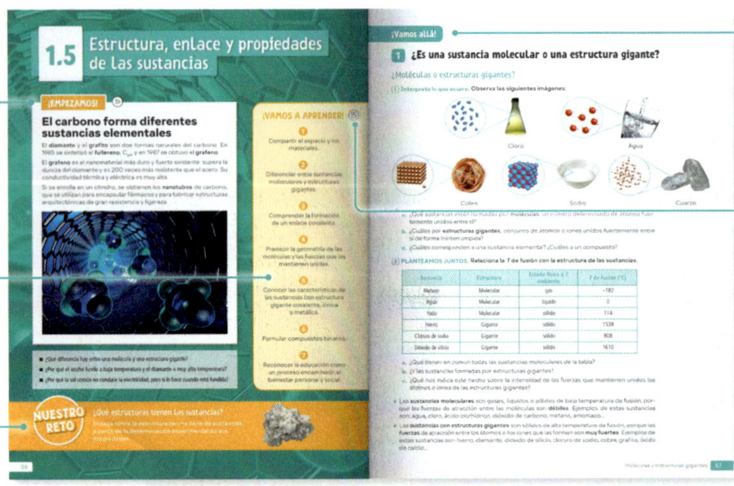

¡Vamos allá!
Aprenderás de forma práctica y competencial, actividad a actividad y sin necesidad de definiciones teóricas.

Encontrarás recursos digitales como vídeos, plantillas e interactivos.

Laboratorio exprés
Sencillas prácticas para realizar en casa o en el aula muy cercanas a tu realidad.

Actividades resueltas
Se intercalan actividades resueltas contextualizadas que facilitan la comprensión de los contenidos.

Interpreta lo que ocurre
Sección para que reconozcas e interpretes la Ciencia que te rodea.

Taller

Prácticas relacionadas con los contenidos de la unidad y desarrolladas paso a paso.

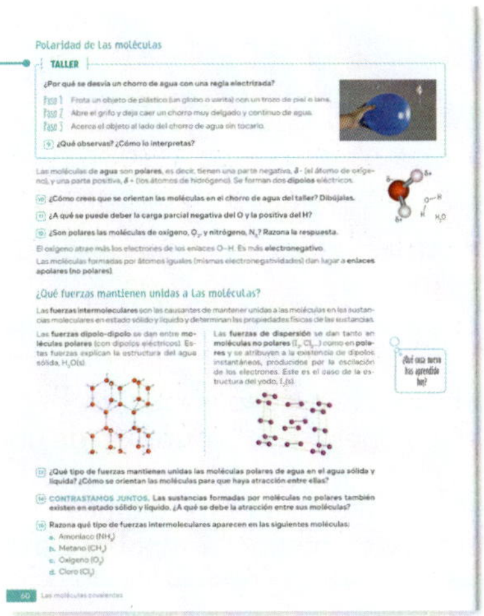

Nuestro reto

Propuestas de trabajo motivador organizados paso a paso con un entregable final.

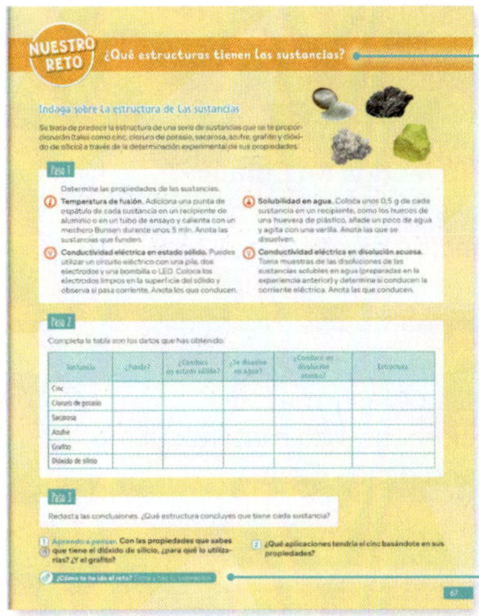

¿Cómo te ha ido el reto?

Con esta escala valorarás cómo has hecho el reto.

En resumen

Puedes consultar los conceptos que has aprendido.

Mapa mental

Actividad que consolida de forma gráfica y estructurada todos los contenidos de la unidad.

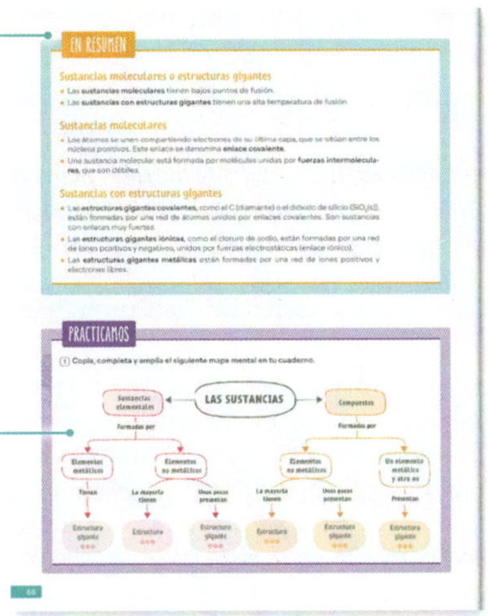

Proyecto de investigación

Propuestas concretas para que el alumnado experimente, analice o investigue abordando la realización de un proyecto científico.

¿Verdad o mentira?

Extractos de cine, literatura o noticias para analizar su veracidad o la falsedad desde el punto de vista científico.

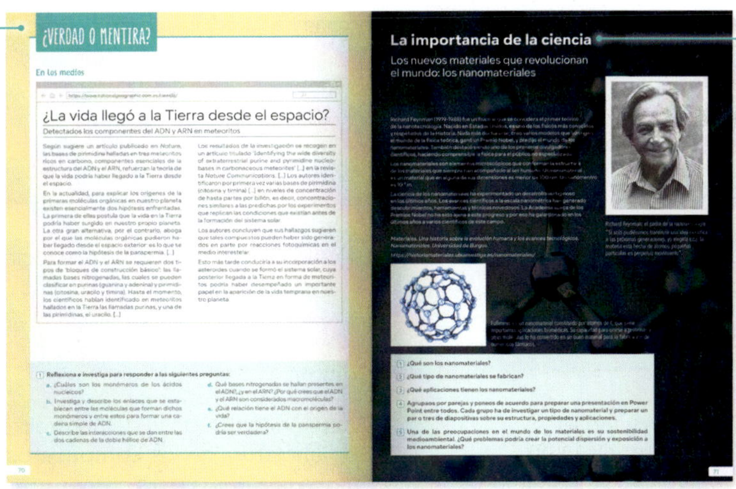

Lo importancia de la Ciencia

Aportaciones a la ciencia de científicas del siglo XXI.

En las páginas de este libro encontrarás estos iconos.
Indican distintos recursos que encontrarás en tu entorno digital.

Materiales

Vídeo | Plantillas | Interactivo | Web

Avance de tu aprendizaje

Metacognición | Autoevaluación

Índice

Bloque 1 LA MATERIA

- **1.1.** ¿Cómo se investiga en química?
- **1.2.** Sustancias y disoluciones
- **1.3.** Modelos atómicos
- **1.4.** Configuración electrónica y tabla periódica
- **1.5.** Estructura, enlace y propiedades de las sustancias
- **1.6.** Compuestos del carbono

1.1 ¿Cómo se investiga en química?

¡EMPEZAMOS!

La química: la ciencia de la materia y el cambio químico

Toda la materia de la Tierra, viva o muerta, vegetal o mineral, y del resto del universo es objeto del estudio de la química. Por ejemplo, la química se interesa por conocer la composición de las estrellas, de las rocas y de los minerales, de los seres vivos, del aire que respiramos, del agua que bebemos, de los alimentos que comemos, de los combustibles que utilizamos. Por otro lado, la química también se ocupa de las propiedades, estructura y métodos de obtención de todos los materiales, sustancias y productos químicos: la cerámica, el vidrio, las aleaciones, los medicamentos, los cosméticos, los fertilizantes, los plásticos, los nanomateriales, etc.

- ¿De qué se ocupa la química?
- ¿Qué fases caracterizan una investigación experimental?
- ¿Qué entendemos por un modelo científico?

¡VAMOS A APRENDER!

1. Prestar atención al profesor cuando la pide.
2. Entender los objetivos de la química.
3. Iniciarnos en la indagación experimental.
4. Argumentar basándonos en pruebas.
5. Explicar a través de modelos científicos.
6. Enfocar las tareas con mentalidad de crecimiento.

NUESTRO RETO

¿Cuánto tarda una pastilla efervescente en disolverse?

Vamos a investigar cómo varía la velocidad de disolución de una pastilla efervescente con la temperatura.

¡Vamos allá!

1 ¿Qué investiga la química?

Sustancias y reacciones químicas

La química se estructura a través de los conceptos fundamentales: **sustancia** y **reacción química**. Los objetivos de la química relacionados con estos dos conceptos son los siguientes:

Sustancia química

Identificar las sustancias a partir de sus propiedades.

Determinar su composición y estructura.

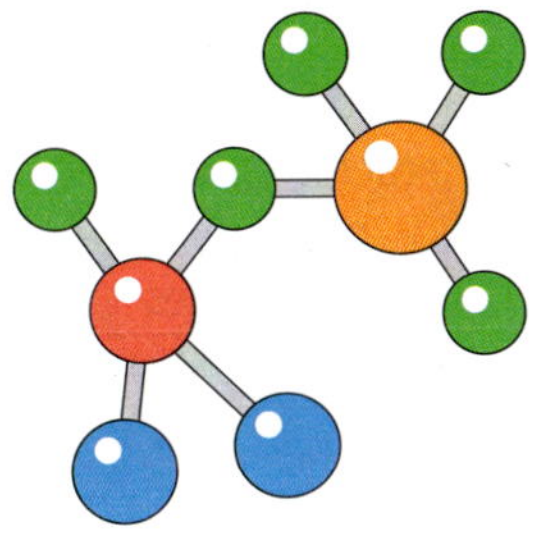

Explicar o predecir sus propiedades a partir de su estructura.

Reacción química

Explicar cómo cambian las sustancias y la energía en esos cambios.

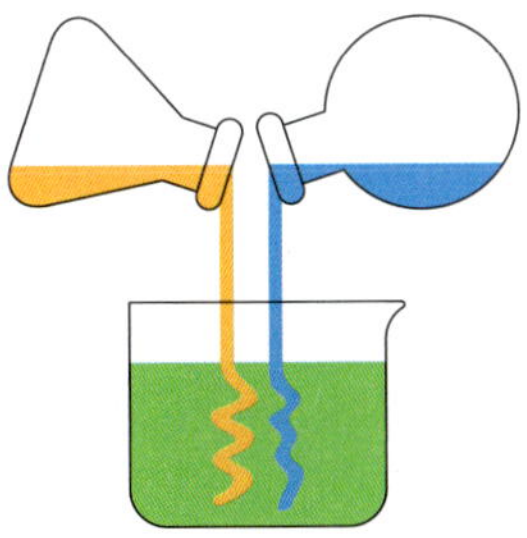

Controlar los cambios químicos que sufren las sustancias.

Sintetizar sustancias químicas.

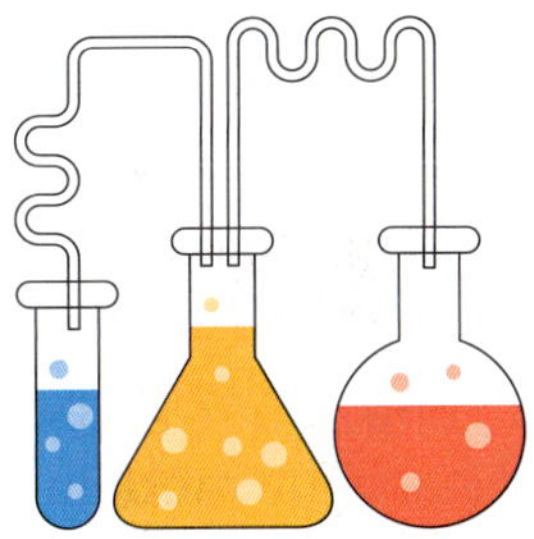

1 **Asocia cada una de estas cuestiones a uno de los objetivos de la química.**

A. ¿Cómo se puede determinar si un líquido transparente es agua?

B. Representa a nivel molecular cómo tiene lugar la fusión del hielo y cómo tiene lugar la reacción de formación del agua.

C. ¿Cómo se puede determinar la composición química del agua?

D. ¿Qué harías para evitar la oxidación de una pieza de hierro?

E. ¿Por qué el agua no conduce la corriente eléctrica?

F. ¿Cómo se puede sintetizar agua en el laboratorio?

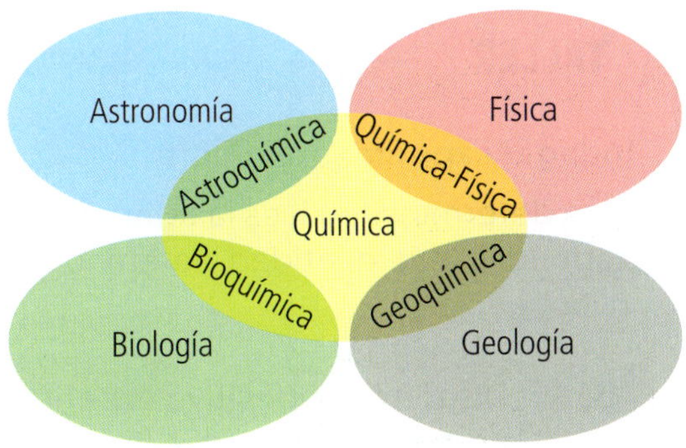

- Completa la tabla y coloca cada uno de los apartados anteriores en el proceso que corresponde.

Describir un proceso experimental	Explicar un hecho (propiedad, cambio químico de las sustancias, etc.)	Representar la composición o la estructura
•••	•••	•••

2 ¿Cómo investigan los científicos?

Prácticas científicas

Los científicos, cuando hacen ciencia, llevan a cabo una serie de **prácticas científicas**. Tres de las más importantes son las siguientes: **investigar** o indagar experimentalmente, **elaborar modelos** (para desarrollar explicaciones) y **argumentar** basándose en pruebas.

Investigar — Hacerse preguntas

- **Indagar experimentalmente**
  - Determinar una propiedad
  - Relacionar dos variables (implica control de variables)
  - Contrastar una hipótesis o una predicción
- **Argumentar**
  - Evaluar afirmaciones o conclusiones de acuerdo con las pruebas experimentales
- **Elaborar un modelo**
  - Representar • Explicar • Predecir

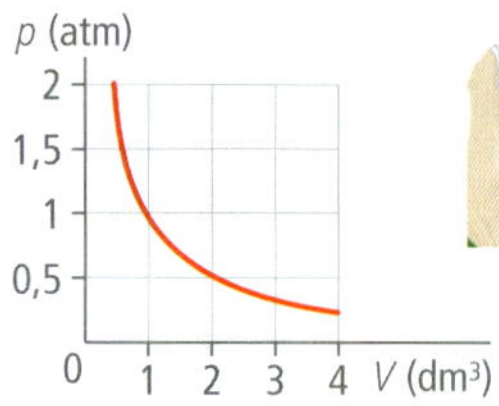

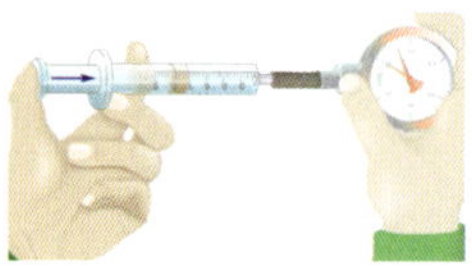

Representación de la presión de un gas.

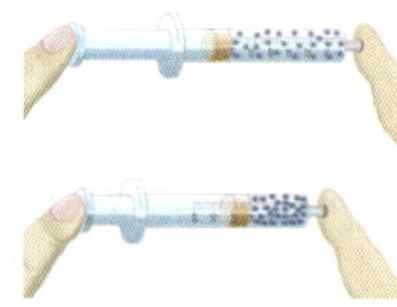

La presión y el volumen de un gas están relacionados.

2 Actividad resuelta

Indica cuál de estas cuestiones crees que requiere una indagación experimental y cuál requiere imaginarse un modelo:

A. **¿Cuál es la solubilidad del azúcar en agua?**

B. **¿Por qué se disuelve más rápido el azúcar en agua caliente que en agua fría?**

Conocer cuál es la solubilidad del azúcar (**A**) requiere una **indagación experimental**, mientras que explicar el proceso de la disolución del azúcar en agua (**B**) requiere imaginarse un **modelo** de cómo tiene lugar este proceso a nivel molecular.

TALLER

Indagar experimentalmente

Para determinar cuál es la temperatura de ebullición del etanol y saber si depende de la cantidad de etanol de la muestra, es preciso hacer una investigación.

Paso 1 Diseña el dispositivo experimental para medir la temperatura de ebullición del etanol. Represéntalo.

Paso 2 Toma una muestra y mide su temperatura de ebullición.

3 ¿Depende la temperatura de ebullición de la cantidad de etanol que usamos?

4 Escribe las conclusiones a las que has llegado.

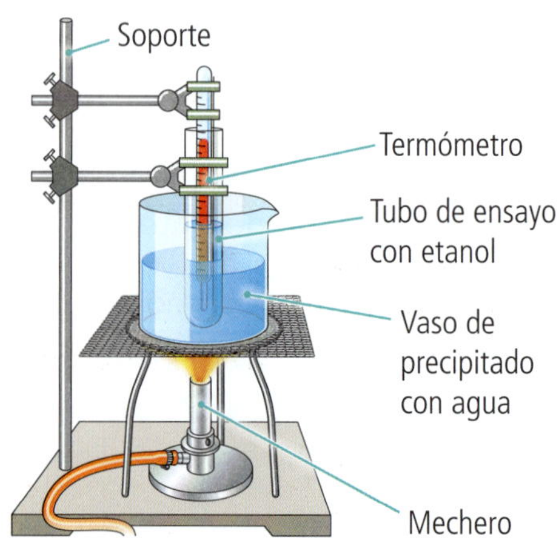

TALLER

Explicar mediante un modelo

Paso 1 Toma una botella de plástico y coloca un globo en su boca, de manera que quede en su interior.

Paso 2 Sopla con fuerza a través de la boca de la botella.

5 **¿Crees que se podrá inflar el globo soplando a través de la boquilla?**

Paso 3 Haz un pequeño orificio en la base de la botella y repite la experiencia de intentar hinchar el globo.

6 **¿Lo consigues ahora?**

Paso 4 Explica por qué, si se hace un agujero en la base, sí se puede inflar el globo. Para ello puedes ayudarte de un modelo que represente las moléculas de gas del aire y que explique por qué ejercen presión sobre las paredes del globo.

7 **¿Por qué aumenta la presión en el globo al introducir más aire?**

Un **modelo** es una **representación** parcial de un sistema con el objetivo de explicar y predecir su comportamiento.

TALLER

Argumentar basándose en pruebas

Si un modelo que representa las moléculas de gas del aire es cierto, tal modelo debe servir para hacer predicciones que se cumplan.

Paso 1 Coloca un globo hinchado dentro de un recipiente al que se le pueda extraer el aire mediante una bomba (un presurizador de pelotas de pádel, por ejemplo).

8 **¿Qué le sucederá al globo al extraer aire del recipiente?**

9 **Justifica tu predicción de acuerdo con el modelo cinético-molecular de los gases.**

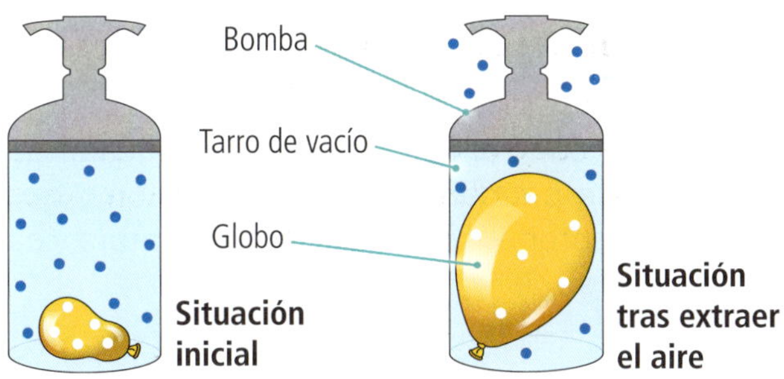

Paso 2 Realiza la experiencia. ¿Qué observas? ¿Se ha cumplido tu predicción?

Argumentar es **evaluar** afirmaciones o conclusiones basándonos en pruebas experimentales.

La argumentación convierte los datos experimentales en pruebas a favor de los modelos o explicaciones que realizamos a través de ellos.

10 **Las siguientes representaciones son modelos de la molécula de agua, que destacan diversos aspectos de esta. ¿Qué aspectos de la molécula están representados? ¿Qué diferencias observas entre los diferentes modelos?**

a 

b 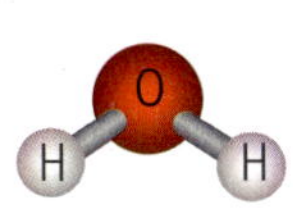

c H_2O

d 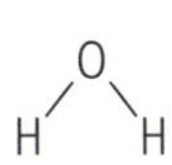

e 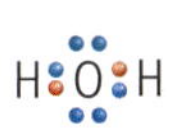

3 ¿Cómo se investiga la relación entre variables?

Variable dependiente, variable independiente y control de variables

TALLER

¿Qué relación existe entre la presión y el volumen de un gas?

Paso 1 Planificación del experimento

- Vas a investigar un sistema gaseoso. Servirá una muestra de aire dentro de una jeringa.

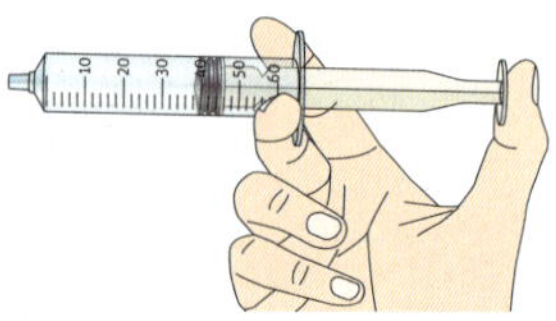

El volumen se mide en la escala graduada de la jeringa.

- Escoge la **variable independiente** (en este caso, el volumen) que se puede cambiar a voluntad e indica cómo medirla.
- Determina cómo medir la **variable dependiente** (en este caso, la presión). Recuerda sumar la presión atmosférica a la presión relativa proporcionada por el manómetro.

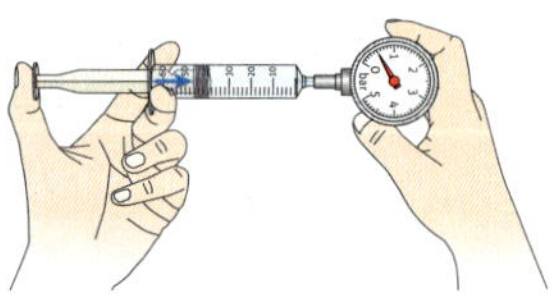

La presión se mide con un manómetro.

- Realiza un **control de variables**: identifica otras variables que puedan influir en la presión y que se han de mantener constantes (temperatura y cantidad de aire).

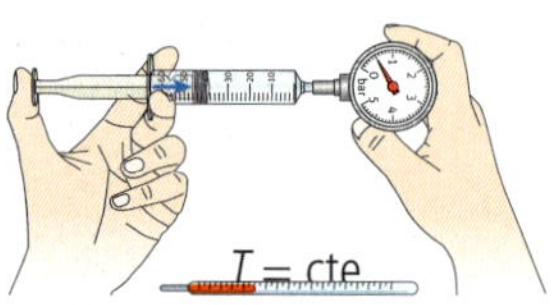

Cantidad de aire constante y T constante.

- Define el **número de medidas** que vas a realizar.

Paso 2 Realización del experimento

- Recoge los datos experimentales en una tabla.

Volumen (cm³)	60	50	40	30	20
Presión (bar)	1,0	1,2	1,5	2,0	3,0

Paso 3 Análisis de los datos

- Representa gráficamente los datos experimentales.
- Trata de obtener la función matemática que relaciona las dos variables.

Paso 4 Conclusión

Se observa que el producto de la presión, p, y del volumen, V, arroja siempre el mismo valor:

$$p \cdot V = \text{constante}$$

Existe, por tanto, una relación inversamente proporcional entre ellos. Por ejemplo, si el volumen se reduce a la mitad, la presión se hace doble.

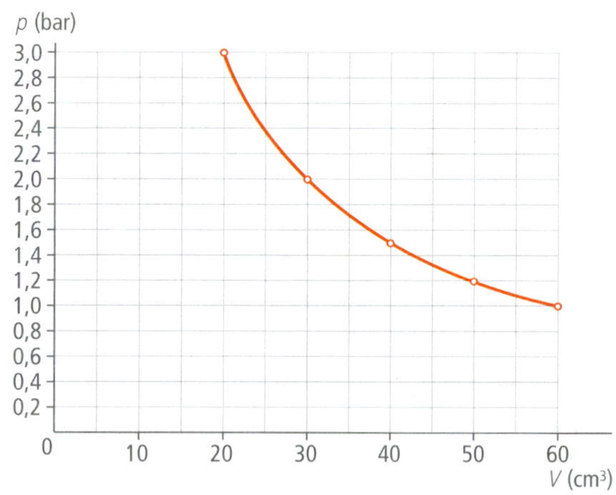

11 **Aprendo a pensar.** ¿Cuáles son las fases a través de las cuales transcurre una indagación experimental?

12 Define los conceptos de variable dependiente, variable independiente y variables de control.

13 Supón que has de investigar cómo varía el volumen de un gas con la temperatura. Especifica cuál es la variable independiente y la variable dependiente, y cuáles son las variables de control. Propón un diseño experimental.

4 ¿Cómo se evalúa una hipótesis basándonos en pruebas?

Hipótesis

TALLER

Interpretar la combustión de una vela

Paso 1 Enciende una vela y describe todo lo que observas.

14 ¿Qué sustancia se quema? ¿En qué estado físico se encuentra esta sustancia?

15 ¿Por qué es preciso encender la vela para que se inicie la combustión?

16 ¿Cuál es la función de la mecha?

Paso 2 Tapa la vela encendida con un vaso.

17 ¿Qué ocurre cuando la vela termina apagándose?

18 Propón una explicación a lo que observas. Enumera los pasos que has seguido y anota tus observaciones y tus conclusiones después de realizar cada uno de ellos.

Paso 3 Coloca la vela encendida en un plato hondo con agua y, a continuación, tápala con un vaso.

19 Propón una explicación a lo que observas.

20 Si durante la combustión de una vela se genera $H_2O(g)$, ¿qué elemento forma parte de la composición de la parafina de la que está hecha esa vela?

21 **CONTRASTAMOS JUNTOS.** Discute y argumenta con tus compañeros las diferentes explicaciones propuestas. Defiende o rechaza cada una de ellas a partir de las observaciones y de tus ideas sobre el cambio que ha tenido lugar y, por último, consensuad una explicación final basada en las pruebas.

Paso 4 Durante la combustión de la vela, observa que el interior del vaso se empaña.

22 ¿Cuál puede ser la causa?

23 Acerca un vidrio frío encima de la llama de una vela. ¿Qué observas? ¿Cómo lo interpretas?

24 Cuando se coloca un vidrio sobre una llama de una vela, se oscurece porque se depositan partículas de carbono. Esto se debe a una combustión incompleta de la parafina. ¿Qué otro elemento forma la parafina?

25 Si la parafina de una vela está formada por carbono e hidrógeno, ¿cuáles son las sustancias que se forman durante su combustión? ¿Qué pruebas tenemos de ello? ¿Qué otras pruebas podríamos intentar obtener?

26 Expresa mediante una ecuación química con palabras la reacción que tiene lugar cuando se quema la parafina de una vela.

5 ¿Cómo se construye un modelo?

El modelo cinético-corpuscular de los gases

LABORATORIO EXPRÉS

Compresión de los gases

Comprime el émbolo de una jeringa mientras mantienes tapado el orificio de salida. Observa que, a medida que se reduce el volumen del aire, cada vez cuesta más esfuerzo seguir reduciéndolo.

27 **Explica asertivamente a tus compañeros por qué sucede esto haciendo uso de la idea que tengas de cómo está formado internamente un gas.**

28 **Según el modelo cinético-corpuscular de los gases, estos están formados por moléculas en constante movimiento. La figura representa la disposición de las partículas del aire que hay en el interior de la jeringa antes de comprimir.**

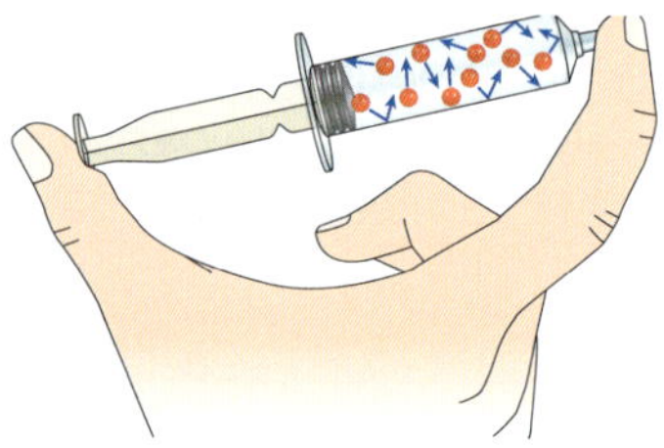

a. ¿Qué crees que representan los pequeños trazos que acompañan a las partículas?
b. Represente las partículas de aire en la jeringa después de comprimirla.

29 **¿Por qué aumenta la presión que ejerce el aire al disminuir su volumen en la jeringa?**

Difusión de los gases

Cuando se abre un frasco de perfume en una esquina de una habitación, el olor se extiende rápidamente por toda la estancia.

30 **Explica y representa cómo llegan las moléculas del perfume a nuestra nariz.**

Dilatación térmica

Conecta un globo a la boca de un erlenmeyer y caliéntalo por su base. Observarás que el globo se hincha.

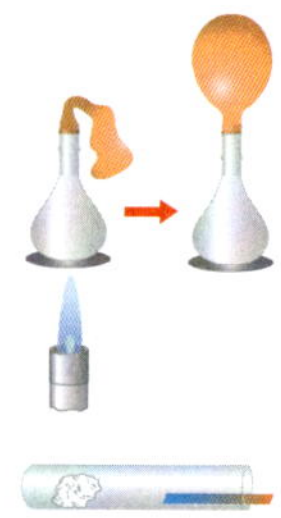

31 **Explica por qué sucede esto.**

32 **Representa las moléculas del aire que hay en el interior del matraz y del globo cuando se comienza a calentar y cuando está hinchado del todo.**

33 **Explica por qué aumenta el volumen del aire contenido en el matraz con el globo al aumentar la temperatura en función del comportamiento de las moléculas.**

Expresión del modelo

Un modelo consta de unas hipótesis explicativas de las propiedades de un sistema y sus cambios.

34 **Resume las hipótesis que constituyen el modelo cinético-molecular de los gases, completando las afirmaciones siguientes:**

a. Las moléculas de un gas se encuentran en constante •••.
b. Las moléculas de un gas chocan entre sí y contra •••.
c. La presión que ejerce un gas se debe a •••.
d. La velocidad media de las moléculas de un gas aumenta cuando •••.

35 **Indica si las siguientes afirmaciones son verdaderas o falsas:**

a. Un modelo representa la realidad tal como es.
b. Los modelos son productos de la mente.
c. Los modelos pueden modificarse a medida que se dispone de nuevos datos.
d. Pueden existir varios modelos para una misma realidad.

NUESTRO RETO

¿Cuánto tarda una pastilla efervescente en disolverse?

Investiga cómo varía el tiempo de disolución de una aspirina efervescente con la temperatura

Una aspirina efervescente se disuelve más rápidamente en agua caliente que en fría. En este reto mediremos cuantitativamente el tiempo de disolución en función de la temperatura.

MATERIALES

- Vaso con agua
- Aspirinas efervescentes
- Termómetro
- Cronómetro

Paso 1

Diseño experimental

Piensa y describe el procedimiento experimental que puedes seguir.

1 ¿Cómo se mide el tiempo de disolución de la pastilla?

2 ¿Cómo se mide la temperatura de la disolución?

3 ¿Cuántas medidas se deben realizar?

4 ¿Qué variables se deben controlar?

Paso 2

Realización de la experiencia

Mide la temperatura del agua antes de dejar caer la pastilla al agua.

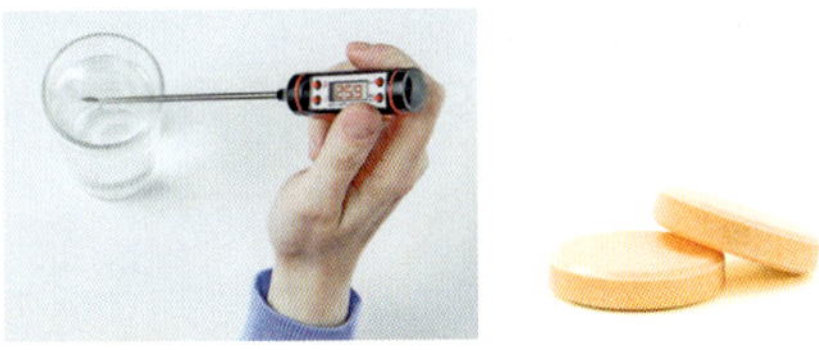

Paso 3

Recopilación de los datos

Recoge los datos de las medidas en una tabla temperatura-tiempo.

Temperatura (°C)	Tiempo de disolución (s)
•••	•••

Paso 4

Tratamiento de los datos

Representa gráficamente los datos, colocando el tiempo en el eje de ordenadas y la temperatura en el eje de abscisas. Realiza la gráfica utilizando primero papel milimetrado y un lápiz, y luego mediante un programa informático.

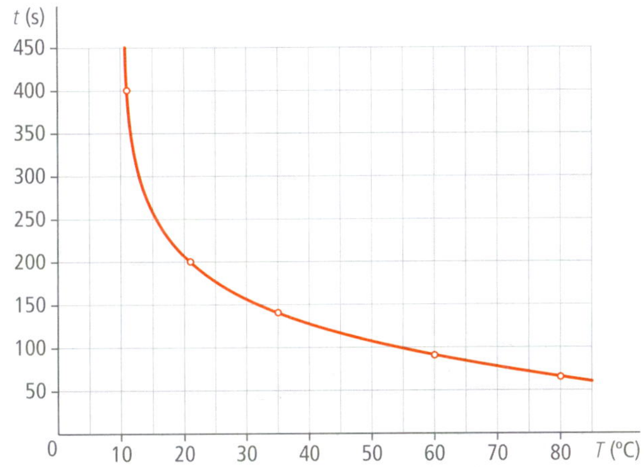

Conclusión

5 ¿Qué conclusión obtienes después de ver los datos y observar la gráfica?

Comunicación del resultado

6 **PLANTEAMOS JUNTOS.** Realizad un informe de la investigación y de los resultados obtenidos.

Interpretación del cambio observado

7 ¿A qué crees que se debe la efervescencia?

8 ¿La disolución de la pastilla es simplemente una disolución física o es una reacción química?

¿Qué crees que no has entendido del todo?

¿Cómo te ha ido el reto? Entra y haz tu valoración

EN RESUMEN

Objetivos de la química

- Identificar las sustancias.
- Determinar su composición y estructura.
- Explicar y predecir sus propiedades a partir de su estructura.
- Conocer cómo y por qué cambian las sustancias.
- Controlar los cambios que sufren las sustancias.
- Sintetizar sustancias químicas en el laboratorio o la industria.

La investigación científica

- Se investiga con el fin de obtener datos por experimentación y elaborar explicaciones de sistemas y fenómenos del mundo real.
- Las fases de una investigación experimental son: planificación, realización, análisis de los datos, evaluación del resultado, conclusión y comunicación.

La modelización

- Un modelo es una representación parcial de un sistema o fenómeno con el objetivo de explicarlo y predecir su comportamiento.
- Modelizar es el proceso de construcción o elaboración de un modelo.

La argumentación

Argumentar es evaluar una afirmación (una hipótesis, una conclusión, una predicción) utilizando para ello datos, observaciones y pruebas experimentales.

PRACTICAMOS

1 Copia en tu cuaderno y completa el siguiente mapa conceptual usando los siguientes términos: experimentar, predicciones, hipótesis y conclusiones.

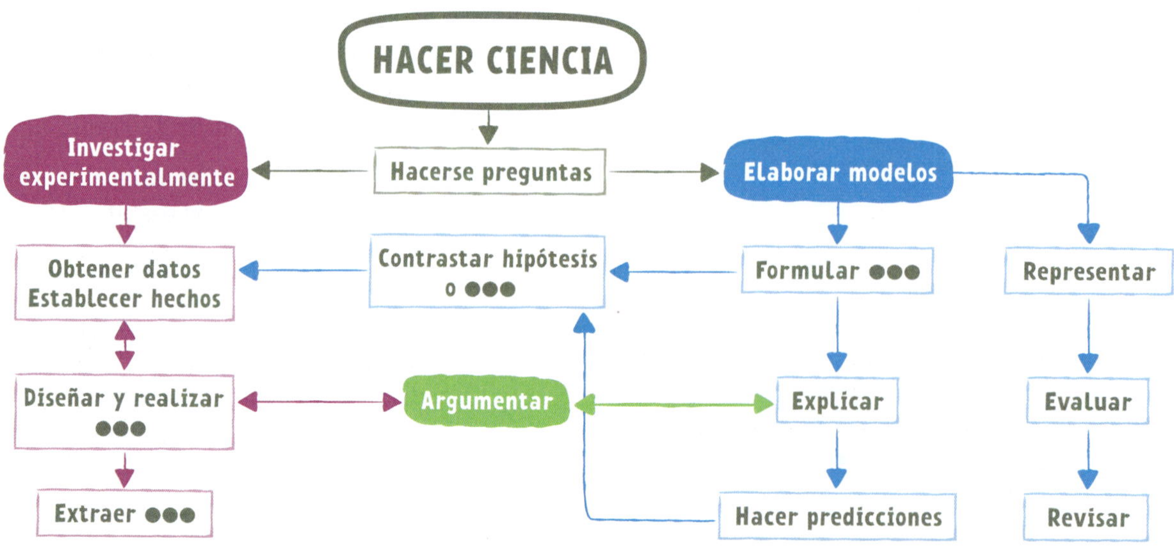

2 Diseña una investigación experimental para saber cuál de dos detergentes, **A** y **B**, es más eficaz para quitar las manchas.

a. ¿Cómo se puede comparar la eficacia limpiadora de dos detergentes?

b. ¿Cuáles son las variables que deben ser controladas en las pruebas?

c. ¿Cuál es la variable dependiente en esta investigación? ¿Y la variable independiente?

3 Razona si las siguientes afirmaciones relativas a una investigación experimental son verdaderas o falsas.

a. La variable independiente es aquella que variamos.

b. La variable dependiente es aquella que varía en función de la independiente.

c. Las variables de control son aquellas que también influyen en la variable dependiente y deben mantenerse constantes durante las mediciones.

4 Colocamos lana de acero en un plato y la pesamos con una balanza electrónica. A continuación, la quemamos y observamos que ha aumentado de peso.

¿Cuál es la causa del aumento de peso?

5 Según la teoría del flogisto del siglo XVIII, los materiales que ardían o los metales que se calcinaban perdían una sustancia que se denominaba precisamente *flogisto*.

a. Explica por qué la lana de acero, que al arder aumenta de peso, no confirma esta teoría.

b. A pesar de no ser correcta, la teoría del flogisto podía dar una explicación de por qué una vela encendida se apaga al taparla con un vaso. Trata de elaborar una explicación con esa teoría.

6 Para probar que la oxidación de un metal es un proceso que implica la reacción de este con el oxígeno del aire, se introduce lana de acero en el fondo de un tubo de ensayo y se coloca el tubo invertido en un vaso con agua. Al cabo de varios días se observa que el nivel del agua ha ascendido.

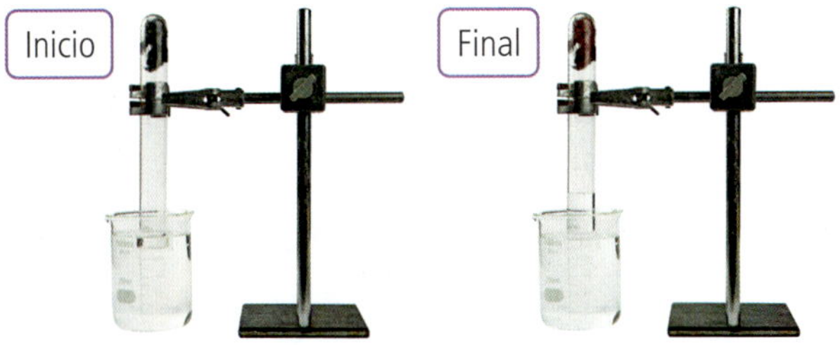

a. Interpreta lo que ha ocurrido.

b. Esta experiencia ¿permite estimar la proporción de oxígeno que hay en el aire? ¿Por qué?

7 Explica mediante el modelo cinético-corpuscular por qué la presión de un gas se duplica cuando reducimos su volumen a la mitad.

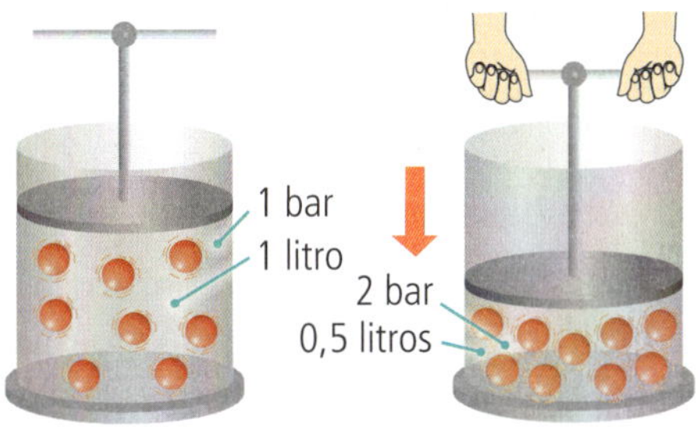

8 La reacción:

metano(g) + oxígeno(g) → dióxido de carbono(g) + agua(l)

se puede representar a nivel atómico-molecular mediante el diagrama:

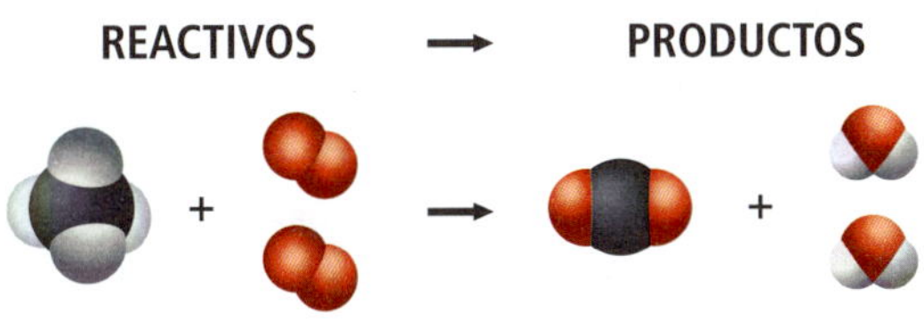

a. Represéntala mediante un diagrama multimolecular y mediante una ecuación química.

b. Inventa otro modo de representar la reacción además de los que ya has trabajado.

Mis competencias — Autoevaluación

1.2 Sustancias y disoluciones

¡EMPEZAMOS!

La importancia de la concentración

El laboratorio más perfecto que existe es el cuerpo humano. En él las reacciones químicas llegan a ser tan específicas que un mismo compuesto puede ser inocuo para un individuo y mortal para otro. ¿Qué pensarías si te recetaran arsénico?

Esto fue lo que empleó el médico suizo-alemán Dr. Paracelso (Phillippus Aureolus Theofrastus Bombastus von Hohenheim) para curar la sífilis. Es célebre su máxima "solo la dosis hace el veneno", que representa la base de la toxicología. Según palabras de Paracelso, la dosis correcta es la diferencia entre el veneno y la cura.

Actualmente son múltiples las sustancias dañinas que se emplean en tratamientos médicos como la quimioterapia. Otras sustancias dañinas son de uso común y gozan incluso de aceptación social, como la cafeína, el etanol o la nicotina.

- Analiza las dosis letales (mg de sustancia/kg de masa corporal) del etanol (2080), cafeína (192), cianuro de sodio (6) y sal común (3000). Extrae tus propias conclusiones y refléjalas en un informe.
- El sulfato de bario es una sal insoluble. ¿Por qué crees que se emplea en medicina como contraste para obtener imágenes por rayos X del tubo digestivo? ¿Qué otras sustancias se emplean así?
- ¿Crees que la concentración de un medicamento depende de su forma de administración? ¿Por qué?

¡VAMOS A APRENDER!

1. Trabajar de modo individual aunque estemos en un grupo.
2. Diferenciar entre sustancias puras y mezclas.
3. Comprender el concepto de mol.
4. Comprender las leyes de los gases.
5. Analizar disoluciones de diferentes sustancias y expresar la concentración en diferentes unidades.
6. Promover hábitos saludables y un uso responsable de los medicamentos.
7. Generar soluciones y alternativas a problemas de alcance local y global.

NUESTRO RETO

Prepara una disolución

Los profesionales farmacéuticos preparan disoluciones que son medicamentos. Imagina que eres un farmacéutico que practica cómo preparar una disolución. ¿Crees que podrás?

¡Vamos allá!

1 ¿Qué diferencias existen entre las sustancias puras y las mezclas?

Tipos de materia

Materia es todo aquello que tiene masa y ocupa un volumen.

Materia	**Sustancias puras** No se pueden descomponer en otras por métodos físicos.	**Sustancias simples o elementales** No se pueden descomponer en otras sustancias más sencillas empleando métodos químicos, por ejemplo, O_2 o H_2.	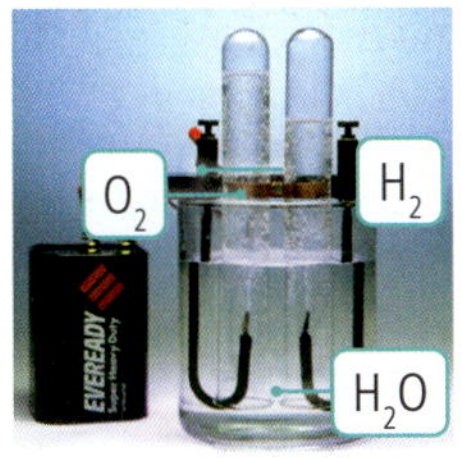
		Compuestos Se descomponen por métodos químicos en las sustancias simples que los forman, por ejemplo, H_2O.	
	Mezclas Unión de sustancias que se pueden aislar empleando métodos físicos.	**Mezclas heterogéneas** Sus componentes se diferencian a simple vista o al microscopio y sus propiedades y composición son variables.	
		Mezclas homogéneas No se diferencian sus componentes y poseen las mismas propiedades y composición en todos sus puntos.	

Estados de la materia

La materia puede aparecer en los tres estados físicos fundamentales: **sólido, líquido y gas**. En el estado de **plasma** las partículas tienen carga eléctrica y se mueven libremente.

TALLER

Características de los estados físicos de la materia

Paso 1 Compara unas muestras de yodo sólido, una disolución líquida de yodo y yodo gaseoso.

Yodo sólido

Yodo líquido

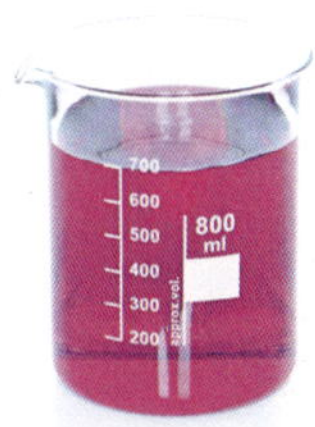

Yodo gaseoso

1 **CREAMOS JUNTOS.** ¿Cuál de los tres estados físicos tiene forma y volumen propios? ¿Cuál adopta los del recipiente que lo contiene? ¿A qué crees que se debe esta diferencia?

2 ¿Qué esquemas representan mezclas, cuáles sustancias simples y cuáles compuestos? ¿Y cuál un sólido?

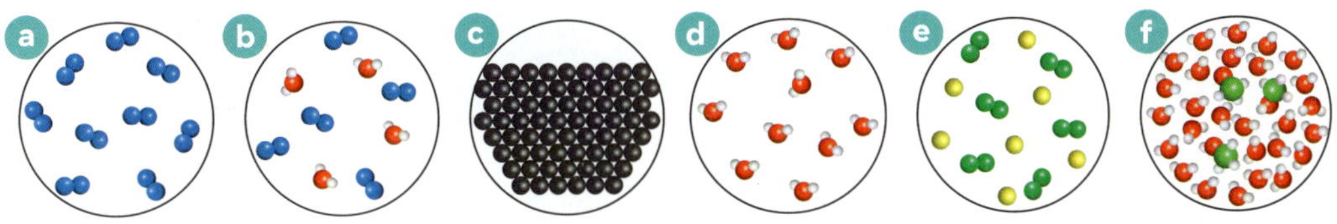

2 Sustancias formadas por átomos, moléculas o iones

Unidad elemental

Es la parte más pequeña de la sustancia pura que posee las propiedades de esta.

Sustancias atómicas	Sustancias moleculares	Sustancias iónicas
Su unidad elemental es el átomo, bien aislado o bien unido a otros formando redes. Las sustancias atómicas son sustancias simples. 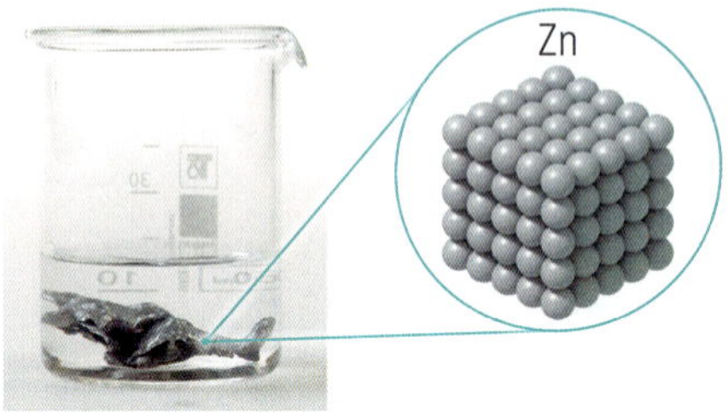	• Pueden ser tanto sustancias simples como compuestos. • Su unidad elemental es la molécula (agrupación de átomos iguales o diferentes en una relación constante y sencilla en número). 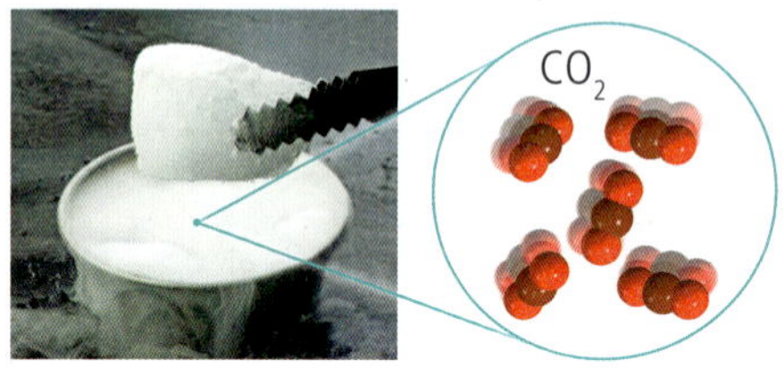	• Solamente los compuestos pueden ser sustancias iónicas. • La unidad elemental son los iones (partículas con carga), que se combinan de modo que la sustancia sea eléctricamente neutra. 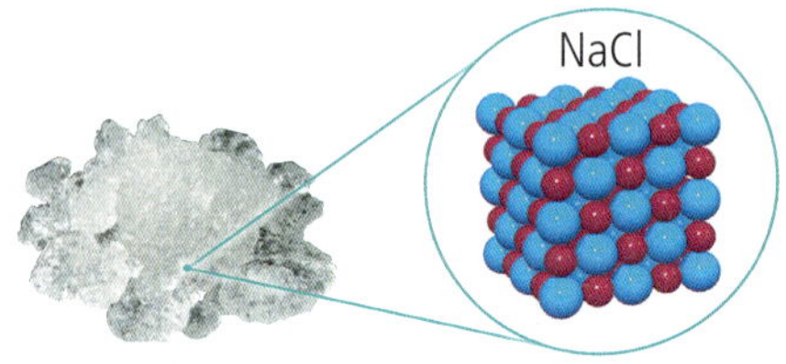

3 La cocina está llena de sustancias con las que se producen multitud de procesos físicos y químicos. Pon ejemplos de cada tipo de materia que puedas encontrar en una cocina.

4 Clasifica en sustancias simples, compuestos, mezclas heterogéneas y mezclas homogéneas.

a. Aire húmedo
b. Plata
c. Sulfato de bario
d. Ibuprofeno
e. Mármol
f. Oro de 18 kilates
g. Alcohol de farmacia
h. Polvo magnesio
i. Glicerina

5 Discute la veracidad o falsedad de la siguiente afirmación: "La unidad elemental del compuesto ozono es la molécula de fórmula O_3".

6 **Interpreta lo que ocurre.** ¿Qué diferencia a las moléculas de agua en cada estado?

3 ¿Por qué medir la cantidad de sustancia en moles?

De la unidad elemental al mol

La **cantidad de sustancia**, *n*, es la única magnitud fundamental de origen químico. Su unidad en el SI es el **mol**.

Un mol es la cantidad de sustancia que posee $6{,}022 \cdot 10^{23}$ entidades elementales (átomos, moléculas, iones u otras partículas). Este valor se llama número de Avogadro, N_A.

La cantidad de sustancia es la relación entre la masa de sustancia en gramos, *m*, y su masa molar, *M*, en g/mol.

$$n = \frac{m}{M}$$

TALLER

Mol en lugar de gramos

Paso 1 Observa los coeficientes estequiométricos de una reacción. Indican la proporción en la que reaccionan reactivos y productos. En esta ecuación química: $2Fe(s) + 3S(s) \rightarrow Fe_2S_3(s)$, 2 átomos de hierro reaccionan con 3 átomos de azufre para dar 1 molécula de sulfuro de hierro(III).

7 Si trabajásemos con $2N_A$ de átomos de Fe, ¿cuántos átomos de S reaccionarían con ellos? ¿Cuántas moléculas de Fe_2S_3 se formarían?

Paso 2 Trabaja ahora como si los coeficientes estequiométricos fuesen moles e indica cuántos moles de hierro reaccionan con los moles de azufre según la ecuación.

8 ¿Cuántos moles de Fe_2S_3 se forman en la reacción?

9 Actividad resuelta

Calcula el número de moléculas contenidas en 54 g de agua. ¿Podrías medir directamente los moles?

Se calculan los moles de esta sustancia: $n = \frac{m}{M} = \frac{54\ g}{18\ g/mol} = 3\ mol\ H_2O$

Como un mol de sustancia posee el N_A de partículas elementales:
n.º moléculas = $n \cdot N_A = 18{,}066 \cdot 10^{23}$ moléculas.
No se pueden medir los moles, puesto que es imposible contar un N_A de partículas, pero con una balanza podemos medir las masas de las sustancias que se corresponden con los moles calculados.

$54\ g\ H_2O = 3\ mol\ H_2O$

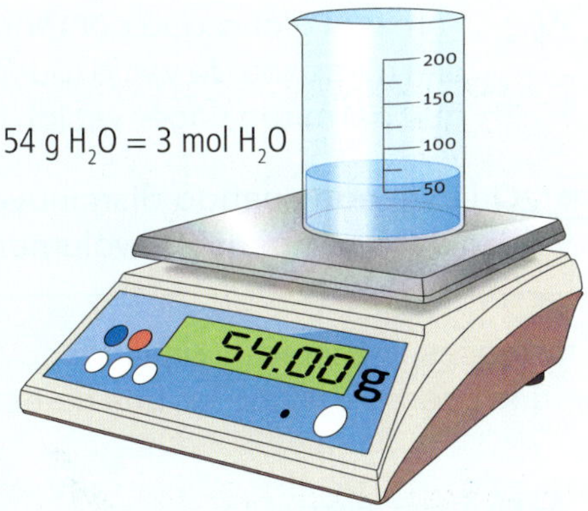

Un **mol** de cualquier sustancia posee el **mismo número de entidades elementales**; pero **no** la misma **masa**.

10 ¿Sería diferente el número de moléculas de agua si fuesen 54 g de hielo? ¿Por qué?

11 Calcula el número de átomos de hidrógeno y oxígeno contenidos en esos 54 g de agua.

12 Calcula cuántas moléculas de agua contienen 5 moles.

a. ¿Cuántos gramos son esa cantidad de moléculas?

b. Compara las masas de 5 moles de agua y 5 moles de NaCl. ¿En qué sustancia hay más masa?

4 ¿Cómo podemos determinar la cantidad de una sustancia gaseosa?

¿Es fácil medir la masa de un gas?

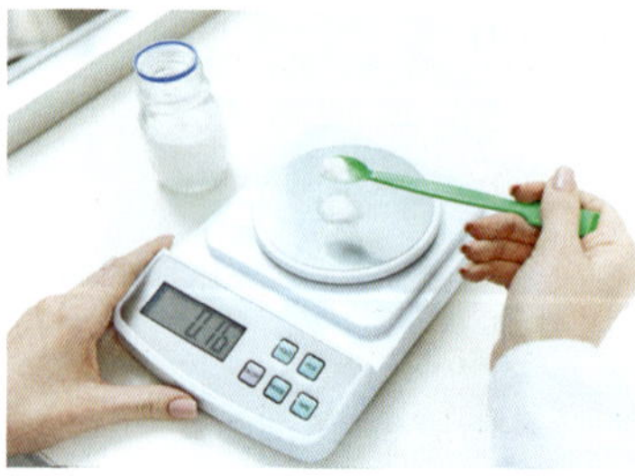

La balanza para medir masa de sólidos.

Probeta para medir volumen de líquidos.

¿Cómo puede medirse la masa de un gas?

Las fuerzas de atracción entre las partículas que forman los gases son muy débiles, por lo que se mueven libremente. Por ello ocupan todo el volumen del recipiente que los contiene y adoptan su forma.

TALLER

¿De qué depende el volumen de un gas?

Paso 1 Hincha varios globos con distintas cantidades de aire. Observa que su tamaño varía según la cantidad de aire que tienen.

13 **¿Qué puedes deducir en relación con el volumen y la cantidad de materia del gas?**

Paso 2 Pon un globo en la boca de un erlenmeyer y caliéntalo.

14 **¿Aumenta el globo de tamaño? ¿Qué demuestra esto?**

15 **Si enfrías el erlenmeyer, ¿disminuirá el tamaño del globo?**

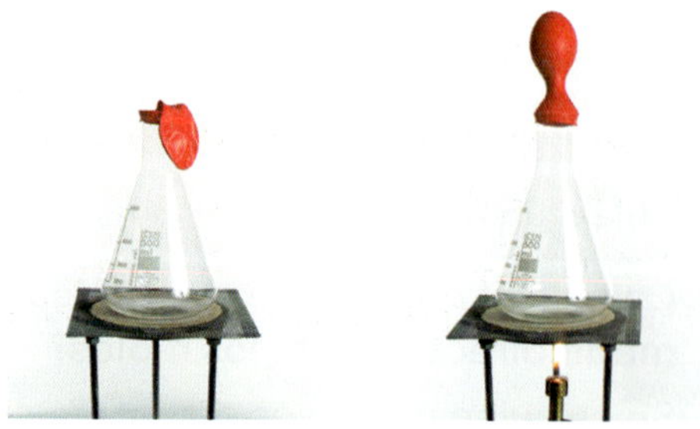

Paso 3 Toma un globo que contenga un poco de aire e introdúcelo en una campana de vacío (puede servir también una tartera de las que permiten hacer vacío).

16 **¿Qué sucede cuando disminuye la presión de la campana? ¿Cómo se relacionan la presión en la campana y el volumen del aire del globo?**

En los gases, la cantidad de sustancia, el volumen, la presión y la temperatura están relacionados; una ligera variación en una de estas magnitudes modifica las demás.

17 Actividad resuelta

¿Cuál es el globo que posee mayor cantidad de gas?

Si la cantidad de gas fuese la misma y la temperatura constante, ¿cuál crees que estaría sometido a menor presión atmosférica?

Como todos los globos están en el mismo lugar, sus condiciones de temperatura (T) y presión (p) son iguales y constantes, por lo que el globo que tendrá mayor cantidad de gas es el que tiene mayor volumen. Si la cantidad de gas y la temperatura son constantes, el que esté a menor presión ocupará más volumen, por lo que vuelve a tratarse del mismo globo.

Ley general de los gases

Es una ley experimental que relaciona la presión que ejerce un gas, el volumen que ocupa y su temperatura cuando se mantiene **constante** la cantidad de materia, *n*.

Ley general de los gases: $\frac{p_1 \cdot V_1}{T_1} = \frac{p_2 \cdot V_2}{T_2}$

Ley de Boyle-Mariotte
Cuando una cantidad de gas, *n*, se somete a un proceso isotermo (*T* = constante), la presión que ejerce es inversamente proporcional al volumen que ocupa.

$$p_1 \cdot V_1 = p_2 \cdot V_2 = \text{constante}$$

Ley de Charles
Cuando una cantidad de gas, *n*, se somete a un proceso isobárico (*p* = constante), el volumen que ocupa es directamente proporcional a su temperatura.

$$\frac{V_1}{T_1} = \frac{V_2}{T_2} = \text{constante}$$

Ley de Gay-Lussac
Cuando una cantidad de gas, *n*, sufre un proceso isocórico (*V* = constante), la presión que ejerce es directamente proporcional a su temperatura.

$$\frac{p_1}{T_1} = \frac{p_2}{T_2} = \text{constante}$$

Ley de Avogadro

Volúmenes iguales de distintos gases medidos en las mismas condiciones de presión y temperatura poseen el mismo número de partículas. El volumen que ocupa el gas es directamente proporcional al número de moles, *n*:

$$\frac{V_1}{n_1} = \frac{V_2}{n_2} = \text{constante}$$

La ley de Avogadro permite calcular la cantidad de gas.

Un mol de cualquier gas posee el mismo número de partículas y, por tanto, su volumen, llamado **volumen molar**, será el mismo si se ha medido en las mismas condiciones de presión y temperatura. Por ello en gases se puede trabajar con moles o con volúmenes indistintamente.

18 Actividad resuelta

Para calcular el valor de la constante de la ecuación general de los gases se introduce un mol de diferentes gases en el interior de un cilindro con émbolo móvil y se comprueba que, si la presión es de 1 atm y la temperatura de 273 K, su volumen es 22,4 L.

Llevando estos datos a la ecuación general, se calcula la constante.

$$\frac{p \cdot V}{T} = \frac{(1\,\text{atm}) \cdot (22,4\,\text{L})}{273\,\text{K}} = 0,082\ \text{atm L/K} = \text{constante}$$

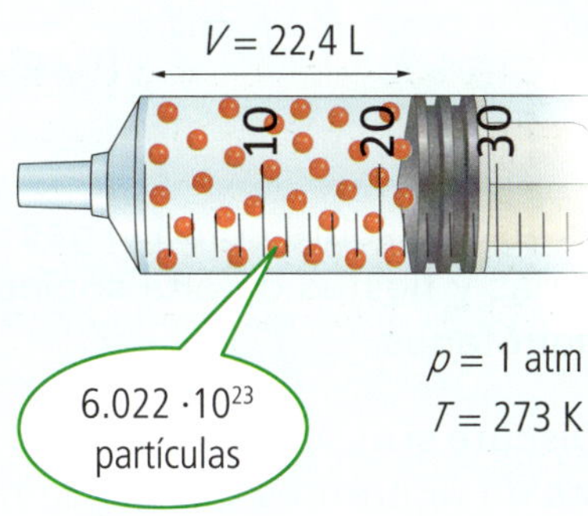

19 **Un gas dentro de un globo duplica su presión, manteniendo constante su temperatura. ¿Qué tamaño tendrá el globo tras el proceso?**

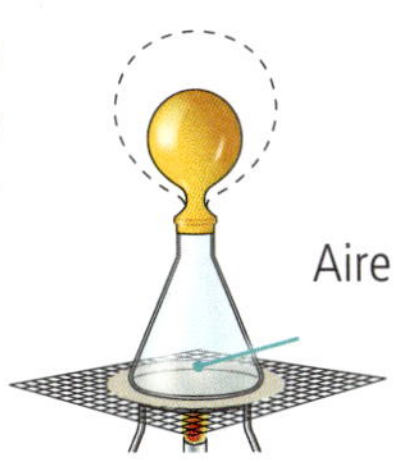

20 **Completa, si en todos los procesos *n* es constante: un globo con volumen V_1 duplica, a presión constante, su temperatura, T_1. Después, a temperatura constante, duplica su presión inicial. ¿Cuál es su volumen final?**

- $T_2 = 2T_1$; p_1 = constante → V_1 = ●●●
- $p_2 = 2p_1$; T_2 = constante → V_2 = ●●●

5 La ecuación de un gas ideal

De la ecuación general de los gases a la de los gases ideales

La ecuación de estado de los gases ideales establece la relación que existe entre la presión, el volumen, la temperatura y la cantidad de gas.

Se utiliza cuando **no** se mantiene **constante** la cantidad de materia, ***n***. Experimentalmente se comprueba que el valor de la **constante de los gases**, ***R***, depende del número de partículas; es decir, de la cantidad de materia, *n*.

$$p \cdot V = n \cdot R \cdot T$$

Donde, si la presión viene expresada en atmósferas, el volumen en litros, la temperatura en kelvin y la cantidad de gas en moles, el valor de la constante *R* es 0,082 atm L /(mol K); o bien 8,314 J /(mol K) en el SI de unidades.

Esta ecuación se emplea con frecuencia para calcular, además, densidades y masas molares de gases.

$$p \cdot V = n \cdot R \cdot T \Rightarrow p \cdot V = \frac{m}{M} \cdot R \cdot T \Rightarrow p \cdot M = d \cdot R \cdot T$$

Actividades resueltas

21 **El gas de la risa (N_2O) se usa como anestésico en odontología. Calcula la presión que ejercen 0,5 mol de este gas contenido en un recipiente de 0,5 L si la temperatura es de 25 °C.**

Para calcular la presión a través de la ecuación de los gases ideales, se expresa la temperatura en kelvin, $T = (273 + 25)\ \text{K} = 298\ \text{K}$; ya que $R = 0{,}082$ atm L/(K mol).

$$p \cdot V = n \cdot R \cdot T \Rightarrow p = \frac{(0{,}5\ \text{mol}) \cdot \left(0{,}082\ \text{atm L/(K mol)}\right) \cdot (298\ \text{K})}{0{,}5\ \text{L}} = 24{,}44\ \text{atm}$$

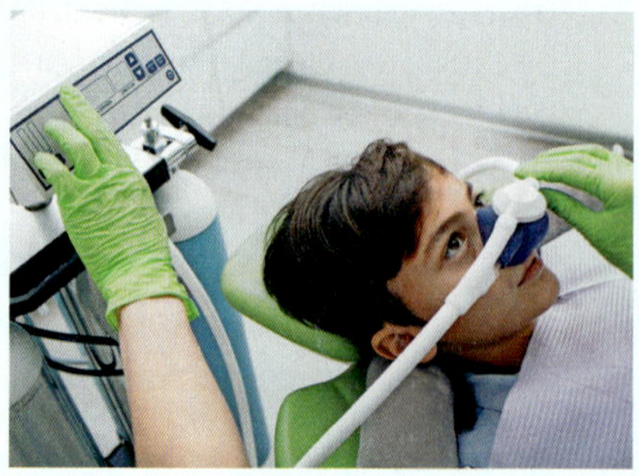

22 **Una masa de gas cloro está encerrada a 50 °C en un recipiente y ejerce una presión de 1 atm. Calcula su densidad a dicha temperatura.**

Al ser la molécula de cloro diatómica, su masa molar es de 71 g/mol. Según la ecuación de los gases ideales:

$$p \cdot M = d \cdot R \cdot T \Rightarrow d = \frac{(1\ \text{atm}) \cdot (71\ \text{g/mol})}{\left(0{,}082\ \text{atm L/(K mol)}\right) \cdot (323\ \text{K})} = 2{,}68\ \text{g/L}$$

23 Investiga sobre cómo el gas de la risa pasó de las ferias y fiestas de alta sociedad a las consultas y quirófanos.

24 Discute si es verdad esta afirmación: "Masas iguales de diferentes gases a la misma temperatura y en el interior de dos recipientes iguales ejercen la misma presión".

25 Una bombona de 4 L que está a una temperatura de 27 °C contiene 28,5 g de un gas.

a. Si la presión del gas es de 3 atm, calcula la masa molar del compuesto.

b. Si, en lugar de 4 L, la bombona tuviese el doble de volumen a la misma temperatura, ¿cuál sería la presión?

26 Discute cómo se verá afectada la densidad de un gas si este sufre un proceso isotermo en el que la presión se triplica.

27 ¿Qué ejercerá más presión, 100 g de vapor de agua o 100 g de argón? ¿Por qué? Razónalo sin realizar cálculos y compruébalo numéricamente.

El gas natural

El gas natural es empleado ampliamente como fuente de energía. Se trata de una mezcla de hidrocarburos gaseosos en la que el metano es su principal componente.

1. Se extrae de los yacimientos.
2. Se purifica para eliminar todos aquellos gases que puedan suponer un problema (bajo poder calorífico, por obstrucción en los gasoductos).
3. El gas natural pasa por una planta licuefactora: disminuye la temperatura del gas hasta que se alcanza su temperatura de licuación y en ese estado se transporta.
4. A través de barcos metaneros o por tuberías llega a las plantas de regasificación. Allí se eleva la temperatura del gas natural licuado (GNL) hasta su vaporización.
5. El GNL se bombea a alta presión para llegar a los vaporizadores, donde, gracias al intercambio de calor con el agua del mar, se vaporiza el gas de nuevo. Este enfriamiento del agua del mar en el proceso altera los ecosistemas marinos.
6. Se disminuye la presión del gas y se conecta a la red de distribución de gas. Antes se le añade una sustancia odorizante para detectar fugas.

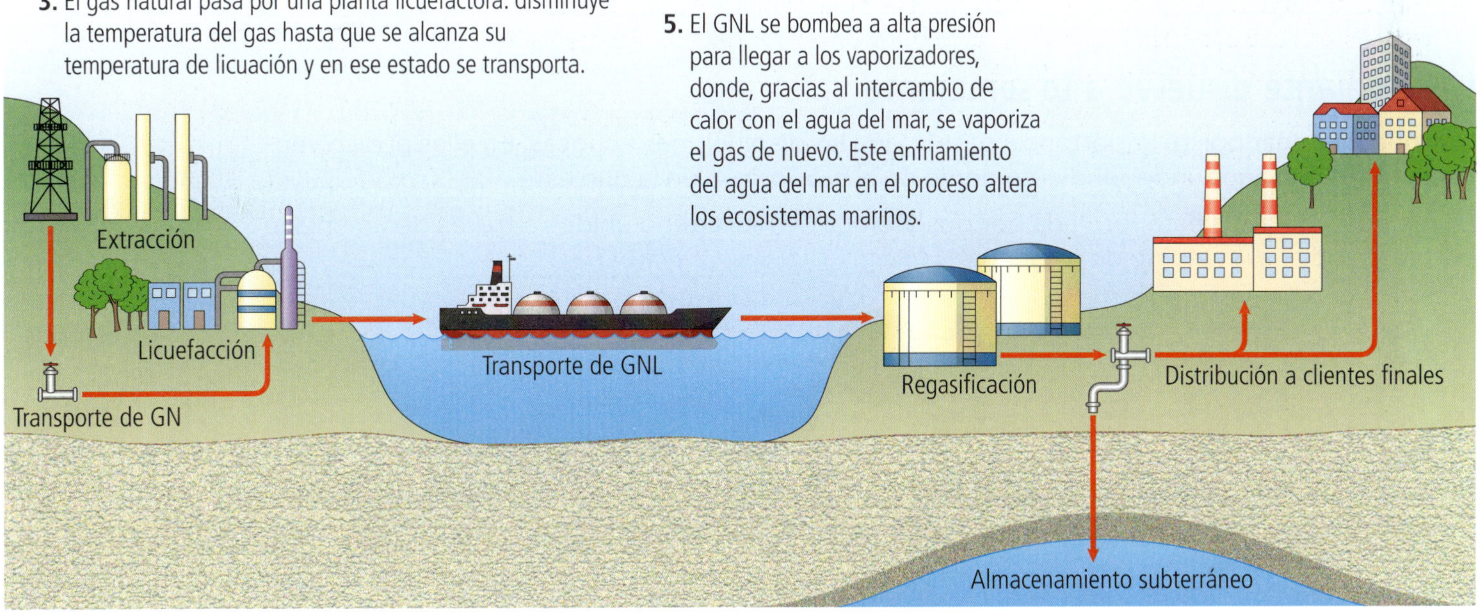

28 Actividad resuelta

¿Sabrías explicar el movimiento vertical de un globo aerostático?

El aire que hay en el interior del globo, al calentarse a presión constante (presión atmosférica), aumenta su volumen (y disminuye su densidad), haciendo que ascienda. Cuando se apaga el quemador y se enfría el gas, el volumen disminuye (aumenta la densidad), haciendo que el globo descienda.

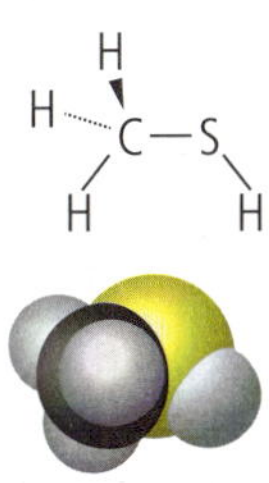

29 El metilmercaptano es un gas que se emplea por su olor desagradable como aditivo en el gas de uso doméstico. Esto evita muchos accidentes, al alertar a los usuarios del "olor a gas". Calcula el volumen de 2 mol de esta sustancia a una presión de 2 atm si su temperatura es de 300 K.

6 ¿Qué es una disolución?

¿En qué estados físicos existen las disoluciones?

Una **disolución** es una mezcla homogénea de al menos dos componentes. El **disolvente**, que suele ser el que está en mayor proporción, es único, mientras que el número de **solutos** es variable. El estado físico de la disolución coincide con el del disolvente.

Soluto	Disolución/disolvente sólido	Disolución/disolvente líquido	Disolución/disolvente gas
Sólido	**Sólido** Acero (C/Fe) 	**Sólido** Sal y agua	**Sólido** Polvo en el aire 
Líquido	**Líquido** Amalgama (Hg/Ag) 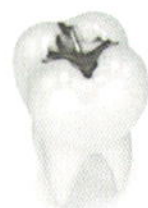	**Líquido** Etanol y agua 	**Líquido** Aire húmedo (agua en aire)
Gas	**Gas** Pilas de H_2/Pt	**Gas** Oxígeno y agua 	**Gas** Aire (oxígeno en una mezcla de gases)

Lo semejante disuelve a lo semejante

Hay que destacar por su importancia para la vida las disoluciones acuosas. En ellas el disolvente siempre es el agua, independientemente de la proporción en la que esté.

La molécula de agua está formada por dos átomos de hidrógeno unidos a través de un enlace covalente polar a un átomo de oxígeno.

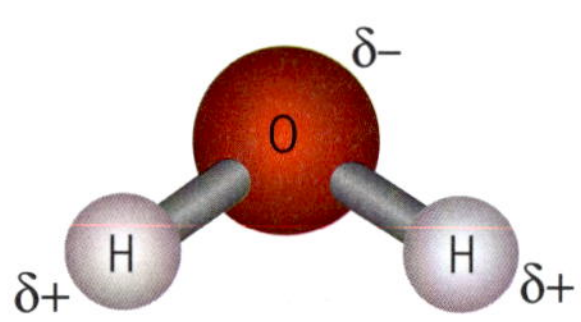

¿Ves de manera diferente algo ahora?

Al ser el agua una **sustancia covalente polar**, fácilmente **disuelve** sustancias **iónicas** o covalentes **polares**. Las sustancias **apolares** se **disuelven** con dificultad en el agua y con facilidad en disolventes **apolares**.

30 Actividad resuelta

Si las grasas se disuelven mal en el agua, pero bien en disolventes apolares como el hexano, ¿por qué los platos se lavan con agua y la grasa desaparece?

Si solamente se emplease agua para limpiar la vajilla, la grasa se quedaría en el plato, pero desaparece porque se emplea jabón.

Las moléculas de jabón poseen una parte apolar (resto carbonado) y una polar (grupo carboxilo).

La parte apolar del jabón rodea a la gota de grasa (apolar); mientras que, por la parte polar, el jabón se une a la molécula de agua. Así, se forma una micela que arrastra la grasa.

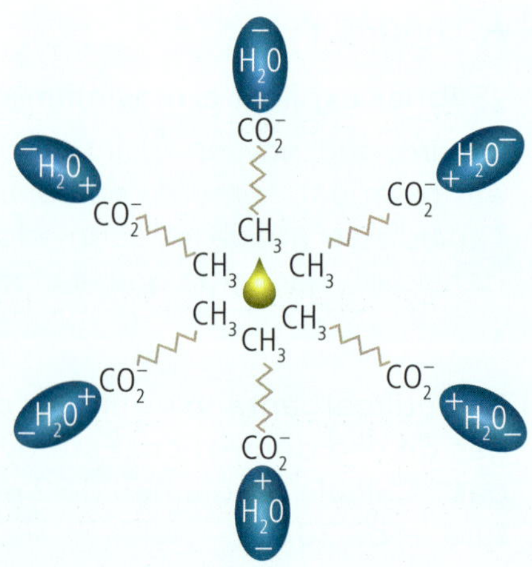

¿Son todas las sustancias igual de solubles en un mismo disolvente?

TALLER

Paso 1 Mide 0,5 g de cloruro de sodio, 0,5 g de sacarosa y 0,5 g de diyoduro de plomo. Después, añade a cada soluto 200 mL de agua y agita el vaso de precipitado.

31 ¿Se han disuelto completamente todas las muestras?

Cloruro de sodio

Sacarosa

Diyoduro de plomo

32 **CREAMOS JUNTOS.** Investiga el concepto de solubilidad. ¿Cuál es su valor para los solutos cloruro de sodio, sacarosa y diyoduro de plomo?

33 La solubilidad del yoduro de plomo(II) permite disolver en 1 L de agua 0,756 g del yoduro. Expresa la concentración de la disolución en mol/L y razona si esa solubilidad es elevada o no.

De lo macroscópico a lo microscópico

TALLER

Paso 1 Toma una muestra de sal común (NaCl), sustancia iónica, y disuélvela en agua.

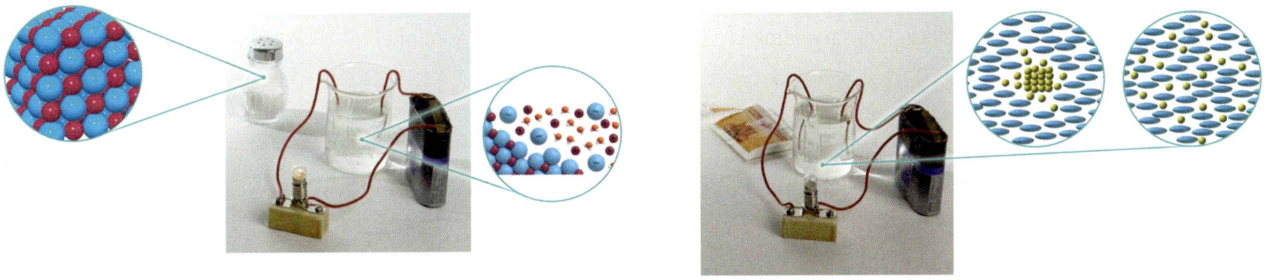

34 ¿Qué sucede con los enlaces entre aniones (Na^+) y cationes (Cl^-)?

Paso 2 Comprueba con un multímetro que la disolución conduce la corriente eléctrica.

35 ¿Por qué la disolución conduce la electricidad?

Paso 3 Repite la experiencia con azúcar, sustancia covalente polar.

36 ¿Qué sucede con las moléculas de sacarosa disueltas en agua? ¿Conducen la electricidad?

Los gases fácilmente forman disoluciones, ya que no existen prácticamente atracciones entre sus partículas. Sin embargo, si el soluto es sólido o líquido, habrá una competencia protagonizada por la atracción entre las partículas del soluto y entre las de soluto y las de disolvente (solvatación). Si son más fuertes estas últimas, el soluto se disolverá y, si son más intensas las que existen entre partículas de soluto, este será insoluble.

7 ¿Cómo expresar la concentración de una disolución?

Medidas cualitativas y cuantitativas

TALLER

Paso 1 Toma una muestra de sulfato de cobre y disuélvelo en un vaso de precipitado con una cantidad conocida de agua. Poco a poco, añade más cantidad de sulfato de cobre a la misma disolución.

37 ¿Qué cambio notas en la disolución a medida que aumenta la cantidad de soluto?

Las **disoluciones saturadas** son aquellas mezclas homogéneas que contienen la máxima cantidad de soluto que se puede disolver a una temperatura determinada. Las **disoluciones sobresaturadas** son, por tanto, inestables; basta una ligera perturbación para que se diferencien sus partes.

Actividades resueltas

38 **¿Cómo se puede estimar qué cantidad de soluto hay en cada disolución?**

Es necesario cuantificar la cantidad de soluto disuelto.

Algunas formas de expresar la concentración de una disolución			
Porcentaje en masa	Relación masa-volumen (g/L)	Concentración molar (mol/L)	Porcentaje en volumen (se usa para líquidos)
$\% m = \frac{m_{soluto}}{m_{disolución}} \cdot 100$	$\gamma = \frac{m_{soluto}}{V_{disolución}}$	$C = \frac{n_{soluto}}{V_{disolución}}$	$\% V = \frac{V_{soluto}}{V_{disolución}} \cdot 100$

39 **Una cucharada de 6 g de café tiene un 1,3 % en masa de cafeína. Calcula la concentración en masa-volumen de un café americano (V = 237 mL) y la de un café expreso (V = 25 mL).**

$$\% m = \frac{m_{soluto}}{m_{disolución}} \cdot 100 \Rightarrow m_{soluto} = \frac{1{,}3\% \cdot (6\ g)}{100} = 0{,}078\ g \text{ de cafeína}$$

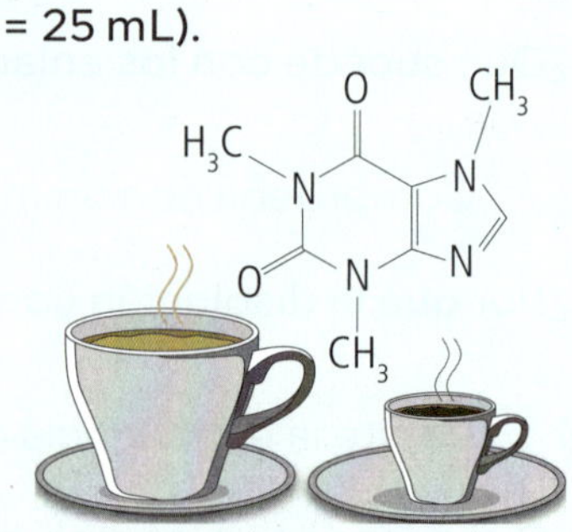

- Café americano: $\gamma = \frac{m_{soluto}}{V_{disolución}} = \frac{0{,}078\ g}{0{,}237\ L} = 0{,}33\ g/L$
- Café expreso: $\gamma = \frac{m_{soluto}}{V_{disolución}} = \frac{0{,}078\ g}{0{,}025\ L} = 3{,}15\ g/L$

40 Calcula el volumen de agua que se debe añadir a una disolución de ácido clorhídrico 2 mol/L si se parte de 100 mL de ácido 2,8 mol/L.

41 Debatid si esta afirmación es verdadera o falsa: "Al obtener una disolución saturada, no se disuelven nuevas moléculas del soluto". Cuida la dicción y el volumen al hablar.

NUESTRO RETO

Prepara una disolución

Disolución de soluto sólido en disolvente líquido

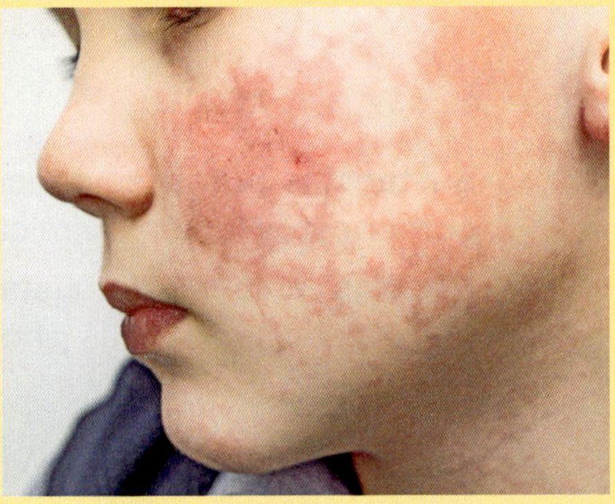

Los dermatólogos recetan algunas disoluciones de sulfato de cobre(II) o de permanganato de potasio para tratar la dermatitis atópica, el pie de atleta, herpes zóster, úlceras en la piel (pie diabético), etc. Estos usos se deben a las propiedades antisépticas, antifúngicas y astringentes de ambas sales.

Estas sales solo se pueden emplear para uso externo (uso tópico) y no deben ser ingeridas. Su concentración y tiempo de exposición en la piel no deben ser superiores a lo pautado por el médico, ya que, debido a su alto poder oxidante, tienen efecto corrosivo.

Paso 1

Prepara una disolución de permanganato de potasio al 1 ‰. Para ello mide 0,5 g de $KMnO_4$ y disuélvelos en 0,5 L de agua destilada. Para realizar la disolución usa un vaso de precipitado con unos 200mL de agua.

Paso 2

Trasvasa la disolución a un matraz aforado. Usa agua destilada para arrastrar los restos del vaso de precipitado y enrasa hasta aforo. Conserva la disolución en un recipiente cerrado para evitar su evaporación (esto modificaría su concentración).

Paso 3

Expresa la concentración de esta disolución en mol/L.

Como $m = 0{,}5\ \text{g}\ KMnO_4$, $n = \dfrac{m}{M} = \dfrac{0{,}5\ \text{g}\ KMnO_4}{(39{,}1+64{,}9+16\cdot 4)\ \text{g}} = 3\cdot 10^{-3}\ \text{mol}\ KMnO_4$

Considerando que el volumen de disolución es igual al volumen del disolvente, $V_{\text{disolución}} = 0{,}5\ \text{L}$

$$C = \frac{n_{\text{soluto}}}{V_{\text{disolución}}} = \frac{3\cdot 10^{-3}\ \text{mol}\ KMnO_4}{0{,}5\ \text{L}} = 6\cdot 10^{-3}\ \text{mol/L}$$

1. ¿Se podría preparar la disolución en un matraz aforado o en una probeta? Ambos son materiales de laboratorio que miden volúmenes con precisión.
2. **Aprendo a pensar.** ¿Por qué crees que el alcohol medicinal no es apto para el consumo humano?
3. Si la disolución fuese sensible a la luz, ¿cómo podrías conservarla?
4. Explica cómo, a partir de la disolución $6\cdot 10^{-3}$ mol/L, se puede preparar otra disolución de concentración $1{,}6\cdot 10^{-3}$ mol/L. Expresa su concentración en porcentaje en masa y en relación masa-volumen.
5. ¿A qué crees que se debe la existencia de un mismo medicamento en diferentes concentraciones?

¿Ves de manera diferente algo ahora?

¿Cómo te ha ido el reto? Entra y haz tu valoración

EN RESUMEN

El mol

- Un **mol** es la cantidad de sustancia que contiene el número de Avogadro ($6{,}022 \cdot 10^{23}$) de entidades elementales (átomos, moléculas, iones u otras partículas).

Tipos de materia

- **Sustancias puras**: sustancias simples o elementales (formadas por átomos iguales) y compuestos (unión química de átomos diferentes).
- **Mezclas**: uniones de sustancias puras separables por métodos físicos. Se dividen en mezclas heterogéneas y homogéneas.

Leyes de los gases

Ley de Boyle-Mariotte $p_1 \cdot V_1 = p_2 \cdot V_2$ Ley de Charles $\frac{V_1}{T_1} = \frac{V_2}{T_2}$ Ley de Gay-Lussac $\frac{p_1}{T_1} = \frac{p_2}{T_2}$

Ecuación general $\frac{p_1 \cdot V_1}{T_1} = \frac{p_2 \cdot V_2}{T_2}$ Ecuación de estado de los gases ideales $p \cdot V = n \cdot R \cdot T$

Concentración de disoluciones

Porcentaje en masa	Relación masa-volumen (g/L)	Concentración molar (mol/L)	Porcentaje en volumen (se usa para líquidos)
$\% m = \frac{m_{\text{soluto}}}{m_{\text{disolución}}} \cdot 100$	$\gamma = \frac{m_{\text{soluto}}}{V_{\text{disolución}}}$	$C = \frac{n_{\text{soluto}}}{V_{\text{disolución}}}$	$\% V = \frac{V_{\text{soluto}}}{V_{\text{disolución}}} \cdot 100$

PRACTICAMOS

1 Copia y completa el mapa mental con las propiedades de cada sustancia y ejemplos.

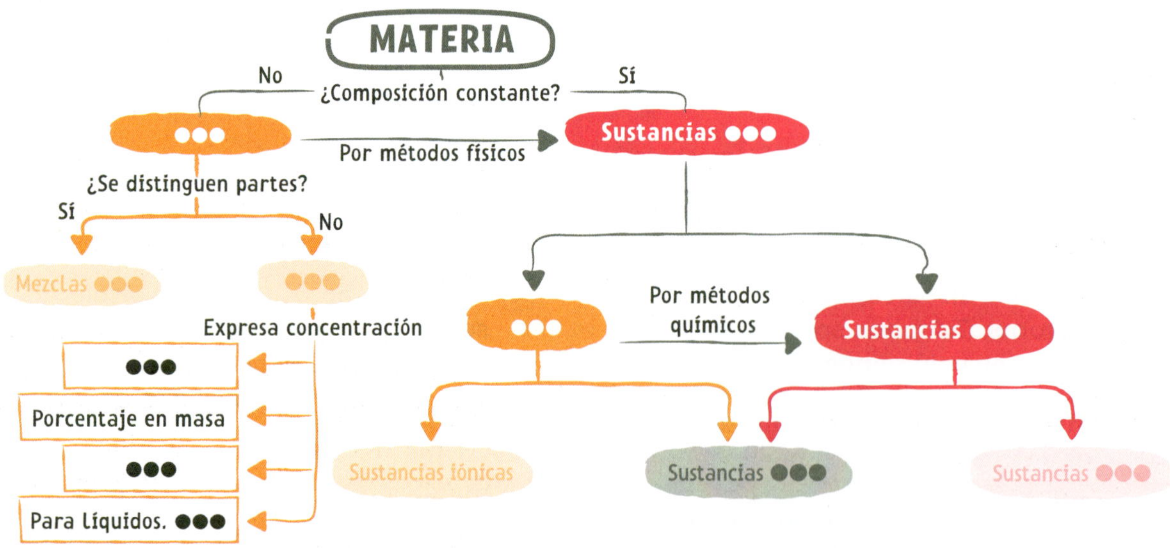

2 Completa el siguiente esquema:

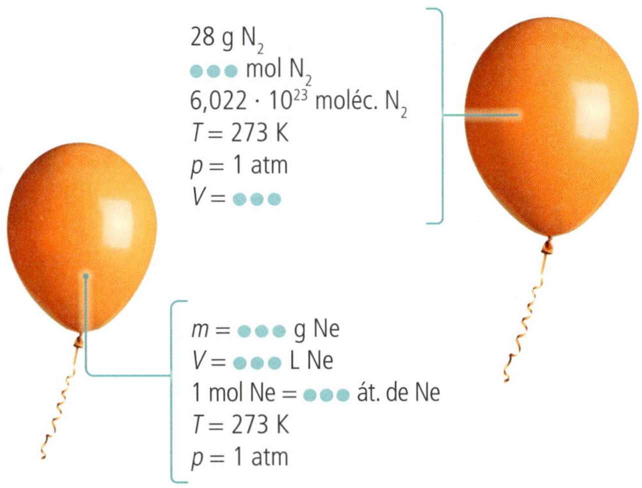

Y dibuja a escala el globo si tuviéramos dos moles de hidrógeno en esas condiciones y 1 mol de este a 300 K y 2 atm.

3 Se mezclan dos disoluciones acuosas de cloruro de sodio (d = 1000 g/L). Se toman 2,5 L de la primera, de concentración 40 % en masa, y 1,5 L de la segunda, del 30 % en masa. Si el volumen de la disolución coincide con el volumen del disolvente, ¿cuál es la concentración de la disolución final? Exprésala en:

a. Porcentaje en masa.

b. Relación masa-volumen.

c. Concentración molar.

4 Una de las formas en las que se presenta el azufre es el ciclooctaazufre (S_8). Calcula los moles de:

a. Moléculas de S_8 contenidas en 768 g.

b. Átomos de azufre contenidos en esa masa.

5 Se comprime a temperatura constante un gas, pasando su presión de 2280 mmHg a 4 atm. Si su volumen final es de 3 L, ¿cuál era el volumen inicial? (1 atm = 760 mmHg).

6 El agua de mar contiene un 3 % de sal y tiene una densidad de 1,02 g/mL.

a. Calcula el volumen de agua de mar necesario para obtener 1 kg de sal.

b. ¿Qué sucedería si se tratase del mar Muerto (33 % y d = 1,24 kg/L)?

7 Se tiene una determinada cantidad de gas encerrado en un cilindro con un émbolo móvil. Relaciona cada dibujo con su proceso.

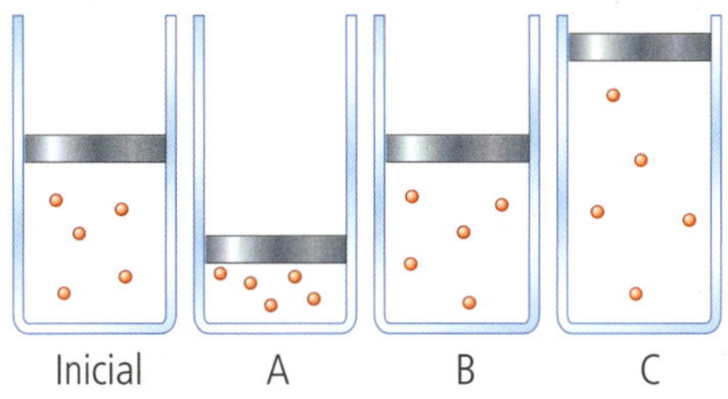

A. Se fija el émbolo (V=cte) y se duplica la temperatura, duplicándose también la presión.

B. Proceso que sigue la ley de Boyle-Mariotte, en el que se duplica la presión.

C. Proceso isobárico en el que aumenta la temperatura.

8 Basándote en las leyes de los gases justifica por qué los buceadores no deben ascender rápidamente hacia la superficie.

9 Se tiene una moneda de plata de 2 cm de diámetro y 2 mm de espesor. La densidad de la plata es 10,5 g/mL.

a. Calcula el número de átomos de plata que hay en esa moneda.

b. ¿Sería el mismo número si la moneda fuese de oro? ¿Por qué?

10 Un ácido sulfúrico del 96 % en masa y densidad 1,85 g/mL es capaz de convertir el azúcar en carbón al deshidratar completamente la molécula de sacarosa ($C_{12}H_{22}O_{11}$).
Expresa la concentración de la disolución del ácido en concentración molar y en la relación masa-volumen.

11 Se tienen tres moles de nitrógeno en un cilindro de 750 mL. Calcula la presión que ejerce el gas si la temperatura es de 27 ºC. Si se introducen $6{,}022 \cdot 10^{23}$ átomos de argón, manteniendo constante el volumen, ¿cuál es la presión que ejercerá la mezcla de gases?

12 En un vaso se disuelven 5 g de hidróxido de sodio en 25 g de agua. Si el volumen de la disolución es 26,1 mL, expresa la concentración de la disolución en % masa y relación masa-volumen. ¿Es esta lo mismo que la densidad?

Mis competencias | Autoevaluación

¿VERDAD O MENTIRA?

En las redes

https://www.e-sm.net/Nubes

¿Qué es la siembra de nubes?

Explicación de la modificación del clima

[...] Aunque suene a ultramoderno, la siembra de nubes no es un concepto nuevo. Fue inventado, por casualidad, en la década de 1940 por los científicos de General Electric (GE) Vincent Schaefer e Irving Langmuir, que investigaban formas de reducir la formación de hielo en los aviones. La escarcha se produce cuando las gotas de agua superenfriadas que residen en las nubes chocan y se congelan inmediatamente en las superficies de los aviones, formando una capa de hielo. Por ello, se planteó la teoría de que, si se pudiera animar de alguna manera a estas gotas a solidificarse en cristales de hielo antes de adherirse a los aviones, se podría reducir la amenaza de la formación de hielo en las alas. [...]

Lo que Schaefer había hecho, esencialmente, era descubrir cómo enfriar la temperatura de una nube para iniciar la condensación y, por tanto, la precipitación. Unas semanas más tarde, Bernard Vonnegut, compañero científico de GE y hermano del famoso escritor Kurt Vonnegut, descubrió que el yoduro de plata servía como partícula igualmente eficaz para la glaciación porque su estructura molecular se parece mucho a la del hielo.

Esta investigación no tardó en llamar la atención del Gobierno, que se asoció con GE para investigar la viabilidad de la siembra de nubes para producir lluvia en regiones áridas y para debilitar los huracanes. [...]

En la naturaleza, la precipitación se forma cuando diminutas gotas de agua (de tamaño inferior al diámetro de un cabello humano) suspendidas en el interior de las nubes crecen lo suficiente en volumen como para caer sin evaporarse. Estas gotas crecen al colisionar y unirse con las gotas vecinas, ya sea por congelación en partículas sólidas con estructuras cristalinas similares al hielo, conocidas como núcleos de hielo, o por atracción en motas de polvo o sal, conocidas como núcleos de condensación.

La siembra de nubes potencia este proceso natural inyectando núcleos adicionales en las nubes, aumentando así el número de gotas que crecen lo suficiente como para caer en forma de gotas de lluvia o de copos de nieve, dependiendo de las temperaturas del aire dentro y debajo de la nube. [...].

1 **Reflexiona e investiga para responder a las siguientes preguntas:**

- **a.** ¿Qué crees que quiere decir el título con "Explicación de la modificación del clima"?
- **b.** ¿Cuál es la estructura del yoduro de plata?
- **c.** Investiga sobre lugares en los que se ha llevado a cabo la siembra de nubes y con qué finalidad en cada caso.
- **d.** Investiga si el yoduro de plata es soluble en agua o no.
- **e.** Busca cómo actúa el yoduro de plata en el proceso y cuáles son sus efectos nocivos según sus propiedades.
- **f.** ¿Crees que la siembra de nubes puede suponer un dilema ético?

La importancia de la química

La gota: una enfermedad predominantemente masculina

Es una dolencia que afecta principalmente a los varones a partir de los cuarenta años, mientras que en las mujeres es mucho menos frecuente.

En el cuerpo humano, a través de la sangre, se transportan, por una parte, el oxígeno desde los pulmones y, por otra, los nutrientes desde el aparato digestivo a todas las células. A la par, se transportan también el dióxido de carbono y los productos de desecho generados. En los riñones se filtra esta disolución, proporcionando la orina, que permite eliminar las sustancias no deseadas. La presencia en estas disoluciones de solutos que no deberían aparecer, o en concentraciones diferentes a las esperadas, puede ser un indicativo de envenenamiento o enfermedades.

La enfermedad que nos ocupa, la gota, se debe a la existencia de altos niveles de ácido úrico en la sangre (hiperuricemia). Si la concentración en sangre de dicho ácido supera la solubilidad del compuesto, se formará una disolución sobresaturada. El ácido úrico cristaliza como urato de sodio en forma de agujas. Estos cristales aparecen en cartílagos, tejidos blandos o riñones, provocando los dolorosos "ataques de gota" que sufrieron reyes como Enrique VIII, Felipe II o Carlos V, personalidades como Benjamín Franklin e incluso papas como Inocencio XI.

Para prevenir los ataques de gota se debe llevar una dieta y hábitos de vida saludables que conduzcan a disminuir la concentración del ácido úrico en sangre. Esto se puede lograr bebiendo más agua, ya que, al aumentar la cantidad de disolvente, la disolución está más diluida, o bien disminuyendo la ingestión de ciertos alimentos como el marisco, algunas carnes y pescados, setas y, sobre todo, el alcohol. Si fuese necesario, existen medicamentos que impiden el retorno del ácido úrico a la sangre o que bloquean su producción.

Más frecuentes que los cálculos renales de ácido úrico son los de calcio, en forma de fosfatos u oxalatos. Al igual que en el caso anterior, se deben a una concentración de los iones superior a la solubilidad de la sal. En este caso se debe reducir el consumo de alimentos ricos en calcio, fosfato u oxalato. La química de la nutrición es fundamental para el bienestar de los individuos.

Los cálculos renales, al avanzar por el tracto urinario, pueden provocar dolor, dificultad para orinar y hematuria (sangre en orina). En ocasiones, su gran tamaño impide que se expulsen de forma natural, por lo que se recurre al uso de ultrasonidos (litotricia) para fragmentarlos y posibilitar su expulsión.

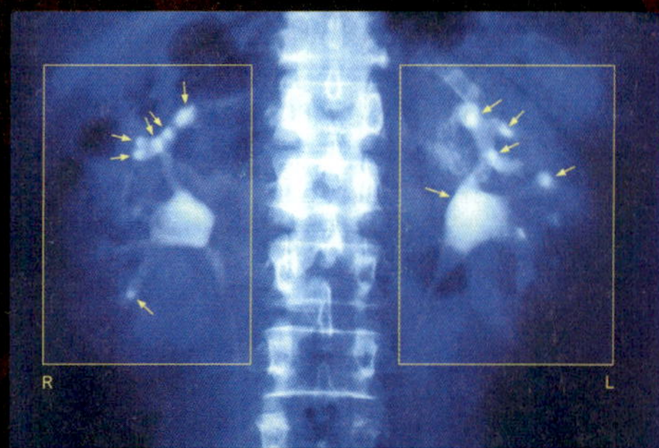

1 Busca información sobre la relación que existe entre la diabetes y la composición de la orina.

2 ¿Cuánta agua se considera que debe beber un ser humano diariamente?

3 Si la solubilidad del ácido úrico en la sangre es de 7 mg/100 mL, ¿qué pasaría si la concentración descendiese hasta los 6 mg/dL?

4 ¿Por qué crees que la gota en la Edad Media era una enfermedad asociada a las clases pudientes?

1.3 Modelos atómicos

¡EMPEZAMOS!

¿Es continua la materia?

Para el ser humano es más lógica la idea de que la materia es continua que mantener la existencia de "huecos" entre las partículas que forman un cuerpo.

Piensa en un vaso que se llena con agua. A nivel macroscópico no observamos vacíos (el líquido ocupa todo el vaso), pero ¿y si pudiéramos observarlo a nivel de la estructura íntima de la materia?

La idea aristotélica de continuidad de la materia se mantuvo cerca de dos mil años, hasta que, en 1808, **John Dalton** establece su teoría atómica. Según dicha teoría, la materia es discreta y está formada por unas partículas indivisibles e inalterables a las que denominó **átomos**. Esta teoría es admitida hasta mediados del siglo XIX, cuando, a través de experimentos con la electricidad, se demuestra la **divisibilidad del átomo**.

Pero, si el átomo es divisible y está formado por el mismo tipo de partículas, ¿por qué los átomos de los elementos presentan propiedades tan dispares?

- ¿Cuáles son los postulados de la teoría atómica de Dalton?
- ¿Qué son los isótopos? ¿Tienen alguna utilidad?
- ¿Crees que es importante conocer las últimas partículas que forman la materia? ¿Por qué?

¡VAMOS A APRENDER!

1. Participar en las puestas en común de clase.
2. Conocer los diferentes modelos atómicos y sus limitaciones.
3. Identificar y caracterizar las partículas subatómicas.
4. Diferenciar entre nivel energético, subnivel y orbital.
5. Conocer usos no beligerantes de los isótopos radiactivos.
6. Ser capaz de adoptar distintas perspectivas desde una mirada intercultural.

NUESTRO RETO

¿Pueden los radioisótopos ayudar a la humanidad?

Los radioisótopos pueden causar efectos nocivos en los seres vivos, pero ¿pueden ser útiles?

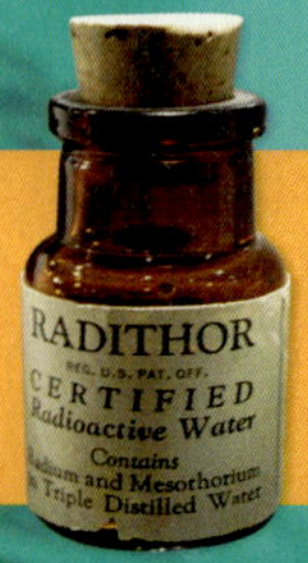

¡Vamos allá!

1 ¿Cómo es la estructura interna del átomo?

Las partículas subatómicas

1 Interpreta lo que ocurre. ¿Qué descubrieron J. Thomson y E. Rutherford?

Los experimentos de **J. Thomson** en 1897 con tubos de vacío demuestran que el átomo tiene naturaleza eléctrica.

Al conectarlo a una fuente, se ven destellos al otro lado del tubo. Los rayos viajan desde el cátodo (–) y se dirigen en línea recta al ánodo (+).

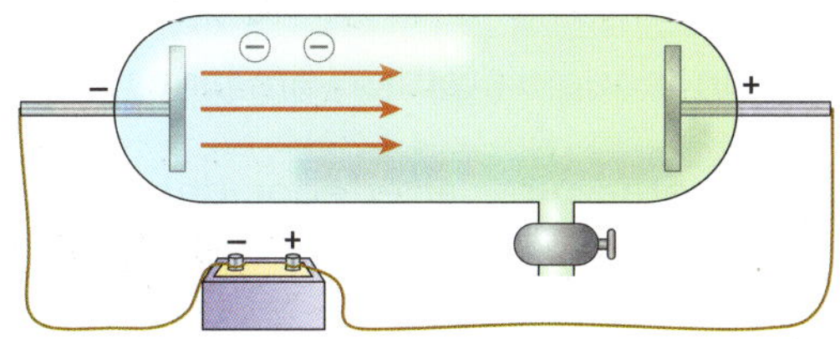

a. ¿Qué carga tienen estas partículas? ¿Cuál es su nombre?

En 1918, **E. Rutherford** bombardeó con partículas α (+) una lámina de oro y pudo concluir que en los átomos existía una zona muy pequeña responsable de que las partículas alfa se desviasen o incluso rebotasen cuando pasaban cerca de ella.

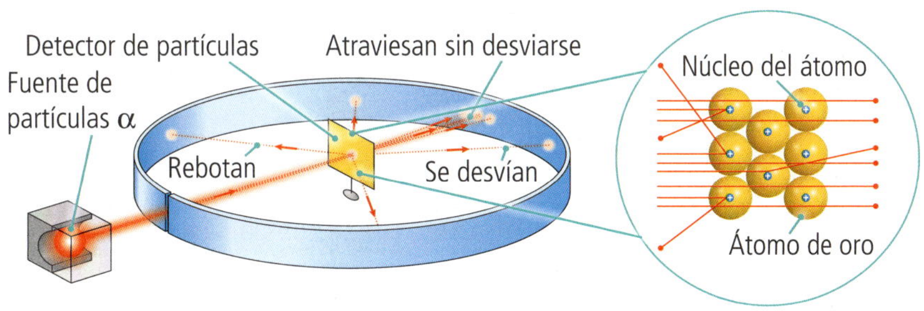

b. ¿Qué partículas forman esa pequeña zona del átomo? ¿Cuál es su carga?

Las partículas subatómicas son las siguientes:

Partícula	Descubierta por	Símbolo	Carga electrica (C)	Masa (kg)
Electrón	J. Thomson	e^-	$-1{,}602 \cdot 10^{-19}$	$9{,}109 \cdot 10^{-31}$
Protón	E. Rutherford	p^+	$+1{,}602 \cdot 10^{-19}$	$1{,}673 \cdot 10^{-27}$
Neutrón	J. Cadwick	n	Nula	$1{,}675 \cdot 10^{-27}$

¿Cómo representamos una especie química?

Número másico: número de **nucleones** (p^+ + n) — A

Número atómico: número de p^+. Caracteriza al elemento. — Z

$^{A}_{Z}X^{\text{carga}}$

carga — Exceso de carga de un **ion** (2+, 3–…)

X — **Símbolo** del elemento

isótopos: átomos del mismo elemento con distinto número de neutrones.

2 Actividad resuelta

Calcula el número de partículas subatómicas que posee el ion litio si $Z = 3$ y $A = 7$.

$A = Z + n$

El catión Li^+: n.º $p^+ = Z = 3$; n.º n $= A - Z = 4$ y, al ser un ion, n.º $e^- = Z -$ carga $= 2$

2 ¿Cómo se distribuyen los electrones por capas?

Comprender lo que no vemos a través de lo que vemos

TALLER

Paso 1 Observa nuestro sistema planetario y fíjate en las órbitas de los planetas alrededor del Sol.

Paso 2 Construye un modelo atómico similar a nuestro modelo planetario.

3 ¿Pueden los planetas girar alrededor del Sol a cualquier distancia?

4 ¿Qué ocurriría si la Tierra girara fuera de su órbita?

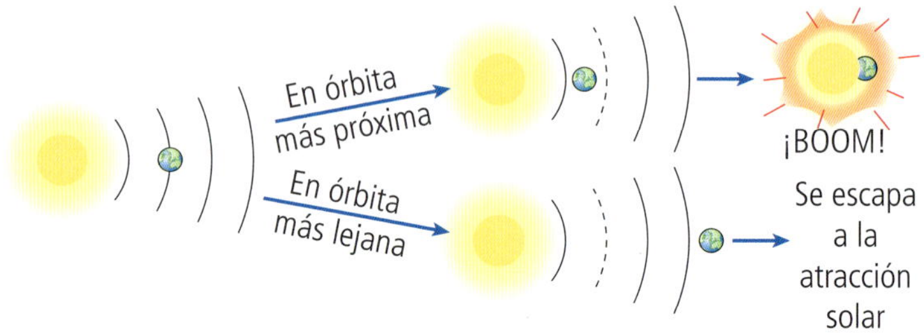

En el **modelo atómico de Rutherford,** los electrones giran alrededor del núcleo como los planetas giran alrededor del Sol. El átomo consta de dos partes:

Corteza: giran los electrones

↓

La mayoría de las partículas alfa atraviesan la lámina de oro y no se desvían.

↓

El átomo está casi vacío.

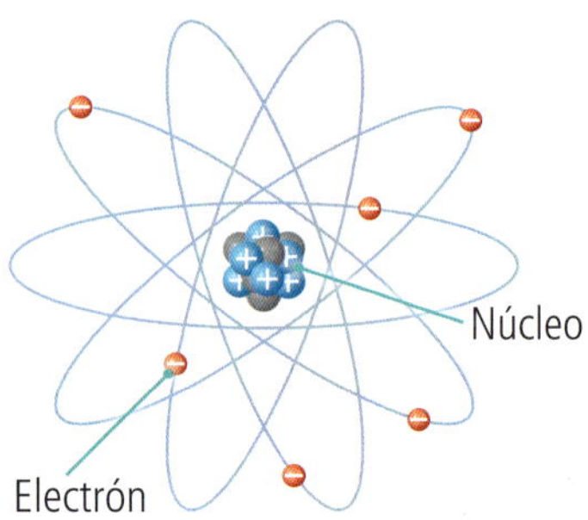

Núcleo: están los protones y neutrones

↓

Algunas partículas alfa son desviadas y muy pocas rebotan.

↓

En el núcleo se centra la **masa** y la **carga positiva**.

Para Rutherford, los electrones podían girar a cualquier distancia del núcleo. Esto era un inconveniente, ya que el electrón describiría órbitas cada vez más pequeñas (las cargas eléctricas en movimiento emiten radiación y pierden energía) y acabaría colapsando contra el núcleo.

Dado que el modelo de Rutherford no es capaz de explicar esta cuantización de la energía (órbitas), se abandona y en 1913 Niels **Bohr** plantea su **modelo atómico**:

Primer postulado	Segunso postulado	Tercer postulado
Los electrones giran en órbitas circulares permitidas **sin emitir energía**.	**Solo** son posibles **ciertas órbitas** para el electrón (niveles de energía, *n*). *n* =1, 2, 3, 4, … (K, L, M, N, …)	Los átomos pueden **intercambiar energía** con el exterior al pasar el electrón de una órbita permitida a otra. **Absorben** energía si pasan de una órbita interna a otra externa y la **ceden** si pasan de externa a interna.

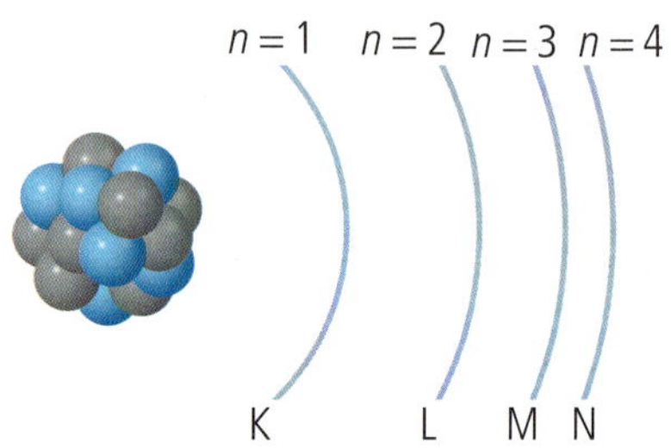

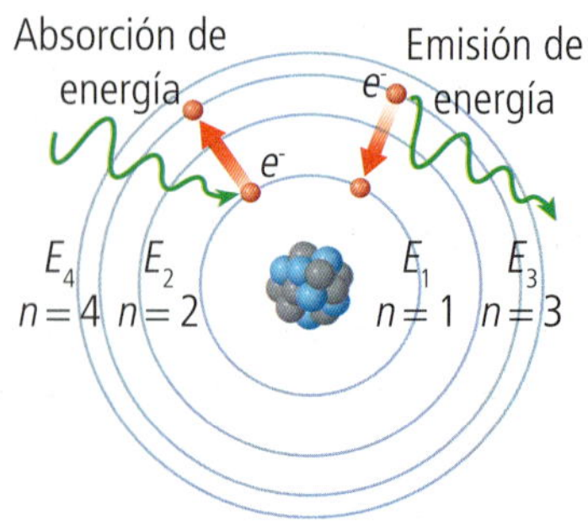

Relación entre el volumen atómico y la distribución electrónica

Como no todas las órbitas tienen el mismo radio, no podrán alojar el mismo número de electrones. El **número máximo de electrones** que pueden coexistir en un mismo nivel energético viene dado por **2** n^2. Por ejemplo: $n = 2$ tendrá 8 electrones como máximo.

5 **Interpreta lo que ocurre.** **¿Cómo se disponen los electrones en un átomo?**

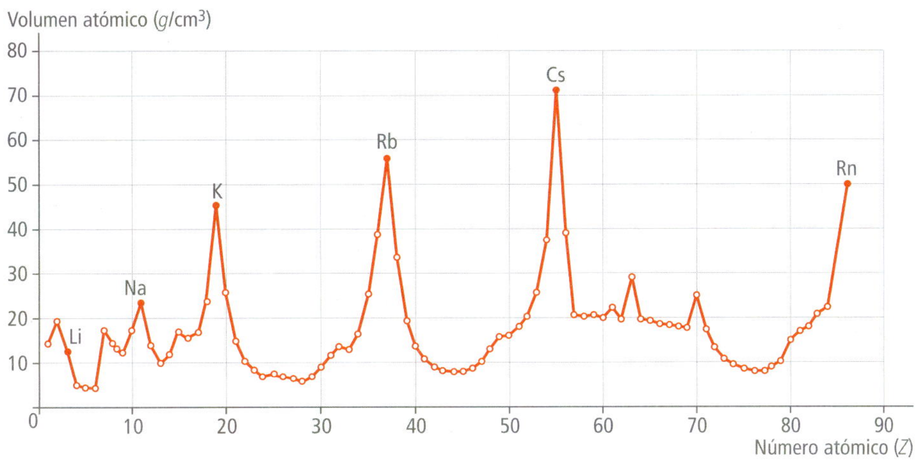

Los máximos de la gráfica se corresponden con los elementos de números atómicos 3, 11, 19, 37...

Además, entre estos valores, conforme aumenta en una unidad *Z*, el volumen va variando.

Primero disminuye y luego va aumentando hasta alcanzar un nuevo máximo.

Fijándonos en el número máximo de electrones que puede albergar un nivel energético ($2n^2$), podemos saber la disposición de los electrones en el átomo.

Al pasar del helio al litio ($Z = 3$), el último electrón no puede entrar en el primer nivel energético, ya que este está completo. Por ello, se empieza a ocupar el nivel $n = 2$, que está más alejado del núcleo que el primero, de ahí que el volumen atómico aumente.

Ahora, cada vez que entra un nuevo electrón, este lo hará en el segundo nivel hasta llenarlo, lo que se consigue con el gas noble neón ($Z = 10$). Al pasar de $Z = 10$ a 11, se repite la situación, pero ahora el electrón entra en el tercer nivel energético ($n = 3$).

Por ejemplo, la distribución electrónica del berilio ($Z = 4$), la del magnesio ($Z = 12$) y la del calcio ($Z = 20$) serían:

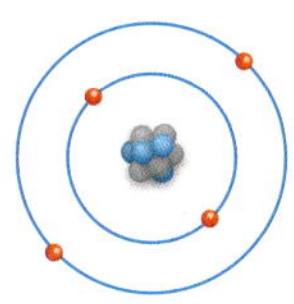

4 electrones colocados en capas:
Be: (2, 2)

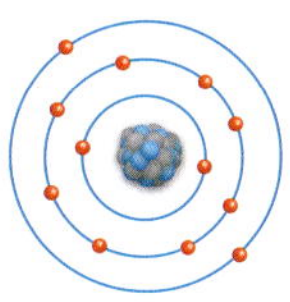

12 electrones colocados en capas:
Mg: (2, 8, 2)

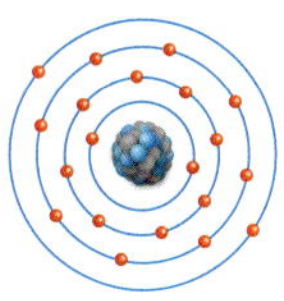

20 electrones colocados en capas:
Ca: (2, 8, 8, 2)

¿Qué sabías ya sobre este tema?

6 **Una especie química A de carga –2 posee 16 protones y 16 neutrones.**

a. Representa dicho ion.

b. Indica el número de electrones que posee y utiliza la tabla periódica para decir de qué elemento se trata.

c. Dibuja la distribución electrónica por capas del átomo neutro.

7 **Dos isótopos estables del carbono son: carbono-12 (*A* = 12) y carbono-13 (*A* = 13). Indica el número de protones, neutrones y electrones de cada uno.**

3 ¿Cómo justificar la existencia de niveles y subniveles de energía?

Los niveles y subniveles de energía

8 **Interpreta lo que ocurre. Uno de los motivos de la contaminación lumínica de las ciudades son los tubos de neón. Los hay de multitud de colores, pero ¿sabrías explicar a qué se debe la diferencia de color?**

Al excitar un átomo de un elemento químico por una descarga eléctrica, como en los tubos de neón, o por altas temperaturas, como sucede en los fuegos artificiales, aparecen luces de diferentes colores.

Estas "luces" se deben al **retorno del electrón del átomo excitado a su estado fundamental**. Los colores que se observan son propios de cada elemento. El sodio proporciona un color amarillo; el litio, rojo; el potasio, violeta, etc.

Mediante los postulados de Bohr se pueden explicar los siguientes hechos:

Los tubos de neón no emiten luz cuando están desconectados. → **Primer postulado** → Los electrones pueden girar en determinadas órbitas circulares alrededor del núcleo **sin emitir energía** en forma de radiación.

El segundo postulado afirma que solamente son posibles algunas órbitas para el electrón, lo que nos lleva a justificar la existencia de **niveles de energía (*n*)**.

Los tubos de neón emiten luz cuando se realiza una descarga eléctrica. → **Tercer postulado** → Los electrones pasan a un nivel superior si **absorben energía** y **emiten** la diferencia de energía cuando vuelven a su nivel inicial.

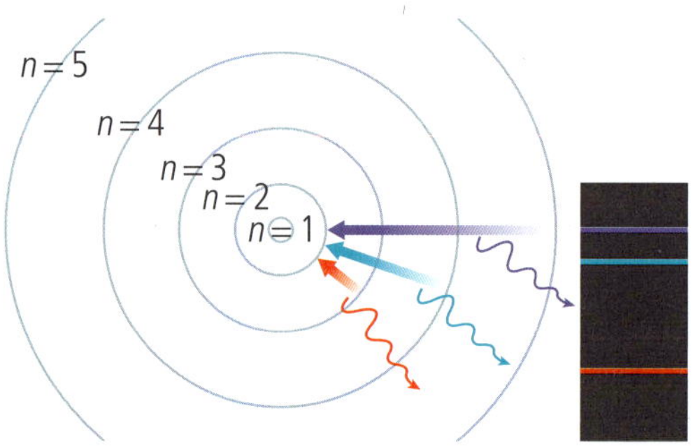

$$\Delta E = E_{n(i)} - E_{n(f)}$$

Siempre que sea el mismo elemento y los mismos niveles entre los que se mueve el electrón, la energía absorbida coincide con la emitida:

$$E_{absorbida} = E_{emitida}$$

Podemos decir que la radiación visible emitida por cada uno de los gases encerrados en los tubos de neón posee **diferente energía**; de ahí que sea de **diferente color**.

La relación entre la energía y el color se aprecia en el **espectro continuo de la luz blanca**.

Mayor *E* ← Menor *E*

El color es diferente porque el electrón que promociona se encuentra en un nivel energético diferente. En el caso del hidrógeno n = 1, si se trata de neón n = 2 y en el argón n = 3; según se deduce de sus distribuciones electrónicas por capas. Por ello no intercambiarán la misma energía y el color de la radiación emitida será variable.

Los espectros atómicos de emisión

TALLER

De la luz de colores al espectro atómico de emisión. Si observamos la luz emitida por los gases con ayuda de un prisma, ¿qué veremos?

Paso 1 La luz que emite un tubo fluorescente, previamente calentado mediante descarga eléctrica, se hace pasar a través de un prisma.

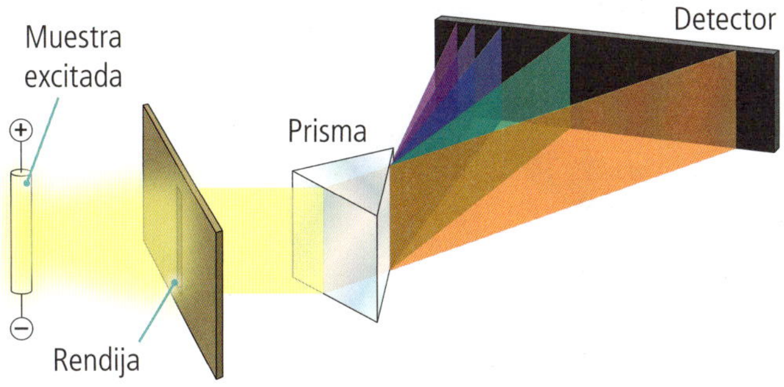

Paso 2 Observa la imagen que se obtiene sobre una pantalla o película fotográfica. ¿Qué significado tienen las líneas?

La luz emitida por los gases excitados se descompone en una serie de líneas de diferentes colores. Es el **espectro de emisión** de cada elemento, que constituye su **huella dactilar**: la posición de cada raya es característica de cada sustancia.

Cada línea del espectro corresponde a un salto electrónico entre unos niveles energéticos concretos. De igual modo que un libro solamente puede estar en uno de los estantes disponibles, los electrones solo pueden ocupar determinadas órbitas (niveles de energía).

Pero ¿cómo explicar la multiplicidad de algunas líneas espectrales que aparecían al trabajar con **átomos polielectrónicos**?

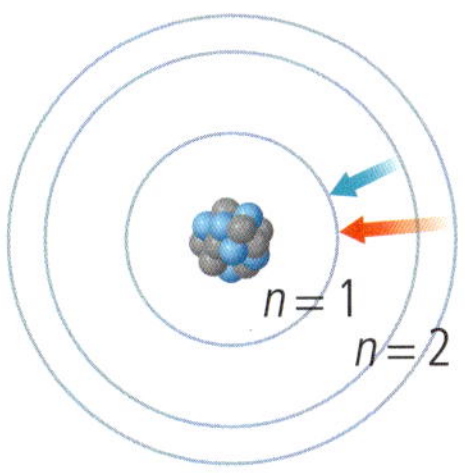

La transición entre $n = 1$ y $n = 2$ tiene dos posibilidades, dando lugar a dos líneas espectrales.

El modelo atómico de Bohr no es capaz de explicar la multiplicidad de las líneas espectrales ni los **desdoblamientos** que sufren algunas líneas. Esto supone el abandono de su modelo.

9 Actividad resuelta

El esquema adjunto representa el proceso en el que un electrón absorbe energía pasando a un nivel energético mayor.

a. **¿Podría ser el átomo de Rutherford? ¿Por qué?**

b. **¿Qué sucederá si la radiación que absorbe el electrón posee una energía superior al primer nivel, pero inferior al segundo?**

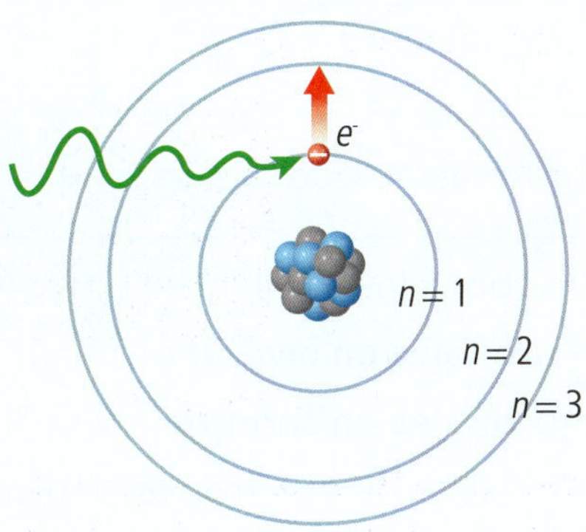

a. No. En el átomo de Rutherford, el electrón se puede mover a cualquier distancia del núcleo, por lo que no hay niveles de energía u órbitas permitidas.

b. No sucederá nada. El electrón no se moverá de su órbita, ya que la radiación lo llevaría a una órbita prohibida.

4 El modelo atómico actual

El modelo mecanocuántico

El modelo atómico de Bohr no es capaz de explicar por qué el electrón, al girar en las órbitas permitidas, no irradia energía, ni los desdoblamientos de las líneas espectrales. Por ello, tras sufrir diferentes modificaciones, como la de **Bohr-Sommerfeld**, es abandonado.

En los modelos actuales, el concepto de átomo poco tiene que ver con los estudiados hasta el momento. Una de las hipótesis en las que se basa el modelo mecanocuántico es la dualidad onda-corpúsculo.

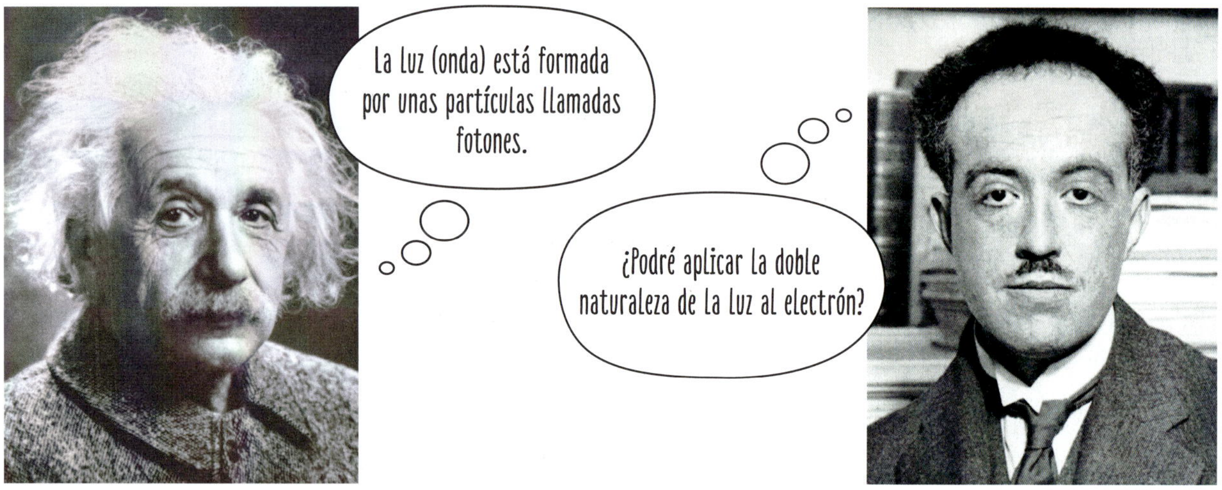

A. Einstein

L. de Broglie

En 1929, **Louis de Broglie** recibe el Premio Nobel de Física por dar respuesta a esa pregunta. Toda partícula en movimiento lleva asociada una onda (**hipótesis dualidad onda-corpúsculo**).

En 1926, **Schrödinger** describe el **comportamiento ondulatorio del electrón**. A partir de este momento, se deja de hablar de órbita para hablar de **orbital**. Es decir, se pasa de una trayectoria real del electrón a una zona en la que la probabilidad de encontrar al electrón es muy alta.

Al solucionar la ecuación de onda de Schrödinger, surgen los cuatro **números cuánticos**, que identifican a un electrón en un orbital: **(n, l, ml, ms)**.

Número cuántico	Nombre	Posibles valores	Significado	Caracteriza
n	Principal	1, 2, 3, 4...	**Nivel** de energía	Nivel energético **(n)**
l	Secundario	Desde 0 hasta (n–1)	**Subnivel** de energía y **forma** del orbital	Subnivel energético **(n, l)**
m_l	Magnético	Desde $-l$ hasta $+l$	**Número de subniveles** de cada tipo	Orbital **(n, l, m_l)**
m_s	Espín	+1/2, –1/2	**Sentido de giro del electrón** sobre sí mismo	Electrón **(n, l, m_l, m_s)**

La información que se puede extraer de los números cuánticos es la siguiente:

n.º **subniveles** en un nivel energético = n
n.º **orbitales en nivel** energético = n^2
n.º **orbitales en subnivel** = $2l + 1$
n.º máximo de **electrones en nivel** energético = $2n^2$
n.º máximo de **electrones en subnivel** = $2(2l + 1)$

$l = 0$	Subnivel ***s***
$l = 1$	Subnivel ***p***
$l = 2$	Subnivel ***d***
$l = 3$	Subnivel ***f***

Los números cuánticos y los desdoblamientos de las líneas espectrales

Los **desdoblamientos** de algunas líneas espectrales se explican mediante la existencia de **subniveles de energía**, definidos por el número cuántico *l*.

TALLER

Supongamos que excitamos un átomo pasando su electrón de valencia del primer al segundo nivel energético y observamos posteriormente su espectro de emisión.

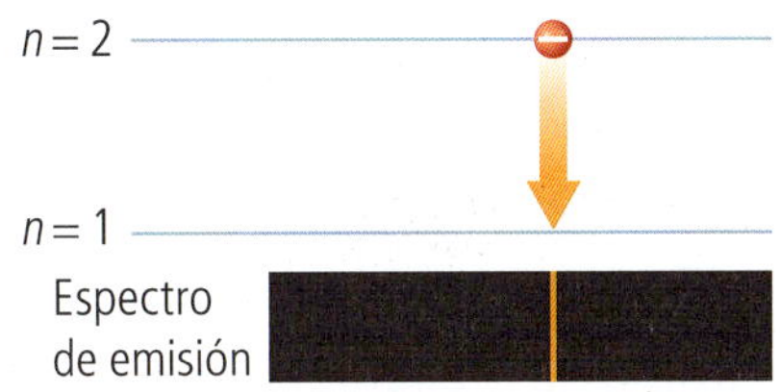

Paso 1 Siguiendo el **modelo atómico de Bohr**, dibuja el espectro de emisión correspondiente al paso del electrón de la segunda órbita a la primera.
Aparece **una única línea**, desde $n = 2$ hasta $n = 1$.

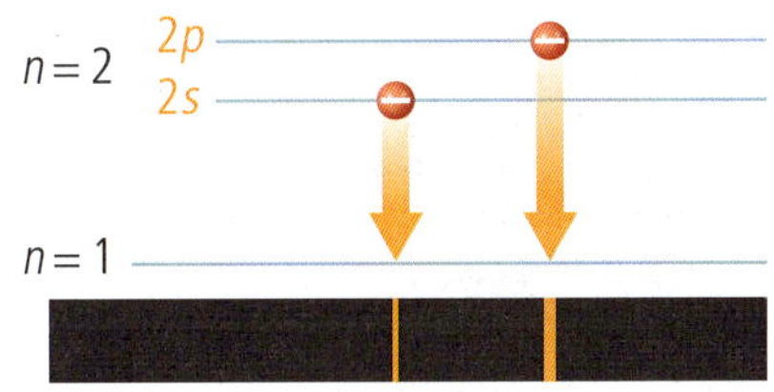

Paso 2 Dibuja el espectro de emisión según el **modelo mecanocuántico**.
Si $n = 2$, existen dos subniveles de energía: $l = 0$ y 1 (hasta n–1)

$l = 0$ (orbital *s*) y $l = 1$ (orbital *p*)

La existencia de subniveles (*s* y *p*) en el segundo nivel energético ($n = 2$) posibilita dos saltos a $n = 1$: desde 2*s* y desde 2*p*. Por ello, la única línea que se explica según Bohr se desdobla en **dos líneas**.

Los dos subniveles pertenecen al mismo nivel energético, pero no poseen la misma energía; la del 2*p* es algo mayor que la del 2*s*. La energía la da el valor de $n + l$.

Paso 3 Dibuja ahora el espectro de emisión teniendo en cuenta que en el subnivel 2*p* hay tres orbitales ($m_l = -1, 0, 1$).

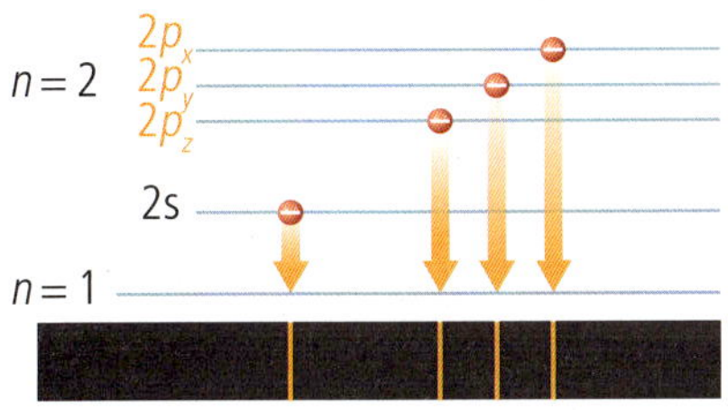

La línea correspondiente al salto entre el subnivel 2*p* y el 1s se desdoblará dando lugar a un triplete.

Ahora la línea de Bohr se desdobla en **cuatro líneas** espectrales.

Paso 4 Dibuja el espectro de emisión teniendo en cuenta los dos posibles valores para el número cuántico de espín (+1/2, –1/2).

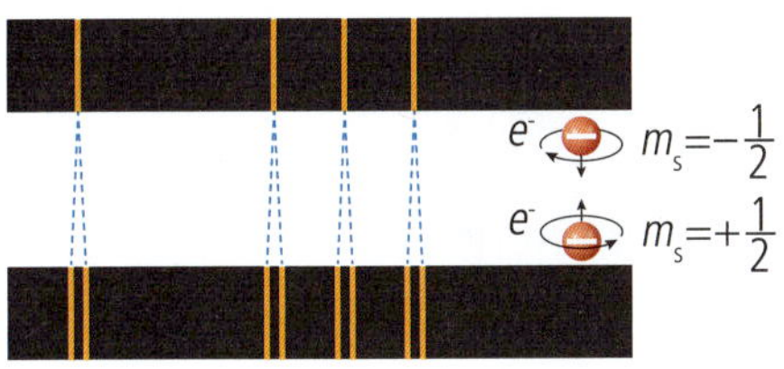

Todas las líneas espectrales se desdoblan en dos (dobletes), y el resultado final son **ocho líneas** donde Bohr proponía solamente una.

10 Actividad resuelta

Indica y caracteriza el número de subniveles y orbitales que hay en el segundo nivel energético, así como el número máximo de electrones que pueden alojarse.

Como $n = 2$, $l = 0$ (*s*) y 1 (*p*) y $m_l = -1, 0, 1$
N.º de subniveles = n = 2. Subniveles 2*s* (2, 0) y 2*p* (2, 1).
N.º de orbitales = n^2 = 4: un orbital 2*s* (2, 0, 0) y 3 orbitales 2*p*: (2, 1, –1), (2, 1, 0) y (2, 1, –1).
N.º máximo de electrones = $2n^2$ = 8. Cada orbital aloja como máximo 2 e^- con espines desapareados; esto es, +1/2, –1/2.

5 ¿Cómo predecir la configuración electrónica de un átomo?

Diagrama de Möller

Se denomina configuración electrónica a la **disposición más estable** de los electrones alrededor del núcleo atómico.

De todas las posibles configuraciones electrónicas, la más estable es la que se corresponde con la de los **gases nobles,** y es aquella que posee todos los **orbitales llenos**. En todo caso, los electrones se distribuyen ocupando los subniveles **por orden creciente de energía**.

- Para átomos hidrogenoides, el nivel energético viene dado por n.
- Para átomos polielectrónicos, el nivel energético viene dado por $n+l$.

En aquellos que poseen el mismo valor de $n+l$ tendrá menor energía el que posee menor valor de n.

El **diagrama de Möller** es una guía que permite obtener la configuración electrónica de un átomo.

El número simboliza el **nivel**

2*s*

La letra es el **subnivel**

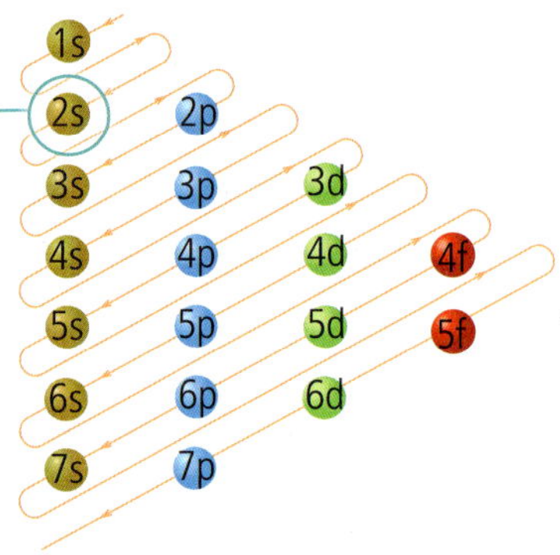

Se sigue la dirección de la flecha hasta colocar todos los electrones que posee el átomo.

Para el litio (Z = 3) la configuración es: $1s^2\ 2s^1$ → El superíndice el **número de electrones** que posee el subnivel.

N.º máximo de e⁻ por subnivel:
s: 2 e⁻ ***d***: 10 e⁻
p: 6 e⁻ ***f***: 14 e⁻

11 Actividad resuelta

El sodio es un metal blando que se puede cortar con tijeras o incluso hacer hilos. Si su número atómico es 11, establece su configuración electrónica en:

a. Su estado fundamental. **b.** Un estado excitado.

a. Al ser un átomo neutro, el número de e⁻ coincide con Z. Al estar en el estado fundamental, los subniveles energéticos se llenan siguiendo el diagrama de Möller. Así, su configuración electrónica es: $1s^2\ 2s^2\ 2p^6\ 3s^1$ o en su forma reducida [Ne] $3s^1$.

b. En un estado excitado, el último electrón pasa a ocupar subniveles de mayor energía sin estar completos los anteriores. La configuración de un posible estado excitado podría ser: [Ne] $4p^1$.

12 **Indica cuáles de las siguientes configuraciones electrónicas se corresponden con estados excitados del átomo y cuáles no son posibles:**

a. $1s^2\ 2s^2\ 2p^5$

b. $1s^2\ 2s^2\ 2p^6\ 3s^2\ 3p^7$

c. $1s^2\ 2s^2\ 2p^6\ 3s^2\ 3p^6\ 4s^2$

d. $1s^2\ 2s^1$

e. $1s^2\ 2s^2\ 2p^6\ 3s^2\ 3p^6\ 4s^2\ 3d^{10}\ 5p^4$

f. $3s^1$

13 **Indica los valores de (n, l, m_l, m_s) del último electrón que completa la configuración electrónica, en su estado fundamental, de un elemento de número atómico 19.**

14 **Basándote en la configuración electrónica del magnesio (Z = 12), razona la estabilidad del catión +2.**

NUESTRO RETO ¿Pueden los radioisótopos ayudar a la humanidad?

Investigación sobre los radioisótopos

¿La física o la química mejoran la vida del individuo?

La radiactividad puede facilitar la vida al ser humano. Es este el que decide hacer un uso responsable o no de todo cuanto existe. En todo caso, habrá que buscar medios de protección y valorar la relación beneficio-peligrosidad a la hora de usarla.

No todos los elementos poseen el mismo número de isótopos, ni todos los isótopos poseen la misma estabilidad. Dependiendo del número de protones que posea su núcleo, el isótopo será estable o inestable (radioisótopo).

Los **radioisótopos** son átomos inestables que espontáneamente **emiten radiación**, de ahí sus usos en diferentes campos (agricultura, industria, fuente de energía, medicina...). Su peligrosidad varía en función de la energía asociada a la radiación emitida.

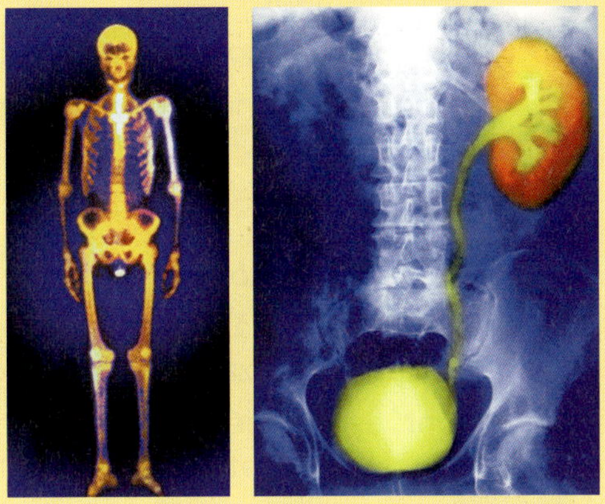

El Tc-99 se emplea en las gammagrafías óseas y el I-123 en las urografías.

En 1948 Maria Goeppert-Mayer desarrolla el **modelo de capa nuclear** para explicar la diferente estabilidad de los isótopos. En este modelo, los nucleones se distribuyen en capas según su nivel de energía, como lo hacían los electrones. Esta distribución conduce a una situación energéticamente favorable (isótopo estable) o desfavorable (radioisótopo).

Paso 1

Analiza los diferentes campos en los que tienen utilidad los radioisótopos haciendo un pequeño esquema. Céntrate en las aplicaciones dentro de la medicina.

Paso 2

¿Qué medidas de protección se deben tomar? Como es lógico, no son las mismas para un paciente que recibe la dosis esporádicamente que para un trabajador que constantemente está expuesto a la radiación.

1. **CONTRASTAMOS JUNTOS.** Pon en común los trabajos realizados, valorando todas las aportaciones. Entabla una conversación con tus compañeros sobre el tema.
2. **PLANTEAMOS JUNTOS.** En 1963 la científica Maria Goeppert-Mayer recibe el Premio Nobel de Física. Un periódico local titula la noticia: "Una madre de San Diego gana el Premio Nobel". Ahonda en su biografía y comenta esta frase de la segunda mitad del siglo XX.
3. Una vez realizado el estudio empleando un radioisótopo, el paciente seguirá siendo activo. ¿Qué crees que significa esto?
4. Compara los períodos de semidesintegración de los diferentes isótopos radiactivos empleados en medicina con los del polonio y el radio con los que trabajó Marie Curie y que le provocaron la muerte.

¿Cómo te ha ido el reto? Entra y haz tu valoración

EN RESUMEN

Las partículas subatómicas

- **Electrón** (carga negativa), **protón** (carga positiva) y **neutrón** (sin carga).
- **Número atómico (*Z*)**: número de protones que posee un átomo y es característico de cada elemento.
- **Número másico (*A*)**: suma de los nucleones (protones y neutrones). $A = Z + n$
- **Isótopos**: átomos del mismo elemento (misma *Z*) con diferente *A*.

Modelos atómicos

- **Thomson**: el átomo es una pequeña esfera cargada positivamente con los e^- incrustados.
- **Rutherford**: el átomo consta de un núcleo donde se concentra la carga positiva y la masa y de una corteza donde están girando los electrones.
- **Bohr**: es también un modelo nuclear que considera que los electrones giran alrededor del núcleo a determinadas distancias, sin intercambiar energía con el exterior.
- **Mecanocuántico**: describe los electrones mediante funciones de onda. Habla de orbitales como las zonas de alta probabilidad de encontrar al electrón.

Números cuánticos y configuración electrónica

- **Números cuánticos (n, l, m_l, m_s)**: identifican a un electrón en un orbital.
- **Configuración electrónica**: disposición más estable de los electrones alrededor del núcleo.

PRACTICAMOS

1 Copia, completa y amplía el siguiente mapa mental.

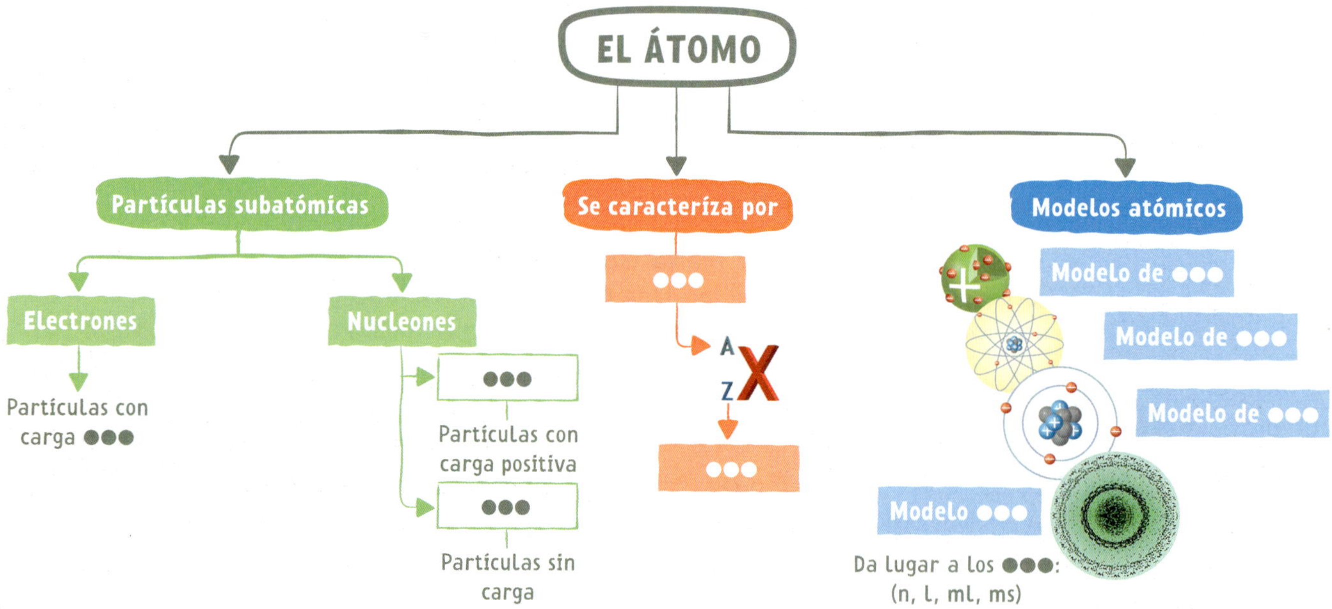

2 Se tienen tres átomos, A, B y C, que poseen:

Átomo	n.º p^+	n.º e^-	n.º n
A	17	18	20
B	17	17	18
C	16	16	16

a. Representa las especies químicas.

b. ¿Cuáles son isótopos entre sí?

c. ¿Cuál tendrá mayor masa? ¿Por qué?

3 Un objeto es del color de la radiación que refleja. Así, el color verde de las plantas se debe a que refleja la luz de esta zona del espectro y absorbe los demás colores. Basándote en esto, di cómo sería su espectro atómico de absorción si se ilumina con luz blanca. ¿Y si se tratase de una flor de Pascua?

4 Indica qué representa cada una de las combinaciones de números cuánticos:

a. (3, 2, 0)

b. (2, 1, –1, +1/2)

c. (1, 0)

d. (3, 2, –2)

5 Toda carga en movimiento genera un campo magnético. Así, los electrones, al girar alrededor de su eje, crean un polo norte o un polo sur dependiendo de que su sentido de giro sea uno o el contrario. ¿Crees que tiene esto algo que ver con que en un orbital no pueda haber más de dos electrones? ¿Qué valores debe tener el número cuántico de espín si los electrones están apareados? ¿Y si están desapareados?

6 Realiza una comparación entre el modelo mecanocuántico y el modelo atómico de Borh, destacando las semejanzas y diferencias entre ellos. Explica, a su vez, la diferencia entre órbita y orbital.

7 Explica por qué, cuando un átomo se transforma en un ion, no varía su masa y sí lo hace en las desintegraciones radiactivas.

8 Se dice que los orbitales son degenerados si poseen la misma energía. ¿Podrías poner algún ejemplo?

9 Los isótopos son átomos que poseen el mismo número atómico y diferente número másico. Calcula el número de partículas subatómicas de:

$^{234}_{92}U$ $^{235}_{92}U$ $^{238}_{92}U$

10 Indica la carga de los siguientes átomos para que alcancen la configuración electrónica del gas noble más próximo (regla del octeto): cloro, oxígeno, litio, calcio y carbono.

11 Representa en su estado fundamental un átomo de boro que posee 6 neutrones y cuyo número atómico es 5.

a. Según el modelo de Thomson.

b. Según el modelo de Rutherford.

c. Según el modelo de Bohr.

12 El agua pesada se emplea en los reactores nucleares como moderador y refrigerante. Químicamente es el óxido de deuterio, isótopo del hidrógeno que posee un neutrón.

a. Indica el número de partículas subatómicas que posee el deuterio.

b. ¿Crees que tendrá la misma densidad que el agua normal? ¿Por qué?

c. Si hicieras hielo con agua deuterada, ¿crees que flotaría en el agua "ligera"?

13 Los colores de los fuegos artificiales dependen del elemento que contengan.

Basándote en las configuraciones electrónicas del sodio, estroncio, rubidio y selenio, justifica la diferente coloración.

14 Un átomo de un elemento que interviene en la transmisión del impulso nervioso presenta la siguiente configuración electrónica: $1s^2 2s^2 2p^6 3s^2 3p^6 4s^1$.

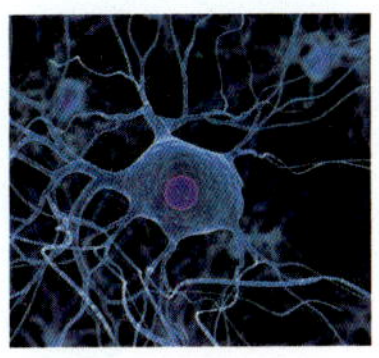

a. Caracteriza su último electrón.

b. ¿Qué ion dará con mucha facilidad? ¿Por qué?

Mis competencias — Autoevaluación

1.4 Configuración electrónica y tabla periódica

¡EMPEZAMOS!

¿Qué significa la tabla periódica para un químico?

El interés por encontrar las partículas últimas que forman todo cuanto existe en el universo ha estado presente a lo largo de la Historia del ser humano. A principios del s. XIX, el número de elementos que se conocían era tan elevado que se hizo necesario organizarlos de alguna forma.

Así, surgieron las primeras clasificaciones periódicas: **J. J. Berzelius** dividió los elementos en metales y no metales, **J. W. Döbereiner** los ordenó en tríadas, **A. E. Béguyer de Chancortius** dispuso los elementos formando lo que denominó "tornillo telúrico" y **J. Newlands** se basó en la escala musical para definir sus octavas.

La tabla periódica representa para un químico lo mismo que una partitura para un director de orquesta. En ella se recoge una amplia **información sobre todos los elementos** y sus símbolos, que son universales independientemente de la lengua.

- ¿En qué consiste cada ordenación periódica mencionada en el texto?
- ¿Sabrías decir el significado de *vode, cai, vatten* o *uisge*? ¿Y si lo decimos en el lenguaje químico (H_2O)?
- Observa tablas periódicas de diferentes países y anota sus analogías y diferencias.
- Busca tablas periódicas publicadas en diferentes años y observa cómo han ido apareciendo nuevos elementos.

¡VAMOS A APRENDER!

1. Implicarnos en situaciones de trabajo en equipo.
2. Clasificar los elementos químicos y extraer características según su posición en la tabla periódica.
3. Conocer y comprender las variaciones periódicas de las diferentes propiedades.
4. Buscar diferentes usos de los elementos químicos.
5. Conocer aquellos elementos relacionados con mujeres científicas.

NUESTRO RETO

Curiosidades de la tabla periódica

Vamos a conocer los misterios de la tabla periódica, como el origen de los nombres de los elementos.

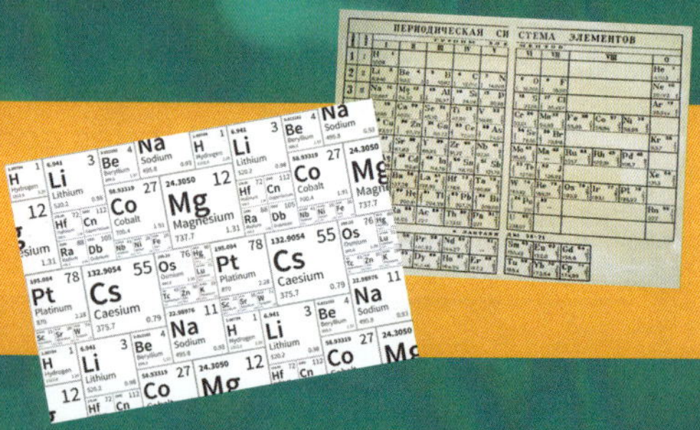

¡Vamos allá!

1 El sistema periódico

¿Quién es el padre de la tabla periódica?

A finales del siglo XIX, los químicos J. L. Meyer y D. I. Mendeléiev, de forma simultánea e independiente, ordenaron los elementos químicos conocidos por masas atómicas crecientes.

J. L. Meyer

D. I. Mendeléiev

La clasificación del químico ruso Mendeléiev era más amplia, ya que no solamente llegó a predecir la existencia de elementos aún no descubiertos, sino también sus propiedades fijándose en las de los elementos colindantes. Por ello se le considera el padre de la tabla periódica. Estudios posteriores llevan a H. Moseley a clasificar los elementos por **número atómico creciente**, con lo que desaparecen las anomalías detectadas por Mendeléiev.

En el siglo XX, A. Werner establece una nueva clasificación periódica que incluye a los gases nobles, descubiertos a finales del siglo XIX, y que es casi idéntica a la actual.

El sistema periódico actual

El sistema periódico actual consta de **7 períodos** o filas y **18 grupos** o columnas. Los nombres de los grupos son: alcalinos (1), alcalinotérreos (2), metales de transición (del 3 al 12), térreos (13), carbonoideos (14), nitrogenoideos (15), anfígenos (16), halógenos (17) y gases nobles (18).

Clave: Número atómico: 1 · Masa atómica (u)*: 1,01 · Símbolo: H · Nombre: Hidrógeno

Símbolo: **Negro** - sólido; **Azul** - líquido; **Rojo** - gas; **Violeta** - artificial

Metales · Semimetales · No metales · Gases nobles

*Entre paréntesis se indica la masa atómica del isótopo conocido de vida media más larga.

Grupo / Periodo	1	2	3	4	5	6	7	8	9	10	11	12	13	14	15	16	17	18
1																		2 He Helio 4,00
2	3 Li Litio 6,94	4 Be Berilio 9,01											5 B Boro 10,81	6 C Carbono 12,01	7 N Nitrógeno 14,01	8 O Oxígeno 16,00	9 F Flúor 19,00	10 Ne Neón 20,18
3	11 Na Sodio 22,99	12 Mg Magnesio 24,31											13 Al Aluminio 26,98	14 Si Silicio 28,09	15 P Fósforo 30,97	16 S Azufre 32,07	17 Cl Cloro 35,45	18 Ar Argón 39,95
4	19 K Potasio 39,10	20 Ca Calcio 40,08	21 Sc Escandio 44,96	22 Ti Titanio 47,87	23 V Vanadio 50,94	24 Cr Cromo 52,00	25 Mn Manganeso 54,94	26 Fe Hierro 55,85	27 Co Cobalto 58,93	28 Ni Níquel 58,69	29 Cu Cobre 63,55	30 Zn Cinc 65,41	31 Ga Galio 69,72	32 Ge Germanio 72,64	33 As Arsénico 74,92	34 Se Selenio 78,96	35 Br Bromo 79,90	36 Kr Kriptón 83,80
5	37 Rb Rubidio 85,47	38 Sr Estroncio 87,62	39 Y Itrio 88,91	40 Zr Circonio 91,22	41 Nb Niobio 92,91	42 Mo Molibdeno 95,94	43 Tc Tecnecio (98)	44 Ru Rutenio 101,07	45 Rh Rodio 102,91	46 Pd Paladio 106,42	47 Ag Plata 107,87	48 Cd Cadmio 112,41	49 In Indio 114,82	50 Sn Estaño 118,71	51 Sb Antimonio 121,76	52 Te Teluro 127,60	53 I Yodo 126,90	54 Xe Xenón 131,29
6	55 Cs Cesio 132,91	56 Ba Bario 137,33	57-71 *	72 Hf Hafnio 178,49	73 Ta Tantalio 180,95	74 W Wolframio 183,84	75 Re Renio 186,21	76 Os Osmio 190,23	77 Ir Iridio 192,22	78 Pt Platino 195,08	79 Au Oro 196,97	80 Hg Mercurio 200,59	81 Tl Talio 204,38	82 Pb Plomo 207,19	83 Bi Bismuto 208,98	84 Po Polonio (209)	85 At Astato (210)	86 Rn Radón (222)
7	87 Fr Francio (223)	88 Ra Radio (226)	89-103 **	104 Rf Rutherfordio (261)	105 Db Dubnio (262)	106 Sg Seaborgio (266)	107 Bh Bohrio (264)	108 Hs Hassio (277)	109 Mt Meitnerio (268)	110 Ds Darmstatio (271)	111 Rg Roentgenio (272)	112 Cn Copernicio (285)	113 Nh Nihonio (286)	114 Fl Flerovio (289)	115 Mc Moscovio (288)	116 Lv Livermorio (293)	117 Ts Teneso (294)	118 Og Oganesón (294)

*	Lantánidos 6	57 La Lantano 138,91	58 Ce Cerio 140,12	59 Pr Praseodimio 140,91	60 Nd Neodimio 144,24	61 Pm Prometio (145)	62 Sm Samario 150,36	63 Eu Europio 151,96	64 Gd Gadolinio 157,25	65 Tb Terbio 158,93	66 Dy Disprosio 162,50	67 Ho Holmio 164,93	68 Er Erbio 167,26	69 Tm Tulio 168,93	70 Yb Iterbio 173,04	71 Lu Lutecio 174,97
**	Actínidos 7	89 Ac Actinio (227)	90 Th Torio 232,04	91 Pa Protactinio 231,04	92 U Uranio 238,03	93 Np Neptunio (237)	94 Pu Plutonio (242)	95 Am Americio (243)	96 Cm Curio (247)	97 Bk Berkelio (247)	98 Cf Californio (251)	99 Es Einstenio (252)	100 Fm Fermio (257)	101 Md Mendelevio (258)	102 No Nobelio (259)	103 Lr Lawrencio (262)

2 Relación entre configuración electrónica y tabla periódica

Distribución electrónica por capas

Todos los átomos de un mismo elemento poseen el mismo número atómico y, como son eléctricamente neutros, el número de protones (Z) coincide con el de **electrones**. Estos electrones se distribuyen en capas alrededor del núcleo atómico. El número máximo de electrones por capas se recoge en la tabla adjunta.

Capa o nivel	n.º máximo e^-
$n = 1$ (K)	2
$n = 2$ (L)	8
$n = 3$ (M)	18
$n = 4$ (N)	32

1 **Interpreta lo que ocurre. Realiza la distribución electrónica por capas de los elementos del segundo período y de los metales alcalinos del segundo, tercer y cuarto períodos.**

$n = 2$

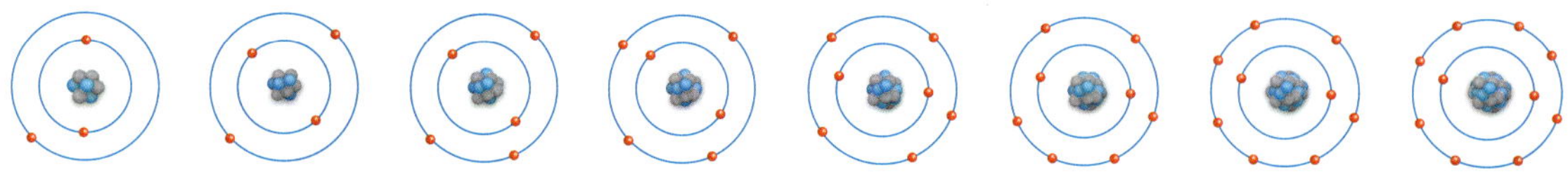

Li (Z = 3) Be (Z = 4) B (Z = 5) C (Z = 6) N (Z = 7) O (Z = 8) F (Z = 9) Z (Z = 10)

$n = 3$

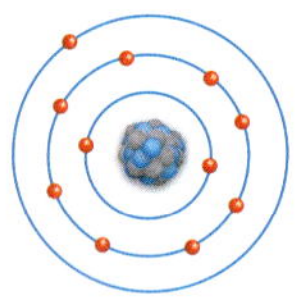

Na (Z = 11)

$n = 4$

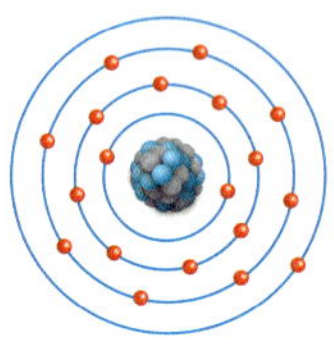

K (Z = 19)

a. ¿Qué relación existe entre los elementos del segundo período?

b. ¿Qué relación existe entre los elementos del grupo de los alcalinotérreos?

Se comprueba que la distribución electrónica externa de los alcalinos es la misma (s^1 o 1). Tienen siempre un electrón en su última capa. Sabiendo que, al avanzar un lugar en un período, hay un electrón más, podemos decir que los elementos del grupo 2 poseen dos electrones de valencia (s^2 o 2).

Todos los elementos de un **mismo grupo** tienen la **misma configuración electrónica externa:** mismo número de electrones en la capa de valencia.

Todos los elementos de un **mismo período** tienen **el mismo número de capas** o niveles de energía, pero cada elemento presenta un electrón más que el elemento anterior.

2 **Basándote en la diferente longitud de los períodos, identifica los elementos de número atómico 6, 11 y 32. Señala el grupo y período al que pertenecen.**

3 **Tenemos dos elementos A y B, de números atómicos 9 y 17, respectivamente.**

a. Sitúalos en la tabla periódica e identifícalos.

b. A través del diagrama de capas justifica si pertenecen o no al mismo grupo.

c. Haz lo mismo empleando el diagrama de Möller.

4 **Un elemento químico posee la siguiente configuración electrónica: $1s^2 2s 2^2 p^6 3s^2 3p^6 4s^2 3d^6$. Justifica si son verdaderas o falsas las siguientes afirmaciones:**

A. Dicho elemento pertenece al grupo 17 del sistema periódico.

B. Se encuentra situado en el tercer período.

5 **Considera la configuración electrónica $1s^2 2s^2 2p^6 3s^2 3p^2$ y contesta a las siguientes preguntas:**

a. ¿De qué elemento se trata?

b. Sitúalo en la tabla periódica mediante la identificación del grupo y período.

c. Nombra dos elementos que pertenezcan al mismo grupo y realiza sus configuraciones electrónicas.

3 La estructura interna de los átomos y sus propiedades

¿Cuáles son las partículas subatómicas?

Las partículas subatómicas que forman los átomos son: **neutrones, protones y electrones**. En el núcleo se encuentran los protones y los neutrones. Los electrones, cuyo número coincide con el de protones si se trata de un átomo neutro, se disponen alrededor del núcleo en los diferentes subniveles energéticos.

¿Influye la estructura interna sobre las propiedades periódicas?

6 **Interpreta lo que ocurre.** ¿Qué tienen en común los tres primeros metales alcalinotérreos?

Elemento	Z	n.° e^-	Configuración electrónica	Capa valencia	Diagrama de capas
Be	4	4 = 2+2	$1s^2$ $\mathbf{2s^2}$ (2, **2**)		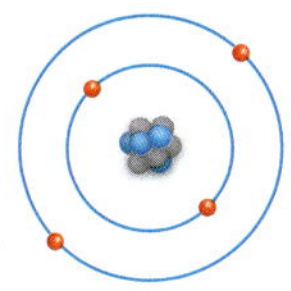
Mg	12	12 = 2+2+6+2	$1s^2\,2s^2\,2p^6$ $\mathbf{3s^2}$ (2, 8, **2**)	ns^2	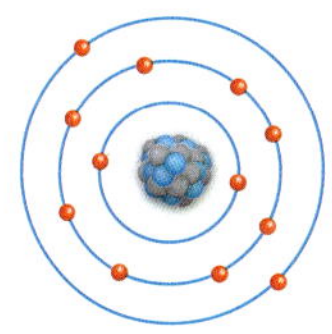
Ca	20	20 = 2+2+6+2+6+2	$1s^2\,2s^2\,2p^6\,3s^2\,3p^6$ $\mathbf{4s^2}$ (2, 8, 8, **2**)		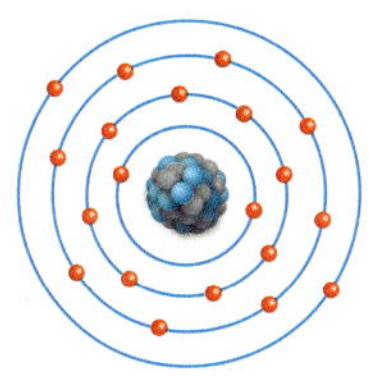

Todos pertenecen a un mismo grupo, ya que tienen la misma configuración electrónica externa (s^2).

El valor de n indica el **período** al que pertenece el elemento, mientras que la **letra con el superíndice** posiciona el elemento en un determinado grupo.

Se denominan **propiedades periódicas** a aquellas que varían de forma regular en un período y en un grupo (con el número atómico).

Los **electrones de valencia** son los responsables de las variaciones regulares de las propiedades periódicas, ya que son los que intervienen en la formación de enlaces para crear un compuesto. Todos los **elementos de un mismo grupo** poseen **propiedades químicas parecidas,** dado que tienen los mismos electrones de valencia.

7 **Fíjate en la tabla periódica y responde a las siguientes preguntas:**

a. ¿Qué son los semimetales? Busca alguna de sus aplicaciones.

b. ¿Por qué crees que el grupo de los gases nobles tiene un color diferente al del resto?

8 **Observa las configuraciones electrónicas de los siguientes elementos y averigua el grupo, período, nombre y símbolo de cada uno.**

a. $1s^2 2s^2 2p^3$

b. $1s^2 2s^2 2p^6 3s^2 3p^6$

c. $1s^2 2s^2 2p^5$

d. $1s^2 2s^2 2p^6 3s^2 3p^6 4s^2$

4 ¿Cómo varía el radio atómico?

¿Puedo medir el radio atómico con una regla?

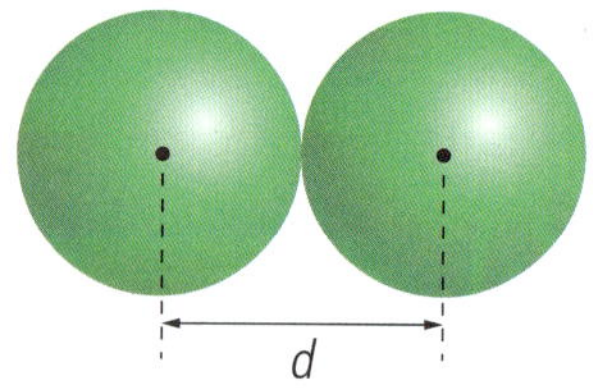

Suponiendo que el átomo es esférico, se denomina **radio atómico** a la mitad de la distancia (d) entre dos átomos iguales que forman una molécula.

$$d = 2r$$

TALLER

Tenemos tres parejas de esferas de poliespán de diferentes tamaños. Cada una de las parejas de esferas representa a una de las siguientes moléculas: flúor (F_2), cloro (Cl_2) o bromo (Br_2).

Paso 1 Con una regla, mide de manera aproximada la distancia internuclear entre dos esferas y anota el resultado.

Paso 2 Calcula lo que sería su "radio" atómico.

9 **CONTRASTAMOS JUNTOS. Responde a las siguientes preguntas:**

a. Al ser una distancia, su unidad en el SI es el metro; pero, dado el tamaño del átomo, ¿crees que es útil esta unidad para medir el radio del átomo?

b. Teniendo en cuenta las posiciones de los elementos en el sistema periódico, ¿a cuál representaría la de mayor tamaño? ¿A cuál la de menor? ¿Por qué?

De este modo se calculan los radios atómicos de los elementos (en nanómetros):

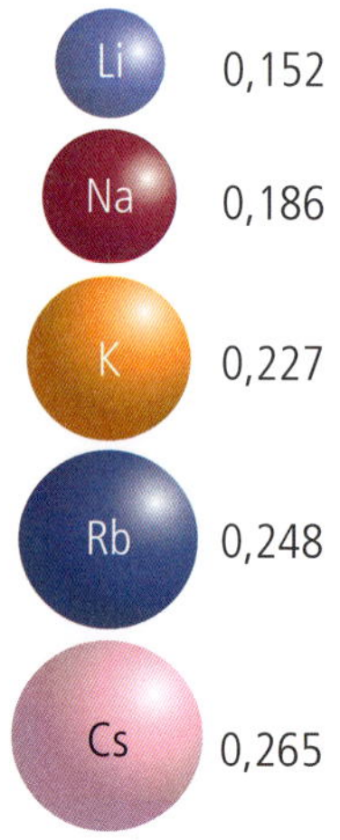

Dado el pequeño tamaño del átomo, se emplean **unidades** como:

Nanómetro (1 nm = 10^{-9} m)

Angstrom (1 Å = 10^{-10} m)

Picómetro (1 pm = 10^{-12} m)

¿Ves de manera diferente algo ahora?

Tendencia periódica del radio atómico

Fijándonos en la figura, podemos concluir que el radio atómico aumenta al descender en un grupo y al movernos hacia la izquierda en un mismo período.

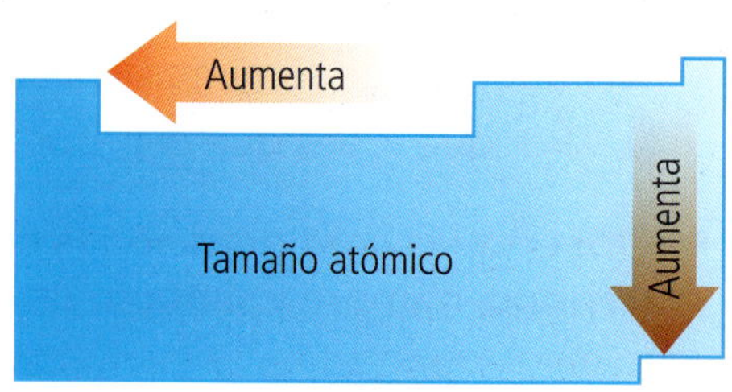

10 **Deduce el orden creciente de los radios para los siguientes elementos:**

a. Br, F, Cl, I

b. Al, Mg, Na

c. O, N, Be, C

d. S, Se, O

11 **Razona cuál de los elementos de las siguientes parejas tiene mayor radio: Rb/Na, Br/O, Na/Al y F/Br.**

5 ¿Cómo varía la energía de ionización?

¿Qué es la energía de ionización?

La energía de ionización ***(EI)*** es la **energía necesaria** para **arrancar un electrón** a un átomo (X) en su estado gaseoso, dando lugar a un catión.

$$X\,(g) + EI \longrightarrow X^{+}(g) + 1\,e^{-}$$

Igual que a todos nos gustaría tener superpoderes, los elementos de la tabla periódica tienden a conseguir la configuración electrónica de los **gases nobles**. Estos presentan su **capa de valencia completa**, lo que les confiere una elevada **estabilidad,** y es a la que tienden todos los elementos.

Por tanto, cuanta más facilidad tenga un átomo para formar cationes, menor será su *EI*.

12 Actividad resuelta

Fijándote en el diagrama de capas del sodio como ejemplo de metal alcalino, ¿qué es lo que le sobra para tener la configuración electrónica del gas noble más próximo?

Al perder el sodio el último electrón, se obtiene el catión sodio, que posee la misma configuración electrónica (diagrama de capas) que el neón.

Tendencia periódica de la energía de ionización

13 **Interpreta lo que ocurre. ¿Cómo variará la energía de ionización a medida que los electrones de valencia estén más alejados del núcleo?**

Cuanto más cerca están dos imanes, más cuesta separarlos. Esto mismo pasa con el electrón y el núcleo, ya que cargas de diferente signo se atraen, y con mayor fuerza cuanto más próximas estén.

Así, podemos decir que la energía de ionización disminuye cuanto más lejos se encuentre el electrón del núcleo del átomo.

La energía de ionización aumenta al avanzar en un período y al ascender en un grupo.

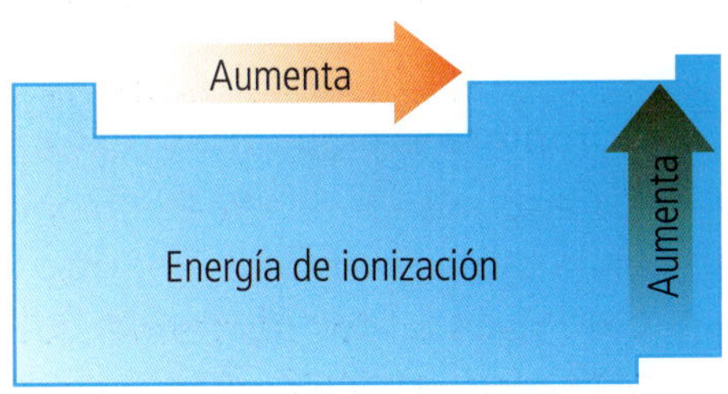

14 **Dados los elementos A, B y C, de números atómicos 5, 12 y 17, respectivamente, razona cuál posee mayor energía de ionización y cuál forma cationes con mayor facilidad.**

15 **CONTRASTAMOS JUNTOS.** Razona por qué la *EI* del Na (Z = 11) es 5,14 eV y la del Mg (Z = 12) es 7,64 eV.

6 ¿Cómo varía la electronegatividad?

¿Qué es la electronegatividad?

La electronegatividad (X) es una propiedad periódica que depende del entorno del átomo. Se pone de manifiesto al unirse este a un átomo de otro elemento.

Se define como la tendencia relativa de un átomo a atraer hacia sí el par de electrones compartidos en un enlace. El elemento más electronegativo es el **flúor** y el menos, el **francio**.

16 **Interpreta lo que ocurre. Observa los datos de electronegatividad del boro y del flúor según la escala de Pauling:**

B	F
2,04	3,98

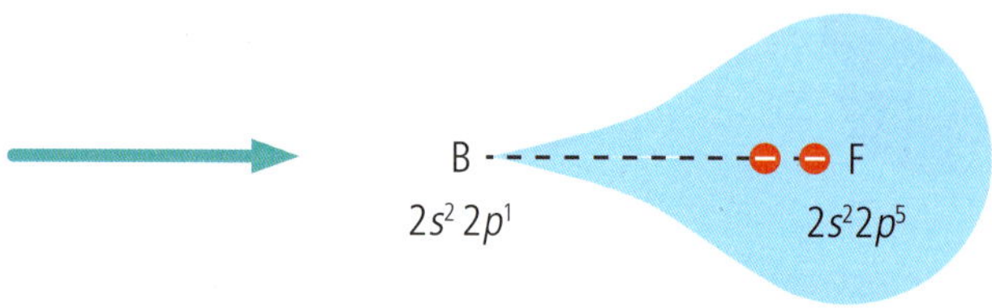

a. Teniendo en cuenta las configuraciones electrónicas externas, ¿cómo lo explicas?

La electronegatividad es más alta en los elementos que tengan más apetencia por los electrones para conseguir **configuración electrónica de gas noble**. Al flúor solo le falta un electrón para conseguirlo, mientras que al boro le faltan 5 electrones.

Esta propiedad periódica es fundamental a la hora de comprender el **enlace químico**. Si la diferencia de electronegatividad entre los átomos que se unen es pequeña, se **compartirán los electrones** de enlace.

Si la diferencia de electronegatividad es elevada, **se formarán iones**. El átomo menos electronegativo pierde el o los electrones formando un catión, y el más electronegativo los gana, dando lugar a un anión.

Tendencia periódica de la electronegatividad

Dejando fuera a los gases nobles, ya que estos presentan baja tendencia a compartir o intercambiar electrones, la electronegatividad aumenta al avanzar en un período y al ascender en un grupo.

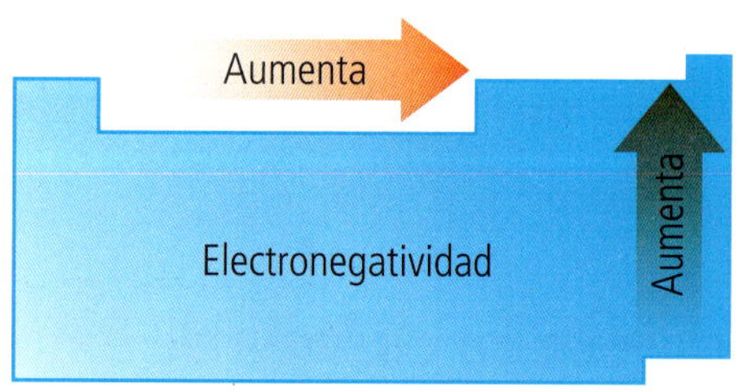

17 **Actividad resuelta**

Se tiene dos elementos A y B. La capa de valencia de A es $4s^2$ y la de B, $3s^2\,3p^5$. ¿Cuál es más electronegativo?

A pertenece al cuarto período ($4s^2$) y al grupo de los alcalinotérreos o grupo 2 ($4s^2$); es el calcio. B pertenece al tercer período ($3s^2\,3p^5$) y al grupo 17 o de los halógenos ($3s^2\,3p^5$); es el cloro.
Como la electronegatividad aumenta al ascender en un grupo y movernos hacia la derecha, B es más electronegativo que A.

18 **Completa el siguientes texto:**

Cuanto menor sea la electronegatividad de un elemento, más hacia abajo y a la ••• estará en la tabla periódica. Por otro lado, dará con más facilidad iones de carga •••, también llamados •••. Este elemento tendrá una ••• energía de ionización.

19 **Ordena de mayor a menor los siguientes elementos según su electronegatividad: O, N, F.**

NUESTRO RETO Curiosidades de la tabla periódica

Descubre los misterios de la tabla periódica

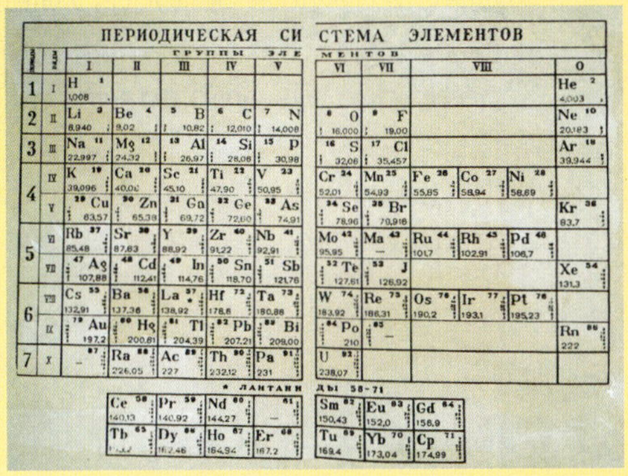

No solamente los antecedentes históricos de la tabla periódica actual son curiosos, sino que, si analizamos diferentes aspectos de nuestra tabla periódica, veremos que hay más información de la que en principio pensamos.

Además de la tabla periódica clásica, existen diferentes sistemas periódicos que hacen referencia, entre otros aspectos, a usos, origen, procedencia del nombre o año de descubrimiento de los elementos químicos. E incluso existe una clasificación humorística conocida como la "tabla peryódica".

Paso 1

Compara algunas tablas periódicas de diferentes años y comprueba cómo, según su año de edición, varía la longitud del séptimo período. También se observa cómo el número de elementos que se designan con el prefijo *unun-* se va reduciendo. Ten en cuenta que este prefijo se utiliza para designar el nombre de los elementos mientras están en estudio.

Paso 2

Busca una tabla etimológica de los elementos y fíjate en su nombre. Propón algún ejemplo de elementos:

- Cuyo nombre provenga de un país o ciudad.
- Que se basen en una propiedad.
- Que hagan referencia a cuerpos celestes.
- Que provengan del latín o del griego.
- Que hagan referencia a un científico, y destaca aquellos que estén relacionados con mujeres científicas.

Nobelio (No)

Europio (Eu)

Einstenio (Es)

Paso 3

Con todos estos datos, **construye** la que sería para ti una tabla periódica útil. Al ponerla en común con tus compañeros, verás que el concepto de útil no es universal; es más, lo que ahora a ti te parece útil, dentro de unos años no lo será. Si conservas tu clasificación, verás cómo en cursos posteriores la irás modificando. Sin embargo, la tabla periódica actual sí posee la información que es útil para cualquier químico en cualquier momento.

¿Qué sabías ya sobre este tema?

1 La existencia y las propiedades del eka-silicio, actual germanio, fueron predichas por Mendeléiev en 1871. Compara las propiedades deducidas por el científico ruso con las reales.

2 ¿Cuántos elementos químicos se han descubierto desde tu año de nacimiento?

3 **PEDIMOS AYUDA.** ¿Hay algún elemento químico descubierto por españoles?

4 Busca información sobre mujeres científicas relacionadas con el descubrimiento de algunos elementos. ¿Se les reconoció a todas ellas su trabajo? ¿Qué opinas de ello?

¿Cómo te ha ido el reto? Entra y haz tu valoración

EN RESUMEN

El sistema periódico

- Los elementos se encuentran situados por orden creciente de número atómico.
- Consta de siete períodos y dieciocho grupos.
- Los elementos de un mismo grupo poseen la misma configuración electrónica externa, por lo que sus propiedades químicas son parecidas.

Radio atómico

- Es la mitad de la distancia entre los núcleos de dos átomos iguales que están unidos entre sí.

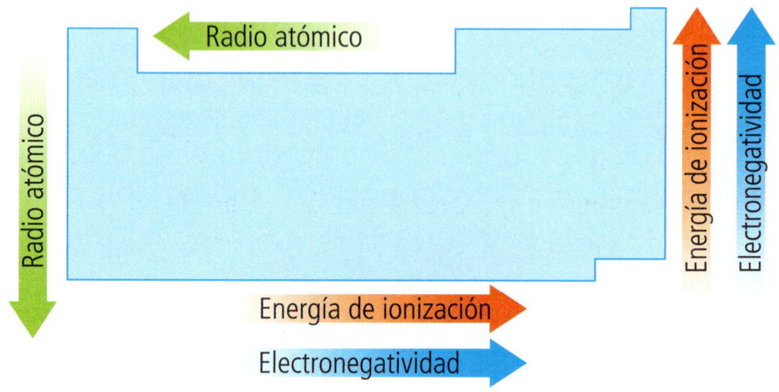

Energía de ionización

- Es la energía necesaria para arrancar el electrón más débilmente unido a un átomo.

Electronegatividad

- Es la tendencia que presenta un átomo a atraer hacia sí los electrones compartidos en un enlace.

PRACTICAMOS

1 Copia, completa y amplía el siguiente mapa mental.

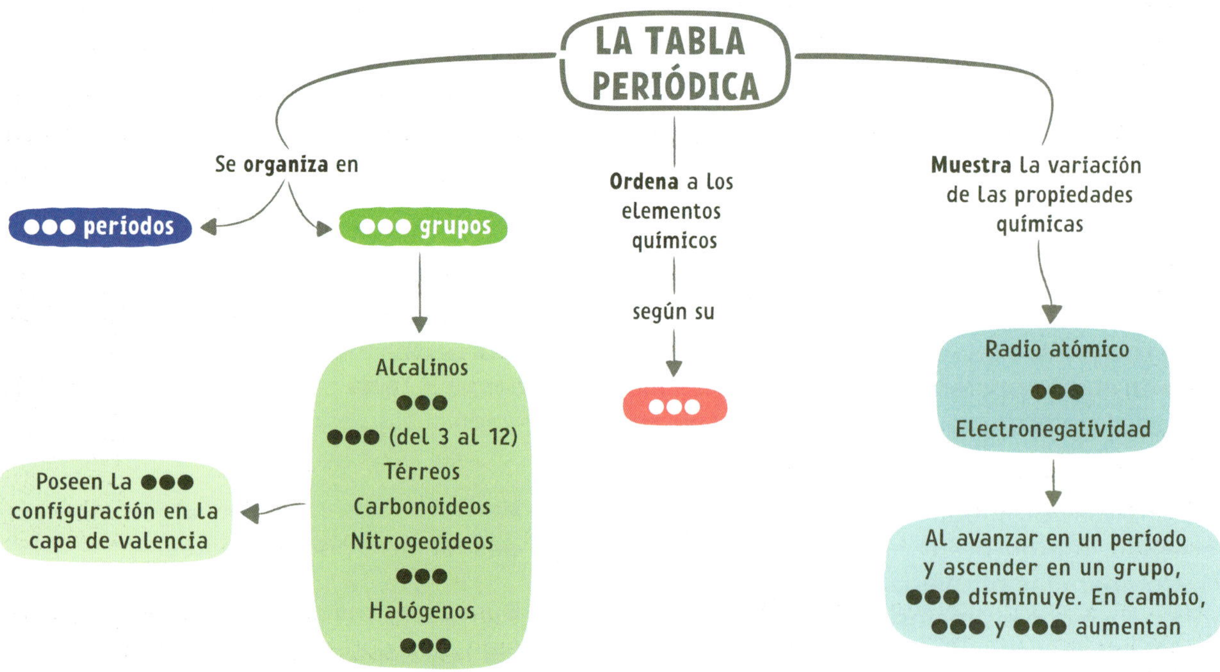

2 El elemento de símbolo Fr fue descubierto en 1939 por la química francesa Marguerite Perey.

a. ¿De qué elemento se trata? Sitúalo en la tabla periódica indicando grupo y período.
b. ¿Qué puedes decir sobre sus propiedades periódicas?
c. Nombra todos los elementos que pertenecen al mismo grupo.

3 Las especies químicas Ar, Cl^-, Ca^{2+}, K^+ y S^{2-} son isoelectrónicas, esto es, tienen el mismo número de electrones.

a. ¿Cuál es su configuración electrónica?
b. ¿Cuál es la especie de menor radio?

4 Nombra todos los elementos que pertenecen a los siguientes grupos:

a. Térreos
b. Nitrogenoideos
c. Alcalinotérreos
d. Gases nobles

Si existe algún semimetal, nómbralo.

5 Teniendo en cuenta la configuración electrónica del grupo de los alcalinos y que a los halógenos les falta un electrón para completar su capa de valencia, ¿dónde situarías el elemento hidrógeno en el sistema periódico? Razona tu respuesta.

6 Explica el proceso representado en la figura inferior:

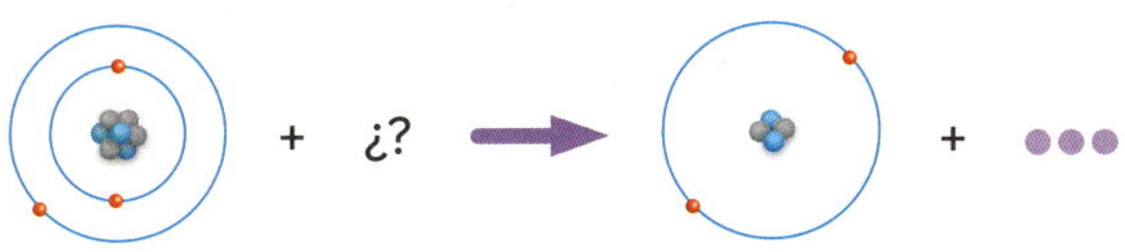

a. ¿Qué propiedad periódica representa el signo de interrogación?
b. Realiza las configuraciones electrónicas de las especies químicas de la figura.
c. Identifica el átomo, el ion y la partícula subatómica del proceso.

7 La primera energía de ionización del potasio (418,8 kJ/mol) es menor que la del calcio (589,8 kJ/mol). Justifica este hecho.

8 ¿En qué propiedad periódica te basarías para razonar cómo varía el volumen atómico a lo largo de un período y de un grupo?

9 Ordena en sentido decreciente los siguientes elementos: Mg, Al, Si, Cl, S, y P.

a. Por energía de ionización.
b. Por radio atómico.
c. Por electronegatividad.

10 Investiga sobre las diferentes clasificaciones periódicas que han existido a lo largo de la Historia y haz un pequeño resumen de las más importantes.

11 En la reacción de los metales alcalinos con el agua se forma el catión del metal. Teniendo en cuenta cómo varía la energía de ionización, ¿cuál de los metales alcalinos reaccionará más violentamente?

Busca algún vídeo en el que se pueda ver, ya que es muy llamativo.

12 Indica cuál o cuáles de las siguientes afirmaciones son verdaderas:

a. Todos los elementos de un mismo grupo poseen los mismos electrones de valencia. Incluidos los gases nobles.
b. La electronegatividad aumenta al ascender en un grupo y al avanzar en un período.
c. En la tabla periódica existen más no metales que metales.

13 Identifica cada elemento y sitúalo en la tabla periódica si su distribución electrónica es:

a. (2,8,5)
b. (2,3)
c. (2,8,8,1)
d. (2)
e. (2,8,7)
f. (2,6)

14 En 1911 Marie Curie recibe el Premio Nobel de Química por el descubrimiento del polonio y del radio.

a. Sitúa estos dos elementos en el sistema periódico.
b. Identifica el elemento cuyo nombre hace honor al matrimonio Curie.

Busca información sobre otras mujeres relacionadas con la tabla periódica.

Mis competencias Autoevaluación

1.5 Estructura, enlace y propiedades de las sustancias

¡EMPEZAMOS!

El carbono forma diferentes sustancias elementales

El **diamante** y el **grafito** son dos formas naturales del carbono. En 1985 se sintetizó el **fullereno**, C_{60}, y en 1987 se obtuvo el **grafeno**.

El **grafeno** es el nanomaterial más duro y fuerte existente: supera la dureza del diamante y es 200 veces más resistente que el acero. Su conductividad térmica y eléctrica es muy alta.

Si se enrolla en un cilindro, se obtienen los **nanotubos** de carbono, que se utilizan para encapsular fármacos y para fabricar estructuras arquitectónicas de gran resistencia y ligereza.

- ¿Qué diferencia hay entre una molécula y una estructura gigante?
- ¿Por qué el azufre funde a baja temperatura y el diamante a muy alta temperatura?
- ¿Por qué la sal común no conduce la electricidad, pero sí lo hace cuando está fundida?

¡VAMOS A APRENDER!

1. Compartir el espacio y los materiales.
2. Diferenciar entre sustancias moleculares y estructuras gigantes.
3. Comprender la formación de un enlace covalente.
4. Predecir la geometría de las moléculas y las fuerzas que las mantienen unidas.
5. Conocer las características de las sustancias con estructura gigante covalente, iónica y metálica.
6. Formular compuestos binarios.
7. Reconocer la educación como un proceso encaminado al bienestar personal y social.

NUESTRO RETO

¿Qué estructuras tienen las sustancias?

Indaga sobre la estructura de una serie de sustancias a partir de la determinación experimental de sus propiedades.

¡Vamos allá!

1 ¿Es una sustancia molecular o una estructura gigante?

¿Moléculas o estructuras gigantes?

1 **Interpreta lo que ocurre.** Observa las siguientes imágenes:

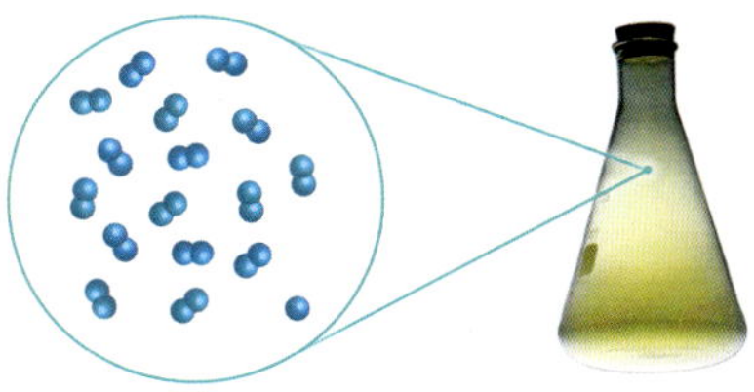

Cloro

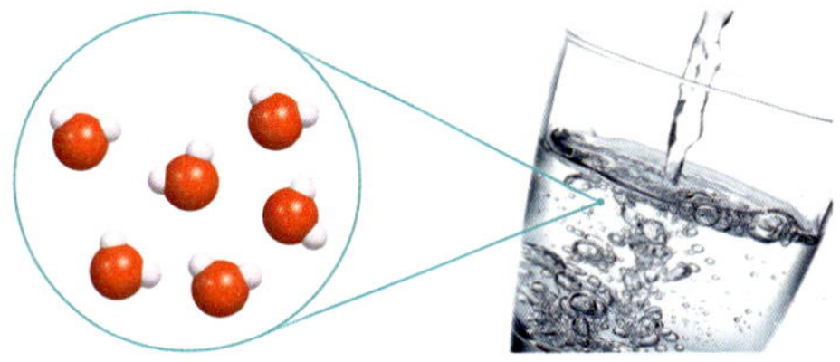

Agua

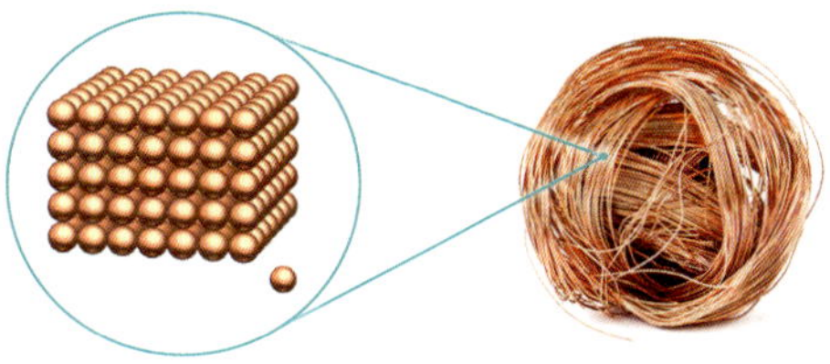

Cobre

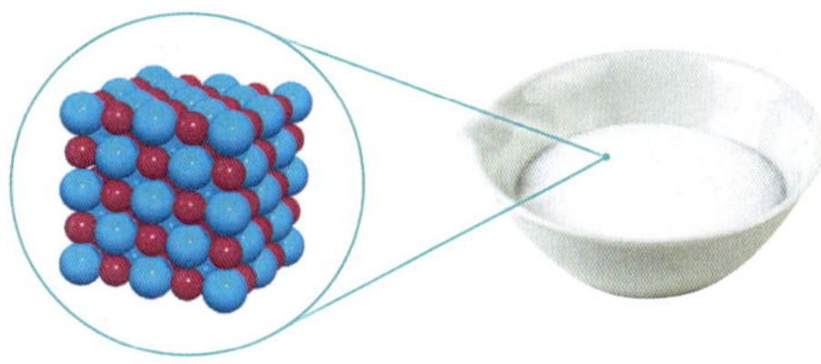

Sodio

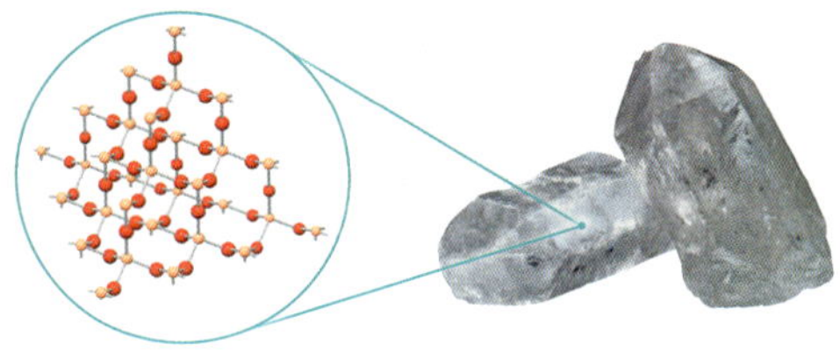

Cuarzo

a. ¿Qué sustancias están formadas por **moléculas**, un número determinado de átomos fuertemente unidos entre sí?

b. ¿Cuáles por **estructuras gigantes**, conjunto de átomos o iones unidos fuertemente entre sí de forma ininterrumpida?

c. ¿Cuáles corresponden a una sustancia elemental? ¿Cuáles a un compuesto?

2 **PLANTEAMOS JUNTOS.** Relaciona la *T* de fusión con la estructura de las sustancias.

Sustancia	Estructura	Estado físico a *T* ambiente	*T* de fusión (ºC)
Metano	Molecular	gas	–182
Agua	Molecular	líquido	0
Yodo	Molecular	sólido	114
Hierro	Gigante	sólido	1539
Cloruro de sodio	Gigante	sólido	808
Dióxido de silicio	Gigante	sólido	1610

a. ¿Qué tienen en común todas las sustancias moleculares de la tabla?

b. ¿Y las sustancias formadas por estructuras gigantes?

c. ¿Qué nos indica este hecho sobre la intensidad de las fuerzas que mantienen unidos los átomos o iones de las estructuras gigantes?

- Las **sustancias moleculares** son gases, líquidos o sólidos de baja temperatura de fusión, porque las fuerzas de atracción entre las moléculas son **débiles**. Ejemplos de estas sustancias son: agua, cloro, ácido clorhídrico, dióxido de carbono, metano, amoniaco...
- Las **sustancias con estructuras gigantes** son sólidos de alta temperatura de fusión, porque las **fuerzas** de atracción entre los átomos o los iones que las forman son **muy fuertes**. Ejemplos de estas sustancias son: hierro, diamante, dióxido de silicio, cloruro de sodio, cobre, grafito, óxido de calcio...

2 ¿Cómo se unen los átomos para formar moléculas?

Formación de un enlace covalente

3 **Interpreta lo que ocurre.** Observa cómo se unen dos átomos de hidrógeno para formar la molécula de H_2.

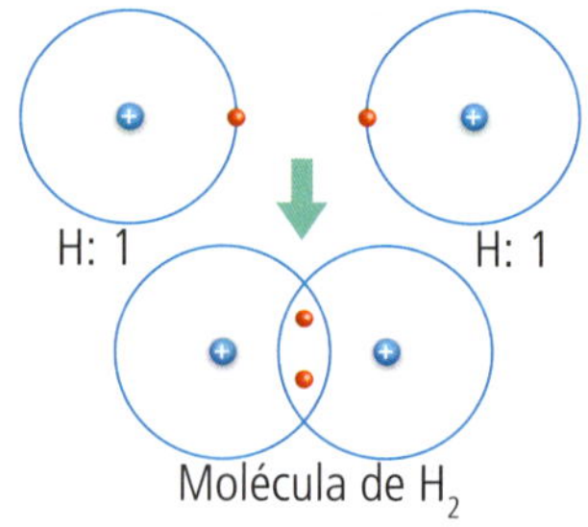

- **a.** ¿Hacia dónde se desplazan los electrones de los átomos de H cuando se acercan y forman la molécula de H_2?
- **b.** ¿Qué tipo de fuerza mantiene unidos los átomos de H en la molécula de H_2?
- **c.** ¿Por qué no se acercan más los núcleos?
- **d.** ¿Podemos considerar que los dos electrones forman parte de ambos átomos?

Se denomina **enlace covalente** entre dos átomos al enlace que surge como consecuencia de la **compartición de un par de electrones**, completando así sus capas de valencia.

Este proceso se puede representar mediante el **diagrama de Lewis**. Se escribe el símbolo del elemento rodeado de los electrones de valencia.

H• + •H ⟶ H:H o H — H

Cada par de electrones equivale a una línea

4 Actividad resuelta

¿Cómo se enlaza un átomo de cloro (Cl: 2, 8, 7) y uno de hidrógeno (H: 1) para formar la molécula de HCl?

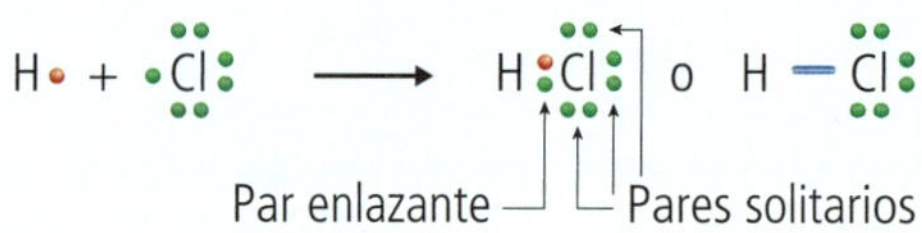

Estabilidad y estructura electrónica

5 **Interpreta lo que ocurre.** Observa la configuración electrónica de los gases nobles.

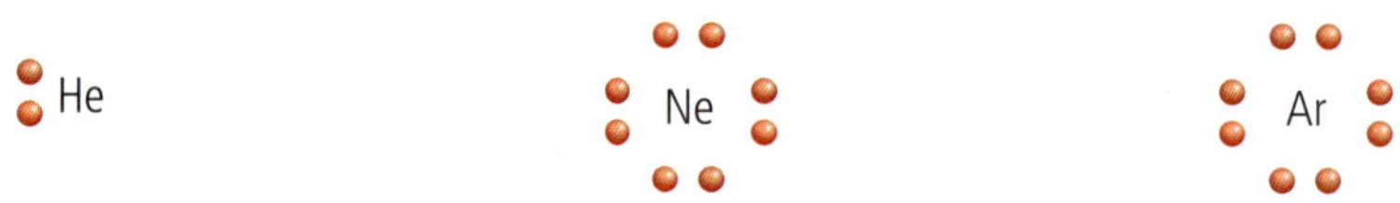

He: 2 Ne: 2, 8 Ar: 2, 8, 8

- **a.** ¿Cuántos electrones forman la última capa de sus átomos?
- **b.** Los gases nobles (helio, neón, argón...) son muy estables y, por ello, muy poco reactivos. ¿A qué crees que se puede deber la estabilidad química de estos átomos?

6 **Responde a las siguientes cuestiones sobre la molécula de HCl.**

- **a.** ¿Cuántos electrones forman la última capa del Cl? ¿Y la del H?
- **b.** ¿A qué se debe la estabilidad de la molécula?

Los átomos de los **no metales** tienden a enlazarse, compartiendo electrones de sus capas externas hasta que su última capa se completa, adquiriendo la misma estructura electrónica que el gas noble más próximo.

Esta tendencia se conoce como la **regla del dueto** (en el caso del H) o **regla del octeto** (en el caso de los elementos del segundo y el tercer período).

¿Cuántos enlaces covalentes puede formar un átomo?

7 **Interpreta lo que ocurre. Observa los diagramas de Lewis de los átomos de H, O, N y C y contesta a las siguientes preguntas:**

- **a.** De acuerdo con la regla del dueto o del octeto, ¿cuántos enlaces covalentes puede formar cada átomo?
- **b.** ¿Están de acuerdo tus predicciones con los diagramas de Lewis de las moléculas H_2O, NH_3 y CH_4?

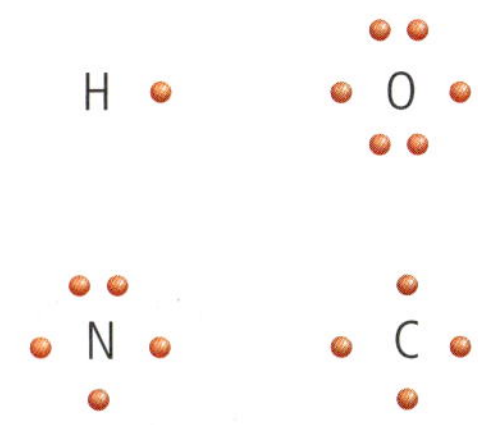

Los electrones enlazantes se representan desapareados.

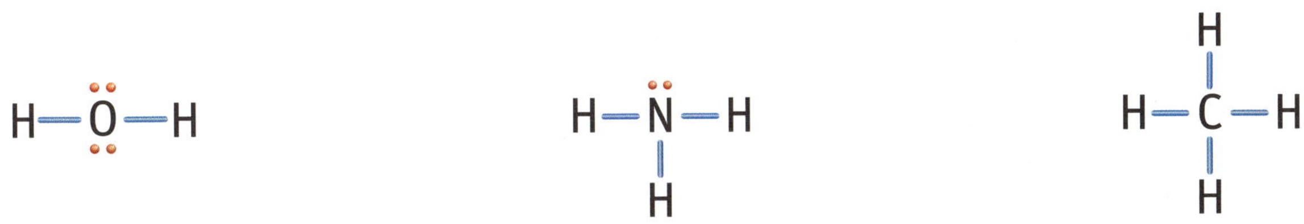

Las reglas del dueto y del octeto nos permiten predecir el **número de enlaces** o **valencia covalente** de los átomos no metálicos de los tres primeros períodos y explicar la fórmula química desarrollada de las moléculas que forman.

Cuando los átomos comparten un par de electrones, se dice que se ha formado un **enlace sencillo**. En algunos casos, los átomos tienen que compartir 4 o 6 electrones, dando lugar a enlaces **dobles** y **triples**.

O: 2, **6**

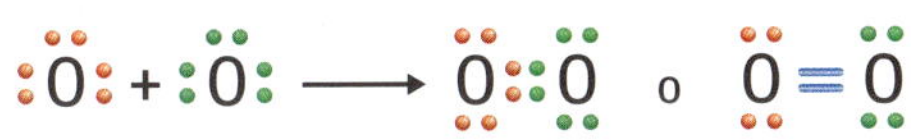

Doble enlace

N: 2, **5**

Triple enlace

¿Podemos predecir la forma de las moléculas?

Imagínate que los pares de electrones de la última capa de las moléculas (tanto los que forman los enlaces como los no compartidos) se distribuyen en el espacio como si fueran globos con carga eléctrica negativa. De esta forma, y teniendo en cuenta que los electrones se repelen, podemos predecir la forma que tienen las moléculas en el espacio.

TALLER

Paso 1 Toma cuatro globos iguales, únelos por la base y observa cómo quedan dispuestos. ¿Qué posición crees que adoptarán en el espacio, teniendo en cuenta que se repelerán entre ellos?

Paso 2 De acuerdo con esa disposición, dibuja o construye los modelos moleculares de las moléculas de H_2O, NH_3 y CH_4.

H_2O

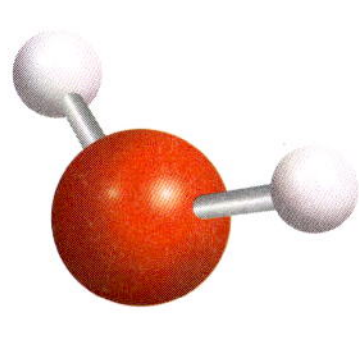

Angular

NH_3

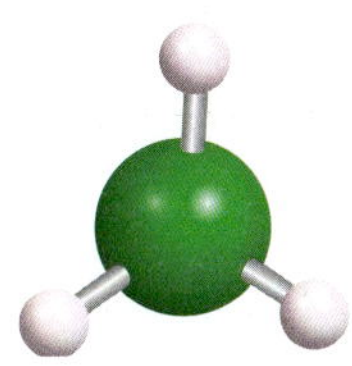

Piramidal

CH_4

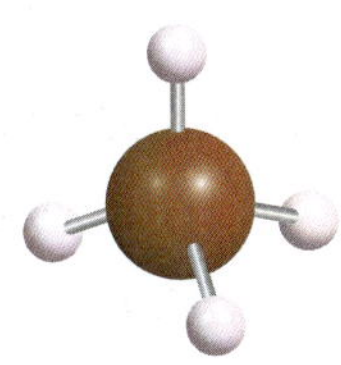

Tetraédrica

8 **Predice la geometría y dibuja los modelos moleculares de H_2S y PH_3.**

Polaridad de las moléculas

TALLER

¿Por qué se desvía un chorro de agua con una regla electrizada?

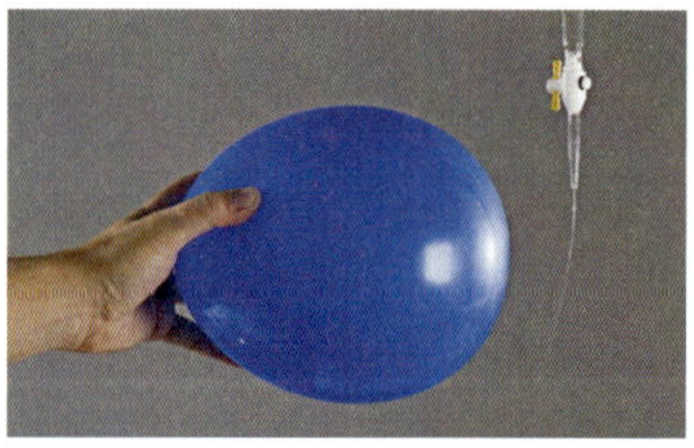

Paso 1 Frota un objeto de plástico (un globo o varita) con un trozo de piel o lana.

Paso 2 Abre el grifo y deja caer un chorro muy delgado y continuo de agua.

Paso 3 Acerca el objeto al lado del chorro de agua sin tocarlo.

9 ¿Qué observas? ¿Cómo lo interpretas?

Las moléculas de **agua** son **polares**, es decir, tienen una parte negativa, δ - (el átomo de oxígeno), y una parte positiva, δ + (los átomos de hidrógeno). Se forman dos **dipolos** eléctricos.

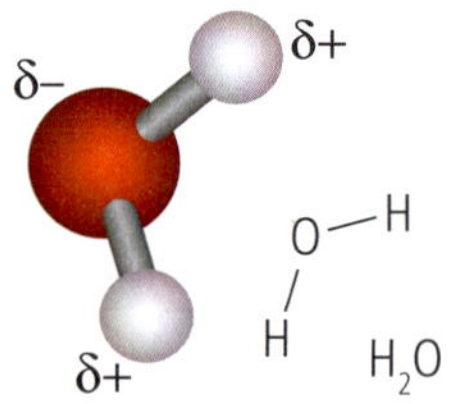

10 ¿Cómo crees que se orientan las moléculas en el chorro de agua del taller? Dibújalas.

11 ¿A qué se puede deber la carga parcial negativa del O y la positiva del H?

12 ¿Son polares las moléculas de oxígeno, O_2, y nitrógeno, N_2? Razona la respuesta.

El oxígeno atrae más los electrones de los enlaces O–H. Es más **electronegativo**.

Las moléculas formadas por átomos iguales (mismas electronegatividades) dan lugar a **enlaces apolares (no polares)**.

¿Qué fuerzas mantienen unidas a las moléculas?

Las **fuerzas intermoleculares** son las causantes de mantener unidas a las moléculas en las sustancias moleculares en estado sólido y líquido y determinan las propiedades físicas de las sustancias.

Las **fuerzas dipolo-dipolo** se dan entre **moléculas polares** (con dipolos eléctricos). Estas fuerzas explican la estructura del agua sólida, $H_2O(s)$.

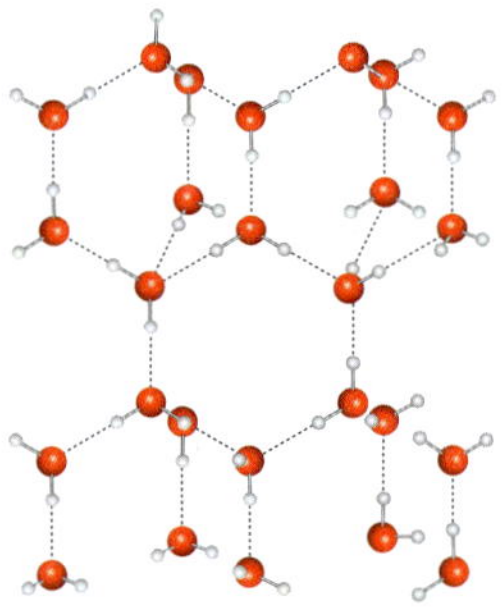

Las **fuerzas de dispersión** se dan tanto en **moléculas no polares** (I_2, Cl_2...) como en **polares** y se atribuyen a la existencia de dipolos instantáneos, producidos por la oscilación de los electrones. Este es el caso de la estructura del yodo, $I_2(s)$.

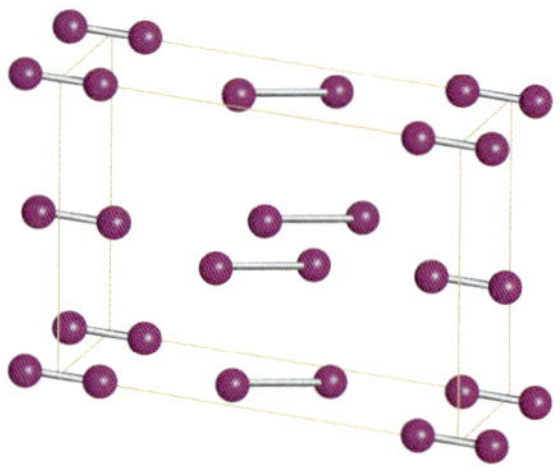

¿Qué cosa nueva has aprendido hoy?

13 ¿Qué tipo de fuerzas mantienen unidas las moléculas polares de agua en el agua sólida y líquida? ¿Cómo se orientan las moléculas para que haya atracción entre ellas?

14 **CONTRASTAMOS JUNTOS.** Las sustancias formadas por moléculas no polares también existen en estado sólido y líquido. ¿A qué se debe la atracción entre sus moléculas?

15 Razona qué tipo de fuerzas intermoleculares aparecen en las siguientes moléculas:

- **a.** Amoniaco (NH_3)
- **b.** Metano (CH_4)
- **c.** Oxígeno (O_2)
- **d.** Cloro (Cl_2)

¿Cómo son las sustancias con estructura gigante covalente?

Estructuras y propiedades del diamante y el grafito

El carbono (C) presenta valencia 4 ($1s^2 2s^2 2p^2$), lo que le permite enlazarse de forma continuada con más átomos de C para formar una estructura gigante covalente. Tanto el diamante como el grafito están formados por átomos de carbono, pero presentan propiedades diferentes.

Diamante

Cada C se une a otros cuatro mediante enlaces covalentes, dando lugar a una **estructura tridimensional**.

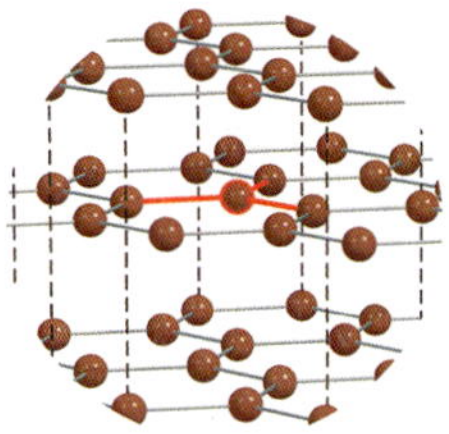

- **No conduce la electricidad** porque no tiene electrones libres.
- Es el sólido más **duro** que existe, con una elevada temperatura de fusión (3823 °C).

Grafito

Cada C se une a otros tres mediante enlaces covalentes, dando lugar a una **estructura bidimensional**.

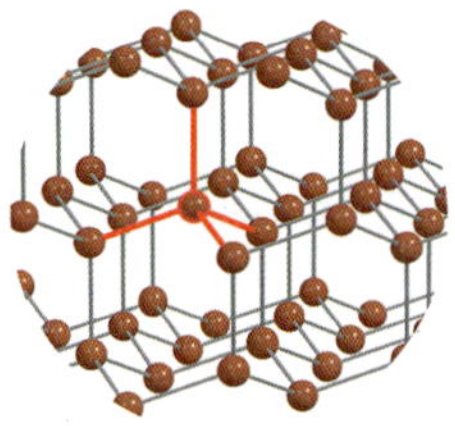

- El cuarto electrón es el que une las capas entre sí y tiene libertad de movimiento. Es responsable de la **conductividad eléctrica**.
- Se puede **exfoliar en láminas**.

TALLER

Consigue una capa de grafeno (una sola capa de grafito).

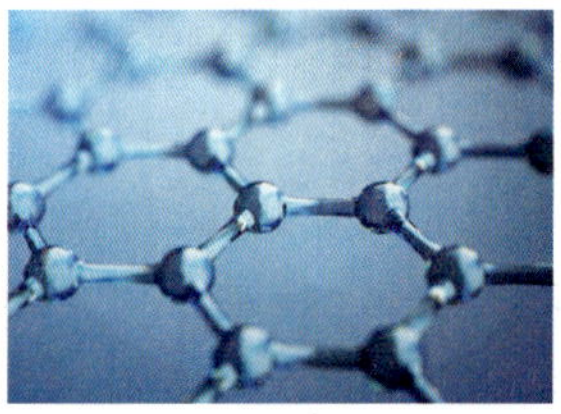

Paso 1 Dibuja en un folio una mancha con un lápiz de mina blanda.

Paso 2 Pega un trozo de celo sobre la mancha y despégalo.

Paso 3 Dobla el celo sobre sí mismo y despégalo.

Paso 4 Repítelo varias veces.

16 ¿Qué ocurre al despegarlo? ¿Van disminuyendo las capas de grafito en el celo?

17 Si lo repites muchas veces, ¿acabarías consiguiendo una sola capa?

Otras estructuras gigantes covalentes

El silicio, Si(s), que también pertenece al grupo 14 de la tabla periódica, presenta una estructura gigante covalente, al igual que el dióxido de silicio, SiO_2(s), que forma la arena, el cuarzo y los silicatos.

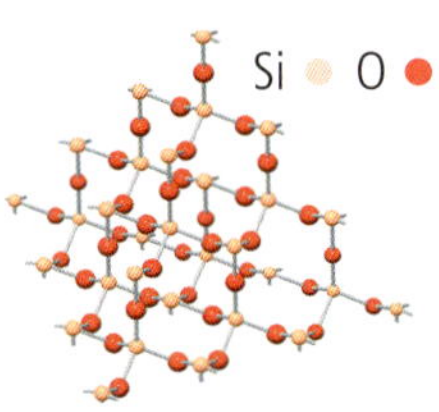

En el SiO_2(s), cada átomo de silicio está unido a 4 átomos de oxígeno, y cada átomo de oxígeno, a 2 átomos de silicio.

El dióxido de silicio es ampliamente empleado en la fabricación de material de laboratorio como matraces, crisoles, etc. Esto se debe a su escasa reactividad química, alta temperatura de fusión, dureza, etc.

3 ¿Cómo son las sustancias con estructura gigante iónica?

Sólidos formados por iones

Los elementos de los grupos 1 y 2 de la tabla periódica (metales alcalinos y alcalinotérreos) forman compuestos iónicos cuando se combinan con elementos de los grupos 16 y 17 (no metales). ¿Qué pruebas tenemos de que los sólidos iónicos estén formados por iones?

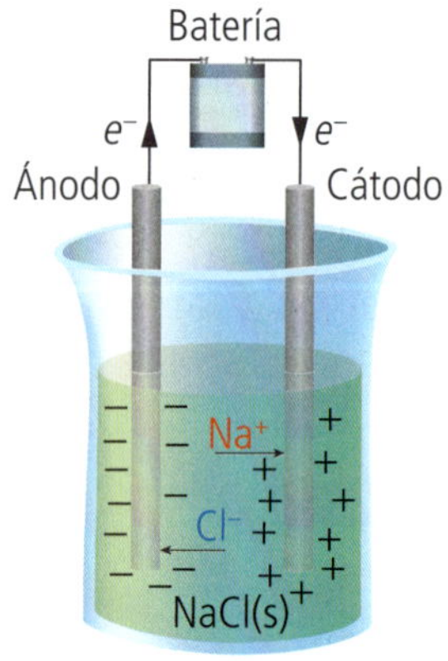

18 Interpreta lo que ocurre. **El cloruro de sodio, NaCl(s), es una sustancia con una alta temperatura de fusión (808 °C); por tanto, es de suponer que está formado por una estructura gigante. Además, conduce la electricidad cuando está fundido.**

a. Observa el diagrama de la electrólisis del NaCl(l). ¿Por qué conduce la electricidad?

b. ¿Qué partículas podemos suponer que forman el NaCl(s)?

c. ¿Cómo sabemos que los iones sodio son positivos y los iones cloruro, negativos?

Formación de la estructura gigante de las sustancias iónicas

La formación de la estructura del cloruro de sodio a partir de átomos de sodio y cloro se puede pensar en dos etapas:

Primera etapa: formación de los iones

Ocurre la transferencia de electrones. Los átomos de sodio ceden un electrón a los átomos de cloro, completando así sus capas de valencia.

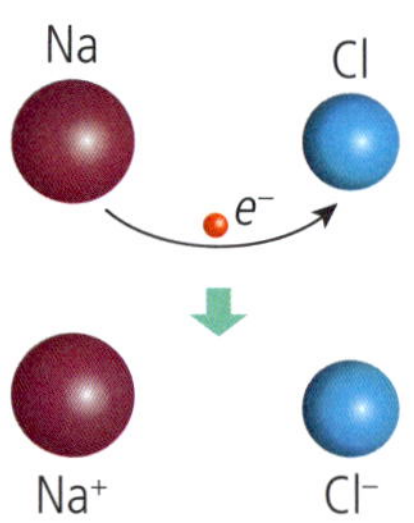

$_{11}Na$: $1s^2\ 2s^2\ 2p^6\ 3s^1$
$_{17}Cl$: $1s^2\ 2s^2\ 2p^6\ 3s^2\ 3p^5$

$Na \rightarrow Na^+ + 1\ e^-$
Cl: $1\ e^- \rightarrow Na^+ + Cl^-$

Segunda etapa: formación del cristal iónico

Los iones formados, Na^+ y Cl^-, se aproximan creando una estructura de muchos iones, donde las atracciones son máximas y las repulsiones, mínimas.

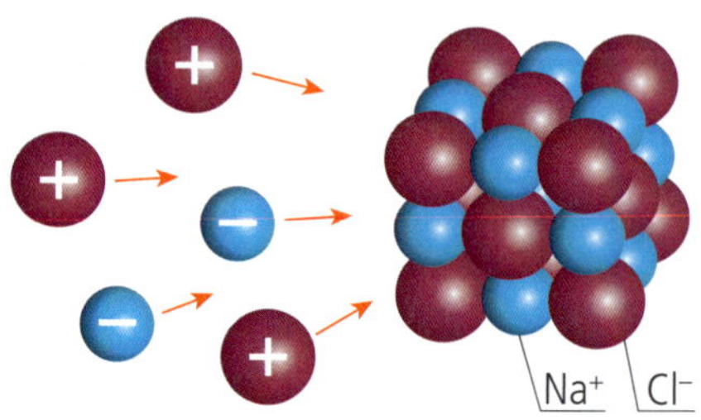

La unión existente entre los iones de carga opuesta en un sólido iónico recibe el nombre de **enlace iónico**. Esta unión es de carácter electrostático y ocurre con desprendimiento de energía.

19 **¿Cómo se forma la estructura gigante iónica del fluoruro de litio, LiF(s)?**

20 **Explica la formación de la estructura gigante del óxido de magnesio, MgO(s).**

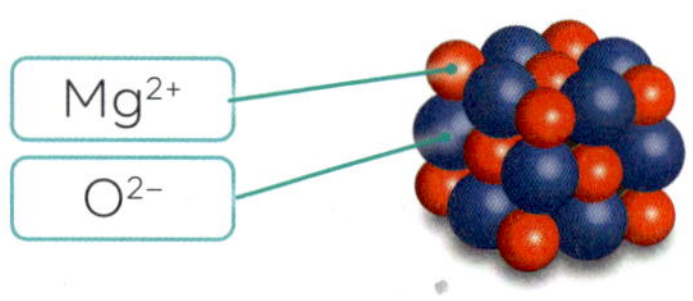

21 **¿Cuál será la fórmula del compuesto iónico formado por iones Cl^- y Ca^{2+}?**

Ten en cuenta que todas las sustancias son eléctricamente neutras.

22 **Indica las etapas para la formación de la estructura del sulfuro de sodio, $Na_2S(s)$.**

Propiedades de los compuestos iónicos

TALLER

Paso 1 Coloca un poco de cloruro de sodio (sal) sobre una superficie metálica y caliéntala fuertemente con un mechero Bunsen. ¿Se funde?

Paso 2 Toma un cristal pequeño de cloruro de sodio y observa si es fácil romperlo al darle un golpe con un martillo.

Paso 3 Toma una pequeña cantidad de cloruro de sodio e indaga si se disuelve en agua.

23 Explica las propiedades del NaCl(s) que has observado y justifícalas.

En la siguiente tabla se recogen las propiedades de un compuesto iónico como el NaCl(s). Todas ellas son debidas a su estructura y a las intensas fuerzas eléctricas entre iones positivos y negativos.

Propiedad	Modelo	Explicación
Alta temperatura de fusión 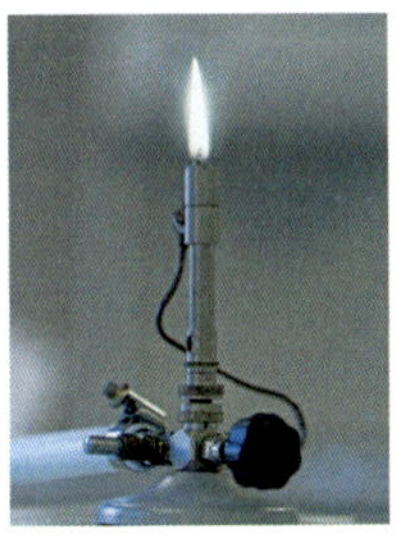	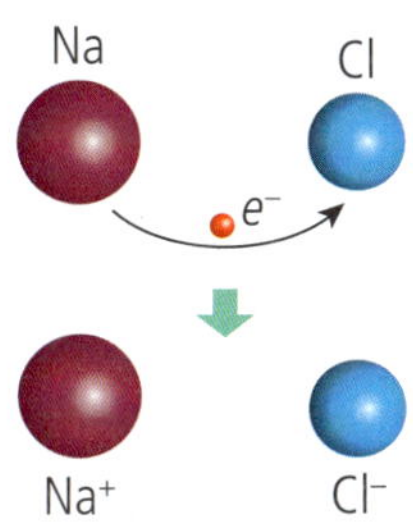	La gran intensidad de las fuerzas electrostáticas entre los iones hace que su temperatura de fusión sea muy alta (808 °C) para poder romper su estructura.
Fragilidad 	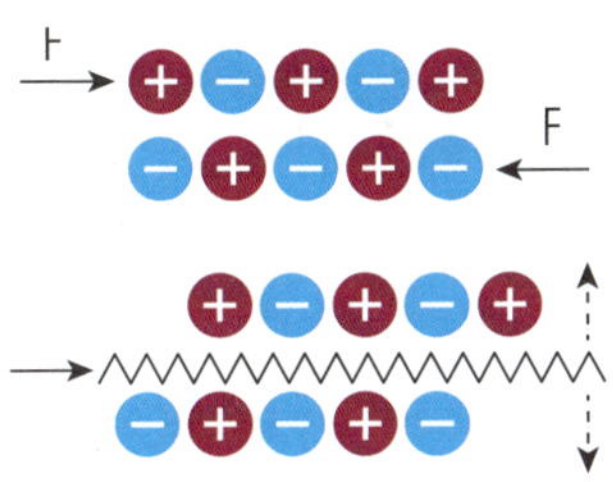	Si se aplica una fuerza sobre el cristal, las capas de iones resbalan unas sobre otras, enfrentándose iones del mismo signo, consiguiendo que se repelan y se rompa el cristal.
Solubilidad en agua 	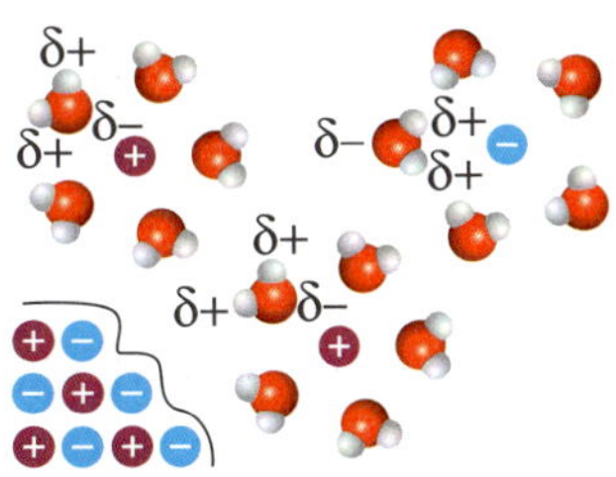	Las moléculas polares del agua atraen los iones sodio y cloruro de la superficie del cristal. Una vez separados, se sitúan a su alrededor.
Conductividad eléctrica en estado líquido y en disolución 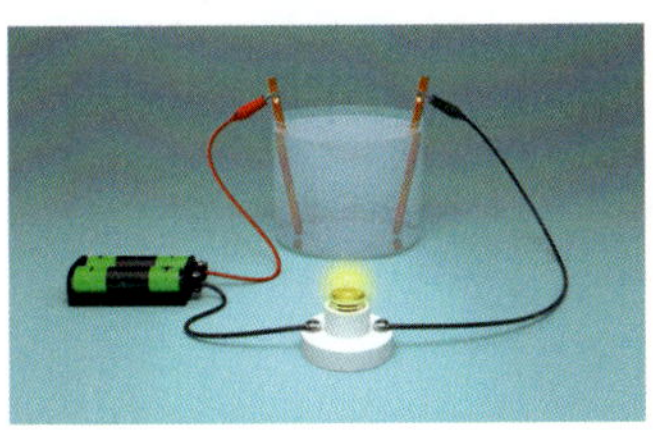	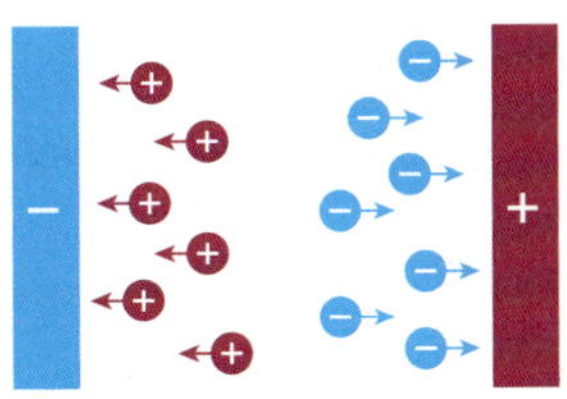	En estado líquido y en disolución acuosa, los iones tienen libertad de movimiento, por lo que pueden conducir la electricidad.

4 ¿Cómo son las sustancias con estructura gigante metálica?

Propiedades de los metales

TALLER

Paso 1 Toma una lata vacía de un refresco (de aluminio) y apriétala con las manos hasta conseguir deformarla.

Paso 2 Toma una cuchara de metal e indaga con una pila, unos cables y un amperímetro si conduce la corriente eléctrica.

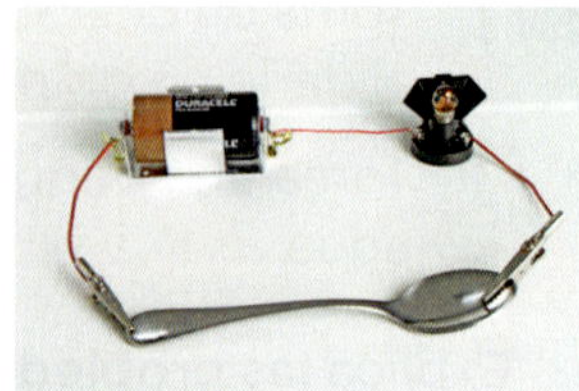

24 ¿Qué otras propiedades conoces de los metales?

Interacción que mantiene unidos los átomos de un metal

25 **Interpreta lo que ocurre.** La conductividad eléctrica es una de las propiedades más características de los metales.

a. ¿Es lógico pensar que los metales tienen electrones con libertad de movimiento?

b. ¿Pueden ser los electrones de la capa de valencia? ¿Por qué?

c. Explica la representación de la estructura gigante metálica del Mg(s). ¿Qué representan los círculos con 2+?

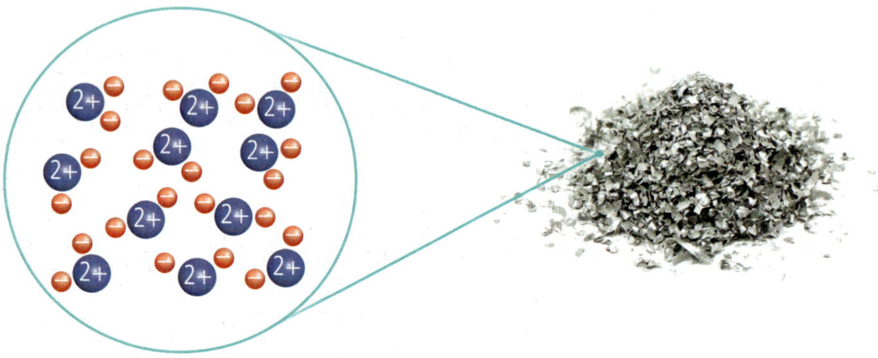

¿Qué ejemplos pondrías sobre el tema?

d. ¿Qué fuerza mantiene unidos los iones positivos y los electrones de valencia?

Interpretación de las propiedades de los metales

Propiedad	Explicación
Alta temperatura de fusión (excepto los metales alcalinos)	Elevada intensidad de la fuerza de atracción entre cationes y los electrones de valencia deslocalizados.
Alta densidad (excepto los metales alcalinos)	El tipo de enlace permite una gran compactación de los iones positivos.
Dúctiles y maleables	El desplazamiento de una capa de átomos del metal sobre otra no impide que se mantenga el enlace entre los iones y los electrones deslocalizados.
Insolubles en agua	La gran intensidad del enlace metálico impide la separación de los átomos en contacto con las moléculas de disolvente.
Alta dureza	Elevada intensidad de la fuerza de atracción entre cationes y electrones.

Los metales no son solubles en disolventes polares (como el agua) ni en apolares (como el tetracloruro de carbono).

26 Explica razonadamente las propiedades que tiene el metal aluminio, Al(s).

5 Formulación de compuestos binarios

¿Cómo se nombran y formulan los compuestos binarios?

Para escribir las fórmulas de los compuestos binarios, se escriben los símbolos de los elementos que los componen en el orden siguiente:

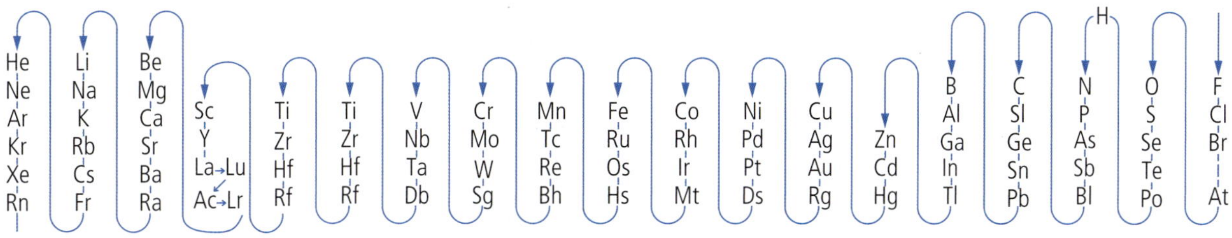

A la derecha se coloca el símbolo del elemento que aparece antes en esta lista de la IUPAC.

Por ejemplo:

NaCl, K_2O, CaS, $BaCl_2$, Al_2O_3, Cr_2O_3, SnO_2, BH_3, CH_4, PH_3, NH_3, H_2S, H_2O, N_2O_5, SO_2, OCl_2

Los subíndices se escogen de modo que la suma de los números de oxidación de cada elemento, multiplicados por su subíndice, sea cero. Este criterio corresponde a un **criterio de electroneutralidad**.

27 Actividad resuelta

¿Cuál es la fórmula del cloruro de calcio? ¿Y la del sulfuro de hidrógeno?

El Ca presenta número de oxidación +2 y el cloro, –1 (cuando se combina con un metal). Por tanto, la fórmula es:

$CaCl_2$ $(+2) + 2 \cdot (-1) = 0$

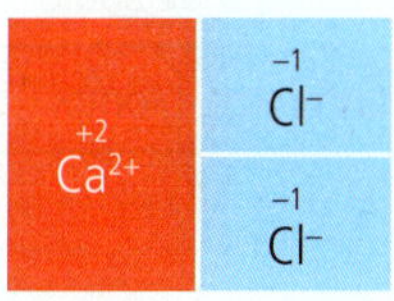

Fórmula: **$CaCl_2$**

Números de oxidación

El número de oxidación es el número de electrones perdidos (+) o ganados (–), total o parcialmente, por un átomo.

A continuación se muestran los números de oxidación más comunes de elementos no metales y metales:

No metales		
	Con metal o H	Con O
H	–1 / 0	+1
O	–2	0
F	–1	–1
Cl, Br, I	–1	+1, +3, +5, +7
S	–2	+2, +4, +6
N, P	–3	+3, +5
C, Si	–4	+2, +4

Metales	
Li, Na, K, Rb, Cs, Ag	+1
Be, Mg, Ca, Sr, Ba, Zn	+2
Al	+3
Cu, Hg	+1, +2
Au	+1, +3
Cr, Mn, Fe, Co, Ni	+2, +3
Sn, Pb	+2, +4

Óxidos

Son combinaciones del oxígeno con otro elemento que no sea halógeno (grupo 17). El número de oxidación del O es –2 y se nombran con la palabra **óxido**.

		Prefijos numerales	Número de oxidación
Óxidos metálios	$CuO(s)$	Óxido de monocobre	Óxido de cobre(II)
	$Cu_2O(s)$	Óxido de dicobre	Óxido de cobre(I)
Óxidos no metálicos	$SO_2(g)$	Dióxido de azufre	Óxido de azufre(IV)
	$SO_3(g)$	Trióxido de azufre	Óxido de azufre(VI)

Haluros de oxígeno

Son combinaciones del oxígeno con un halógeno. Se nombran añadiendo el sufijo **-uro** al nombre del halógeno. Por ejemplo:

O_3Cl_2, dicloruro de trioxígeno

Hidruros

Son combinaciones del hidrógeno con un metal o un no metal que no sea del grupo 16 o 17. Se nombran con la palabra **hidruro**.

	Prefijos numerales	Número de oxidación o nombre tradicional
$NaH(s)$	Hidruro de sodio	Hidruro de sodio
$PbH_4(s)$	Tetrahidruro de plomo	Hidruro de plomo(IV)

Haluros de hidrógeno (hidrácidos)

Son combinaciones del hidrógeno con un no metal de los grupos 16 y 17. Son compuestos moleculares. En disolución acuosa se ionizan formando aniones y iones hidrógeno y se nombran con la palabra **ácido**.

	Prefijos numerales	En disolución acuosa		Ionización en agua
$HCl(g)$	Cloruro de hidrógeno	$HCl(aq)$	Ácido clorhídrico	$H^+(aq) + Cl^-(aq)$
$H_2S(g)$	Sulfuro de dihidrógeno	$H_2S(aq)$	Ácido sulfhídrico	$2\ H^+(aq) + S^{2-}(aq)$
$HF(g)$	Fluoruro de hidrógeno	$HF(ag)$	Ácido fluorhídrico	$H^+(ag) + F^-(ag)$

Sales binarias

Son la combinación de un metal y un no metal. Se nombran añadiendo el sufijo **-uro** al nombre del no metal. En disolución acuosa se disocian en sus iones.

	Prefijos numerales	Números de oxidación	Disociación iónica en agua
$NaCl(s)$	Cloruro de sodio	Cloruro de sodio	$Na^+(aq) + Cl^-(aq)$
$FeCl_3(s)$	Tricloruro de hierro	Cloruro de hierro(III)	$Fe^{3+}(aq) + 3\ Cl^-(aq)$
$NaS(s)$	Sulfuro de disodio	Sulfuro de sodio	$2\ Na^+(aq) + S^{2-}(aq)$

NUESTRO RETO

¿Qué estructuras tienen las sustancias?

Indaga sobre la estructura de las sustancias

Se trata de predecir la estructura de una serie de sustancias que se te proporcionarán (tales como cinc, cloruro de potasio, sacarosa, azufre, grafito y dióxido de silicio) a través de la determinación experimental de sus propiedades.

Paso 1

Determina las propiedades de las sustancias.

Temperatura de fusión. Adiciona una punta de espátula de cada sustancia en un recipiente de aluminio o en un tubo de ensayo y calienta con un mechero Bunsen durante unos 5 min. Anota las sustancias que funden.

Conductividad eléctrica en estado sólido. Puedes utilizar un circuito eléctrico con una pila, dos electrodos y una bombilla o LED. Coloca los electrodos limpios en la superficie del sólido y observa si pasa corriente. Anota los que conducen.

Solubilidad en agua. Coloca unos 0,5 g de cada sustancia en un recipiente, como los huecos de una huevera de plástico, añade un poco de agua y agita con una varilla. Anota las que se disuelven.

Conductividad eléctrica en disolución acuosa. Toma muestras de las disoluciones de las sustancias solubles en agua (preparadas en la experiencia anterior) y determina si conducen la corriente eléctrica. Anota las que conducen.

Paso 2

Completa la tabla con los datos que has obtenido.

Sustancia	¿Funde?	¿Conduce en estado sólido?	¿Se disuelve en agua?	¿Conduce en disolución acuosa?	Estructura
Cinc	•••	•••	•••	•••	•••
Cloruro de potasio	•••	•••	•••	•••	•••
Sacarosa	•••	•••	•••	•••	•••
Azufre	•••	•••	•••	•••	•••
Grafito	•••	•••	•••	•••	•••
Dióxido de silicio	•••	•••	•••	•••	•••

Paso 3

Redacta las conclusiones. ¿Qué estructura concluyes que tiene cada sustancia?

1 **Aprendo a pensar.** Con las propiedades que sabes que tiene el dióxido de silicio, ¿para qué lo utilizarías? ¿Y el grafito?

2 ¿Qué aplicaciones tendría el cinc basándote en sus propiedades?

¿Cómo te ha ido el reto? Entra y haz tu valoración

EN RESUMEN

Sustancias moleculares o estructuras gigantes

- Las **sustancias moleculares** tienen bajos puntos de fusión.
- Las **sustancias con estructuras gigantes** tienen una alta temperatura de fusión.

Sustancias moleculares

- Los átomos se unen compartiendo electrones de su última capa, que se sitúan entre los núcleos positivos. Este enlace se denomina **enlace covalente**.
- Una sustancia molecular está formada por moléculas unidas por **fuerzas intermoleculares**, que son débiles.

Sustancias con estructuras gigantes

- Las **estructuras gigantes covalentes**, como el C (diamante) o el dióxido de silicio (SiO_2(s)), están formadas por una red de átomos unidos por enlaces covalentes. Son sustancias con enlaces muy fuertes.
- Las **estructuras gigantes iónicas**, como el cloruro de sodio, están formadas por una red de iones positivos y negativos, unidos por fuerzas electrostáticas (enlace iónico).
- Las **estructuras gigantes metálicas** están formadas por una red de iones positivos y electrones libres.

PRACTICAMOS

1 Copia, completa y amplía el siguiente mapa mental en tu cuaderno.

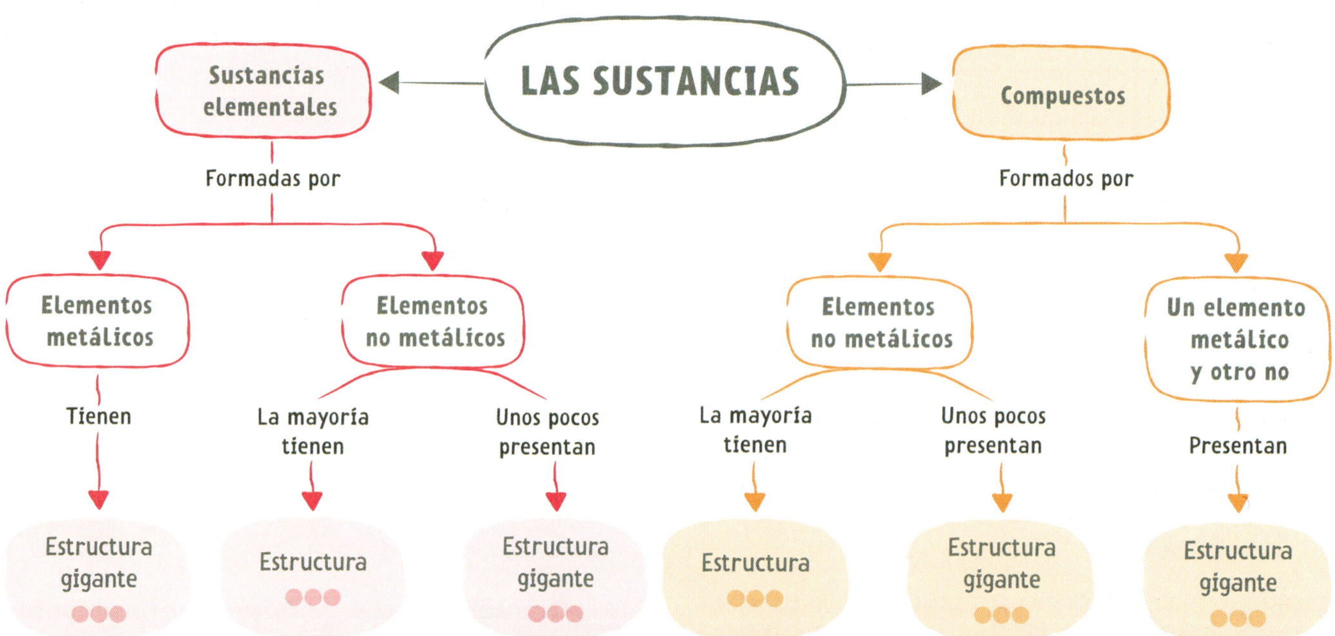

2 El cloruro de hidrógeno es un compuesto que funde a –115 °C y hierve a –85 °C.

a. ¿A temperatura ambiente (20 °C) es un gas, un líquido o un sólido?

b. ¿Está formado por moléculas o por una estructura gigante?

c. ¿Qué tipo de fuerzas hay entre sus moléculas?

3 Dibuja los diagramas de Lewis de las siguientes moléculas:

a. F_2

b. PCI_3

c. O_2

d. CO_2

Indica la valencia covalente del F, P, Cl, O y C en estas moléculas.

4 Explica por qué el hielo es menos denso que el agua líquida, teniendo en cuenta su estructura multimolecular.

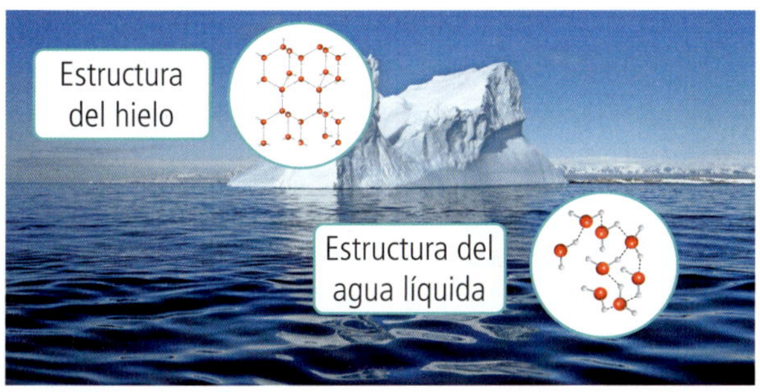

5 El silicio es una sustancia elemental del grupo 14 de la tabla periódica que funde a 1410 °C y hierve a 2680 °C.

a. ¿En qué estado se encuentra a temperatura ambiente (20 °C)?

b. ¿Qué tipo de estructura crees que tiene?

c. ¿Será duro o blando?

d. ¿Será soluble en agua?

e. ¿Conducirá la corriente eléctrica?

6 Predice y justifica la carga iónica de los iones monoatómicos de los siguientes elementos a partir del grupo de la tabla periódica al que pertenecen.

a. Li **b.** Ca **c.** S **d.** I

Escribe sus fórmulas.

7 Explica mediante el modelo de enlace iónico por qué la temperatura de fusión del $Ca2^{+}O^{2-}$(s) (2572 °C) es mayor que la del $Na^{+}Cl^{-}$(s) (808 °C).

8 Observa la tabla y deduce:

a. ¿Qué sustancias son moleculares?

b. ¿Cuál es un compuesto iónico?

c. ¿Cuál es un metal?

d. ¿Cuál tiene una estructura gigante covalente?

e. ¿Qué sustancia crees que será muy dura?

Sustancia	T_f (°C)	Conductividad eléctrica		Solubilidad en agua
		Sólido	Líquido	
A	1455	buena	buena	insoluble
B	175	mala	mala	soluble
C	1610	mala	mala	insoluble
D	–70	mala	mala	insoluble
E	782	mala	buena	soluble

9 Predice la estructura de los siguientes compuestos a partir de la situación en la tabla periódica de los elementos que los forman.

a. HF(g) **b.** SO_2(g) **c.** NaI(s) **d.** CaF_2(s)

10 Representa la estructura de las siguientes sustancias mediante diagramas y especifica sus partículas constitutivas y el tipo de enlace que las mantiene unidas.

Yodo

I_2(s)

Hielo seco

CO_2(s)

Dióxido de silicio

SiO_2(s)

Oro

Au(s)

Cal viva

CaO(s)

Mis competencias · Autoevaluación

¿VERDAD O MENTIRA?

En los medios

https://www.nationalgeographic.com.es/ciencia/

¿La vida llegó a la Tierra desde el espacio?

Detectados los componentes del ADN y ARN en meteoritos

Según sugiere un artículo publicado en *Nature*, las bases de pirimidina halladas en tres meteoritos ricos en carbono, componentes esenciales de la estructura del ADN y el ARN, refuerzan la teoría de que la vida podría haber llegado a la Tierra desde el espacio.

En la actualidad, para explicar los orígenes de la primeras moléculas orgánicas en nuestro planeta existen esencialmente dos hipótesis enfrentadas. La primera de ellas postula que la vida en la Tierra podría haber surgido en nuestro propio planeta. La otra gran alternativa, por el contrario, aboga por el que las moléculas orgánicas pudieron haber llegado desde el espacio exterior: es lo que se conoce como la hipótesis de la panspermia. [...]

Para formar el ADN y el ARN se requieren dos tipos de 'bloques de construcción básico': las llamadas bases nitrogenadas, las cuales se pueden clasificar en purinas (guanina y adenina) y pirimidinas (citosina, uracilo y timina). Hasta el momento, los científicos habían identificado en meteoritos hallados en la Tierra las llamadas purinas, y una de las pirimidinas, el uracilo. [...]

Los resultados de la investigación se recogen en un artículo titulado 'Identifying the wide diversity of extraterrestrial purine and pyrimidine nucleobases in carbonaceous meteorites' [...] en la revista *Nature Communications*. [...] Los autores identificaron por primera vez varias bases de pirimidina (citosina y timina) [...] en niveles de concentración de hasta partes por billón, es decir, concentraciones similares a las predichas por los experimentos que replican las condiciones que existían antes de la formación del sistema solar.

Los autores concluyen que sus hallazgos sugieren que tales compuestos pueden haber sido generados en parte por reacciones fotoquímicas en el medio interestelar.

Esto más tarde conduciría a su incorporación a los asteroides cuando se formó el sistema solar, cuya posterior llegada a la Tierra en forma de meteoritos podría haber desempeñado un importante papel en la aparición de la vida temprana en nuestro planeta.

1 **Reflexiona e investiga para responder a las siguientes preguntas:**

a. ¿Cuáles son los monómeros de los ácidos nucleicos?

b. Investiga y describe los enlaces que se establecen entre las moléculas que forman dichos monómeros y entre estos para formar una cadena simple de ADN.

c. Describe las interacciones que se dan entre las dos cadenas de la doble hélice de ADN.

d. Qué bases nitrogenadas se hallan presentes en el ADN?, ¿y en el ARN? ¿Por qué crees que el ADN y el ARN son considerados macromoléculas?

e. ¿Qué relación tiene el ADN con el origen de la vida?

f. ¿Crees que la hipótesis de la panspermia podría ser verdadera?

el mundo: los nanomateriales

Richard Feynman (1919-1988) fue un físico al que se considera el primer teórico de la nanotecnología. Nacido en Estados Unidos, es uno de los físicos más conocidos y respetados de la Historia. Nada más doctorarse, creó varios modelos que aún rigen el mundo de la física teórica, ganó un Premio Nobel, y predijo el mundo de los nanomateriales. También destacó siendo uno de los primeros divulgadores científicos, haciendo comprensible la física para el público no especializado.

Los nanomateriales son elementos microscópicos que conforman la estructura de los materiales que siempre han acompañado al ser humano. Un nanomaterial es un material que en alguna de sus dimensiones es menor de 100 nm. Un nanómentro es 10^{-9} m.

La ciencia de los nanomateriales ha experimentado un desarrollo vertiginoso en los últimos años. Los avances científicos a la escala nanométrica han generado descubrimientos, herramientas y técnicas novedosos. La Academia sueca de los Premios Nobel no ha sido ajena a este progreso y por eso ha galardonado en los últimos años a varios científicos de este campo.

Materiales. Una historia sobre la evolución humana y los avances tecnológicos. Nanomateriales. Universidad de Burgos.

https://historiamateriales.ubuinvestiga.es/nanomateriales/

Richard Feynman: el padre de la nanotecnología
"Si solo pudiéramos transmitir una idea científica a las próximas generaciones, yo elegiría esta: la materia está hecha de átomos, pequeñas partículas en perpetuo movimiento".

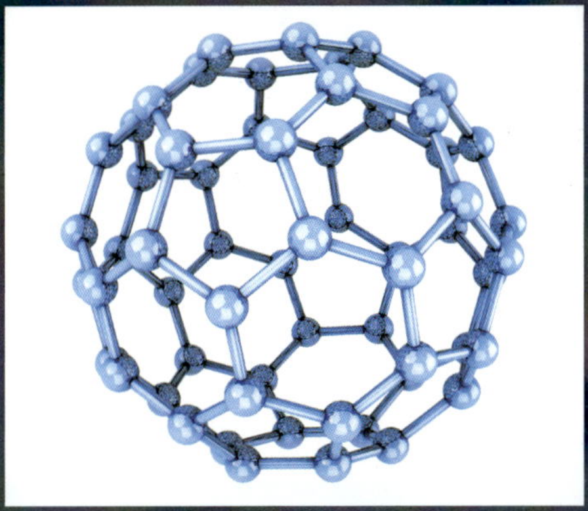

Fullereno. Es un nanomaterial constituido por átomos de C que tiene importantes aplicaciones biomédicas. Su capacidad para unirse a proteínas y otras moléculas lo ha convertido en un buen material para la fabricación de numerosos fármacos.

1. ¿Qué son los nanomateriales?
2. ¿Qué tipo de nanomateriales se fabrican?
3. ¿Qué aplicaciones tienen los nanomateriales?
4. Agrupaos por parejas y poneos de acuerdo para preparar una presentación en Power Point entre todos. Cada grupo ha de investigar un tipo de nanomaterial y preparar un par o tres de diapositivas sobre su estructura, propiedades y aplicaciones.
5. Una de las preocupaciones en el mundo de los materiales es su sostenibilidad medioambiental. ¿Qué problemas podría crear la potencial dispersión y exposición a los nanomateriales?

1.6 Compuestos del carbono

¡EMPEZAMOS!

¿Es la química orgánica la química de los seres vivos?

El carbono es un elemento que aparece no solamente en los seres vivos, alimentos y combustibles fósiles, sino también en plásticos, medicamentos, etc. Es fundamental en la vida diaria del ser humano.

En el siglo XIX, Berzelius dividió a las sustancias en orgánicas e inorgánicas, según fuesen de origen animal/vegetal o mineral, respectivamente. Entonces se creía que los seres vivos poseían una "fuerza vital" que les permitía sintetizar los compuestos orgánicos.

Esta teoría vitalista se destruye cuando en 1828 Friedrich Wöhler, discípulo de Berzelius, sintetiza por primera vez un compuesto orgánico (la urea) a partir de uno inorgánico (cianato amónico):

$NH_4OCN \rightarrow NH_2CONH_2$

En la actualidad, se denomina **química orgánica** a la química del carbono, mientras que la **bioquímica** es la química de los seres vivos.

- ¿Los compuestos que poseen carbono son todos orgánicos? ¿Existe alguno inorgánico?
- Haz una lista de cinco compuestos inorgánicos y otros cinco orgánicos que haya en el aula.
- Enuncia cuatro compuestos que posean carbono y que estén presentes en el ser humano.

¡VAMOS A APRENDER!

1. Mantener el nivel de ruido.
2. Conocer las peculiaridades del carbono que le permiten formar multitud de sustancias.
3. Clasificar los compuestos orgánicos por su estructura y grupo funcional.
4. Entender las propiedades físicas y químicas de las sustancias orgánicas.
5. Nombrar los compuestos orgánicos según las normas de la IUPAC.
6. Aplicar la creatividad a la resolución de problemas locales y globales.

NUESTRO RETO

Síntesis de un polímero

Sintetiza un polímero a partir de la leche y obtén de esta forma un plástico biodegradable.

¡Vamos allá!

1 ¿Por qué el carbono proporciona cadenas tan largas?

Características del átomo de carbono

A pesar de que el carbono no es un elemento muy abundante en la corteza terrestre (0,032 %), existen millones de compuestos orgánicos, frente a solo unos miles de compuestos inorgánicos. ¿A qué se debe esta gran capacidad del carbono para formar compuestos?

1 Interpreta lo que ocurre. Comparamos la configuración electrónica externa del carbono con los elementos cabecera de otros grupos (nitrógeno, oxígeno y flúor).

C: $[He]2s^22p^2$ Es tetravalente.

N: $[He]2s^22p^3$ Es trivalente.

O: $[He]2s^22p^4$ Es divalente.

F: $[He]2s^22p^5$ Es monovalente.

Todos los átomos se unen con el fin de ser más estables, lo que en química significa cumplir la regla del octeto. Cada átomo forma tantos enlaces covalentes como electrones le falten para completar su capa de valencia.

Las características del carbono hacen posible que cada átomo se pueda unir hasta a cuatro átomos más, y cada uno de ellos, a otros cuatro, y así sucesivamente; dando lugar a largas cadenas o ciclos. Esto no sucede con el nitrógeno, el oxígeno y el flúor.

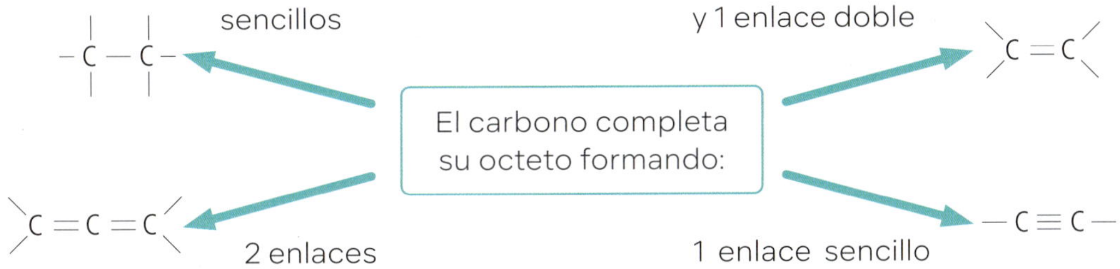

El carbono, además de consigo mismo, puede formar enlaces con átomos de otros elementos (hidrógeno, oxígeno, nitrógeno y azufre), lo que aumenta la variedad de compuestos orgánicos que se pueden generar.

2 Interpreta lo que ocurre. A pesar de que el silicio, elemento del mismo grupo que el carbono, presenta tetravalencia, no tiene la extraordinaria capacidad de concatenación que tiene el carbono.

Su mayor tamaño y número de electrones internos hace que sus enlaces sean más débiles (menor energía de enlace).

Además, no puede crear enlaces múltiples consigo mismo.

Enlace	C–C	C=C	C≡C	Si–Si	Si–O	C–O
E_{enlace} (kJ/mol)	347	611	837	177	369	351

3 CONTRASTAMOS JUNTOS. Basándote en la tabla anterior, justifica por qué, si, en la ecuación química inferior, X es un átomo de silicio, la reacción es explosiva, y, si es carbono, no.

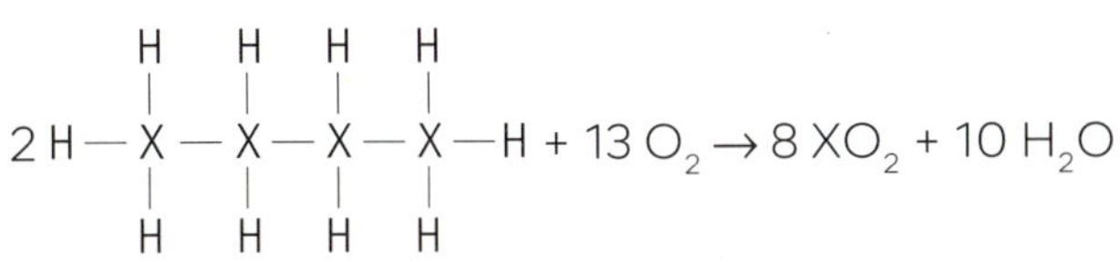

2 ¿Cuál es la estructura de los compuestos orgánicos?

Dificultad para establecer la estructura de los compuestos orgánicos

Para determinar de forma inequívoca una sustancia inorgánica, es suficiente con dar la fórmula molecular, pero esto no es así en el caso de una sustancia orgánica.

TALLER

Paso 1 Busca los paquetes de sal en un supermercado.
Los hay de muchas marcas, pero todos poseen cloruro de sodio (NaCl) en su interior.
La fórmula para definir este compuesto inorgánico es única.

Paso 2 Fíjate en los siguientes compuestos orgánicos y represéntalos empleando los modelos moleculares.

CH_3-CH_3-OH 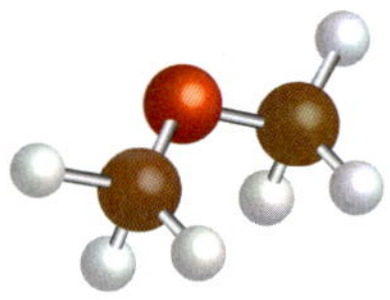

CH_3-O-CH_3 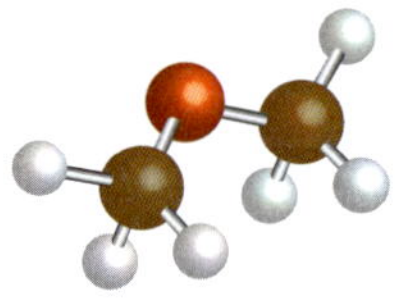

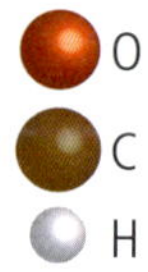

Paso 3 Establece la fórmula molecular de ambos compuestos.

Ambas sustancias poseen dos átomos de carbono, seis átomos de hidrógeno y un átomo de oxígeno; por tanto, la fórmula molecular es C_2H_6O.

Tienen la misma fórmula molecular, pero son sustancias diferentes. Este fenómeno se denomina **isomería**.

Los **isómeros** son compuestos que poseen la misma fórmula molecular, pero **diferente fórmula estructural** (disposición espacial de sus átomos). Existen dos fórmulas estructurales:

CH_3-CH_2-OH Fórmula **semidesarrollada**
Se señalan los enlaces C–C.

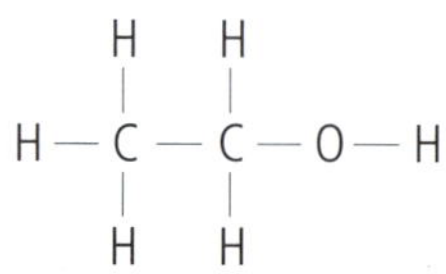

Fórmula **desarrollada**
Se señalan todos los enlaces.

4 Actividad resuelta

¿Qué tienen en común los siguientes compuestos?

$CH_2=CH-CH_2-CH_3$ $CH_3-CH=CH-CH_3$ 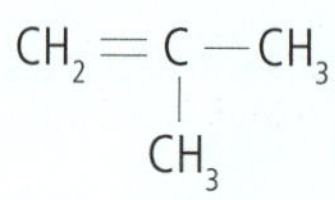

Todos poseen la misma fórmula molecular: C_4H_8. Dado que se diferencian en la disposición de sus átomos, son isómeros.

5 Actividad resuelta

Dibuja todos los compuestos orgánicos cíclicos que respondan a la fórmula molecular de C_4H_8.

Dado que se trata de sustancias que responden a la misma fórmula molecular, son también isómeros. Se puede concluir, por tanto, que en total existen dos isómeros (compuestos orgánicos diferentes que responden a la fórmula C_4H_8).

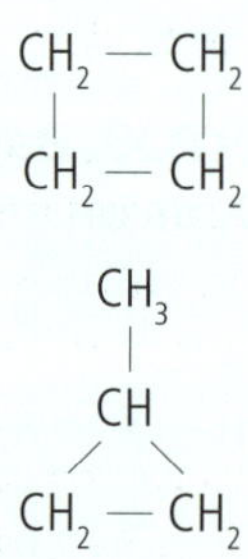

Clasificación de los compuestos orgánicos

Los **hidrocarburos** están formados únicamente por **carbono** e **hidrógeno**, por lo que son los compuestos orgánicos más sencillos, de los cuales derivan todos los demás. Para simplificar su estudio, se pueden dividir en dos grandes grupos: alifáticos y aromáticos (son ciclos que poseen dobles enlaces alternos).

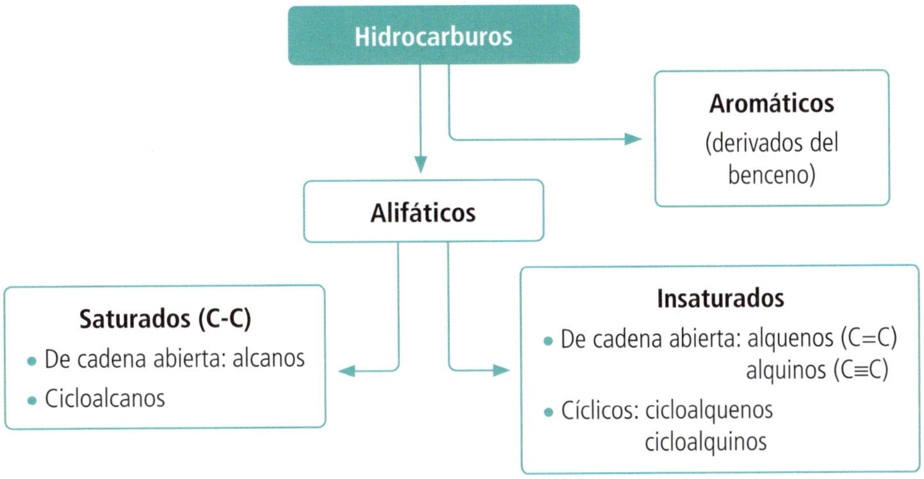

6 **Clasifica las siguientes sustancias según su estructura y di cuáles son isómeros entre sí.**

a. 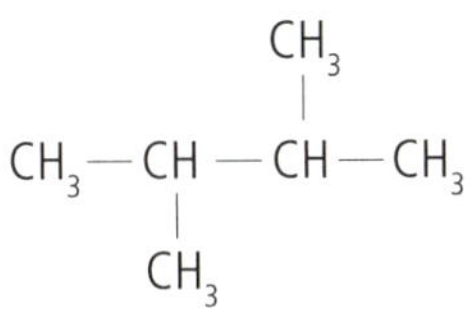

b. 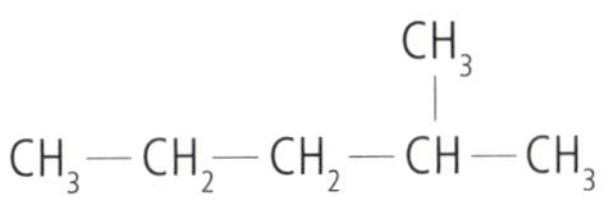

c. 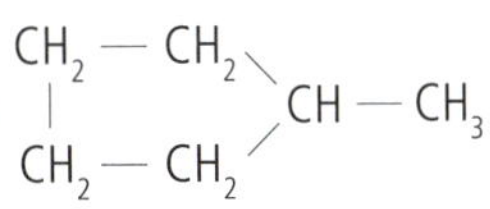

d. 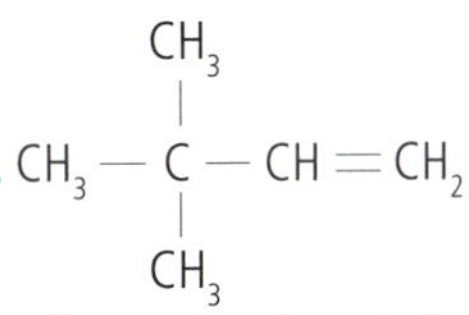

7 **Escribe la fórmula desarrollada y semidesarrollada de todos los isómeros del compuesto de cadena abierta cuya fórmula molecular es C_5H_{10}.**

8 **El carbono en estado nativo aparece en forma de grafito y diamante. El primero es blando, exfoliable y buen conductor de la corriente eléctrica, mientras que el segundo es duro y aislante eléctrico.**

a. Si químicamente responden a la misma fórmula, ¿a qué crees que se deben estas diferencias?

b. ¿Cuál crees que es más estable?

9 **Interpreta lo que ocurre. Una mínima diferencia química puede tener un gran impacto. Observa las fórmulas de la talidomida. ¿Encuentras alguna diferencia?**

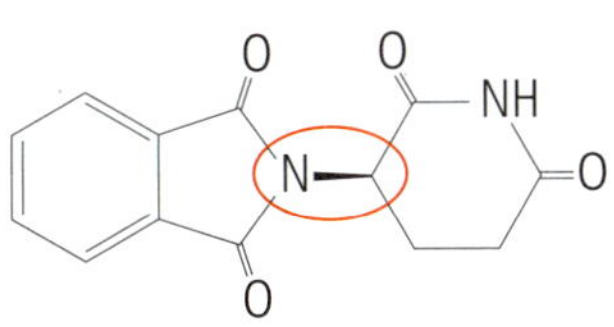

(R)-talidomida

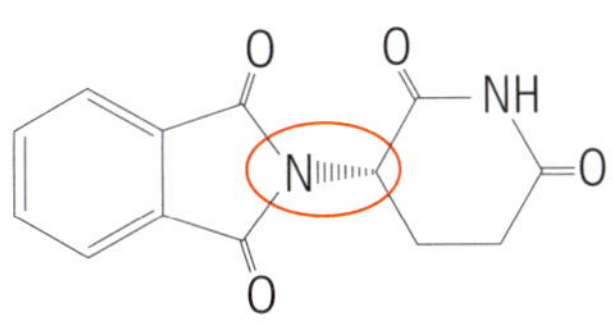

(S)-talidomida

Durante los años cincuenta y sesenta, este compuesto se empleó para evitar las náuseas en mujeres embarazadas, pero el resultado fue que muchos bebés nacieron con malformaciones. Posteriormente, se demostró que existen dos isómeros de la talidomida; uno de ellos tenía efecto sedante, mientras que el otro provocaba malformaciones en el feto.

La síntesis en el laboratorio permite obtener selectivamente el isómero deseado, por lo que no siempre lo natural es mejor que lo sintético.

3 ¿Qué caracteriza a los compuestos orgánicos de una misma familia?

Familias y grupos funcionales

En química, las familias son todos aquellos compuestos que poseen el mismo grupo funcional. Un grupo funcional es un átomo o grupo de átomos que, al unirse a la molécula orgánica, le proporcionan unas propiedades físicas y químicas características.

	Familias	Fórmula del grupo funcional	Ejemplo
Hidrocarburos	Alcanos	$-\overset{|}{\underset{|}{C}}-\overset{|}{\underset{|}{C}}-$	$CH_3{-}CH_2{-}CH_3$
	Alquenos	$>C=C<$	$CH_2{=}CH{-}CH_3$
	Alquinos	$-C\equiv C-$	$HC\equiv CH$
Compuestos oxigenados	Alcoholes	R–OH	$CH_3{-}CH_2OH$
	Éteres	R–O–R'	$CH_3{-}CH_2{-}O{-}CH_2CH_3$
	Aldehídos	R–CHO	HCHO
	Cetonas	R–CO–R'	$CH_3{-}CO{-}CH_3$
	Ácidos carboxílicos	R–COOH	HCOOH
	Ésteres	R–COOR'	$HCOOCH_3$
Halogenados	Derivado halogenado	R–X (X= F, Cl, Br, I)	$HCCl_3$
Compuestos nitrogenados	Aminas	R_3–N(R_1)(R_2)	$CH_3{-}NH_2$
	Amidas	R–C(=O)–NH_2	$CH_3{-}CONH_2$

10 El ácido acetilsalicílico, conocido vulgarmente como aspirina, posee la siguiente fórmula desarrollada.

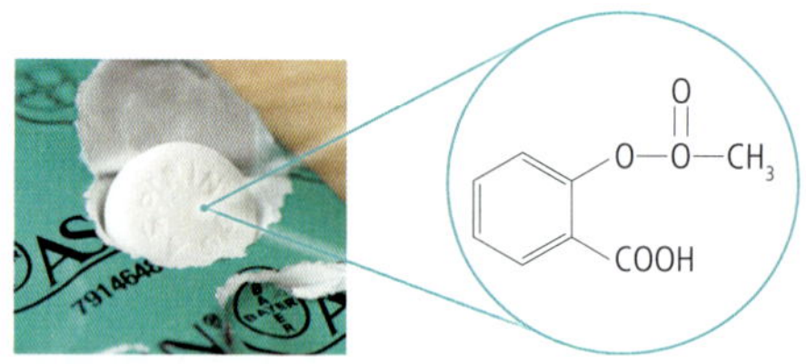

a. A partir de la imagen, señala todos los grupos funcionales que posee este compuesto e identifícalos.

b. ¿Cuál es su fórmula molecular?

c. Propón dos isómeros del compuesto.

11 Señala los grupos funcionales de las siguientes sustancias, di la familia a la que pertenecen e identifica los isómeros.

a. 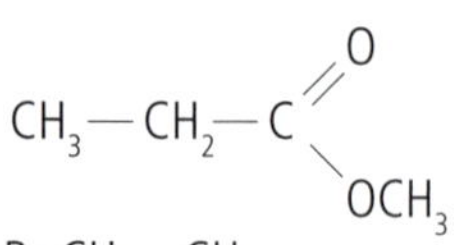

b. Br_2CH-CH_3

c. 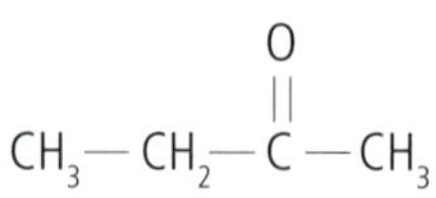

d. $CH_2=CH-CH_2-CH_2OH$

12 Indica las familias a las que pertenecen los siguientes compuestos, así como los grupos funcionales que poseen.

a. $CH_3{-}CH_2{-}CO{-}CH_3$

b. $CH_3{-}CH_2Br$

c. $CH_3{-}CH_2{-}COOH$

d. $CH_3{-}CH_2{-}CH_2{-}CHO$

Propiedades físicas y químicas de las sustancias orgánicas

Las propiedades de las sustancias orgánicas dependen tanto del grupo funcional como de la **longitud de la cadena** carbonada.

Una **serie homóloga** es un grupo de compuestos con el **mismo grupo funcional** (propiedades parecidas) y distinta **longitud de la cadena** carbonada.

13 Actividad resuelta

El etanol es un compuesto orgánico de fórmula $CH_3{-}CH_2OH$ contenido en las bebidas alcohólicas. Escribe otros tres alcoholes que pertenezcan a la misma serie homóloga y establece su fórmula general.

CH_3OH $CH_3{-}CH_2{-}CH_2OH$ $CH_3{-}CH_2{-}CH_2{-}CH_2OH$

Menos el metanol, todos responden a esta fórmula general:

$CH_3{-}(CH_2)_n{-}CH_2OH$

14 **Aprendo a pensar. Busca información sobre los peligros para la salud derivados del consumo de etanol y compáralos con los del metanol. Debate sobre el consumo de esta droga, cuya gran diferencia con otras es su aceptación social.**

El **aumento** en la **longitud de la cadena** de una serie homóloga provoca cambios regulares en sus propiedades físicas y químicas.

- A mayor longitud, **menor influencia** del **grupo funcional**.
- Las **temperaturas de fusión y ebullición** son función de las fuerzas intermoleculares, de tal modo que **aumentan** con la intensidad de dichas fuerzas.

  En los compuestos que pertenecen a una misma serie homóloga, la intensidad de las fuerzas aumenta con la longitud de la cadena.

	$T_{\text{ebullición}}$ (°C)
CH_3OH	64,5
$CH_3{-}CH_2OH$	78,3

En aquellas sustancias en las que se formen enlaces de hidrógeno, como en los alcoholes, las temperaturas de fusión y ebullición son superiores a las debidas a otras fuerzas intermoleculares, ya que los enlaces de hidrógeno son más intensos.

15 **Interpreta lo que ocurre. ¿Cómo se pueden eliminar la grasa y el aceite de una sartén?**

La grasa y el aceite son sustancias apolares, por lo que no son solubles en agua, aunque sí en disolventes orgánicos apolares como el hexano o la gasolina (mezcla de hidrocarburos).

Pero ¿te imaginas el olor y el riesgo para la salud que conllevaría lavar la vajilla con estos líquidos?

Para solucionar este problema, se emplean detergentes que rodean la gota de grasa formando una micela que es arrastrada por el agua.

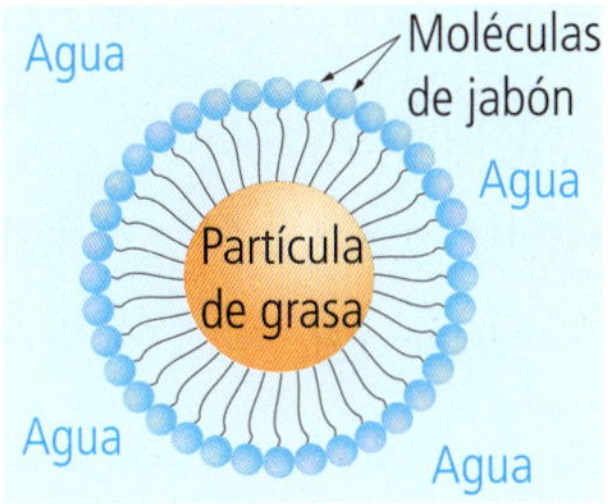

- Las moléculas apolares, como los hidrocarburos, se disuelven en disolventes apolares; mientras que las polares, como los alcoholes, lo hacen en disolventes polares. A mayor longitud, **menor solubilidad en disolventes polares**.
- La **reactividad química** de las sustancias orgánicas varía ampliamente dependiendo del grupo funcional. Por su importancia para la obtención de energía, vamos a destacar la **reacción de combustión** de hidrocarburos y derivados, de ahí su uso como combustibles.

$$2\,C_4H_{10}(g) + 13\,O_2(g) \rightarrow 8\,CO_2(g) + 10\,H_2O(l) \quad \Delta H = -\,2878{,}6\ kJ/mol$$

4 ¿Cómo se nombran los compuestos orgánicos?

Hidrocarburos

Son los compuestos orgánicos más sencillos, ya que están formados únicamente por carbono e hidrógeno, y de ellos derivan los demás.

Se dividen en alcanos, alquenos y alquinos.

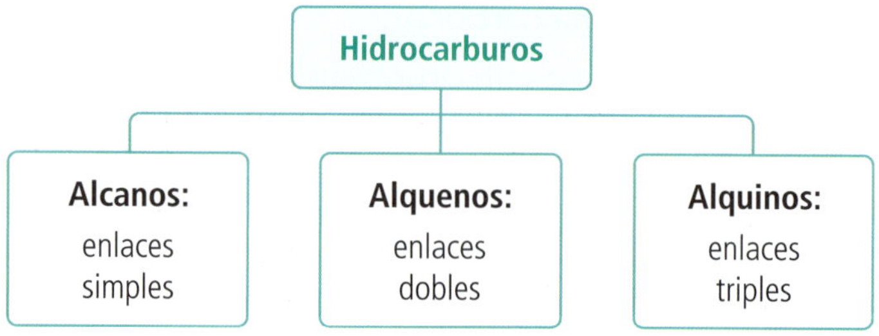

- Alcanos

Son aquellos hidrocarburos cuyos enlaces **carbono–carbono** son **sencillos** y que responden a la fórmula general C_nH_{2n+2}. Para nombrarlos, se siguen las siguientes normas:

1. Excepto los cuatro primeros, que poseen nombres propios, se nombran con un **prefijo** que indica el número de átomos de carbono, seguido de la terminación **–ano** (ver la tabla adjunta).
2. Se elige como **cadena principal la más larga** y se numera comenzando por el extremo que proporcione los números **(localizadores)** menores a los carbonos con **sustituyentes**.
3. Los sustituyentes se nombran con la terminación **–il**, precedida del localizador separado por un guion, y, si existe más de un sustituyente igual, se anteponen los prefijos griegos que indican cantidad.
4. Si los sustituyentes son diferentes, se nombran por **orden alfabético**, sin tener en cuenta los prefijos que indican cantidad.
5. Si el alcano es cíclico, se antepone el prefijo **ciclo–** al nombre del alcano.

Compuesto	Nombre
CH_4	Metano
CH_3-CH_3	Etano
CH_3-CH_2-CH_3	Propano
CH_3-CH_2-CH_2-CH_3	Butano
CH_3-CH_2-CH_2-CH_2-CH_3	Pentano
CH_3-$(CH_2)_4$-CH_3	Hexano
CH_3-$(CH_2)_5$-CH_3	Heptano

Metilbutano

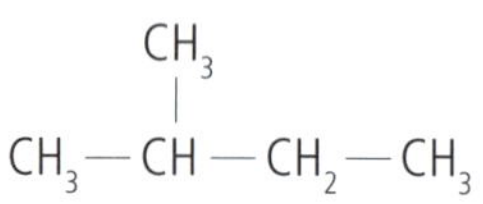

2–ciclopropilpropano

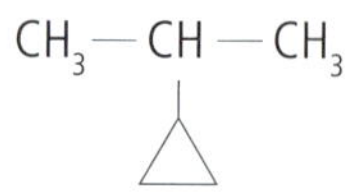

5–butil–3,4–dietil–2–metildecano

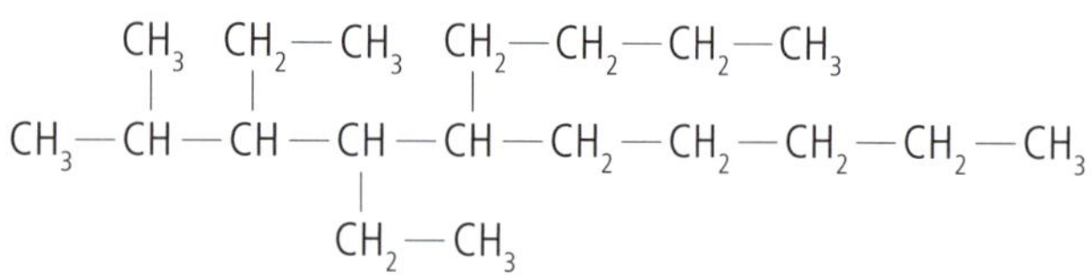

Propilciclobutano

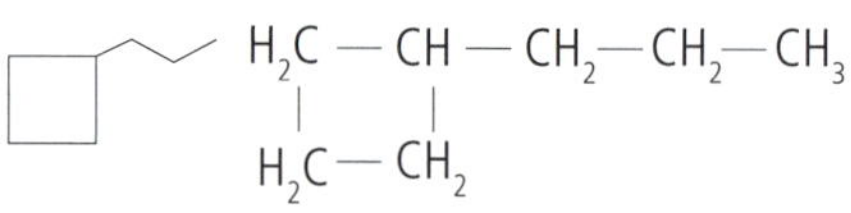

Ciclopentano

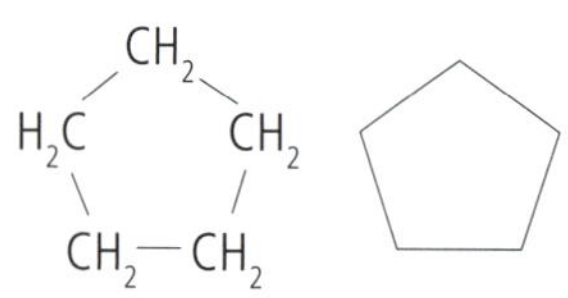

Si el sustituyente o grupo funcional solamente puede estar en una posición, no se emplean localizadores.

16 **Formula los siguientes compuestos:**

a. 3,3–dietil–2,4–dimetilpentano
b. Metano
c. 2,2–dimetil–5–propilnonano
d. 3–ciclopropil–2–metilhexano
e. 1–butil–3–metilciclohexano
f. Eteno

17 **Justifica por qué son incorrectos los siguientes nombres y, si es posible, nómbralos de la manera correcta:**

a. 2–etilpropano
b. Cicloetano
c. 3,3–dietil–4,4–dimetilpentano

Hidrocarburos insaturados

Son aquellos que poseen **enlaces múltiples carbono–carbono**.

- Alquenos

Son aquellos hidrocarburos que poseen uno o más **enlaces dobles** carbono–carbono. Para nombrarlos, se siguen las mismas normas que en los alcanos, pero con la terminación **–eno**.

1. La **cadena principal** es la que posee **mayor número de enlaces dobles**. Se comienza a nombrar por el extremo que proporcione los localizadores menores. Estos localizadores se colocan justo delante del sufijo **–eno**.
2. Si posee más de un doble enlace, se emplean los **prefijos griegos** que indican cantidad: **–dieno**, **–trieno**, etc.
3. Cicloalquenos: se añade el prefijo **ciclo–** al nombre del alqueno. Si es necesario emplear localizadores para situar los sustituyentes, se numera siguiendo el doble enlace.

Eteno

$H_2C=CH_2$

Ciclopenteno

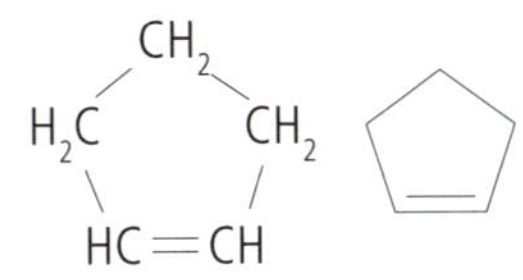

3–metilciclohepteno

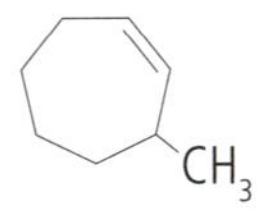

1–ciclopropilprop–1–eno

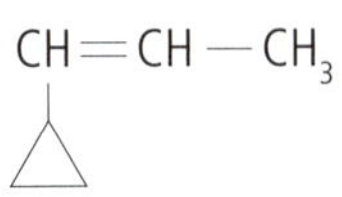

2–etil–3–metilbut–1–eno

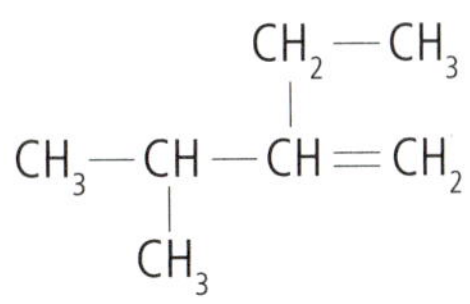

4–etil–3,5–dimetilhexa–1,4–dieno

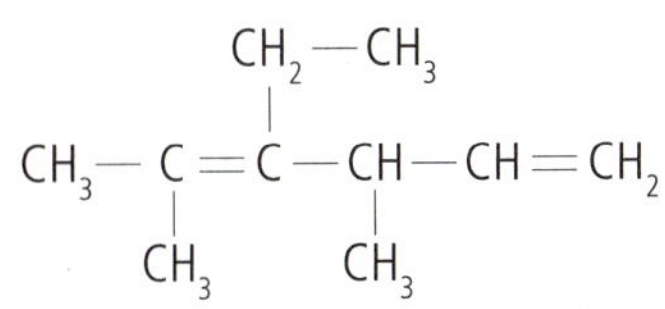

- Alquinos

Son hidrocarburos que poseen enlaces triples carbono–carbono. Se siguen las normas vistas para alquenos, pero se emplea la terminación **–ino** en lugar de **–eno**.

18 **Actividad resuelta**

Nombra el siguiente compuesto:

Paso 1. La cadena principal es la más larga que contiene la insaturación.

Paso 2. Se comienza a numerar por el lado que proporcione a los triples enlaces los localizadores menores.

Paso 3. Como en este caso los localizadores son iguales, se elige la numeración que da el menor valor al sustituyente (metilo).

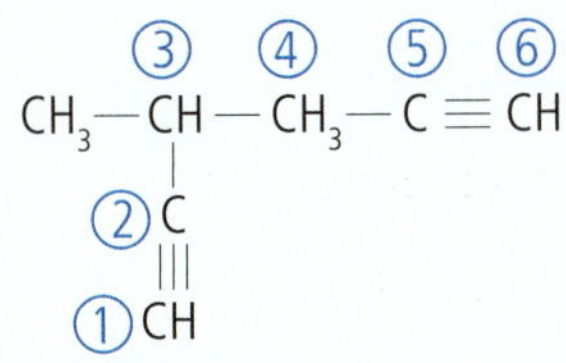

3–metilhexa–1,5–diino

Si coexisten **dobles y triples enlaces**, se buscan los **localizadores menores** y, a igualdad de valores en estos, se asignan a los dobles enlaces los números más bajos. Las terminaciones siguen el orden alfabético.

El nombre correcto es el pent–1–en–4–ino, y no pent–4–en–1–ino.

19 **Formula los siguientes compuestos:**

a. 4–etil–3–metiloct–1–ino
b. 2,3,4–trimetilhept–2–eno
c. 3–metilpent–2–eno
d. Metilbutino
e. 3–etilpent–3–en–1–ino
f. 4–metilhex–2–ino

Hidrocarburos aromáticos

Son el benceno (ciclo de seis átomos de carbono con enlaces dobles y sencillos alternos) y sus derivados. Como sustituyente se emplea el nombre **fenil–**.

Benceno
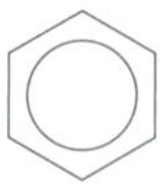

Metilbenceno (Tolueno)
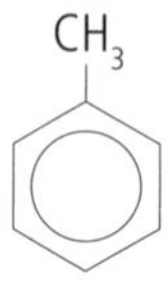

2-fenilpropano
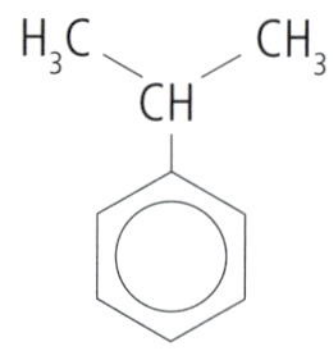

Compuestos oxigenados

- Alcoholes

Provienen de sustituir un hidrógeno del hidrocarburo por un grupo hidroxilo (**–OH**). Se nombran añadiendo la terminación **–ol**, precedida del localizador si fuese necesario y de los prefijos griegos que denotan cantidad si hubiera más de un grupo alcohólico.

20 Actividad resuelta

Formula los siguientes compuestos:

a. 2-metilbutan-1-ol **b.** Metanol **c.** Etanol

a.
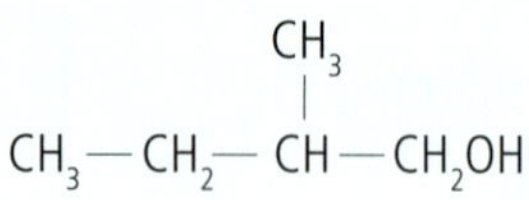

b. CH_3OH Se denomina también **alcohol metílico**.

c. CH_3-CH_2OH Se denomina también **alcohol etílico**.

- Éteres

Son aquellos compuestos en los que el oxígeno está unido a dos restos carbonados **R–O– R´**. Se nombran los restos carbonados por orden alfabético más la terminación **–éter**.

21 Actividad resuelta

Nombra los siguientes compuestos: **a.** CH_3–CH_2–O–CH_3 **b.** CH_3–CH_2–O–CH_2–CH_3

a. Etilmetiléter **b.** Dietiléter

- Aldehídos

Son aquellos compuestos que poseen el grupo carbonilo **–C=O** unido a un **H** (también representado como –CHO). Este grupo funcional solamente puede estar en el extremo de la cadena. Se nombran con el sufijo **–al**.

Metanal o formaldehído
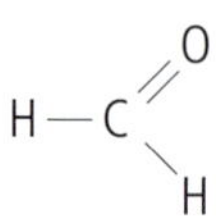

Etanodial
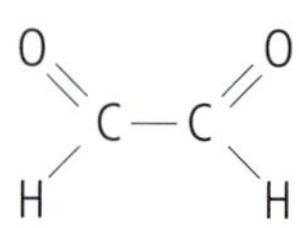

But–2–enal

CH_3–CH=CH–CHO

Aldehído: se escribe R-CHO.
Alcohol: se escribe R-OH.

22 **Nombra los siguientes compuestos:**

a. $CH_3 — CH_2 — O — CH_2 — CH_2 — CH_2 — CH_3$

b.
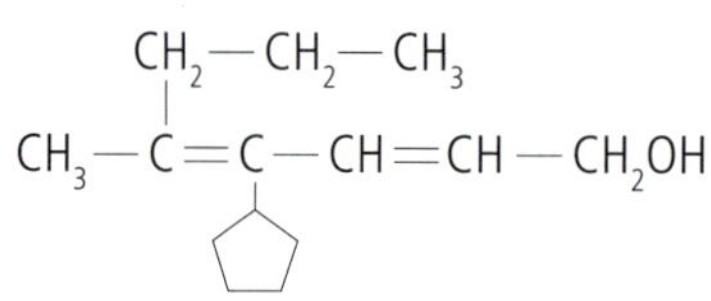

- **Cetonas**

  Son aquellos compuestos que poseen el grupo carbonilo **–C=O** (o –CO–). Este grupo funcional no puede estar en el extremo de la cadena. Se nombran con el sufijo **–ona**.

Metilbutanona	Propanona o acetona	Butenona
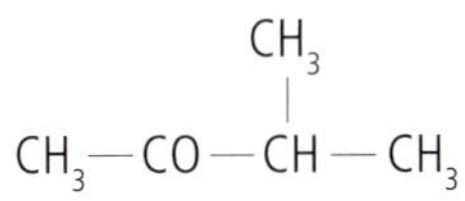	$CH_3–CO–CH_3$	$CH_2=CH–CO–CH_3$
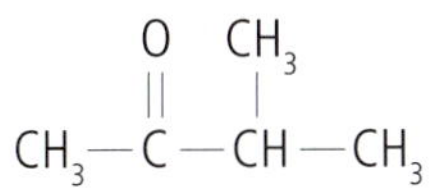	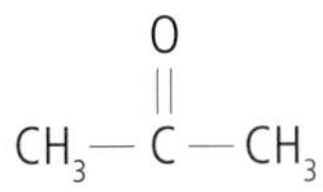	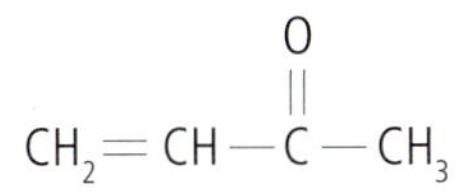

- **Ácidos carboxílicos**

  Son aquellos compuestos que poseen el grupo carboxilo **–COOH** (o $–CO_2H$). Este grupo funcional solamente puede estar en el extremo de la cadena. Se nombran con la palabra **ácido** seguida del nombre del alcano y sustituyendo la terminación –ano por **–oico**.

Ácido etanoico (ácido acético)	Ácido propanodioico
$CH_3–COOH$	$HO_2C–CH_2–CO_2H$
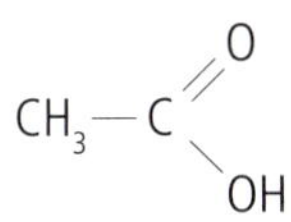	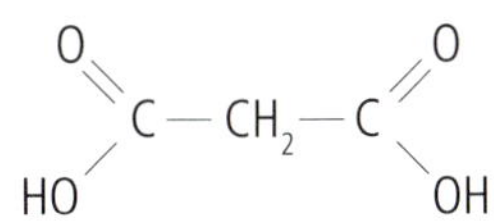

- **Ésteres**

  Provienen de sustituir el hidrógeno del grupo carboxilo por un resto carbonado (**–COOR** o $–CO_2R$). Se nombran añadiendo la terminación **–oato** al hidrocarburo del que procede el ácido más la preposición **de** y el nombre del radical con la terminación **–ilo**.

Etanoato de etilo (Acetato de etilo)	Metanoato de propilo
$CH_3—COO—CH_2—CH_3$	$H—COOCH_2—CH_2—CH_3$
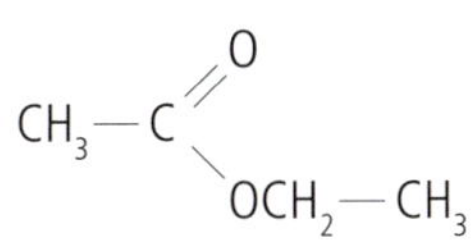	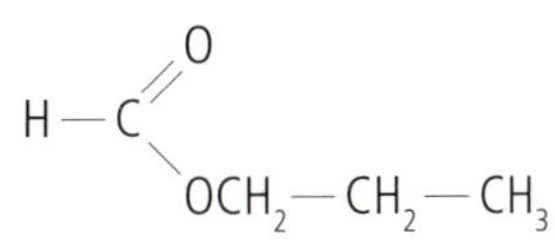

¿Puede haber más de un grupo funcional en un mismo compuesto?

En los compuestos orgánicos puede coexistir más de un grupo funcional. En ese caso, uno de ellos será la función principal, que se nombra con el sufijo. El resto de los grupos se nombran como sustituyentes.

Así, por ejemplo, en el caso de los alcoholes, se emplea la palabra **hidroxi**.

Hidroxibenceno (Fenol)	3–hidroxipentanal	3–etil–2–metilpentan–1–ol
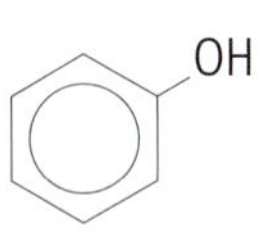	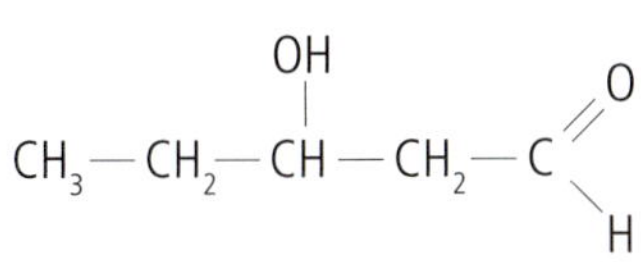	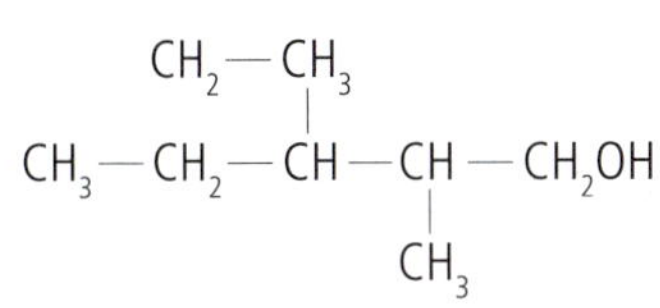

Derivados halogenados

Provienen de sustituir en los hidrocarburos uno de los hidrógenos por un **halógeno**. Para nombrarlos, se elige la cadena principal y se antepone el nombre del halógeno precedido de su localizador. Si existen más sustituyentes, se sigue el orden alfabético.

1,2-dicloro-3-metilbutano

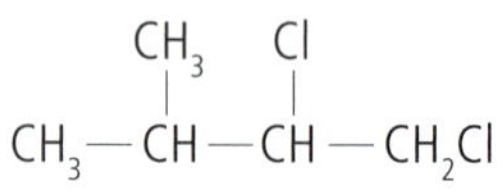

Triclorometano (cloroformo)

$CHCl_3$

1-bromopropino

$Br–C≡C–CH_3$

Compuestos nitrogenados

- Aminas

Poseen el **grupo amino (–NH_2)**. Se nombran añadiendo al nombre del radical el sufijo **–amina**.

Etilamina

$CH_3–CH_2–NH_2$

Trimetilamina

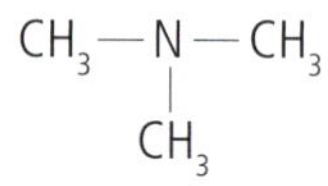

- Amidas

Provienen de sustituir el –OH del grupo carboxilo por un grupo amino: **–$CONH_2$**.

Se nombran eliminando la palabra **ácido** y sustituyendo la terminación –oico por **–amida**.

Etanamida (Acetamida)

$CH_3–CONH_2$

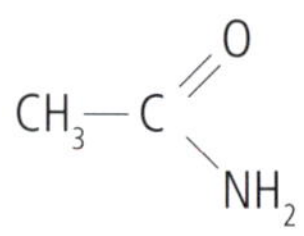

Metilpropanamida

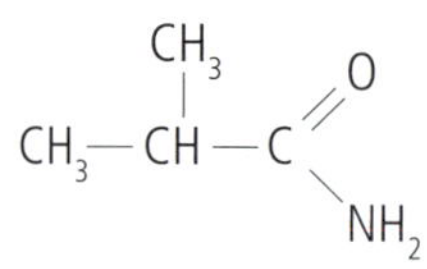

23 **Escribe y nombra todos los isómeros de fórmula molecular C_3H_5Cl.**

24 **Nombra los siguientes compuestos:**

a. 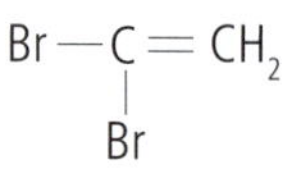

b. HC≡CH

c. 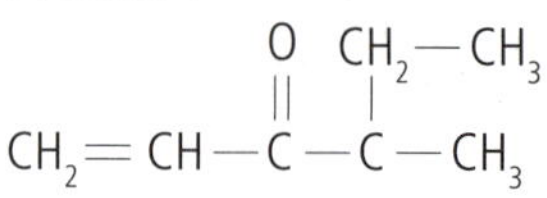

d. 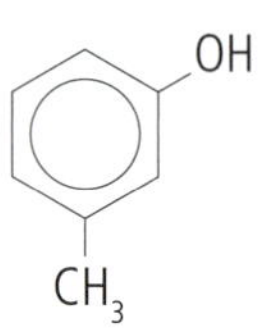

e. 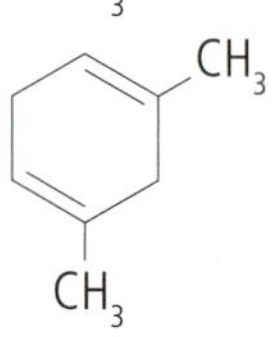

25 **Escribe las fórmulas semidesarrolladas de los siguientes compuestos:**

a. Ácido 4,4-dimetiloct-2-enoico

b. Diclorodifluorometano

c. Acetato de etilo

d. Metanamida

e. Acetato de metilo

f. But-3-enal

g. 2-hidroxipentan-3-ona

h. Difenilamina

i. 1,1-dimetilciclopropano

j. Tolueno

k. Butadiino

l. 2,2-dimetilpropanol

m. 1-etil-3-metilbenceno

n. Butanal

¿Qué has logrado comprender de forma más profunda?

NUESTRO RETO

Síntesis de un polímero

Un **polímero** es una macromolécula que se obtiene de la **unión** de otras de menor masa, los **monómeros**, a través de un proceso químico denominado **polimerización**.

Según su origen, los polímeros se dividen en **naturales** y **sintéticos**. Estos últimos solo se pueden sintetizar en el laboratorio, no existen en la naturaleza. Son ejemplo de ello la seda y el nailon. Ambas son poliamidas, pero la primera es de origen natural y la segunda es sintética.

Simula una reacción de polimerización

Paso 1

- Un clip sería una molécula aislada (**monómero**), dos formarían un **dímero** y, con *n* clips (monómeros), se obtendría el polímero. Si los monómeros son iguales, sería un homopolímero.

Monómero

Dímero

Homopolímero

- Enlaza clips de diferentes colores para obtener un copolímero.

Haz un plástico biodegradable

Paso 1

- Sobre 120 mL de leche caliente añade vinagre (ácido acético) gota a gota.
- Filtra la mezcla heterogénea obtenida mediante un embudo.

Paso 2

- Lava el sólido con un poco de alcohol y sécalo con papel.
- Moldea la mezcla obtenida formando pequeños botones.

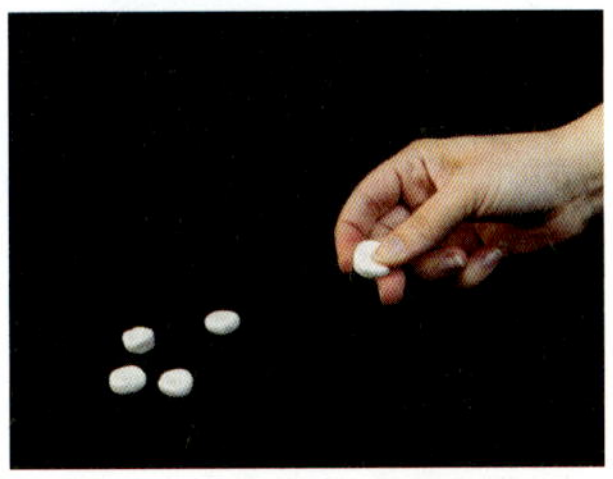

1 En una maceta, entierra el botón obtenido de la leche y otro de plástico que tengas. Riega la tierra a diario y, pasados diez días, desentiérralos. Anota las diferencias observadas.

2 **CREAMOS JUNTOS.** El caucho natural es un polímero del isopreno (metilbut–1,3–dieno). En 1839, Charles Goodyear, de forma accidental, provocó su vulcanización. Busca información sobre las diferencias que existen entre el caucho natural y el vulcanizado.

3 Investiga sobre el polímero utilizado en el 2º experimento, la caseína, que es una proteína.

¿Cómo te ha ido el reto? Entra y haz tu valoración

EN RESUMEN

Compuestos orgánicos

- El **carbono** puede formar, consigo mismo y con átomos de otros elementos, enlaces covalentes sencillos, dobles y triples.
- Los **isómeros** poseen la misma fórmula molecular, pero diferente fórmula estructural.
- Las **familias** son compuestos que poseen el mismo grupo funcional.
- Una **serie homóloga** es el conjunto de sustancias que poseen el mismo grupo funcional con diferente longitud de la cadena.

Hidrocarburos

- Compuestos orgánicos formados solo por **carbono** e **hidrógeno**.
- Pueden ser alcanos (C–C), alquenos (C=C) o alquinos (C≡C).

Grupos funcionales

Grupo funcional	Sufijo	Grupo funcional	Sufijo	Grupo funcional	Sufijo	Grupo funcional	Sufijo
–OH	–ol	–CHO	–al	–COOH	Ácido –oico	$–NH_2$	–amina
–O–	–éter	–CO–	–ona	–COOR	–oato de –ilo	$–CONH_2$	–amida

PRACTICAMOS

1 Copia, completa y amplía el siguiente mapa mental.

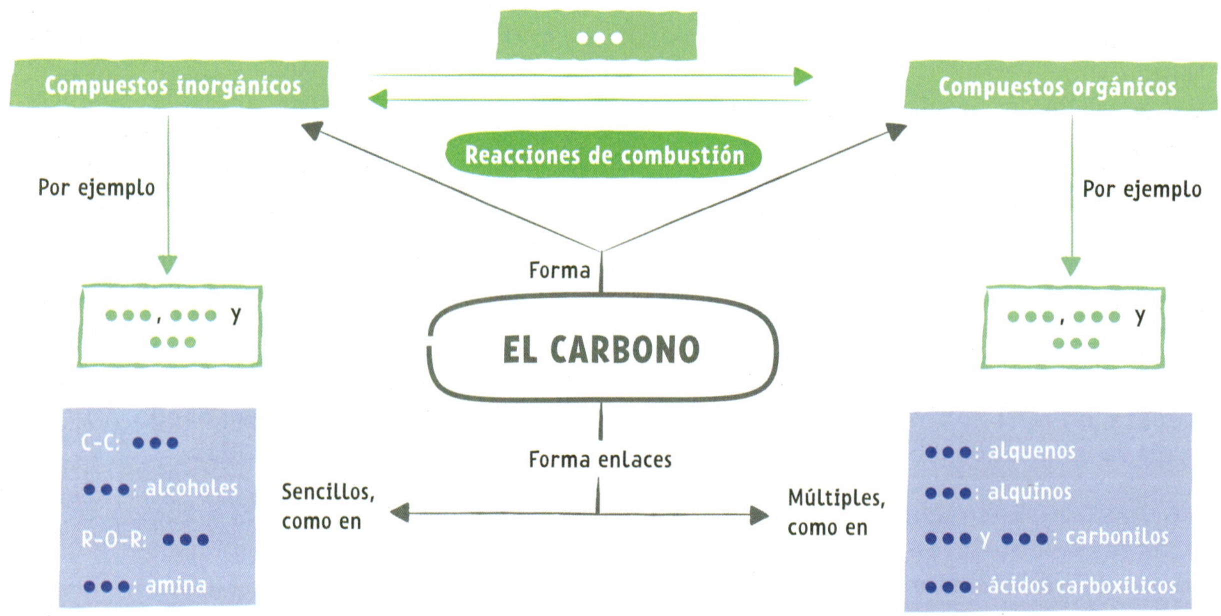

2 Haz una tabla en la que aparezca el grupo funcional, la familia y un ejemplo de los compuestos orgánicos.

3 Establece la fórmula molecular de los siguientes compuestos y nómbralos.

a. 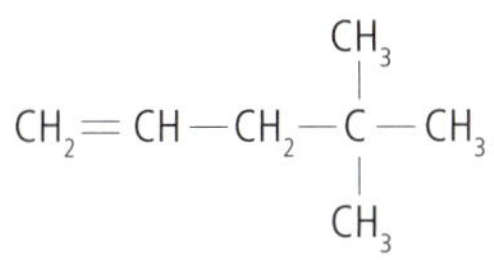

b. 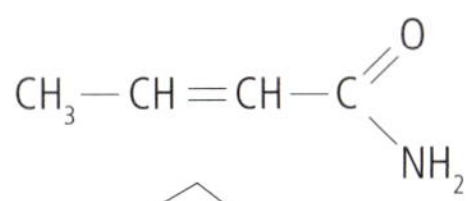

c. 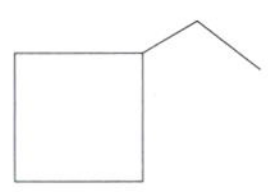

d. $CH_3-O-CH_2-CH_3$

e. 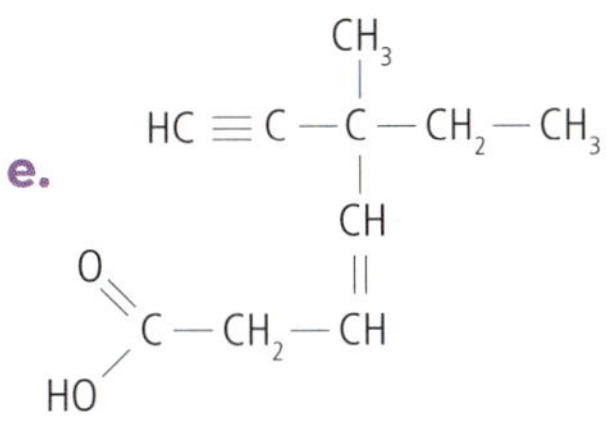

4 Relaciona cada sustancia con su representación empleando modelos moleculares: butan-2-ol, dietiléter y butanona.

a. 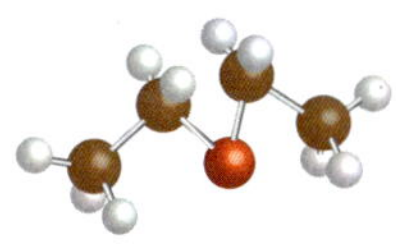

b. 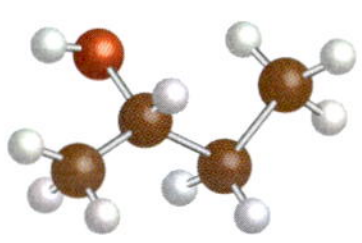

c. 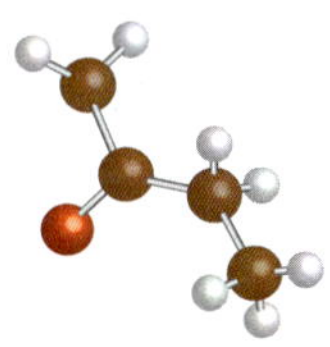

5 Algunos insectos, como las hormigas o las abejas, al picar inyectan, entre otras sustancias, ácido fórmico o metanoico. Si se emplea una base para neutralizar un ácido, ¿qué podrías hacer para calmar el dolor?

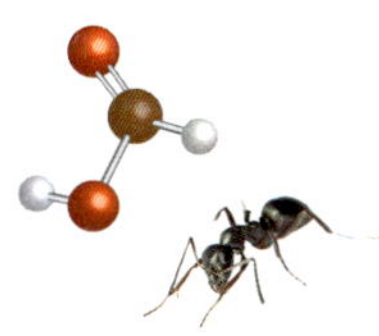

6 ¿Cuál es la fórmula molecular de la siguiente sustancia? Nómbrala.

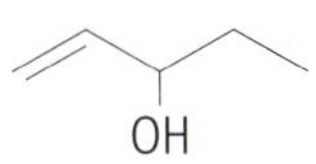

7 Nombra los siguientes compuestos:

a. 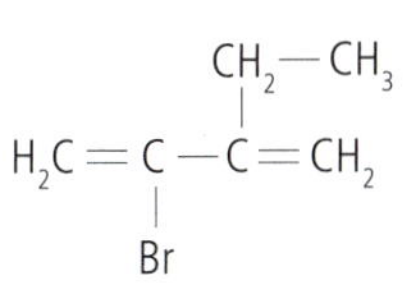

b. 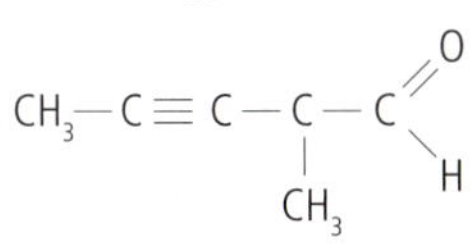

c. 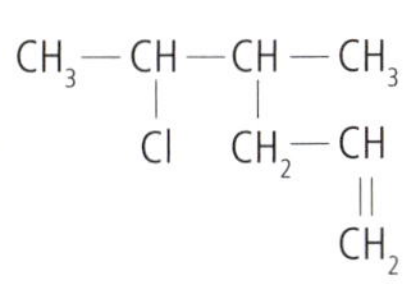

d. 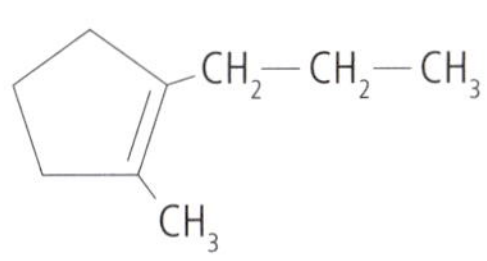

8 Escribe las fórmulas semidesarrolladas de:

a. Propanoato de pentilo
b. 2,2,3-trimetilbuatanamida
c. 2-fenilpropeno
d. 1-etil-2-metilciclobutano
e. Ácido 2-etil-3,4-dihidroxibutanoico
f. Pentilamina
g. Ácido oct-3-enoico
h. Etilbutiléter
i. But-2-enal

9 ¿Por qué la solubilidad de los alcoholes en agua disminuye al aumentar la longitud de la cadena?

10 La reacción de combustión del propano desprende 2200 kJ por cada mol del hidrocarburo.

a. Escribe la reacción de combustión y calcula la energía generada por gramo de hidrocarburo.

b. Escribe la reacción de combustión si se emplea como combustible bioetanol en lugar de propano. ¿Crees que se generaría la misma energía? ¿Por qué?

11 ¿Qué relación existe entre el pentanal, metilbutanona y pent-2-en-1-ol?

12 Busca la fórmula del ibuprofeno y compárala con la del paracetamol. Escribe las fórmulas moleculares de ambos compuestos e identifica los diferentes grupos funcionales que aparecen en ambos.

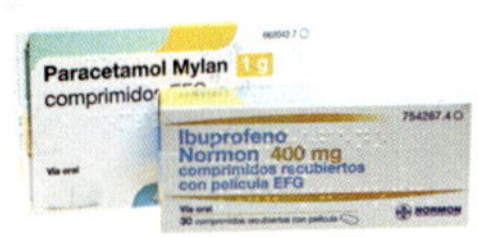

13 Hoy en día nadie pone en duda la importancia del reciclaje. Investiga sobre los residuos que se pueden arrojar en cada contenedor.

Mis competencias | Autoevaluación

En los medios

Los curiosos usos del grafeno, la tecnología del futuro

Hace casi dos décadas, los científicos Konstantín Novoselov y Andre Geim, de la Universidad de Manchester en el Reino Unido, abrieron una nueva puerta en el mundo de la tecnología. Mientras realizaban una investigación sobre el grafito, ese compuesto del carbono que conforma las minas de los lápices, descubrieron el grafeno, un material bidimensional de propiedades asombrosas. Este sorprendente y alentador hallazgo les valió el Premio Nobel de la Física en 2010.

Desde entonces, han sido cientos los investigadores que se han volcado en el estudio de este material con características físicas incomparables. [...]

Pocos años después de su descubrimiento, todo apunta a que el grafeno tendrá aplicaciones en la medicina, la aeronáutica, la óptica, la electrónica, la ciencia fundamental y la farmacología, entre otros. Algunos de los usos que se le podrá dar al ya conocido como **el material de los mil usos** pueden resultar realmente sorprendentes. [...]

El grafeno supera en mucho la resistencia del kevlar, el material con el que se fabrican los chalecos antibalas. Este permitiría que estas protecciones gruesas, pesadas y rígidas fuesen delgadas, flexibles y ligeras. [...]

La flexibilidad del grafeno ha permitido que investigadores de MIT hayan creado celdas solares transparentes y flexibles que pueden ser adheridas a cualquier tipo de superficie. [...]

Científicos de la Escuela Politécnica Federal de Lausana (EPFL), en Suiza, han desarrollado microchips de grafeno capaces de multiplicar por diez la velocidad de las transmisiones inalámbricas de forma segura. [...]

Las baterías gracias a las cuales funcionan todos nuestros dispositivos electrónicos, así como las que incorporan los vehículos eléctricos, mejoran su rendimiento de forma espectacular gracias al grafeno. [...]

El ICN2 de la UAB de Barcelona ha presentado una prótesis electrónica de retina hecha de grafeno que genera impulsos eléctricos como respuesta a estímulos exteriores. Esta cualidad podría permitir recuperar parcialmente la visión a personas con problemas oculares. [...]

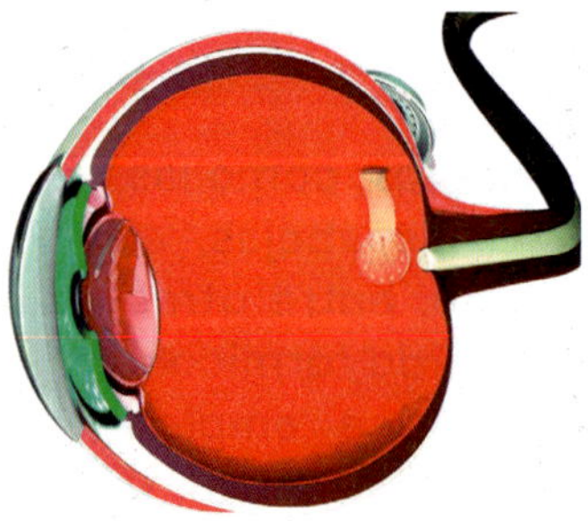

Fuente: National Geographic

1 **Reflexiona e investiga para responder a las siguientes preguntas:**

- **a.** En el artículo se habla del grosos tan ínfimo que tiene el grafeno. Describe la estructura del grafeno y compárala con la del diamante y la del grafito.
- **b.** En el artículo se menciona al grafito como "ese compuesto de carbono. ¿Crees que es correcta la mención?
- **c.** ¿Qué propiedades presenta el grafeno? Investiga sobre su relación con las de materiales como el kevlar.
- **d.** Busca información sobre las investigaciones del grupo español de Pablo Jarillo-Herrero sobre el grafeno y el "ángulo mágico del grafeno (MAG: Magic Angle Graphene)".
- **e.** ¿Crees que el grafeno puede ser un superconductor? ¿Qué implicaciones tecnológicas podría tener en ese caso?
- **f.** ¿Se podría emplear el término **twistrónica** como el posible futuro de la electrónica mediante grafeno?

La importancia de la ciencia

Carolyn Ruth Bertozzi y los "lego"

Nacida el 10 de octubre de 1966 en Boston (Massachusetts, EE. UU.), recibe el Premio Nobel de Química en 2022, junto al también estadounidense Karl Barry Sharpless y el danés Morten Meldal.

El trabajo de todo investigador comienza con la observación de un fenómeno. Carolyn se propuso observar los glúcidos existentes en la superficie celular, cuya forma estructural varía si se trata de una célula cancerosa, pero ¿cómo visualizarlos?

Para ello, empleó sustancias químicas que se unen de manera perfecta al glúcido, como lo hacen las "piezas de un lego entre sí".

El primer "lego" atraviesa la pared celular camuflado en un azúcar que, al metabolizarse, lo libera en el interior de la célula y se une selectivamente al punto deseado. Posteriormente, se inyecta un segundo "lego" fosforescente que se enlaza al primero, lo que permite observarlo con el microscopio. Según palabras textuales de la laureada, "lo realmente importante es que estos legos no encajan con ningún otro juego presente en el cuerpo humano".

Los tres científicos fueron galardonados por el desarrollo de la denominada **química click**, pero ella dio un paso más al aplicarla a los sistemas biológicos sin alterarlos. Por ello se la considera la madre de la química bioortogonal. ¿Te imaginas? Muchos de los tratamientos farmacológicos tal y como los conocemos actualmente desaparecerían. Por ejemplo, en el tratamiento contra el cáncer, el primer "lego" se adhiere a la célula tumoral, y es aquí donde se une el segundo "lego" que transporta el medicamento. Tras enlazarse ambos, se libera la sustancia en el lugar preciso y en la dosis adecuada. Es indiscutible cómo este descubrimiento mejora la calidad de vida del enfermo.

Carolyn R. Bertozzi se ha convertido en la octava mujer galardonada con el Premio Nobel.

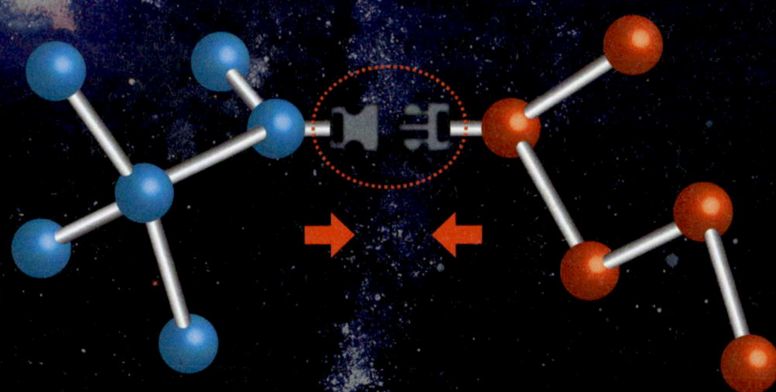

1. La química click y la bioortogonal permiten obtener moléculas grandes a partir de otras más pequeñas. ¿Sabrías decir en qué se diferencian?

2. ¿Crees que el descubrimiento de Carolyn R. Bertozzi mejora el efecto de la medicación a la vez que disminuye su posible toxicidad?

3. En sus investigaciones, K. Barry Sharpless y Morten Meldal emplearon catalizadores metálicos, como el cobre. ¿Por qué crees que no se utilizan en el tratamiento de enfermedades? ¿Se podrían emplear en la industria farmacéutica?

¡RESUELVE EL PROBLEMA!

Tras la pista de los elementos químicos

¿Cómo podrías distinguir unos átomos de otros? En esta actividad te convertirás en un detective que, con una serie de pistas, deberá completar una ficha para cada elemento y tendrá que saber ubicarlo en la tabla periódica.

En esta actividad os organizaréis en 2 grupos y trabajaréis con elementos de los grupos principales de la tabla periódica.

¿Qué vas a hacer?

1. Tendrás que poner en práctica una serie de conocimientos y habilidades. Para saber cuáles son y poder realizar esta tarea con éxito, lee con atención la rúbrica.
2. Cuando termines esta tarea competencial, completarás la rúbrica para reflexionar sobre la manera en que has trabajado.
3. Para realizar esta tarea necesitarás cartulinas y papel de envolver blanco, rotuladores y acceso a internet.

Las fichas que tendréis que completar contienen información sobre cada uno de los elementos. Serán como cartas de una baraja que hay que ordenar y disponer finalmente sobre un panel, que se colgará en clase y podrá ser vuestra tabla de referencia de los principales grupos el resto del curso.

Podéis utilizar la ficha del hidrógeno como plantilla: encontraréis su símbolo químico (H), su número atómico (Z = 1), información sobre su masa atómica, su estado físico en condiciones ambientales, punto de fusión (p.f.), punto de ebullición (p.e.), conductividad, configuración eléctrónica...

La configuración electrónica del elemento ($1s^1$ en el caso del átomo de hidrógeno) va acompañada de una representación del átomo, que debe mostrar la disposición de los electrones alrededor del núcleo. Se puede considerar el núcleo como una esfera para simplificar el dibujo.

La última parte de la ficha incluye información interesante acerca de las propiedades y/o aplicaciones del elemento. Como podemos leer en la ficha del hidrógeno, este elemento es muy inflamable y su reacción con oxígeno libera gran cantidad de energía. Además, forma moléculas diatómicas.

Símbolo: H	Nombre: Hidrógeno	
	Z = 1	Masa atómica: 1,0 u
Representación: 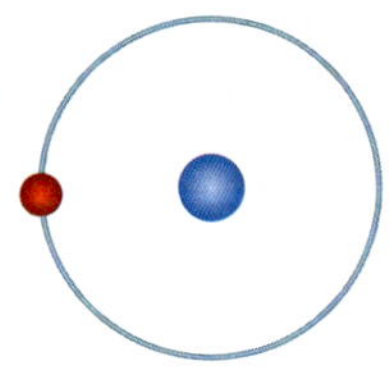	Estado: Gaseoso	
	p.f.: –259 °C p.e.: –253 °C	
	Conductividad eléctrica: No	
Conf. electrónica: $1s^1$		
Propiedades/Aplicaciones: - Soy muy inflamable; mi reacción con oxígeno libera mucha enegía. - Formo moléculas diatómicas.		

Paso 1 Descubriendo los átomos perdidos

En dos grupos, debéis identificar los 6 elementos de los que se aporta alguna pista. Debéis completar todos los huecos de las fichas y podéis añadir más propiedades o aplicaciones que os parezcan interesantes.

En la siguiente tabla, se aportan las pistas de los 6 elementos. ¡Ojo! El número de la pista no está relacionado con la posición del elemento en la tabla periódica.

Pista 1	Masa atómica: 72,6 u Conductividad eléctrica: No Propiedades/Aplicaciones: - Por mi nombre, podrías pensar que soy alemán. - Mi vecino de al lado parece francés.	Pista 4	Estado: Sólido Conductividad eléctrica: No Propiedades/Aplicaciones: - Ayudo a curar tus heridas. - Estoy presente en algunas hormonas que tu cuerpo necesita.
Pista 2	Estado: Sólido Propiedades/Aplicaciones: - Soy muy pesado. - Te protegeré de los rayos X. - Tengo un bonito color gris azulado.	Pista 5	$Z = 13$ Estado: Sólido Conductividad eléctrica: Sí Propiedades/Aplicaciones: - Estoy en los aviones.
Pista 3	$Z = 20$ Masa atómica: 40,0 u p.f.: 842 °C p.e.: 1527 °C	Pista 6	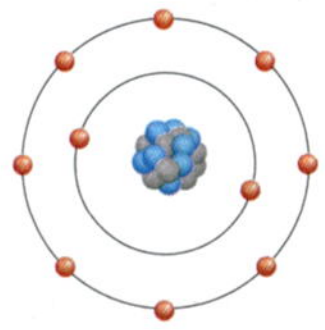 Propiedades/Aplicaciones: - Sin mí no vivirías.

Paso 2 Debate

Poned en común vuestras conclusiones con las del otro grupo. Si no habéis encontrado los mismos elementos, debéis llegar a un acuerdo. Sed cuidadosos, pues de vuestras decisiones depende que la tabla periódica que os acompañe en clase no tenga ningún error.

Una vez que alcancéis un acuerdo respecto a los elementos, escoged las 7 fichas (incluyendo la del hidrógeno del ejemplo) que vais a colgar en la tabla periódica y completad toda la información que falte, cotejando las fichas de ambos grupos.

Paso 3 Poned a prueba al otro grupo

Anotad qué elementos faltan para completar los grupos principales de la tabla periódica. Deben ser 21 elementos, que vuestro profesor distribuirá en dos grupos. Elaborad una ficha para cada elemento y escribid en cada una de ellas las pistas que el otro grupo habrá de seguir para identificar vuestros elementos.

Paso 4 Completando la tabla periódica

Pegad las fichas de los 28 elementos en el mural, completando así los grupos principales de la tabla periódica.

1	2	3	4	5	6	7	8
		Ga					
				As	Se	Br	Kr
Rb			Sn		Te		Xe
	Ba	Tl		Bi	Po	At	

¿Cómo te ha ido el ABP? Entra y haz tu valoración

Bloque 2 EL CAMBIO QUÍMICO

2.1 Reacciones químicas: representación y estequiometría

¡EMPEZAMOS!

¿Para qué sirven las reacciones químicas?

Las reacciones químicas juegan un papel primordial en nuestra vida. La mayoría de las sustancias que intervienen en ellas no son peligrosas, pero hay otras que deben ser tratadas con especial cuidado.

Para ello se elaboran fichas de seguridad y se etiquetan los productos mediante pictogramas que dan información sobre su peligrosidad, tanto si su uso está destinado a la industria como al hogar.

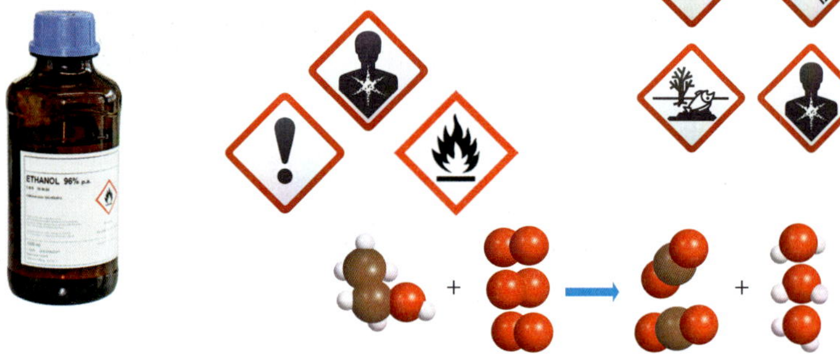

El etanol puede usarse como combustible para automóviles, sin mezclar o mezclado con gasolina. En el modelo molecular de la imagen se representa la reacción de combustión del etanol.

- ¿A qué átomos representan las esferas rojas, las negras y las blancas?
- ¿Puede aparecer en los productos de la reacción una cantidad de un tipo de átomos mayor de la que había en los reactivos?
- Para dos moléculas de etanol, ¿cuántas moléculas de oxígeno son necesarias para producir una reacción completa?

¡VAMOS A APRENDER!

1. Implicarnos en situaciones de trabajo en equipo.
2. Entender la importancia del mol en los cálculos estequiométricos.
3. Calcular las cantidades de compuestos producidos o consumidos en una reacción química.
4. Realizar cálculos cuando los reactivos no se encuentran en cantidades estequiométricas.
5. Entender el concepto de rendimiento de una reacción.
6. Asumir los errores con espíritu constructivo.

NUESTRO RETO

Corre, corre; choca, choca

¿Cómo se puede observar un cambio químico? Con este experimento podrás comprobar que dos sólidos pueden reaccionar entre sí o constatar la difusión en líquidos.

¡Vamos allá!

1 ¿Qué diferencia un cambio químico de uno físico?

Los cambios físicos y químicos

En la naturaleza se producen continuamente cambios o transformaciones. En nuestra vida cotidiana se pueden observar, por ejemplo, la oxidación de un metal, el estiramiento de una goma elástica, una fruta que se pudre, etc.

Un sistema material sufre una transformación cuando cambia alguna de sus propiedades iniciales. En función de si cambia la composición de la materia o no, los cambios se pueden clasificar en **cambios químicos o físicos**.

¿Se pueden producir cambios físicos y químicos simultáneamente?

1 **Interpreta lo que ocurre.** **Observa las sustancias que aparecen al encender una vela.**

Enciende una vela. Después sopla para apagarla y, a continuación, pasa la llama de una cerilla por el vapor que sale de la mecha, pero sin tocarla.

a. ¿Son diferentes las moléculas que componen la cera líquida de las que hay en la vela de cera? ¿Cambian las moléculas al formarse el vapor al soplar y apagar la vela?

b. Al acercar la malla de un colador metálico a la punta de la llama de una vela, se observa un humo negro (hollín). En la llama, ¿se han formado nuevas sustancias?

Cambios físicos: proceso en el que un sistema material experimenta cambios en sus propiedades físicas (forma, tamaño, color, estado, etc.) **sin alterar su composición molecular**.

Cambios químicos: proceso por el cual los átomos de una o más sustancias se reordenan y combinan para formar sustancias nuevas con **composiciones diferentes**.

TALLER

Experimento 1. Coge un globo e ínflalo hasta que estalle.

2 **¿Inflar el globo es un cambio físico o químico?**

a. ¿Y su rotura? ¿Por qué?

b. Pon tres ejemplos en los que ocurra el mismo tipo de cambio que el que ocurre en el experimento 1.

Experimento 2. Envuelve una cantidad de bicarbonato de sodio en una capa de un pañuelo de papel y ciérrala con un lazo.

Vierte una cantidad de vinagre en una bolsa de plástico con cierre hermético, introduce la bolsita anterior y cierra rápidamente la bolsa de plástico y agita la mezcla.

3 **Se observan unas burbujas. ¿Se trata de un cambio físico o químico?**

a. Después se observa que la bolsa comienza a inflarse. ¿Es un proceso físico o químico?

4 **En un cambio químico aparecen sustancias nuevas. ¿Tienen estas las mismas propiedades físicas que las sustancias iniciales?**

2 ¿Cómo se representa una reacción química?

Ajuste de una ecuación química

Una reacción química es el proceso mediante el que tiene lugar una transformación química. Por ejemplo, una reacción muy utilizada para calentar edificios, cocinar u obtener una fuente de calor es la combustión del gas natural (su principal componente es el metano, CH_4). En este proceso, el metano se combina con el oxígeno (O_2) del aire, formándose dióxido de carbono (CO_2) y agua (H_2O).

Existe una forma simbólica para representar una reacción química que se conoce como la **ecuación química**:

$$\underbrace{CH_4(g) + O_2(g)}_{\text{Reactivos}} \rightarrow \underbrace{CO_2(g) + H_2O}_{\text{Productos}}$$

5 **Interpreta lo que ocurre.** ¿Por qué es necesario ajustar una ecuación química?

La ecuación química que representa la combustión del metano se escribe: $CH_4 + O_2 \rightarrow CO_2 + H_2O$

La base para ajustar una ecuación química es la **ley de la conservación de la masa**: "La masa total de los reactivos es igual a la masa total de los productos". Se ha observado experimentalmente que:

$$CH_4 + 2\ O_2 \rightarrow CO_2 + 2\ H_2O$$

a. ¿Cómo interpreta el modelo atómico de Dalton la ley de conservación de la masa? Representa la ecuación química con ayuda de un modelo molecular similar al del dibujo.

b. ¿Qué nos dice la ecuación química anterior en términos de moléculas?

c. ¿Para ajustar una ecuación química, se pueden cambiar los subíndices de una fórmula química?

Una **ecuación química ajustada** debe incluir siempre el **mismo número de cada clase de átomos a ambos lados** de la ecuación.

6 Actividad resuelta

El etanol (C_2H_5OH) es un biocombustible que está presente en la gasolina. La combustión del etanol, además de energía, produce dióxido de carbono y agua. Ajusta la ecuación química que representa la combustión del etanol.

Se escribe la ecuación química; puede representarse mediante modelos moleculares.

2 C → 1

$C_2H_5OH(l) + O_2(g) \rightarrow 2\ CO_2(g) + H_2O(g)$

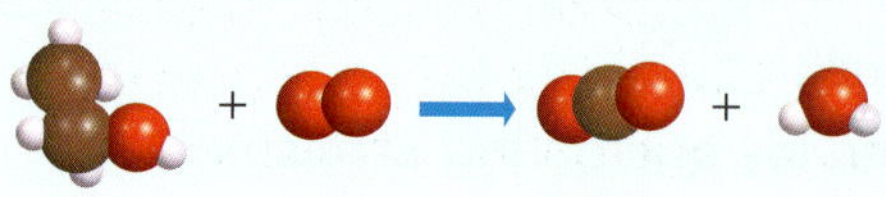

(5+1) H → 2

$C_2H_5OH(l) + O_2(g) \rightarrow 2\ CO_2(g) + 3\ H_2O(g)$

3 ← (4+3) O

$C_2H_5OH(l) + 3\ O_2(g) \rightarrow 2\ CO_2(g) + 3\ H_2O(g)$

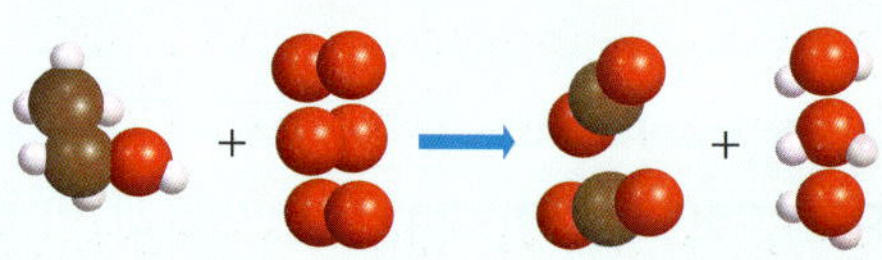

3 Cálculo de sustancia: el mol

El concepto de mol

El concepto de **mol** permite a los científicos contar un número específico de átomos y moléculas pesando cantidades medibles de elementos y compuestos. Junto al **número de Avogadro**, proporciona una conexión entre la masa de la sustancia, el número de moles de la sustancia y el número de moléculas o iones que la componen.

7 Actividad resuelta

El dióxido de silicio (SiO_2) se usa como aditivo en la industria de los alimentos, y aparece en la lista de aditivos alimentarios como E-551. En un estudio sobre los posibles riesgos de su ingesta, se comprobó que dosis de 7500 mg/kg por día en ratones no provocaban efectos cancerígenos. Si un ratón tiene una masa de 30 g, determina el número de moles y moléculas de SiO_2 que se le inyectaron en un día.

La masa inyectada en el ratón es: $7500\,\dfrac{\text{mg}}{\text{kg}}\cdot 0{,}030\ \text{kg} = 225\ \text{mg}$; masa molar del SiO_2 = 60 g

$$225\cdot 10^{-3}\ \text{g}\cdot\frac{1\,\text{mol}}{60\,\text{g}} = 3{,}75\cdot 10^{-3}\ \text{moles}\ ;\ 3{,}75\cdot 10^{-3}\ \text{moles}\cdot\frac{6{,}022\cdot 10^{23}\ \text{moléculas}}{1\,\text{mol}} = 2{,}26\cdot 10^{21}\ \text{moléculas}$$

Masa → (Factor de conversión) → Cantidad de sustancia → (Factor de conversión) → Número de partículas

TALLER

Paso 1 Monta un dispositivo como el de la figura. En el cristalizador se introduce agua con jabón líquido.

Paso 2 Introduce en el tubo de ensayo granalla de cinc y añade ácido clorhídrico diluido.

Paso 3 De la disolución jabonosa toma una burbuja de hidrógeno con ayuda de un vidrio de reloj y acerca una cerilla encendida a dicha burbuja.

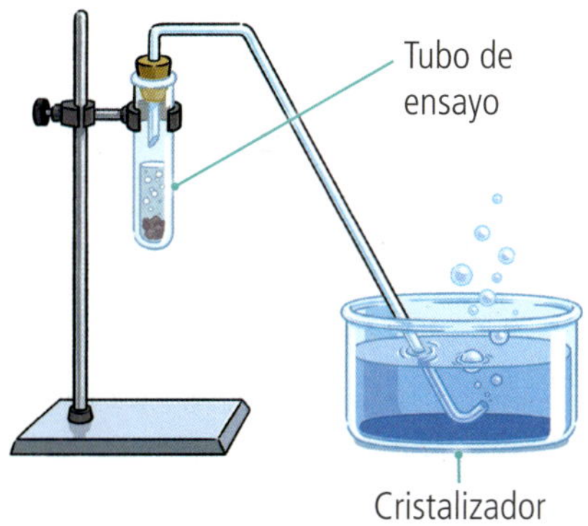

8 **Ajusta la reacción sabiendo que se obtiene cloruro de cinc e hidrógeno. ¿Qué nos dice la ecuación química en términos de moles?**

9 **¿Qué reacción tiene lugar al acercar la llama a la burbuja de hidrógeno? Ajústala.**

10 **Si se ha introducido una masa de cinc que contiene $3{,}76\cdot 10^{22}$ átomos de cinc, ¿cuántos moles y gramos de cinc se han añadido?**

11 **El metacrilato de metilo, $C_5H_8O_2$, con el polimetacrilato de metilo, se utiliza para generar máscaras nanométricas mediante litografía electrónica. Esta es una etapa clave en la fabricación de semiconductores. Para realizar un lote de chips sobre una oblea de Si de 2 pulgadas se han utilizado $7{,}6\cdot 10^{-4}$ g de metacrilato.**

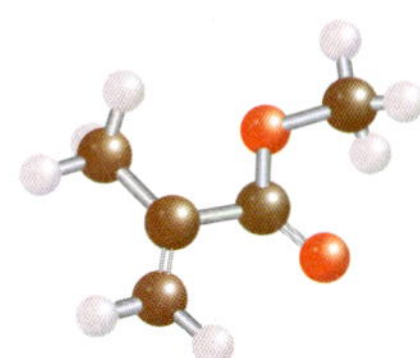

a. Calcula el número de moles y el número de moléculas.

b. ¿Cuántos gramos de carbono contiene la muestra de metacrilato?

12 **Dos moles de átomos de níquel tienen la misma masa que 1,22 moles de átomos de otro elemento. ¿Cuál es la masa atómica del otro elemento?**

4 ¿Cómo calcular cantidades en una reacción química?

Cálculos estequiométricos con masas

Una ecuación química ajustada nos da el número exacto de moléculas o moles de cada sustancia que se consume o se produce. Gracias a ella se calculan las cantidades de las sustancias implicadas en las reacciones químicas.

Se usa la expresión **cantidad estequiométrica** para definir la cantidad de producto o reactivo especificada por los coeficientes en una ecuación química ajustada.

En el esquema adjunto se explica un método general que permite convertir la masa de cualquier reactivo o producto en la masa de otro reactivo o producto.

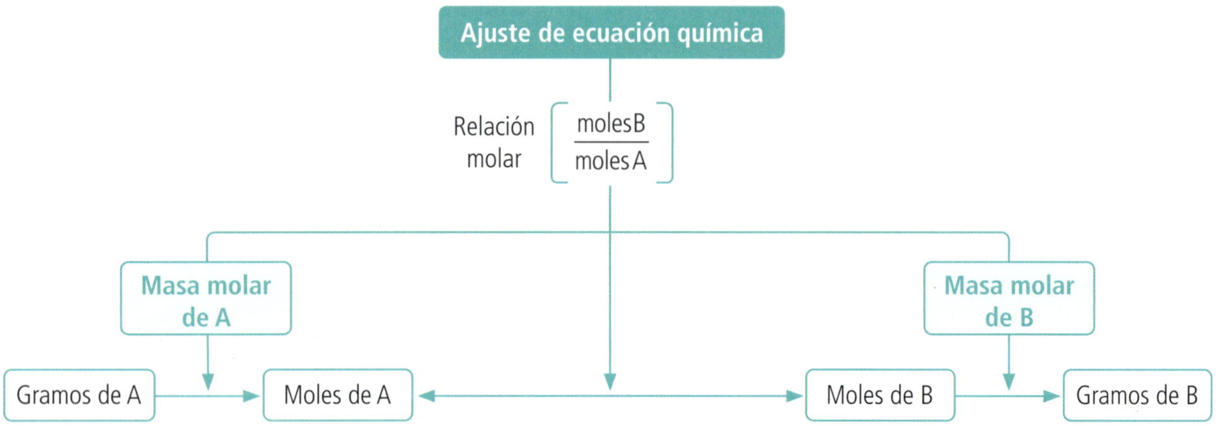

13 Actividad resuelta

El hidróxido de litio sólido se utiliza en vehículos espaciales y en submarinos para eliminar el dióxido de carbono exhalado, formando carbonato de litio sólido (Li_2CO_3) y agua líquida.

a. Escribe la ecuación química ajustada.

b. ¿Qué masa de dióxido de carbono será absorbida si se utilizan 1,2 kg de hidróxido de litio?

a. $LiOH(s) + CO_2(g) \rightarrow Li_2CO_3(g) + H_2O(l) \longrightarrow 2\,LiOH(s) + CO_2(g) \rightarrow Li_2CO_3(g) + H_2O(l)$

b. Primero se calcula la masa molar del LiOH: 7 + 16 + 1 = 24 g/mol

$$1200\ g\ LiOH \cdot \frac{1\ mol\ LiOH}{24\ g\ LiOH} = 50\ mol\ LiOH$$

La relación estequiométrica entre el LiOH y el CO_2 es: 1 mol CO_2 / 2 mol LiOH

$$50\ mol\ LiOH \cdot \frac{1\ mol\ CO_2}{2\ mol\ LiOH} = 25\ mol\ CO_2;\ 25\ mol\ CO_2 \cdot \frac{44\ g\ CO_2}{1\ mol\ CO_2} = 1{,}1 \cdot 10^3\ g\ CO_2$$

Masa molar del CO_2: $12 + 2 \cdot 16 = 44$ g/mol

14 En 1962, la bióloga marina Rachel Carson publicó el libro *Primavera silenciosa*, en el cual advertía de los efectos perjudiciales de los pesticidas. Con este libro contribuyó a la puesta en marcha de la moderna conciencia ambiental y consiguió que se prohibiera el DDT en Estados Unidos. La reacción de obtención del DDT es:

$$2\,C_6H_5Cl + C_2HOCl_3 \rightarrow C_{14}H_9Cl_5 + H_2O$$

Si en un laboratorio se han obtenido 450 g de DDT, ¿qué cantidad de los dos reactivos se ha utilizado?

15 El potasio reacciona enérgicamente con agua para producir hidrógeno gaseoso e hidróxido de potasio. ¿Cuántos gramos de hidrógeno se forman si se añaden 62 g de potasio?

Cálculos estequiométricos con volúmenes de gases

En reacciones químicas en las que intervienen gases, en lugar de la masa, suele ser el volumen de las sustancias la magnitud de mayor interés. Los cálculos se abordarán como en el apartado anterior y simplemente se deben relacionar los moles con el volumen de gas a través de la **ecuación de los gases ideales:** $pV = nRT$

El volumen de 1 mol de cualquier sustancia gaseosa en **condiciones normales** de presión y temperatura (1 atm y 273 K) es **22,4 L**.

16 **Interpreta lo que ocurre. Si se escribe una ecuación química ajustada, ¿implica que esa reacción se puede producir?**

En un tubo de ensayo se introduce **ácido sulfúrico** diluido en frío y se añade cinta de **magnesio**.

Se observa un gran desprendimiento de gas.

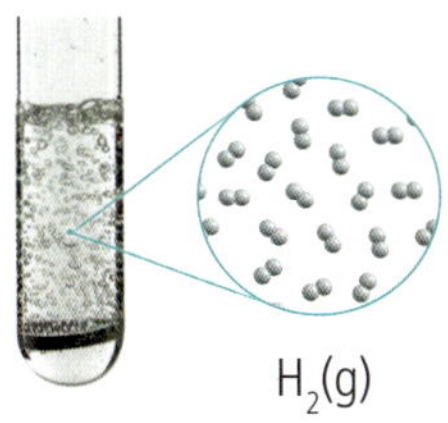

En un vaso de precipitados se introduce **ácido sulfúrico** diluido en frío y se añade un trozo de **cobre**.

No se observa ningún cambio.

a. ¿Ha sucedido alguna reacción química?

$$Mg(s) + H_2SO_4(aq) \rightarrow MgSO_4(aq) + H_2(g)$$

$$Cu(s) + H_2SO_4(aq) \rightarrow CuSO_4(aq) + H_2(g)$$

17 **Actividad resuelta**

Si el trozo de cinta de magnesio tiene una masa de 1,5 g, ¿qué volumen de hidrógeno se habrá desprendido a 1 atm de presión y 20 °C cuando haya desaparecido toda la cinta de magnesio?

La ecuación química está ajustada y el factor de conversión es (1:1)

$$1{,}5\text{ g Mg} \cdot \frac{1\text{ mol Mg}}{24{,}3\text{ g Mg}} \cdot \frac{1\text{ mol } H_2}{1\text{ mol Mg}} = 0{,}062 \text{ mol } H_2$$

Con la ecuación de los gases ideales: $pV = nRT$

$$V = \frac{nRT}{p} = \frac{(0{,}062\text{ mol}) \cdot (0{,}082\text{ atm L/mol K}) \cdot (293\text{ K})}{(1\text{ atm})} = 1{,}5\text{ L}$$

Las **reacciones de combustión** son de las más utilizadas por el ser humano a lo largo de la Historia. Sin embargo, se sabe que muchos de los productos que aparecen en estas reacciones afectan al medioambiente y a la salud de las personas.

El 64 % de la producción eléctrica mundial proviene de energías fósiles (carbón, 28 %, gas, 23 %, y petróleo, 3 %). El 85 % del CO_2 que se emite a la atmósfera proviene del uso de combustibles fósiles.

18 **Escribe y ajusta las reacciones de combustión del carbono, metano y octano (C_8H_{18}).**

a. Calcula el volumen de CO_2, medido a 0 °C y 1 atm de presión, que se obtendrá al quemar 1,0 kg de cada uno de los combustibles.

b. ¿Qué volumen ocupará en las condiciones anteriores 1,0 kg de metano?

19 **En la fabricación de cemento (supone un 5 % del total de CO_2 emitido a la atmósfera) se utiliza un horno para descomponer térmicamente la calcita. La reacción de descomposición que se produce es la siguiente:**

$$CaCO_3(s) \rightarrow CaO(s) + CO_2(g)$$

Si a 20 °C y 1 atm de presión se han emitido $5{,}5 \cdot 10^5$ L de CO_2, ¿cuántos kilos de calcita se han descompuesto?

Cálculos estequiométricos con reactivos en disolución

Cuando las reacciones se producen en **disolución acuosa**, la información de la cantidad de reactivos y productos que intervienen para un cierto volumen de estos se expresa en cantidades de disolución, concentración molar (molaridad), $c = \dfrac{n\,(\text{moles soluto})}{V_{disol.}\,(\text{L})}$, y no en cantidades de soluto. En estos casos, el factor de conversión del volumen de la disolución en número de moles es la concentración molar.

20 Actividad resuelta

Cuando se mezcla una disolución de yoduro de potasio, KI, con otra nitrato de plomo(II), $Pb(NO_3)_2$, a pesar de ser las dos disoluciones incoloras, aparece un precipitado amarillo, PbI_2. Además se obtiene también nitrato de potasio, KNO_3.

a. **En las especificaciones del etiquetado del PbI_2 aparecen los siguientes pictogramas. ¿Qué significa cada uno de ellos? ¿Se podría tirar por la pila?**

b. **Se mezclan 10 mL de disolución 0,1 M de yoduro de potasio; ¿con cuántos moles de $Pb(NO_3)_2$ reaccionarán?**

b. $2\ KI(aq) + Pb(NO_3)_2(aq) \rightarrow PbI_2(aq) + 2\ KNO_3(aq)$

Primero se calculan los moles de KI que reaccionan:

Mediante la concentración molar: $0{,}01\ \text{L} \cdot 0{,}1\ \text{mol/L} = 1{,}0 \cdot 10^{-3}$ mol de KI

El factor de conversión es (1:2):

$$1{,}0 \cdot 10^{-3}\ \text{mol KI} \cdot \frac{1\ \text{mol Pb(NO}_3)_2}{2\ \text{mol KI}} = 5{,}0 \cdot 10^{-4}\ \text{mol Pb(NO}_3)_2$$

21 **A finales del siglo XVIII, el químico francés C. L. Berthollet descubrió una sustancia con increíbles propiedades blanqueantes. Sin embargo, no supo apreciar el poder higiénico y antibacteriano de la lejía. La base de la lejía es el hipoclorito de sodio, NaClO. Este se puede obtener haciendo reaccionar cloro gaseoso con una disolución fría de hidróxido de sodio, según la siguiente reacción:**

$$Cl_2(g) + 2\ NaOH(aq) \rightarrow NaCl(aq) + NaClO(aq) + H_2O(l)$$

a. A partir de 20 mL de disolución de NaOH 2,0 M, ¿cuántos moles de hipoclorito de sodio se podrían obtener con suficiente cantidad de cloro?

b. ¿Cuántos gramos de sodio se obtendrán?

c. ¿Cuántos moles de NaClO se obtendrán a partir de 0,96 L de cloro a 1 atm de presión y 293 K de temperatura, con suficiente cantidad de NaOH?

d. ¿Por qué, si se ha partido del mismo número de moles en los apartados a y b), se obtiene la mitad de moles en el caso b) que en el a)?

22 **Busca una ficha de datos de seguridad del hipoclorito de sodio. En una parte de ella se indica que, en contacto con ácidos, libera gases tóxicos. Los socorristas que mantienen las piscinas saben que no debe mezclarse HCl con NaClO porque se libera cloro (gas tóxico), junto a NaCl y agua.**

a. ¿Qué información se extrae en la ficha de datos de seguridad sobre los posibles peligros del hipoclorito de sodio?

b. Escribe la ecuación química ajustada de la reacción que tiene lugar.

c. ¿Qué volumen de una disolución 2,5 M de HCl reaccionará con 1,5 L de una disolución 2,0 M de NaClO?

d. ¿Cuántos moles de cloro se liberarán?

5 ¿Qué significa la existencia de un reactivo limitante?

El reactivo limitante

En raras ocasiones, al mezclar dos o más reactivos, el resultado es estequiométrico, es decir, todos los reactivos se agotan al mismo tiempo. Lo habitual en los procesos químicos es que uno de los reactivos se encuentre en exceso, y que quede una cierta cantidad de este sin reaccionar.

23 **Interpreta lo que ocurre.** **El NO_2 es un gas que fundamentalmente se origina por oxidación del NO en la atmósfera. Ambos gases son contaminantes y su fuente principal procede directamente del tráfico rodado. La reacción de oxidación es:**

$$2\ NO(g) + O_2(g) \rightarrow 2\ NO_2(g)$$

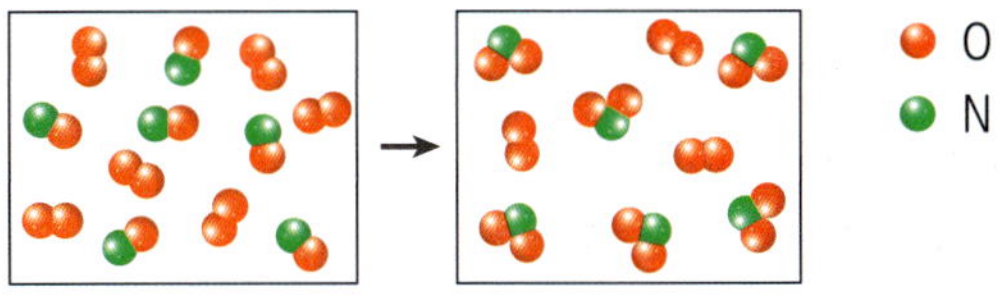

En la figura se representa la reacción.

a. ¿Qué reactivo se agota primero, el NO o el O_2?

b. ¿Por qué solo se forman 6 moléculas de NO_2? ¿Cómo deberían variar las moléculas de los reactivos para formar 8 moléculas de NO_2?

En las reacciones químicas, el reactivo que se agota primero y por completo se denomina **reactivo limitante**, ya que limita la cantidad de productos que se pueden formar.

Al haberse consumido enteramente uno de los reactivos (el limitante), ya no aumentará la cantidad de productos por mucho que añadamos una cantidad mayor del resto de reactivos, que quedarán en exceso.

24 Actividad resuelta

El titanio es un metal que se utiliza frecuentemente en la fabricación de implantes médicos. Para obtener titanio se mezclan 900 g de tetracloruro de titanio con 8,5 moles de magnesio, según la siguiente reacción: $TiCl_4(g) + 2\ Mg(l) \rightarrow Ti(s) + 2\ MgCl_2(l)$.

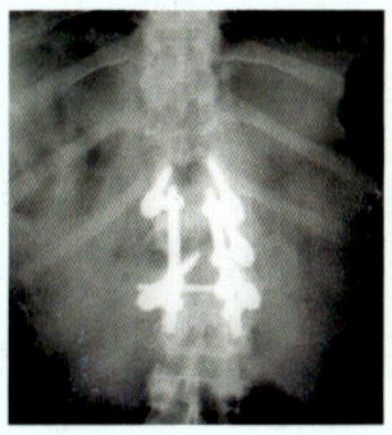

a. **¿Cuál es el reactivo limitante?** **b.** **¿Cuánto titanio metálico se obtendrá?**

a. Calculamos los moles de $TiCl_4$: $n = \dfrac{900\ g}{189{,}9\ g/mol} = 4{,}7\ moles$

Método A

¿Qué relación hay entre los moles de los reactivos?

$$\frac{mol\ Mg}{mol\ TiCl_4}(\text{estequiometría}) = \frac{2}{1} = 2$$

$$\frac{mol\ Mg}{mol\ TiCl_4}(\text{datos}) = \frac{8{,}5}{4{,}7} = 1{,}8$$

Como 1,8 < 2

Reactivo limitante = Mg

Método B

¿Cuántos moles de Ti se forman por consumo completo de cada reactivo?

$$4{,}7\ mol\ TiCl_4 \cdot \frac{1\ mol\ Ti}{1\ mol\ TiCl_4} = 4{,}7\ mol\ Ti$$

$$8{,}5\ mol\ Mg \cdot \frac{1\ mol\ Ti}{2\ mol\ Mg} = 4{,}25\ mol\ Ti$$

Reactivo limitante = Mg

Con el Mg se produce menor cantidad de Ti.

b. Los gramos de Ti obtenidos se determinan a partir del reactivo limitante:

Con el método B: $4{,}25\ mol\ Ti \cdot \dfrac{47{,}9\ g\ Ti}{1\ mol\ Ti} = 204\ g\ de\ Ti$

25 **PLANTEAMOS JUNTOS.** **Dada la siguiente reacción: $4\ NH_3(g) + 5\ O_2(g) \rightarrow 4\ NO(g) + 6\ H_2O(g)$, si un recipiente contiene 20 moléculas de oxígeno y 20 moléculas de amoníaco, ¿cuántas moléculas de reactivos y productos estarán presentes en el recipiente al terminar la reacción?**

6 ¿Cómo se puede calcular el rendimiento de una reacción?

El rendimiento de una reacción

Las cantidades de los productos obtenidos para una reacción no siempre coinciden con las teóricas que se obtendrían haciendo los correspondientes cálculos estequiométricos. En estos casos, es conveniente conocer o calcular el **rendimiento de la reacción**. Este se obtiene:

$$\text{Rendimiento porcentual(\%)} = \frac{\text{Cantidad real obtenida}}{\text{Cantidad teórica}} \cdot 100$$

26 Actividad resuelta

La denominada "termita" es una reacción química en la cual se combina aluminio y un óxido metálico, generalmente de hierro. Es una reacción que desprende gran cantidad de calor. Dada la elevada temperatura que alcanza, se usa como soldadura aluminotérmica para unir rieles de ferrocarril. La reacción de 500 g de Fe_2O_3 produce 180 g de hierro. Calcula el rendimiento porcentual de la reacción. La reacción que tiene lugar es:

$$Fe_2O_3(s) + Al(s) \rightarrow Fe(l) + Al_2O_3(s)$$

Primer paso: ¿está ajustada la reacción?

$$Fe_2O_3(s) + 2\,Al(s) \rightarrow 2\,Fe(l) + Al_2O_3(s)$$

Segundo paso: ¿cuántos moles de Fe_2O_3 reaccionan?

Masa molar (Fe_2O_3) = 160 g/mol

$$500\text{ g} \cdot \frac{1\text{ mol } Fe_2O_3}{160\text{ g}} = 3{,}1\text{ mol } Fe_2O_3$$

Tercer paso: ¿cuántos gramos teóricos de Fe se obtienen?

El factor de conversión es (2:1): $3{,}1\text{ mol } Fe_2O_3 \cdot \frac{2\text{ mol Fe}}{1\text{ mol } Fe_2O_3} \cdot \frac{56\text{ g Fe}}{1\text{ mol Fe}} = 3{,}5 \cdot 10^2\text{ g Fe}$

Cuarto paso: ¿cuál es el rendimiento de la reacción?

$$\text{Rendimiento} = \frac{\text{Cantidad real obtenida}}{\text{Cantidad teórica}} \cdot 100 = \frac{180\text{ g}}{3{,}5 \cdot 10^2\text{ g}} \cdot 100 = 51{,}4\%$$

27 La combustión del metano es la reacción principal que tiene lugar al quemar gas natural. La ecuación química que la representa es: $CH_4(g) + O_2(g) \rightarrow CO_2(g) + 2\,H_2O(g)$.

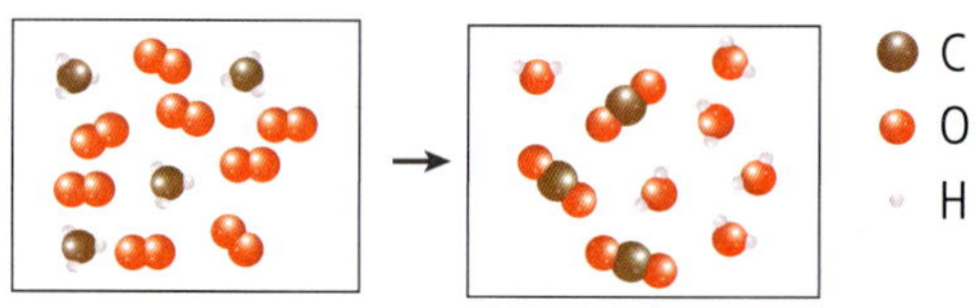

a. ¿Existe reactivo limitante según la ilustración?

b. Cuando en una reacción la cantidad que se espera obtener coincide con la teórica, se dice que es una reacción cuantitativa. ¿Es cuantitativa la reacción mostrada en la ilustración? ¿Cuál es su rendimiento?

c. Si inicialmente se tuvieran 8 moléculas de metano y 18 de oxígeno, ¿cuántas moléculas de dióxido de carbono y de agua se obtendrían con el rendimiento anterior?

28 La urea es un fertilizante común en la agricultura y se produce según la siguiente reacción, sin ajustar:

$$NH_3(aq) + CO_2(aq) \rightarrow CO(NH_2)_2(aq) + H_2O(l)$$

Se sabe que, en un proceso industrial, el rendimiento de la reacción es del 70 %. Calcula la cantidad de urea que se podrá obtener a partir de 136,4 kg de amoniaco.

¿Qué ha despertado tu curiosidad?

NUESTRO RETO

Corre, corre; choca, choca

Observa un cambio químico

La formación de **burbujas**, un cambio de **color**, la aparición de **fuego** o la formación de un **precipitado** son indicios claros de que se está produciendo una transformación química. Para que se produzca una reacción química, las moléculas reaccionantes deben estar en contacto.

Experiencia 1: Corre, corre

Paso 1

- Coloca una placa de Petri sobre un fondo blanco y llénala con agua destilada.
- Con ayuda de unas pinzas, coloca un cristal de nitrato de plomo en un lado de la placa y otro de yoduro de potasio en el otro.

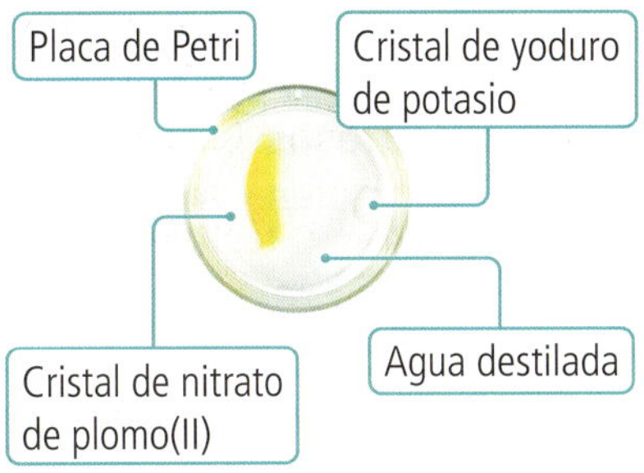

MATERIALES
- Placa de Petri
- $Pb(NO_3)_2(s)$
- $KI(s)$
- Pinzas

1. ¿Qué significado tienen los pictogramas que aparecen en el bote de $Pb(NO_3)_2$?

2. Si los cristales que se han colocado en la placa son incoloros, ¿por qué aparece una coloración amarilla? ¿Qué le ha ocurrido a cada cristal?
3. ¿A qué es debido que el precipitado no se forme exactamente entre los dos cristales?

Experiencia 2: Choca, choca

Paso 1

- Se pesan 5 g de KI y 5 g de $Pb(NO_3)_2$ con una balanza.
- Se mezclan los dos sólidos en un frasco cerrado y se agita.

MATERIALES
- Frasco con tapa
- Balanza
- $Pb(NO_3)_2(s)$
- Embudo
- KI
- Papel de filtro
- Vaso de precipitados

Paso 2

- Se coloca la mezcla en un vaso de precipitados que contenga agua.
- Para su eliminación, se debe filtrar el precipitado de KI.

El filtrado y el residuo sólido se eliminan mediante una empresa autorizada en **gestión de residuos peligrosos.**

4. **CONTRASTAMOS JUNTOS.** ¿Aparecerá el color amarillo tras agitar el frasco?
5. ¿La reacción será más rápida o más lenta si la mezcla anterior se realiza en disolución?

¿Cómo te ha ido el reto? Entra y haz tu valoración

EN RESUMEN

Reacción química

- Proceso en que unas sustancias (reactivos) se transforman en otras nuevas (productos).
- **Ecuación química**: forma simbólica de representar una reacción química; debe estar **ajustada** (el número total de átomos de cada elemento debe ser el mismo en ambos lados de la ecuación).
- **Coeficientes estequiométricos**: representan el número de moléculas en la ecuación ajustada.
- **Factor estequiométrico**: relaciona cantidades de dos sustancias en una reacción química (en moles).

Cálculos estequiométricos

- Cálculos **con masas**: la **masa molar** relaciona los gramos de sustancia con el número de moles.
- Cálculos **con gases**: la **ecuación de los gases ideales** relaciona *V*, *p* y *T* con el número de moles.
- Cálculos con **disoluciones acuosas**: la **concentración molar**, *c*, relaciona el volumen de la disolución con el número de moles.

Reactivo limitante

Es aquel reactivo que se consume por completo en una reacción química.

Rendimiento de una reacción química

$$\text{Rendimiento porcentual}(\%) = \frac{\text{Cantidad real obtenida}}{\text{Cantidad teórica}} \cdot 100$$

PRACTICAMOS

1 Copia y completa el siguiente mapa mental.

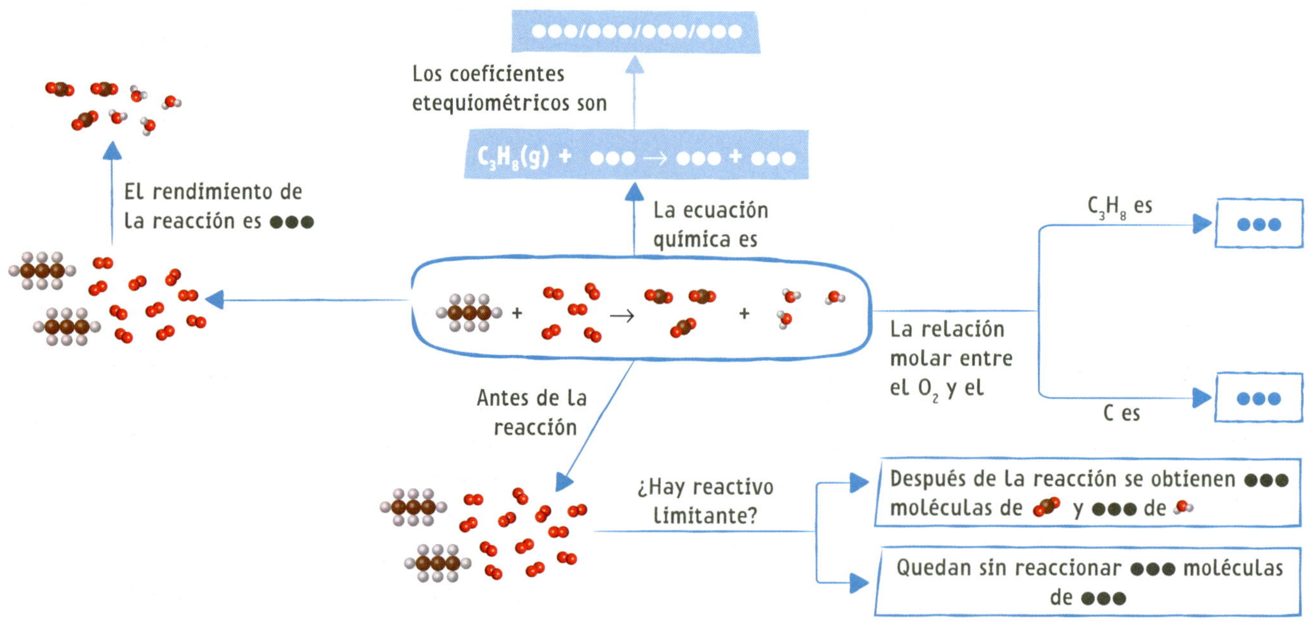

2 Ajusta las siguientes ecuaciones químicas:

a. 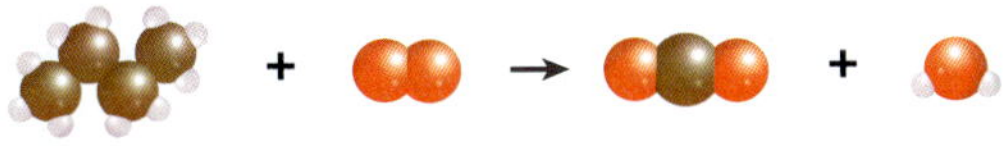

b. $NaHCO_3(s) \rightarrow Na_2CO_3(s) + CO_2(g) + H_2O(g)$

c. $AgNO_3(aq) + Cu(s) \rightarrow Cu(NO_3)_2(aq) + Ag(s)$

3 Calcula cuántas moléculas hay en 10 g de los siguientes compuestos:

a. El ácido acrílico, $C_3H_4O_2$. De él se obtienen los plásticos acrílicos.

b. El estireno, C_8H_8. De él se obtiene el poliestireno.

c. El eteno (etileno), C_2H_4. De él se obtiene el polietileno.

4 El ácido acetilsalicílico, o aspirina, tiene la estructura de la imagen. Determina el número de moléculas que contiene una tableta de 500 mg de aspirina.

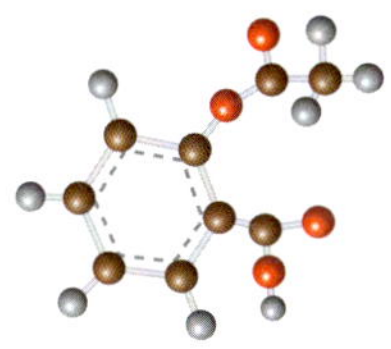

5 Se introducen 2 g de clorato de potasio, $KClO_3$, en un tubo de ensayo y se calienta acercando el tubo a la llama de un bunsen. Una vez el clorato haya fundido, se añade un trozo de osito de gominola. Se observa una reacción fuertemente exotérmica. Las reacciones que tienen lugar son:

$$KClO_3 \rightarrow KCl + O_2$$
$$C_{12}H_{22}O_{11} + 12\ O_2 \rightarrow 12\ CO_2 + 11\ H_2O$$

Ambas reacciones se retroalimentan. Suponiendo que ambas sean completas.

a. Calcula la cantidad de KCl que se obtiene a partir de los 2 g de clorato. ¿Se obtendrán los mismos moles de O_2?

b. Si se han introducido 5 g de gominola, suponiendo que el 50 % es sacarosa, ¿cuántos moles de CO_2 se obtendrán?

c. ¿Qué volumen de CO_2 supone a 1 atm y 25 °C?

6 Los airbags son un elemento de seguridad en los automóviles y requieren que se inflen rápidamente con una cantidad adecuada de gas cuando el vehículo colisiona. Una reacción que cumple esta condición es:

$$NaN_3 \rightarrow N_2(g) + Na(s)$$

Ajusta la reacción y determina qué masa de NaN_3 generará 50 L de N_2 a 1 atm y 20 °C.

7 El peróxido de hidrógeno, H_2O_2, se descompone en oxígeno gas y agua líquida.

a. Escribe la ecuación química y ajústala.

b. ¿Cuántos gramos de agua se producen con $3{,}6 \cdot 10^{24}$ moléculas de H_2O_2?

c. ¿Se podrá llenar un contenedor de 70 L con el oxígeno producido a una presión de 760 mm de Hg y 300 K?

8 En la figura se representa, antes y después, la reacción entre el hidrógeno y el cloro para dar cloruro de hidrógeno.

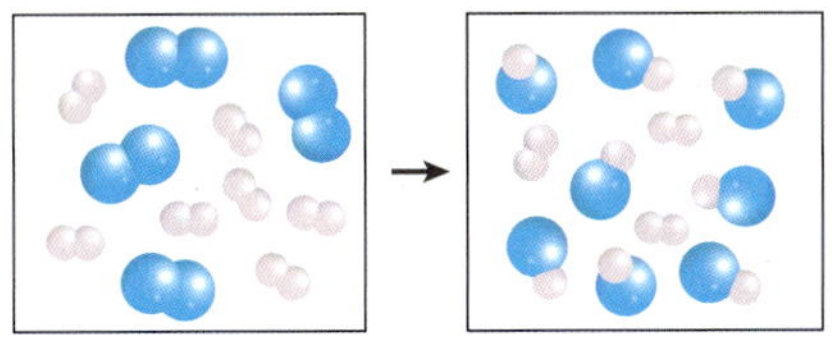

a. ¿Se encuentran los reactivos en cantidades estequiométricas?

b. ¿Qué reactivo está en exceso y cuál es el limitante?

c. ¿Hay suficientes moléculas de hidrógeno antes de la reacción para que, tras reaccionar con 6 moléculas de cloro, se puedan obtener 12 moléculas de HCl?

9 Los metales alcalinos reaccionan violentamente con el agua. En una experiencia se añade una cierta cantidad de sodio a una cápsula de porcelana que contiene 155 mL de agua (está en exceso) y se quiere obtener una disolución 0,175 molar de NaOH.

a. Escribe la reacción que tiene lugar sabiendo que se desprende hidrógeno gas.

b. Determina la masa de sodio que se añadió al agua.

c. Determina el volumen de hidrógeno desprendido medido a 25 °C y 1 atm de presión.

10 El metanol, CH_3OH, se puede obtener, en determinadas condiciones, a partir de la reacción del monóxido de carbono con hidrógeno.

a. Determina el rendimiento si, a partir de 300 g de CO, se obtienen 200 g de metanol.

b. Las condiciones de reacción son 350 °C y 250 atm. ¿Qué volumen ocupará el CO?

Mis competencias | Autoevaluación

2.2 Energía y velocidad de las reacciones químicas

¡EMPEZAMOS!

Aprovechando la energía de las reacciones químicas

Una gran parte de las reacciones químicas se producen con el objetivo de **obtener energía.** Los combustibles fósiles son una fuente principal de energía. Sin embargo, su combustión genera productos que contaminan el ambiente y contribuyen al calentamiento global del planeta.

Actualmente estamos en un proceso de transición energética que implicará la utilización de energías verdes, como la energía de combustión del hidrógeno obtenido por electrólisis del agua.

Otra característica fundamental de las reacciones químicas es **la velocidad** a la que tienen lugar. Algunas ocurren en fracciones de segundo, otras tardan años en completarse.

- ¿Qué reacciones químicas conoces que transcurran con desprendimiento de calor? ¿Y con absorción de calor?
- Hay reacciones de oxidación rápidas y otras que son lentas. Pon un ejemplo de cada una.
- ¿Qué reacción permite obtener energía a partir del hidrógeno? ¿Por qué no es contaminante?

¡VAMOS A APRENDER!

1. Compartir el espacio y los materiales.
2. Medir la energía de una reacción química.
3. Predecir la energía de una reacción a partir de las energías de los enlaces.
4. Medir la velocidad de una reacción química e investigar los factores de los que depende.
5. Aplicar el modelo de colisiones para explicar los factores de los que depende la velocidad.
6. Reconocer la necesidad de llevar a cabo acciones comunes para lograr el bienestar de todos.

NUESTRO RETO

Construye un airbag

Los airbags son un dispositivo de seguridad muy importante en los coches. Su fundamento se basa en una reacción química. ¿Construimos un airbag basado en esta reacción?

¡Vamos allá!

1 Explorando la energía de las reacciones químicas

La energía de la reacción

Hay reacciones químicas que transcurren con liberación de energía (**reacciones exotérmicas**) y otras con absorción de energía (**reacciones endotérmicas**). La energía liberada o absorbida se denomina **energía de la reacción**.

También hay reacciones que ocurren espontáneamente a temperatura ambiente y otras en las que es preciso calentar para que tengan lugar.

1 **Interpreta lo que ocurre. Observa los cambios que tienen lugar en las siguientes reacciones:**

A. Se enciende una cerilla frotándola con el raspador de una caja.	B. Se calienta fuertemente carbonato de cobre(II) en un tubo de ensayo.	C. Se disuelve óxido de calcio en agua y se mide la temperatura.	D. Se añade bicarbonato de sodio a zumo de limón y se mide la temperatura.
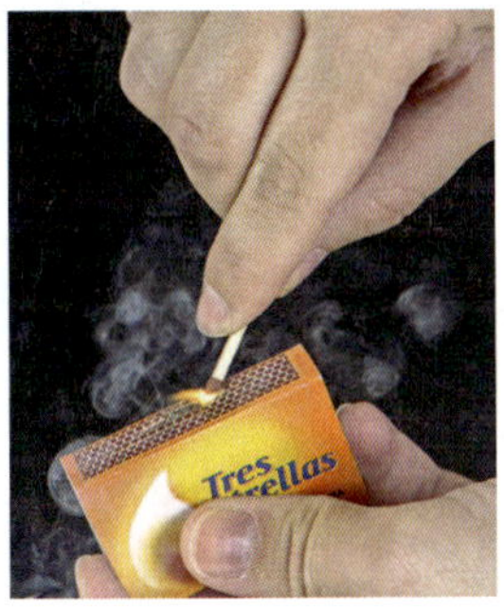	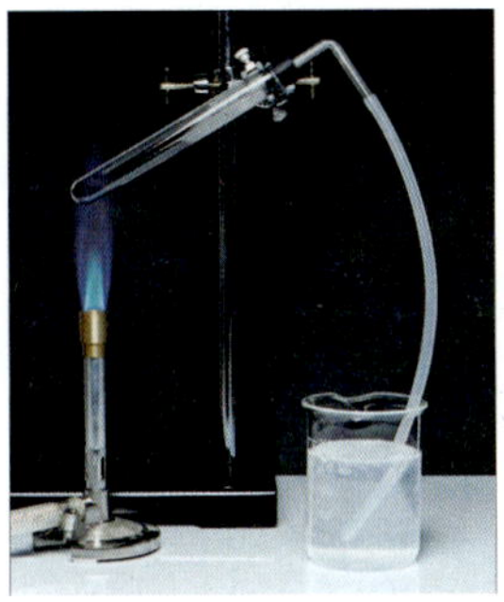		
Se forma una pequeña llama que ilumina y calienta.	Se vuelve de color negro y se desprende un gas.	El vaso se calienta. La temperatura aumenta.	Se produce una efervescencia y la temperatura disminuye.

a. Busca información sobre la reacción que ha tenido lugar en cada experiencia y escribe la ecuación química de cada reacción con palabras identificando la sustancia o sustancias que reaccionan y la sustancia o sustancias que se forman.

b. En la experiencia A ha sido necesario producir inicialmente un aumento de temperatura para que tuviera lugar. ¿Cómo se denomina esta energía inicial que se tiene que aportar? Una vez iniciada, ¿la reacción es exotérmica o endotérmica?

c. ¿Cómo comprobarías que en la combustión de la cerilla se produce dióxido de carbono, $CO_2(g)$, y vapor de agua, $H_2O(g)$?

d. ¿Cómo modificarías el montaje de la experiencia B para comprobar que en el calentamiento del carbonato de cobre(II) se produce dióxido de carbono, $CO_2(g)$?

e. En la experiencia B hemos tenido que calentar fuertemente todo el tiempo para que la reacción tuviera lugar. ¿Por qué? ¿Es una reacción endotérmica o exotérmica?

f. Las reacciones C y D tienen lugar espontáneamente a temperatura ambiente. ¿Cómo interpretas el cambio de temperatura que se produce en cada una de ellas?

g. Clasifica cada una de las cuatro reacciones en uno los siguientes tipos: espontánea, lenta a temperatura ambiente y exotérmica; espontánea a alta temperatura y endotérmica; espontánea a temperatura ambiente y exotérmica; espontánea a temperatura ambiente y endotérmica.

Indica los criterios que has seguido para realizar la clasificación.

h. ¿Cómo podrías determinar la energía liberada en la experiencia C o la energía absorbida en la experiencia D a partir de la variación de temperatura que tiene lugar?

2 ¿Cómo se mide la energía de una reacción?

Medición del calor de una reacción

Para medir el **calor de combustión** del etanol contenido en un quemador, podemos utilizar la energía desprendida para calentar el agua contenida en una lata y medir el incremento de temperatura que sufre el agua.

TALLER

Medición del calor de combustión del etanol.

Paso 1 Mide 100 cm^3 de agua con una probeta y colócalos en una lata.

Paso 2 Mide la temperatura inicial del agua.

Paso 3 Pesa la lámpara de alcohol.

Paso 4 Realiza la experiencia manteniendo la llama cerca del fondo de la lata durante un minuto aproximadamente.

Paso 5 Mide la temperatura final del agua y pesa de nuevo la lámpara de alcohol.

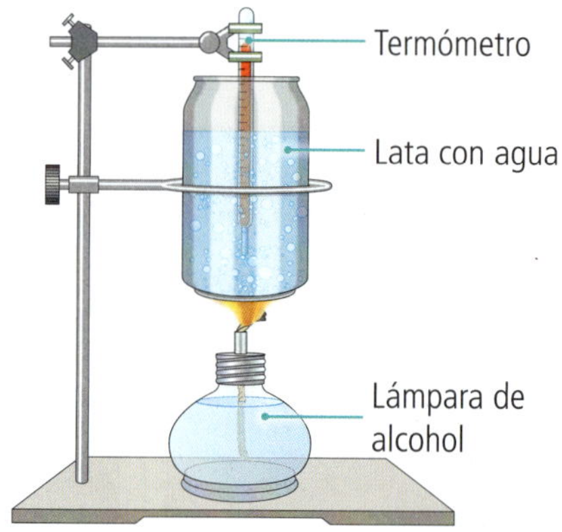

El **calor transferido** al agua de la lata se puede calcular a través de la ecuación:

$$Q = m \cdot c \cdot \Delta T$$

- m: Masa del agua(g)
- c: **Capacidad calorífica** específica del agua (J/°C g); c(agua) = 4,18 J/(°C g)
- ΔT: Incremento de temperatura (°C); $\Delta T = T_f - T_i$

El **poder calorífico de un combustible** es la energía que se desprende cuando se quema 1 g o 1 kg del combustible:

Poder calorífico = Q/m (J/kg)

Por tanto, **el calor de la reacción**, que en este caso es una combustión, se puede definir como:

Calor de combustión (ΔE_c) = Poder calorífico · M

M: Masa molar (g/mol)

2 **Determinar el calor transferido y el poder calorífico del etanol.**

3 **¿Cuál es el calor de combustión del etanol en kJ/mol? Compara el resultado con el valor tabulado y piensa a qué causas puede deberse el error cometido.**

4 **Calcula el poder calorífico del hidrógeno, del metano y del butano a partir de sus calores de combustión. ¿Cuál presenta un mayor poder calorífico?**

Datos: $\Delta E_c(H_2) = -286$ kJ/mol; $\Delta E_c(CH_4) = -890$ kJ/mol; $\Delta E_c(C_4H_{10}) = -2876$ kJ/mol

5 **Actividad resuelta**

Un litro de agua pasa de 13 °C a 50 °C mediante la combustión de 5 g de carbón. Calcula el poder calorífico del carbón utilizado en el proceso (d_{agua} = 1000 kg/m^3).

$$V_{agua} = 1\ L = 0{,}001\ m^3;\ m_{agua} = 1000\frac{kg}{m^3} \cdot 0{,}001 m^3 = 1 kg$$

$$Q = m \cdot c \cdot \Delta T = 1000\ g \cdot 4{,}18\frac{J}{^oC\,g} \cdot (50-13)^oC = 154\,660\ J;\ Q = \frac{154\,660\ J}{5\ g} = 30\,932\ J/g$$

3 ¿Qué relación existe entre la energía de una reacción y la energía de los reactivos y productos?

Reacción exotérmica y reacción endotérmica

De acuerdo con el principio de conservación de la energía, la energía de una reacción es igual a la diferencia entre la energía de los productos y la energía de los reactivos:

$$\Delta E_r = E_{productos} - E_{reactivos}$$

En una **reacción exotérmica** se **desprende energía**. Por tanto:

$E_{productos} < E_{reactivos}$ $\Delta E_r < 0$

En una **reacción endotérmica** se **absorbe energía**. Por tanto:

$E_{productos} > E_{reactivos}$ $\Delta E_r < 0$

La variación de energía de un sistema se representa en un **diagrama de niveles de energía.**

6 Actividad resuelta

La ecuación de combustión del hidrógeno es:

$$H_2(g) + 1/2\ O_2(g) \rightarrow H_2O(g) \quad \Delta E_r = -243 \text{ kJ/mol}$$

Representa el diagrama de niveles de energía de la reacción.

Se **desprenden** 243 kJ por cada mol de $H_2(g)$ que se oxida. Es una reacción **exotérmica.**

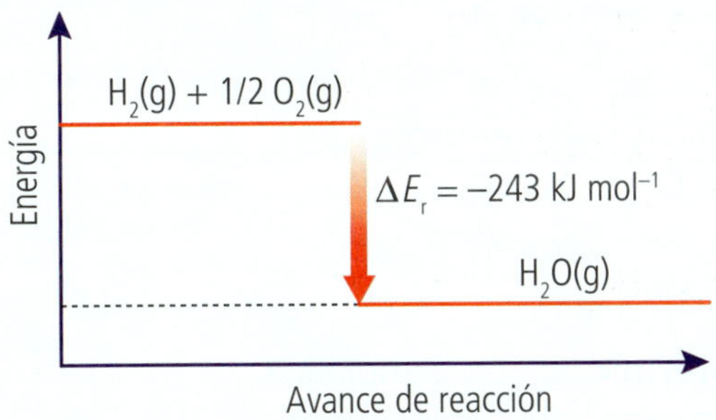

Al tratarse de una **reacción exotérmica ($\Delta E_r < 0$)**, la energía de los reactivos es mayor que la de los productos.

7 Actividad resuelta

La reacción de descomposición térmica del carbonato de cobre es la siguiente:

$$CuCO_3(s) \rightarrow CuO(s) + CO_2(g) \quad \Delta E_r = +66{,}1 \text{ kJ/mol}$$

Representa el diagrama de niveles de energía de la reacción.

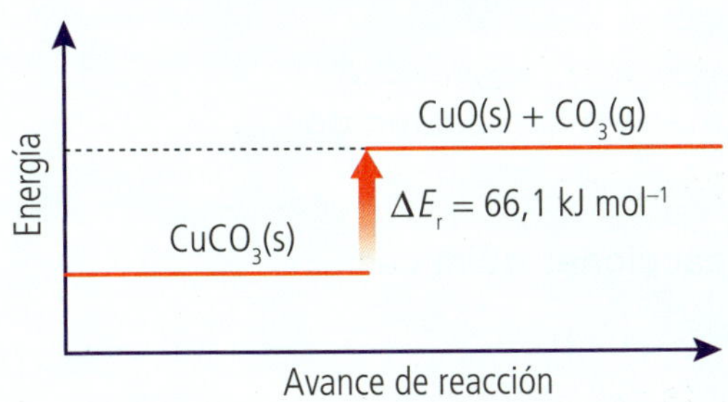

Al tratarse de una **reacción endotérmica ($\Delta E_r > 0$)**, la energía de los reactivos es menor que la de los productos.

8 La reacción del ácido cítrico (zumo de limón) con el bicarbonato de sodio es:

$$C_6H_8O_7(aq) + 3\ NaHCO_3(s) \rightarrow Na_3C_6H_5O_7(aq) + 3\ H_2O(l) + 3\ CO_2(g) \quad \Delta E_r > 0$$

Representa la energía de reacción en un diagrama de niveles de energía.

4 ¿Cuál es el origen de la energía de una reacción?

Las energías de enlace

En el transcurso de una reacción química entre moléculas, las moléculas de los reactivos chocan, rompiéndose unos enlaces y formándose otros diferentes, lo que da lugar a las moléculas de los productos.

9 **Interpreta lo que ocurre.** En la reacción:

$$2\ H_2(g) + O_2(g) \rightarrow 2\ H_2O(g)$$

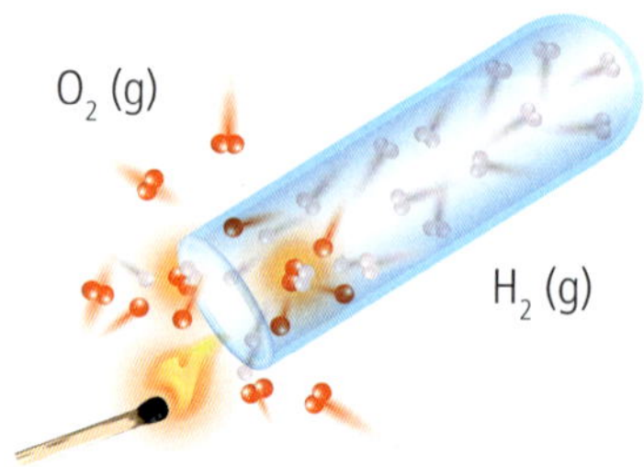

a. ¿Qué enlaces y qué número de ellos se rompen?

b. ¿Qué enlaces y qué número de ellos se forman?

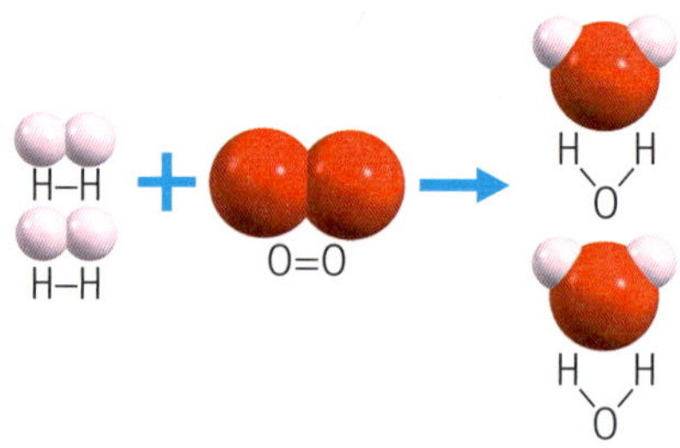

c. Teniendo en cuenta que la ruptura de enlaces requiere energía y que su formación la libera, ¿de qué depende que la reacción sea endotérmica o exotérmica?

La **energía de un enlace** es la energía que se necesita **para romperlo.** Se le atribuye **signo positivo**. Esta energía es la misma que se libera cuando se forma el enlace, pero con signo negativo.

Cuanto más fuerte es un enlace, mayor es su energía de enlace, es decir, mayor es la energía que se desprende en su formación o mayor es la energía que hay que aportar para romperlo.

Por tanto, desde el punto de vista energético, una reacción química también se puede caracterizar según las energías de enlace de los reactivos y productos implicados.

Las **reacciones exotérmicas** son aquellas que liberan más energía al formar nuevos enlaces de la que consumen al romper los enlaces existentes.

Las **reacciones endotérmicas** son aquellas reacciones que liberan menos energía al formar nuevos enlaces de la que consumen al romper los enlaces existentes.

10 **Dadas las siguientes energías de enlace:**

E(H-H) = 436 kJ/mol E(O=O) = 494 kJ/mol E(O-H) = 463 kJ/mol

a. ¿Cuál es el significado de cada una de ellas?

b. ¿Cuál de los enlaces es más fuerte?

c. ¿Cuál es el más débil?

11 **De acuerdo con las energías de los enlaces que se rompen y se forman en la reacción de formación del agua, ¿la reacción será exotérmica o endotérmica?**

12 **Indica qué enlaces se rompen y cuáles se forman en las siguientes reacciones químicas:**

a. $C(s) + 2\ H_2(g) \rightarrow CH_4(g)$

b. $Cl_2(g) + H_2(g) \rightarrow 2\ HCl(g)$

c. $HC{\equiv}C{-}CH_3(g) + 2\ H_2(g) \rightarrow CH_3{-}CH_2{-}CH_3(g)$

d. $2\ C(s) + 3\ H_2(g) \rightarrow C_2H_6(g)$

e. $CH_2{=}CH_2(g) + H_2(g) \rightarrow CH_3{-}CH_3(g)$

f. $H_2(g) + I_2(g) \rightarrow 2\ HI(g)$

g. $3\ H_2(g) + N_2(g) \rightarrow 2\ NH_3(g)$

5 ¿Cómo se calcula la energía de una reacción?

Cálculo de la energía de una reacción

13 Actividad resuelta

Calcula la energía de la reacción de formación del $H_2O(g)$:

$$2\,H_2(g) + O_2(g) \rightarrow 2\,H_2O(g)$$

a partir de las energías de los enlaces: E(H-H) = 436 kJ/mol, E(O=O) = 494 kJ/mol, E(O-H) = 463 kJ/mol) y el número de ellos que se rompen o se forman.

Paso 1 Representa la ecuación de la reacción mediante fórmulas desarrolladas para visualizar los enlaces.

Paso 2 Calcula la energía necesaria para romper todos los enlaces de los reactivos.

Se rompen 2 enlaces sencillos H–H y un enlace doble O=O. La energía requerida es:

$$E_{\text{enlaces rotos}} = 2 \cdot (436\text{ kJ/mol}) + (494\text{ kJ/mol}) = 1366\text{ kJ/mol}$$

Paso 3 Calcula la energía que se libera en la formación de todos los enlaces de los productos.

Se forman dos enlaces O–H por cada molécula de agua; por tanto, se forman cuatro enlaces O–H. La energía liberada es:

$$E_{\text{enlaces formados}} = 4 \cdot (463\text{ kJ/mol}) = -1852\text{ kJ/mol}$$

Paso 4 Calcula la energía de la reacción.

$$\Delta E_r = E_{\text{enlaces rotos}} + E_{\text{enlaces formados}}$$

$$\Delta E = 1366\text{ kJ/mol} - 1852\text{ kJ/mol} = -486\text{ kJ/mol}$$

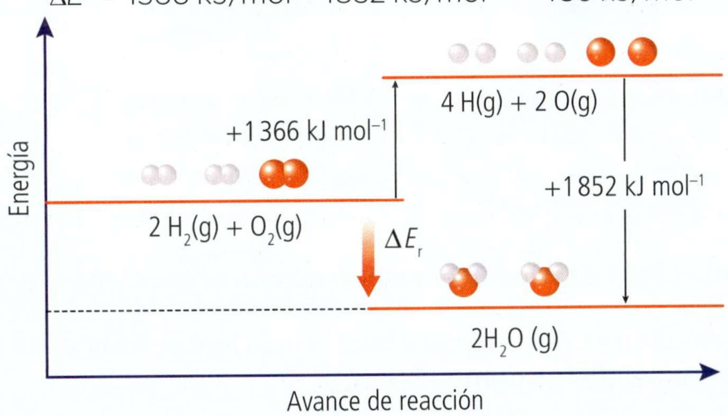

La energía de la reacción referida a 1 mol de $H_2(g)$ o 1 mol de $H_2O(g)$ es:

$H_2(g) + 1/2\,O_2(g) \rightarrow H_2O(g)$ $\quad \Delta E = (-486\text{ kJ/mol}) / 2 = -243\text{ kJ/mol}$

14 **Calcula la energía de la reacción: $N_2(g) + O_2(g) \rightarrow 2\,NO(g)$ teniendo en cuenta que E(N≡N) = 946 kJ/mol, E(O=O) = 494 kJ/mol y E(N=O) = 630 kJ/mol.**

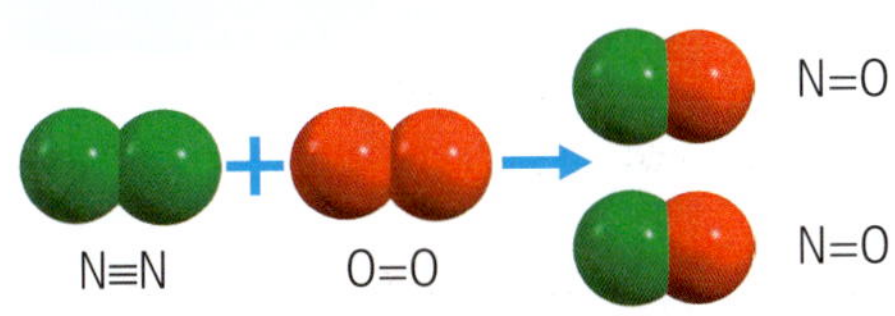

15 **La reacción de hidrogenación del eteno (C_2H_4) se puede representar mediante la siguiente ecuación química:**

$$C_2H_4(g) + H_2(g) \rightarrow C_2H_6(g)$$

a. Indica los enlaces que se rompen y los que se forman.

b. Calcula la variación de energía que se produce en la reacción a partir de las energías de los enlaces.

Datos: E(C–C) = 348 kJ/mol; E(C–H) = 412 kJ/mol; E(C=C) = 612 kJ/mol

6 Explorando la velocidad de las reacciones

La velocidad de las reacciones

16 **Interpreta lo que ocurre.** Observa las situaciones que se presentan:

Explosión de nitroglicerina

Oxidación del hierro

Deposición de cal

Putrefacción de una manzana

- ¿Qué puedes decir sobre la velocidad a la que ha transcurrido cada situación?

TALLER

Reacciones rápidas o lentas.

Paso 1 Realiza las siguientes reacciones y observa la rapidez con que transcurren.

Calienta un trozo cinta de magnesio.

Sumerge un clavo de hierro en una disolución de sulfato de cobre(II).

Mezcla una disolución de nitrato de plomo con otra de yoduro de potasio.

17 ¿Qué sustancias se obtienen en cada caso? Escribe la ecuación de cada reacción.

18 **CONTRASTAMOS JUNTOS.** ¿Qué reacción es más rápida y cuál la más lenta? Indica tu criterio para decidirlo y contrástalo con el de tus compañeros.

19 ¿Qué reacción ha requerido una elevación inicial de la temperatura para que tuviera lugar?

20 **Interpreta lo que ocurre.** ¿Se puede medir la velocidad de una reacción química?

Las pastillas efervescentes de vitamina C contienen bicarbonato de sodio, $NaHCO_3$, y ácidos orgánicos, como el ácido ascórbico (vitamina C) y el cítrico.

Al disolverse en agua, el bicarbonato de sodio ($NaHCO_3$) se disocia formando iones HCO_3^- e iones Na^+, y los ácidos, iones H^+ (iones hidrógeno). Estos iones reaccionan entre sí y forman dióxido de carbono y agua:

$$HCO_3^-(aq) + H^+(aq) \rightarrow CO_2(g) + H_2O(l)$$

¿Podríamos medir la velocidad de esta reacción química?

El $CO_2(g)$ causa la efervencencia.

7 ¿Cómo varía la velocidad de una reacción con el tiempo?

Variación de la velocidad de la reacción en el tiempo

TALLER

¿Cómo se puede medir la velocidad de la reacción del carbonato de calcio con ácido clorhídrico a lo largo del tiempo?

La ecuación química de la reacción es:

$$CaCO_3(s) + 2\,HCl(aq) \rightarrow CaCl_2(aq) + CO_2(g) + H_2O(l)$$

MATERIAL NECESARIO

- Vaso de precipitado
- Ácido clorhídrico 0,5 mol/L
- Cronómetro
- Carbonato de calcio
- Balanza electrónica
- Vidrio de reloj

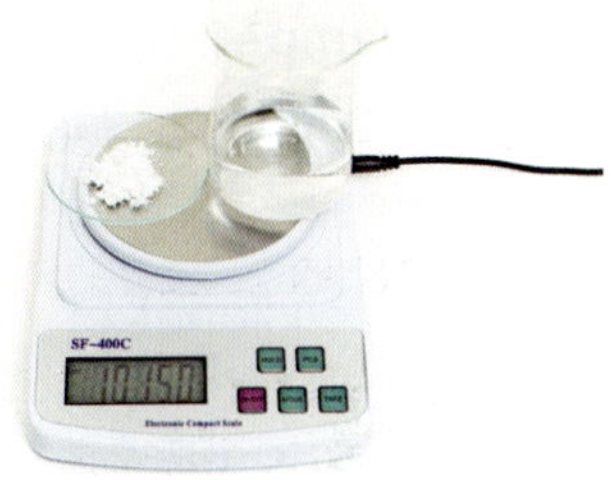

Paso 1 Pesa conjuntamente en una balanza 100 mL de ácido clorhídrico en un vaso y 1,5 g de carbonato de calcio en un vidrio de reloj.

- Anota la masa inicial del conjunto en una tabla masa-tiempo.

Paso 2 Introduce el carbonato de calcio en el vaso e inicia la lectura del tiempo con un cronómetro.

- Anota la masa cada minuto hasta el final de la reacción.

21 **Calcula la masa de $CO_2(g)$ desprendido en función del tiempo y represéntala en una gráfica tiempo-masa de $CO_2(g)$ desprendido.**

22 **Calcula la velocidad media de la reacción en g CO_2/min en el primer, segundo, tercer y cuarto minuto.**

Por ejemplo, la velocidad en el primer minuto ha sido: $v = \Delta m\ (CO_2)/\Delta t = 0{,}30$ g/min.

23 **Expresa cada una de las velocidades medias en mol CO_2/min.**

Por ejemplo, $v = \Delta n\ (CO_2)/\Delta t = (0{,}30\ g/(44\ g/mol))/1\ min = 0{,}0068$ mol/min.

24 **Representa las velocidades medias en función del tiempo.**

25 **Evalúa el resultado obtenido:**

a. Indica el intervalo de tiempo en que la reacción es más rápida.

b. ¿En qué momento acaba la reacción?

c. ¿Por qué crees que la velocidad de la reacción disminuye a medida que la reacción avanza?

26 **PLANTEAMOS JUNTOS. Contesta a las siguientes cuestiones referentes a la velocidad:**

a. ¿Cuál sería la velocidad media de la reacción expresada en función de los moles de HCl que han reaccionado?

b. ¿Cómo podrías definir la velocidad para que fuera independiente del reactivo o producto que tomamos como referencia?

c. ¿Qué ventajas tendría definir la velocidad de la reacción como $v = \Delta c\ (HCl)/\Delta t$?

La velocidad de una reacción química se puede definir como la variación de las concentraciones de los reactivos o productos por unidad de tiempo.

$$v = \frac{\Delta c}{\Delta t}$$

Por tanto, la unidad de la velocidad de reacción es mol L/s.

La velocidad de una reacción química no permanece constante a lo largo del tiempo y depende, entre otros factores, de la concentración de los reactivos o de la concentración de los productos.

8 ¿De qué factores depende la velocidad de una reacción?

Factores de los que depende la velocidad de una reacción

27 **Interpreta lo que ocurre.** ¿Qué factores influyen en la velocidad de una reacción?

Considera la reacción del magnesio con el ácido clorhídrico:

$$Mg(s) + 2\ HCl(aq) \rightarrow MgCl_2(aq) + H_2(g)$$

que tiene lugar entre los átomos de Mg(s) y los iones $H^+(aq)$ provenientes de la disociación del ácido clorhídrico:

$$HCl(aq) \rightarrow H^+(aq) + Cl^-(aq)$$

La ecuación iónica es:

$$Mg(s) + 2\ H^+(aq) \rightarrow Mg^{2+}(aq) + H_2(g)$$

a. ¿Cómo crees que afecta a la velocidad de la reacción **la concentración** de HCl(aq)?

b. ¿Y el **grado de división** del Mg(s)?

c. ¿Y **la temperatura**?

d. Planifica una indagación para poner a prueba cada una de las hipótesis y explica cómo la llevarás a cabo. Ten en cuenta las variables que hay que controlar.

En muchas ocasiones es muy importante controlar la velocidad a la que se da una reacción química. Para ello tenemos que controlar los factores de los que depende la velocidad de la reacción. Estos factores son:

- La concentración de los reactivos.
- El grado de división de los sólidos.
- La temperatura.
- El uso de catalizadores.

¿Cómo influye la concentración en la velocidad de una reacción?

TALLER

¿Crees que la velocidad de la reacción será mayor a mayor o menor concentración de HCl(aq)?

Paso 1 Añade 10 mL de dos disoluciones de ácido clorhídrico de concentraciones 0,5 mol/L y 1 mol/L a sendos tubos de ensayo.

Paso 2 Echa a la vez 1 g de cinta de magnesio en cada uno de los tubos.

28 **Describe lo que ocurre. ¿Qué concluyes?**

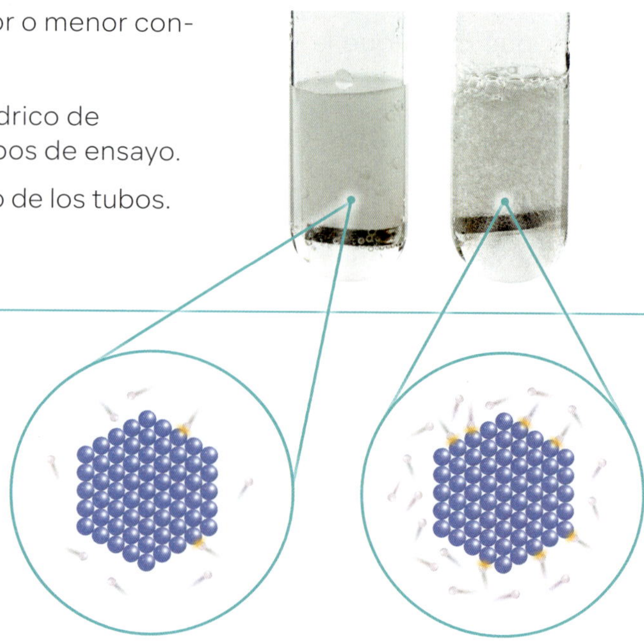

La reacción tiene lugar cuando los iones $H^+(aq)$ chocan con los átomos de la superficie del magnesio con la suficiente energía para que se transfieran electrones desde los átomos de Mg a los iones $H^+(aq)$.

Si se aumenta la concentración de HCl(aq), aumenta el número de iones $H^+(aq)$ por unidad de volumen en la disolución y, por tanto, aumenta el número de choques por unidad de tiempo y, en consecuencia, la velocidad de reacción.

La disolución concentrada disuelve antes el magnesio; por tanto, **la velocidad de la reacción aumenta al aumentar la concentración** de HCl(aq).

¿Cómo influye el grado de división en la velocidad de una reacción?

TALLER

¿Crees que la velocidad de la reacción será mayor usando un trozo grande de magnesio o en trozos muy pequeños?

Paso 1 En sendos tubos de ensayo coloca 10 mL de ácido clorhídrico de concentración 1 mol/L.

Paso 2 Echa a la vez 1 g de cinta de magnesio en uno de los tubos y 1 g de magnesio en pequeños trozos de cinta en el otro.

29 Describe lo que ocurre. ¿Qué concluyes?

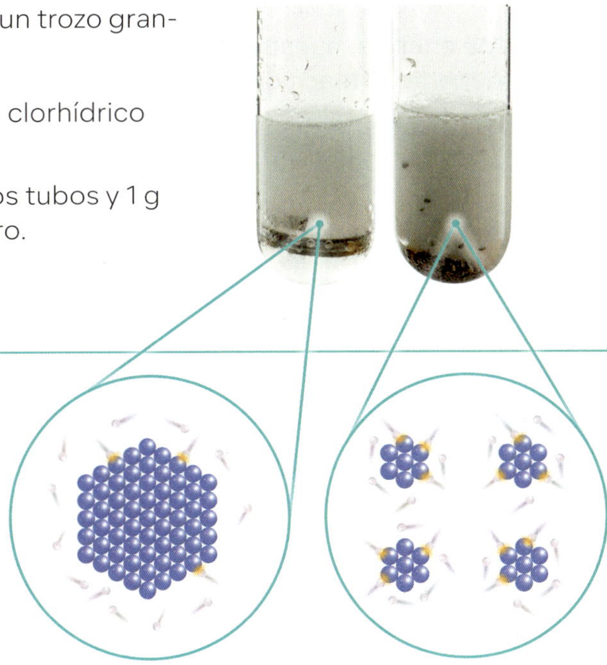

Cuanto más dividido está el Mg(s), mayor es su área superficial y mayor es el número de átomos expuestos a los choques con los iones $H^+(aq)$ en disolución.

La reacción con el magnesio en pequeños trozos termina antes; por tanto, **la velocidad de reacción aumenta con el grado de división del reactivo sólido.**

¿Cómo influye la temperatura en la velocidad de una reacción?

TALLER

¿Crees que la velocidad de la reacción será mayor a alta o a baja temperatura?

Paso 1 En sendos tubos de ensayo coloca un trozo de cinta de magnesio de 1 g.

Paso 2 Añade en uno de ellos 10 mL de HCl(aq) a temperatura ambiente y en el otro 10 mL de HCl(aq) a una temperatura superior.

30 Describe lo que ocurre. ¿Qué concluyes?

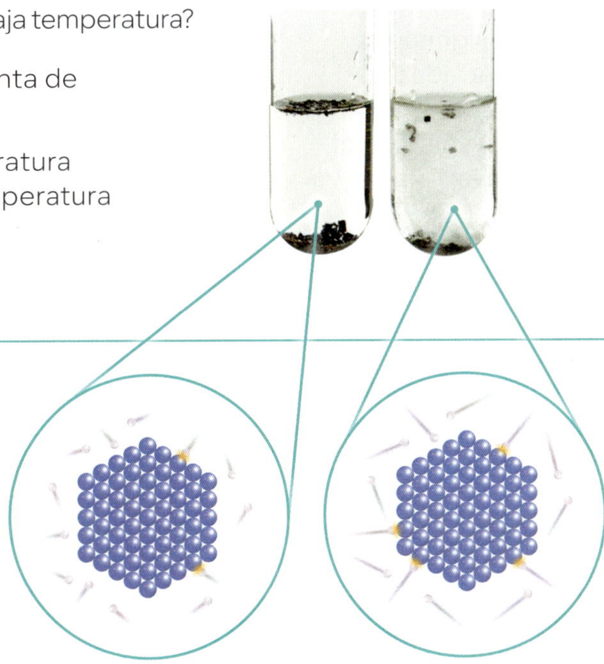

Solo son choques eficaces los que tienen lugar con una energía igual o superior a la energía cinética mínima para que se produzca la rotura de los enlaces implicados en la reacción.

Esta energía mínima se denomina **energía de activación**.

Si aumenta la temperatura, aumenta la velocidad media de los iones $H^+(aq)$, por lo que será mayor la proporción de átomos que chocarán con una energía cinética superior a la energía de activación, es decir, será mayor el número de choques eficaces.

Al aumentar la temperatura, la velocidad de todas las moléculas de los reactivos también aumenta y se incrementan así los choques eficaces.

En la disolución caliente, la reacción tiene lugar mucho más rápidamente que en la disolución a temperatura ambiente; por tanto, l**a velocidad de reacción aumenta con la temperatura.**

¿Cómo influyen los catalizadores en la velocidad de una reacción?

El **modelo del estado de transición** trata de establecer la configuración de tránsito (estado de transición) a través de la cual las moléculas de los reactivos se convierten en las moléculas de los productos.

Los **diagramas de energía** muestran la variación de la energía potencial (E_p) del sistema en función de la coordenada de reacción.

El diagrama de perfil de energía para la reacción: $A + B - C \rightarrow [A \cdots B \cdots C]^* \rightarrow A - B + C$

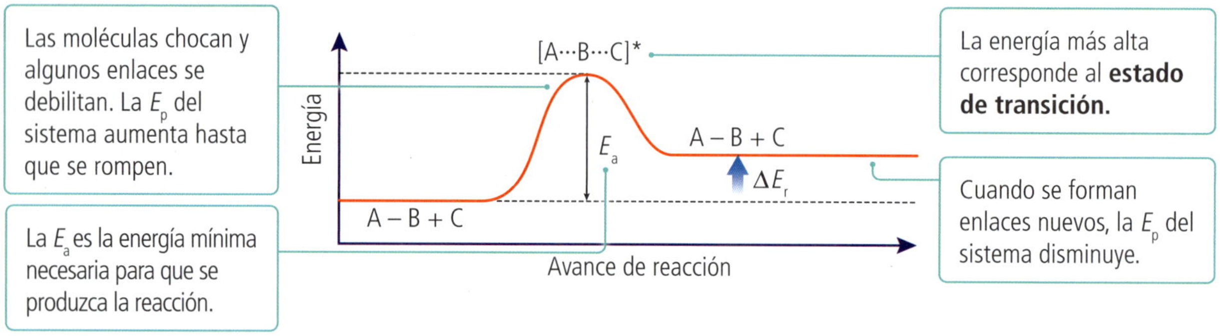

La descomposición del agua oxigenada tiene lugar según la reacción:

$$H_2O_2(l) \rightarrow H_2O(l) + 1/2\ O_2(g)$$

Esta reacción es lenta, pero su velocidad se puede aumentar si se utiliza yoduro de potasio como **catalizador**.

TALLER

Paso 1 Vierte en una probeta 50 mL de agua oxigenada concentrada (110 volúmenes o 30 % en masa) y añade 2 mL de lavavajillas.

Paso 2 Añade 10 mL de disolución de yoduro de potasio y observa lo que ocurre.

31 **De acuerdo con las energías de los enlaces que se rompen y se forman en la reacción de formación del agua, ¿la reacción será exotérmica o endotérmica?**

Los catalizadores son sustancias que disminuyen la energía de activación (E_a) de la reacción y facilitan a los reactivos otra vía para transformarse en productos.

Al disminuir la E_a de la reacción, el número de choques eficaces entre las moléculas de los reactivos aumenta, aumentando así la velocidad de la reacción.

Por ejemplo, la energía de activación en la descomposición del agua oxigenada es de 75 kJ/mol sin catalizador.

Sin embargo, en presencia del catalizador disminuye hasta 23 kJ/mol, lo que facilita que se formen los productos con mayor celeridad.

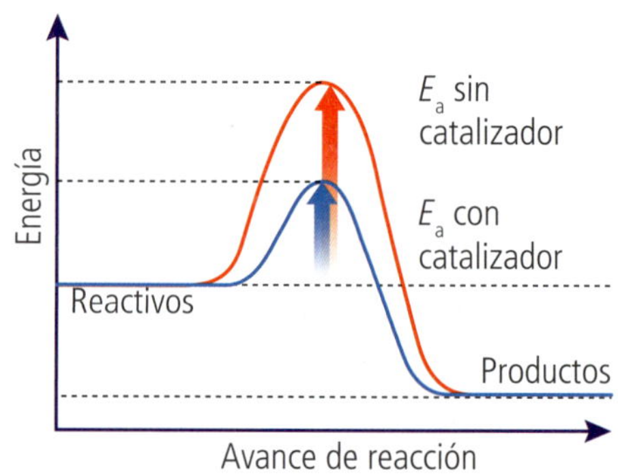

Los catalizadores tienen numerosas aplicaciones en procesos industriales para aumentar la velocidad de estos.

Un ejemplo de catalizadores biológicos son las enzimas, que aceleran o disminuyen la velocidad de las reacciones químicas en los seres vivos.

NUESTRO RETO

Construye un airbag

¿Cómo se puede inflar rápidamente un airbag?

El airbag es un cojín de seguridad que se infla de golpe cuando un coche sufre un choque importante.

Los científicos, después de muchas pruebas, llegaron a la conclusión de que solo con una **reacción química** que produzca un gas a gran velocidad se podría conseguir hinchar rápidamente:

$$NaHCO_3(s) + HCl(aq) \rightarrow NaCl(aq) + CO_2(g) + H_2O(l)$$

Paso 1

Investiga la reacción química.

- Introduce 0,2 g de $NaHCO_3$ en un Erlenmeyer provisto de tapón y un tubo de plástico conectado.
- Introduce el extremo libre del tubo en una probeta de 100 cm^3 invertida llena de agua.
- Introduce 10 mL de HCl(aq) 0,5 mol/L en el Erlenmeyer.
- Mide en la probeta el volumen de gas cada 15 s hasta que finalice la reacción y anota los valores en una tabla.
- Mantén bien ajustado el tapón para que no haya pérdidas de gas y agita ligeramente el Erlenmeyer con un movimiento circular sobre la mesa.

1. **Dibuja el gráfico presión-tiempo que has obtenido.**
2. **¿Cuánto tiempo ha durado la reacción?**
3. **¿Cuál es el volumen total de gas producido?**
4. **¿En qué instante la velocidad de la reacción es máxima?**
5. **¿Crees adecuada esta velocidad para que funcione el airbag?**

Paso 2

Construye el modelo de airbag.

- Llena una bolsa pequeña con ácido clorhídrico y ciérrala.
- Coloca 70 g (aproximadamente) de $NaHCO_3$ en una bolsa grande con cierre *zip* e introduce la bolsa pequeña con el ácido clorhídrico.
- Cierra la bolsa grande con el cierre *zip* y refuérzalo con cinta adhesiva.

6. **Pon a prueba tu modelo. Da un golpe seco con el puño sobre la bolsa grande y comprueba la eficacia del modelo utilizado. Expón las conclusiones obtenidas a tus compañeros.**

¿Qué es lo que más/menos te ha gustado de este reto?

¿Cómo te ha ido el reto? Entra y haz tu valoración

EN RESUMEN

Energía de una reacción química

- Es la energía que se libera (reacción exotérmica) o se absorbe (reacción endotérmica) cuando reacciona 1 mol de moléculas.

$$\Delta E = E_{productos} - E_{reactivos}$$

Cálculo de la energía de una reacción a partir de las energías de enlace

- Se calcula a partir de la energía necesaria para romper los enlaces de las moléculas de reactivos (>0) y la energía desprendida en la formación de los enlaces de las moléculas de productos (<0).

$$\Delta E = E_{enlaces\ rotos} - E_{enlaces\ formados}$$

Velocidad de una reacción química

- Son los moles de un reactivo que desaparece o de un producto que se forma por unidad de tiempo (mol/s)
- La velocidad de una reacción depende de la **concentración de los reactivos**, de la **temperatura**, de la presencia de **catalizadores** y del **estado de división** (reactivo sólido).

PRACTICAMOS

1 Copia, completa y amplía el siguiente mapa mental.

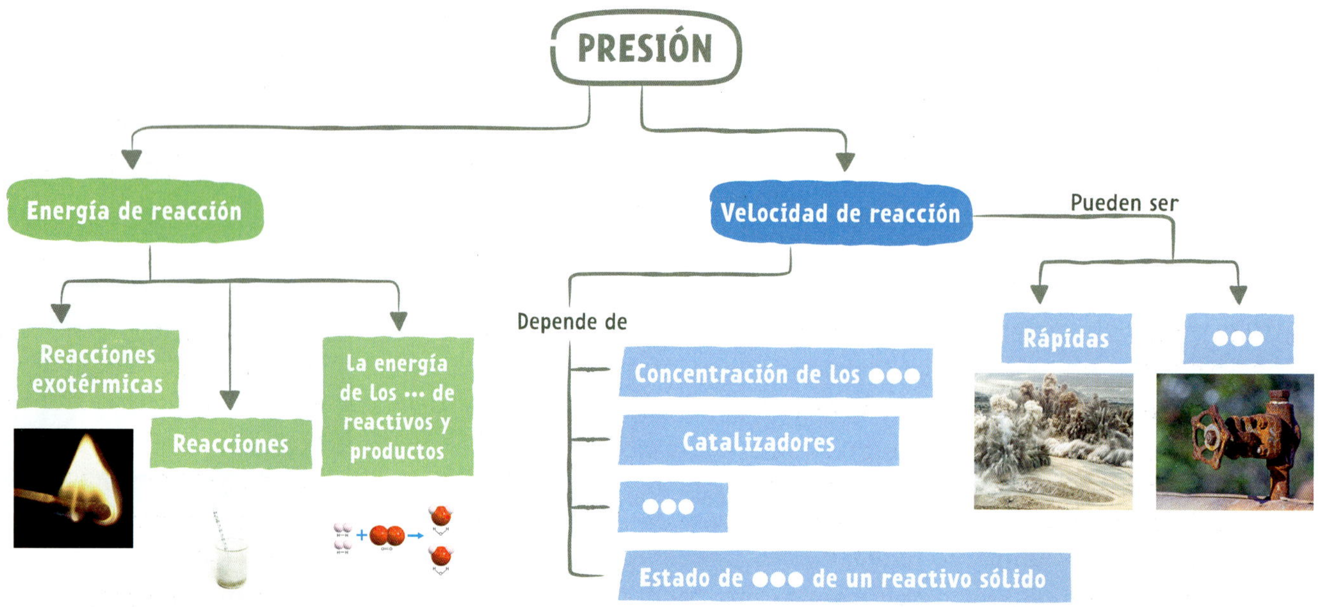

2 Se quiere averiguar qué combustible presenta mayor calor de combustión, el etanol o el propanol. Diseña una investigación experimental para encontrar la respuesta. Ten presentes las variables que debes controlar.

3 El carbón será reemplazado en el futuro por otros combustibles como el hidrógeno. El calor de combustión del carbono es 394 kJ/mol y el del hidrógeno, 286 kJ/mol.

a. Escribe y ajusta las ecuaciones termoquímicas del carbón y del hidrógeno.

b. Calcula la energía liberada por cada gramo de combustible quemado (poder calorífico).

c. ¿Qué combustible tiene mayor poder calorífico?

d. ¿Cuál de los dos combustibles no genera $CO_2(g)$?

4 Clasifica las siguientes reacciones como exotérmicas o endotérmicas y dibuja el diagrama de niveles de energía de cada una de ellas.

a. $C_2H_2(g) + 5/2\ O_2(g) \rightarrow 2\ CO_2(g) + H_2O(l)$
$\Delta E = -1300$ kJ/mol

b. $1/2\ N_2(g) + O_2(g) \rightarrow NO_2(g)$
$\Delta E = +33$ kJ/mol

c. $CaCO_3(s) \rightarrow CaO(s) + CO_2(g)$
$\Delta E = +1207$ kJ/mol

d. $N_2(g) + 3\ H_2(g) \rightarrow 2\ NH_3(g)$
$\Delta E = -92$ kJ/mol

5 Nos interesa investigar la velocidad de reacción del cinc con el ácido clorhídrico:

$$Zn(s) + 2\ HCl(aq) \rightarrow ZnCl_2(aq) + H_2(g)$$

a. Explica cómo podrías determinar la velocidad inicial de esta reacción. Realiza un dibujo del montaje que utilizarías y de las medidas y cálculos que deberías realizar.

b. Explica cómo podrías investigar el efecto de la concentración del ácido y de la temperatura en la velocidad de reacción.

6 El cloruro de hidrógeno se puede sintetizar a partir de cloro e hidrógeno:

$$H_2(g) + Cl_2(g) \rightarrow 2\ HCl(g)$$

a. Indica los enlaces que se rompen y cuáles se forman.

b. Calcula la variación de energía que se produce en la reacción a partir de las energías de los enlaces.

c. Representa gráficamente el diagrama de niveles de energía de esta reacción.
Datos: E (Cl–Cl) = 242 kJ/mol; E (H–H) = 436 kJ/mol; E (H–Cl) = 431 kJ/mol

7 En la reacción de síntesis del amoniaco:

$$N_2(g) + 3\ H_2(g) \rightarrow 2\ NH_3(g),$$

la velocidad de desaparición del $H_2(g)$ expresada en mol/s es el triple que la velocidad de desaparición del $N_2(g)$.

a. ¿Qué relación existe entre la velocidad de formación del $NH_3(g)$ y la de desaparición del $N_2(g)$?

b. ¿Qué velocidad de transformación debe tomarse como velocidad de la reacción, la del $N_2(g)$, la del $H_2(g)$ o la del $NH_3(g)$?

8 ¿Cómo podría acelerarse el proceso de disolución de una pastilla de vitamina C efervescente en agua?

9 Explica por qué:

a. El tubo de escape de un coche se oxida más rápidamente que el resto de la carrocería.

b. Las patatas se fríen más rápidamente en aceite que se cuecen en agua hirviendo.

10 El agua oxigenada se descompone rápidamente cuando se pone en contacto con la sangre de un hígado de un mamífero (que contiene una enzima llamada catalasa).

a. ¿Qué papel hace la catalasa en la reacción?

b. ¿Cómo actúa un catalizador para acelerar la velocidad de una reacción?

c. ¿Qué características tienen los catalizadores biológicos?

Mis competencias — Autoevaluación

2.3 Reacciones ácido-base

¡EMPEZAMOS!

¿Por qué se acidifican los océanos?

Muchas sustancias que se utilizan en la vida cotidiana y en la industria química son **ácidos o bases**, que tienen la propiedad de reaccionar neutralizándose y formando sales. Están presentes en los alimentos que consumes, en los medicamentos, en los productos de limpieza que usas e incluso en el interior de tu cuerpo.

Muchas sustancias en el medioambiente también son ácidos y bases o son capaces de producir estas sustancias cuando reaccionan con el agua. Por ejemplo, el dióxido de carbono (CO_2), producto de la respiración y de la combustión de combustibles en fábricas y automóviles, genera ácido carbónico (H_2CO_3) al disolverse en agua.

La acidificación de los océanos debido al aumento de CO_2 en la atmósfera es uno de los problemas que vamos a tener que afrontar en las próximas décadas.

- ¿Qué sustancias o productos conoces que sean ácidos?
- ¿Qué sustancias o productos conoces que sean básicos?
- ¿Qué propiedades tienen los ácidos y las bases?
- ¿Qué aplicaciones tienen?

¡VAMOS A APRENDER!

1. Mantener el nivel de ruido.
2. Determinar las propiedades de los ácidos y las bases.
3. Establecer la composición y estructura de los ácidos y las bases.
4. Indagar los factores de los que depende el grado de acidez o basicidad de una disolución.
5. Explicar por qué una sustancia es ácida o básica.
6. Nombrar los ácidos, bases y sales más comunes.
7. Enfocar las tareas con mentalidad de crecimiento.

NUESTRO RETO

¿Qué antiácido es más eficaz?

Vamos a indagar qué antiácido comercial es más eficaz para disminuir la acidez de los jugos gástricos.

¡Vamos allá!

1 ¿Cómo identificamos las sustancias ácidas y básicas?

Las sustancias ácidas y básicas

Una de las propiedades más importantes de los ácidos y las bases es que, al reaccionar con determinadas sustancias orgánicas, provocan que estas cambien de color. Ello permite utilizar estas sustancias como indicadores de su acidez o basicidad. Muchas sustancias vegetales, como la col lombarda, son **indicadores ácido-base**.

TALLER

Fabrica tu propio indicador ácido-base.

Paso 1 Hierve un trozo de lombarda en agua durante 5 minutos. Deja enfriar la disolución resultante y fíltrala.

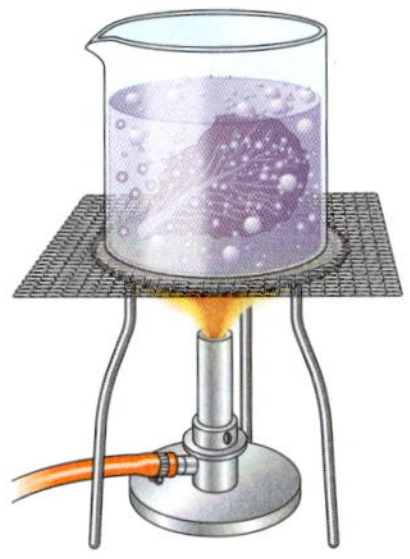

Paso 2 Toma unas gotas de la disolución y viértelas sobre 1 cm^3 de **ácido clorhídrico** diluido. ¿Qué color toma la disolución de col lombarda en medio ácido?

Paso 3 Toma unas gotas de la disolución y viértelas sobre 1 cm^3 de una disolución diluida de **hidróxido de sodio**, que es una base. ¿Qué color toma la disolución de lombarda en medio básico?

Paso 4 Introduce tiras de papel de filtro en el extracto de lombarda obtenido en el paso 1 y déjalas secar.

La coloración que adquiere el extracto de lombarda es distinta según el pH de la disolución sobre la que se vierte. Por tanto, este indicador sirve no solo para clasificar las sustancias en ácidas o básicas, sino para estimar aproximadamente el **pH de su disolución** en agua.

El grado de acidez o basicidad de una disolución: La escala de pH

El **grado de acidez o de basicidad** de una disolución se puede medir cuantitativamente mediante una mezcla de indicadores que tiene un color diferente para cada grado de acidez o basicidad. Esta mezcla se denomina **indicador universal**.

A cada color se asocia un número y este se denomina pH. La **escala de pH** va del 0 (disolución más ácida) al 14 (disolución más básica) y pasa por el 7, que corresponde a una disolución neutra.

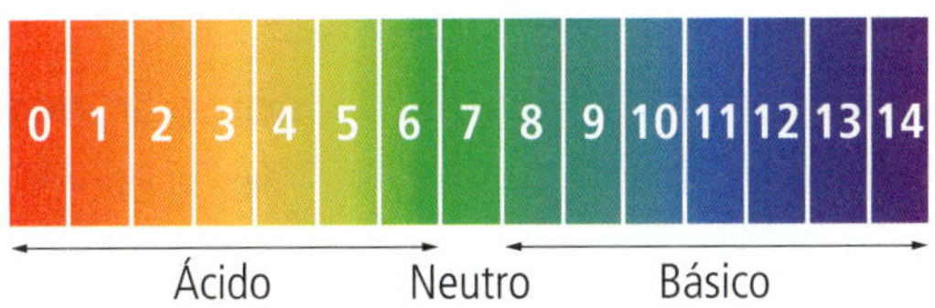

1 **¿De qué factores crees que depende el grado de acidez o basicidad de una disolución?**

A. De la concentración.

B. De si el ácido o la base disuelta es más o menos fuerte.

C. De ambos.

2 ¿Qué productos de la vida cotidiana son ácidos o básicos?

Determinación de la acidez y basicidad de sustancias

TALLER

Investiga la acidez o basicidad de algunos **productos domésticos**.

Paso 1 Echa en vasos de plástico una pequeña cantidad de los siguientes productos: leche, yogur, café, azúcar, sal común, refresco carbonatado, agua destilada, disolución amoniacal... Si el producto es sólido, disuélvelo antes en agua.

Paso 2 Toma una pequeña cantidad de cada muestra líquida con un cuentagotas y dejar caer unas gotas sobre una tira del papel indicador.

Si la muestra es pastosa, puedes humedecer primero el papel indicador y después ponerlo en contacto con la muestra.

Paso 3 Anota el pH de cada muestra y recoge los resultados en una tabla, ordenando los productos de menor a mayor pH.

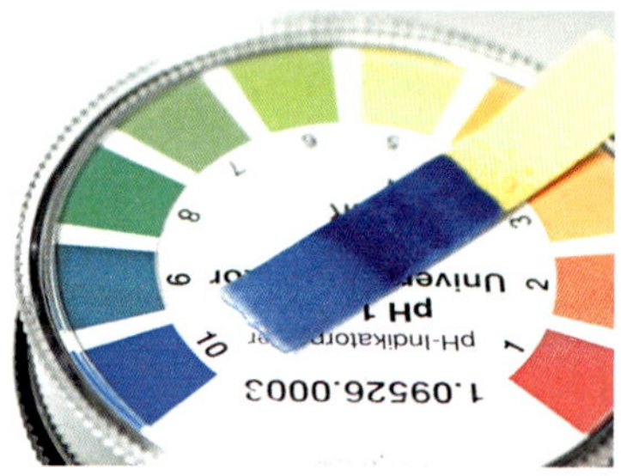

Productos	pH
Agua destilada	7
•••	•••

2 **Averigua cuál es la sustancia que confiere acidez o basicidad a cada producto anterior del paso 1, que son mezclas o disoluciones.**

TALLER

Investiga la acidez o basicidad de algunas **sustancias en el laboratorio**.

Paso 1 Toma unos 5 cm^3 de disoluciones acuosas diluidas 0,1 mol/L de ácido clorhídrico, de ácido acético y de amoniaco y colócalos en tubos de ensayo o vasos de plástico.

Paso 2 Disuelve una pequeña cantidad de óxido de calcio(s), de hidróxido de calcio(s), de bicarbonato de sodio(s) y de ácido cítrico(s) en unos 5 cm^3 de agua en sendos tubos de ensayo o vasos de plástico.

Paso 3 Con un cuentagotas toma unas gotas de cada disolución y déjalas caer sobre un trozo de papel indicador.

Paso 4 Anota el pH y clasifica las sustancias como ácidos o bases. Recoge los resultados en una tabla, ordenando las disoluciones de menor a mayor pH.

Sustancia	pH	Carácter ácido / básico
Ácido clorhídrico	1	Ácido
•••	•••	•••

3 ¿Qué propiedades tienen los ácidos y las bases?

Propiedades de las sustancias ácidas y básicas

TALLER

Paso 1 Coloca un trozo de cinta de magnesio o de cinc en un tubo de ensayo y añade 5 cm³ de ácido clorhídrico diluido. Repite la experiencia con 5 cm³ de ácido acético.

Paso 2 Deja caer unas gotas de vinagre incoloro sobre bicarbonato de sodio en un vidrio de reloj.

3 ¿Qué observas en el paso 1? ¿Cómo lo interpretas? ¿Qué productos crees que se forman? ¿Qué tipo de reacción es? ¿Es el HCl(aq) un ácido más fuerte que el ácido acético?

4 ¿Qué observas en el paso 2? ¿Cómo lo interpretas? ¿Qué productos crees que se forman? ¿Qué tipo de reacción es esta?

Paso 3 Coloca 5 cm³ de ácido clorhídrico, HCl(aq), 0,1 mol/L en un tubo de ensayo y unas gotas de fenolftaleína. Añade lentamente 5 cm³ de una disolución de hidróxido de sodio NaOH(aq) 0,1 mol/L sobre el ácido clorhídrico, hasta que se produzca un cambio de color.

5 ¿Qué observas en el paso 3? ¿Cómo lo interpretas? ¿Qué productos crees que se forman? ¿Qué tipo de reacción es esta?

Paso 4 Monta un circuito como el de la figura para investigar si las disoluciones acuosas de los ácidos y los álcalis conducen la electricidad. ¿A qué conclusión llegas?

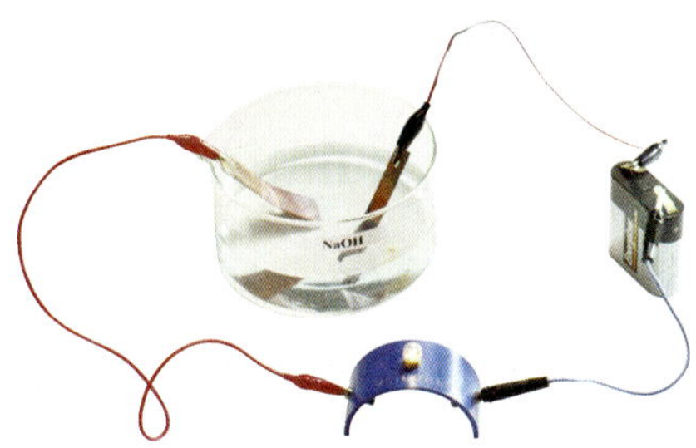

6 Con las conclusiones obtenidas, recoge las propiedades de los ácidos y los álcalis en una tabla.

Álcalis: sustancias básicas solubles en agua.

Ácidos

- Todos son solubles en agua.
- Tienen sabor ácido.
- Cambian de color indicadores ácido-base.
- Reaccionan con algunos metales produciendo hidrógeno.

Bases

- Algunas son solubles en agua (álcalis): NaOH.
- Las solubles en agua tienen tacto resbaladizo.
- Otras son insolubles en agua: $Mg(OH)_2$, $CaCO_3$
- Cambian de color indicadores ácido-base.

Las sustancias ácidas y las básicas disueltas en agua conducen la electricidad.

Los **ácidos** y las **bases fuertes** son:

- **Corrosivos** (destruyen o dañan irreversiblemente una superficie o sustancia con la que entran en contacto).
- **Cáusticos** (queman y destruyen los tejidos orgánicos).

7 ¿Cuáles de los ácidos y las bases que has investigado hasta ahora crees que son ácidos fuertes y cuáles crees que son ácidos o bases débiles?

4 Composición química de los ácidos y bases más comunes

Composición química de los ácidos

8 **Interpreta lo que ocurre.** En la tabla siguiente se muestran los ácidos más comunes:

Nombre del ácido	Fórmula	Dónde se encuentra
Ácido clorhídrico	$HCl(aq)$	En el estómago, en el salfumán.
Ácido sulfúrico	$H_2SO_4(l)$	En la lluvia ácida, en las baterías de automóviles.
Ácido nítrico	$HNO_3(l)$	En la lluvia ácida.
Ácido carbónico	$CO_2(aq)$ / $H_2CO_3(aq)$	En el agua carbónica.
Ácido acético	$CH_3COOH(l)$	En el vinagre.
Ácido fórmico	$HCOOH(l)$	En las hormigas.
Ácido cítrico	$C_6H_8O_7(s)$	En los limones y las naranjas.
Ácido fosfórico	$H_3PO_4(l)$	En las bebidas gasificadas.
Ácido benzoico	$C_7H_6O_2(s)$	En alimentación como conservante.

a. ¿Qué elemento químico observas que siempre forma parte de la composición de todos los ácidos?

b. Escribe y ajusta la ecuación química de la reacción del ácido clorhídrico con el magnesio.

Los ácidos son **gases** ($HCl(g)$, $CO_2(g)$), **líquidos** ($H_2SO_4(l)$, $HNO_3(l)$, $CH_3COOH(l)$, $HCOOH(l)$, $H_3PO_4(l)$) o **sólidos de bajo punto de fusión** ($C_6H_8O_7(s)$).

c. ¿Qué puedes deducir sobre su estructura?

Composición química de las bases

9 **Interpreta lo que ocurre.** En la tabla siguiente se muestran las bases más comunes:

Nombre de la base	Fórmula	Dónde se encuentra
Hidróxido de sodio	$NaOH(s)$	En casa, como limpiador, en la industria.
Óxido de calcio	$CaO(s)$	En los campos, para neutralizar suelos ácidos.
Hidróxido de calcio	$Ca(OH)_2(s)$	En la construcción y en la industria.
Óxido de magnesio	$MgO(s)$	En casa, como antiácido.
Carbonato de calcio	$CaCO_3(s)$	En los campos, para neutralizar las aguas.
Amoniaco	$NH_3(aq)$	En casa como limpiador y en la industria.
Hidrogenocarbonato de sodio (bicarbonato)	$NaHCO_3(s)$	En casa, como antiácido y en las levaduras químicas.
Hidróxido de potasio	$KOH(s)$	En la fabricación del jabón.
Hidróxido de hierro(II)	$Fe(OH)_2$	En la industria metalúrgica y de pinturas.

a. ¿Observas alguna coincidencia en la composición química de las bases?

Las bases que aparecen en la tabla son óxidos ($CaO(s)$, $MgO(s)$), hidróxidos ($NaOH(s)$, $Ca(OH)_2(s)$), carbonatos ($CaCO_3(s)$) o hidruros como el $NH_3(g)$. Todas ellas, excepto el amoniaco, que es un gas, son **sólidos de alto punto de fusión**. ¿Qué puedes deducir sobre su estructura?

5 Los ácidos y las bases se neutralizan

La reacción de neutralización

10 **Interpreta lo que ocurre.** Cuando reacciona el ácido clorhídrico con el hidróxido sódico, se obtiene una sal (NaCl) y agua:

$$\underbrace{HCl(aq)}_{\text{Ácido}} + \underbrace{NaOH(aq)}_{\text{Base}} \rightarrow \underbrace{NaCl(aq)}_{\text{Sal}} + \underbrace{H_2O(l)}_{\text{Agua}}$$

a. ¿Cómo se explica que desaparezcan las propiedades ácidas y básicas de las disoluciones iniciales?

b. Se tienen que mezclar cantidades estequiométricas de HCl y NaOH para que la disolución resultante sea neutra. ¿Por qué?

Sal común, NaCl, en minas de sal.

Se llama **reacción ácido-base** a la que tiene lugar cuando reacciona un ácido con una base, obteniéndose una sal y agua. La mayoría de estas reacciones dan lugar a disoluciones neutras.

$$\text{Ácido + Base} \rightarrow \text{Sal + agua}$$

TALLER

¿Cómo neutralizar HCl(aq) con NaOH(aq) y obtener NaCl(s) en el laboratorio?

Paso 1 Mide con una probeta 10,0 cm³ de la disolución de ácido clorhídrico 0,1 mol/L y viértelos en un Erlenmeyer.

Paso 2 Añade unas gotas de fenolftaleína como indicador de pH.

Paso 3 Llena una bureta con la disolución de hidróxido de sodio 0,1 mol/L.

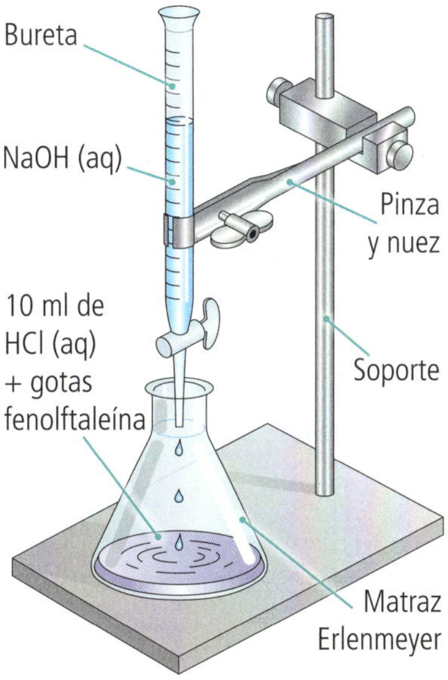

11 **¿Cuántos cm³ de la disolución de hidróxido de sodio tendrás que verter en el erlenmeyer para lograr la neutralidad?**

12 **¿Qué cambio te indicará que se ha neutralizado todo el HCl(aq)?**

Paso 4 Vierte la disolución de hidróxido de sodio sobre la disolución de HCl hasta neutralizarla y mide el volumen vertido en la bureta.

13 **¿Cómo podemos obtener el cloruro de sodio que se ha formado y permanece disuelto en la disolución?**

Paso 5 Vierte la disolución en una cápsula de porcelana y calienta hasta evaporar toda el agua.

14 **¿Por qué tenemos que utilizar una cápsula de porcelana?**

15 **¿Qué pasaría si hubiéramos vertido más NaOH(aq) del necesario?**

16 **Una sal también puede obtenerse por reacción de un ácido con un metal. Escribe la ecuación de la reacción que utilizarías para obtener el cloruro de magnesio, $MgCl_2(s)$, y planifica el procedimiento que seguirías.**

17 **Escribe y ajusta las siguientes reacciones de neutralización:**

a. $HCl + Ca(OH)_2 \rightarrow$ ●●●

b. $H_2SO_4 + NaOH \rightarrow$ ●●●

6 ¿Por qué son ácidas las disoluciones de los ácidos y básicas las disoluciones de las bases?

La conductividad de las disoluciones de los ácidos y de las bases

Todas las disoluciones acuosas de los ácidos y las bases solubles comprobamos que **conducen la corriente eléctrica**.

El hecho de que todas las disoluciones acuosas de ácidos y bases conduzcan la electricidad, es decir, sean **electrolitos**, nos lleva a pensar que están formadas por **iones** positivos y negativos **con libertad de movimiento**.

18 Actividad resuelta

El HCl(g) es una sustancia molecular. ¿Cómo pueden producirse iones al disolverse en agua? ¿Qué iones se forman?

Las moléculas polares de H_2O se aproximan a las moléculas polares de HCl. El O parcialmente negativo del H_2O atrae el H parcialmente positivo de la molécula de HCl y facilita la ruptura del enlace H–Cl, dando lugar a la formación de iones Cl^- e iones H^+.

$$HCl(g) + agua \rightarrow HCl(aq) \rightarrow Cl^-(aq) + \mathbf{H^+(aq)}$$

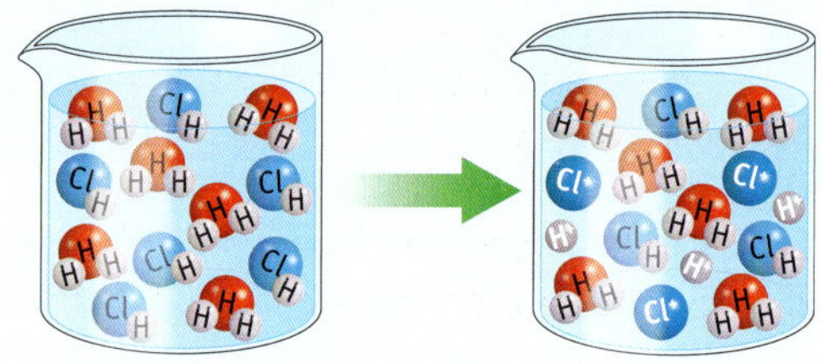

19 Actividad resuelta

El NaOH(s) es una sustancia formada por una estructura gigante de iones Na^+ e iones hidróxido, OH^-. ¿Por qué se separan estos iones en contacto con el agua?

Las moléculas polares de agua se aproximan a los iones de la superficie del cristal y los atraen. Esta atracción facilita que se separen y se dispersen entre las moléculas de agua:

$$Na^+OH^-(s) + agua \rightarrow Na^+(aq) + \mathbf{OH^-(aq)}$$

Los iones Na^+ y OH^- quedan rodeados de moléculas de agua.
Es el mismo proceso por el que se disocia el NaCl(s) cuando se disuelve en agua.

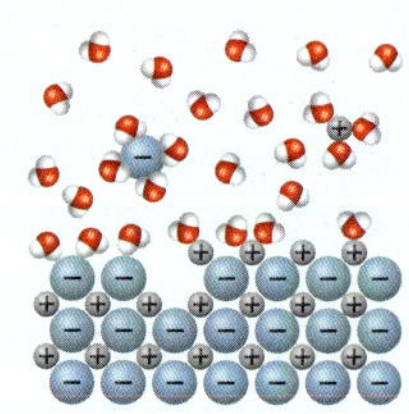

La **teoría de la disociación iónica** fue propuesta en 1887 por el químico sueco **S. Arrhenius** en una época en que se pensaba que todos los electrolitos eran moleculares antes de disolverse.

La teoría de los ácidos y bases de Arrhenius

Arrhenius propuso las siguientes definiciones de ácido y de base:

- **Ácido**: sustancia que en disolución acuosa se disocia dando lugar a iones $\mathbf{H^+(aq)}$.
- **Base**: sustancia que en disolución acuosa se disocia dando lugar a iones $\mathbf{OH^-(aq)}$.

Por tanto, Arrhenius atribuyó las propiedades ácidas de una disolución a la existencia de iones $H^+(aq)$, y las propiedades básicas, a la existencia de iones $OH^-(aq)$.

20 **El grado de acidez de una disolución depende de la concentración de iones $H^+(aq)$. Indaga qué relación existe entre el pH y la concentración de iones $H^+(aq)$.**

21 **¿Por qué las disoluciones acuosas de óxidos de no metales, como el $CO_2(g)$ y el $SO_2(g)$, son ácidas, a pesar de que estas moléculas no contienen H?**

22 **Aprendo a pensar.** ¿Por qué las disoluciones acuosas de óxidos de metales, como el CaO(s), son básicas?

7 ¿Por qué se neutraliza un ácido cuando reacciona con una base?

La ecuación iónica de una reacción de neutralización

La ecuación de la reacción de neutralización del HCl(aq) con el NaOH(aq) es:

$$HCl(aq) + NaOH(aq) \rightarrow NaCl(aq) + H_2O(l)$$

De acuerdo con la teoría de la disociación iónica, las especies que hay en la disolución al inicio y al final de la reacción son:

$$Cl^-(aq) + \mathbf{H^+(aq)} + Na^+(aq) + \mathbf{OH^-(aq)} \rightarrow Cl^-(aq) + Na^+(aq) + \mathbf{H_2O(l)}$$

Esta ecuación se denomina **ecuación iónica**. Si eliminamos los iones $Na^+(aq)$ y $Cl^-(aq)$, que no intervienen en la reacción (son iones espectadores), queda reducida a la **ecuación iónica neta**:

$$H^+(aq) + OH^-(aq) \rightarrow H_2O(l)$$

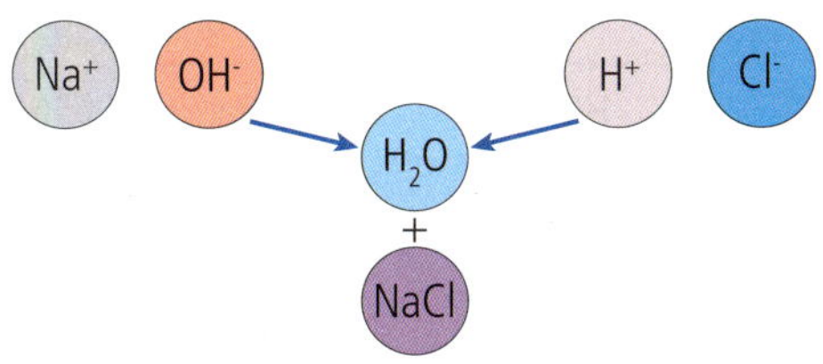

Por tanto, la verdadera reacción de neutralización es la combinación de los iones H^+, procedentes del ácido, con los iones OH^-, procedentes de la base, para formar agua.

23 **Escribe la ecuación "molecular", la ecuación iónica y la ecuación iónica neta de la reacción de neutralización del ácido clorhídrico con el hidróxido de calcio.**

24 **¿Cuántos moles de HCl reaccionan por cada mol de $Ca(OH)_2$?**

Limitaciones de la teoría de Arrhenius

La teoría de Arrhenius no puede explicar el carácter ácido o básico de todas las sustancias que podemos clasificar como ácidos o bases de acuerdo con sus propiedades.

Las disoluciones de los **óxidos de metales** como el CaO(s) son básicas y, sin embargo, no contienen OH en su composición. La razón de su basicidad es que reaccionan con el agua formando hidróxidos. Por ejemplo:

$$CaO(s) + H_2O(l) \rightarrow Ca(OH)_2(s)$$

El hidróxido de calcio formado se disocia en agua dando lugar a iones $Ca^{2+}(aq)$ y $OH^-(aq)$:

$$Ca(OH)_2(s) + H_2O \rightarrow Ca^{2+}(aq) + 2\ OH^-(aq)$$

25 **Los óxidos, hidróxidos y carbonatos de metales insolubles se consideran bases porque reaccionan con los ácidos y los neutralizan formando sales y agua:**

$$MgO(s) + 2\ HCl(aq) \rightarrow MgCl_2(aq) + H_2O(l)$$

$$Mg(OH)_2(s) + 2\ HCl(aq) \rightarrow MgCl_2(aq) + 2\ H_2O(l)$$

$$MgCO_3(s) + 2\ HCl(aq) \rightarrow MgCl_2(aq) + H_2O(l) + CO_2(g)$$

¿Pueden considerarse bases de Arrhenius?

26 **El amoniaco es un gas que reacciona con el agua cuando se disuelve en ella según la reacción: $NH_3(g) + H_2O(l) \rightarrow NH_4^+(aq) + OH^-(aq)$.**

a. ¿Por qué es básica la disolución acuosa de $NH_3(aq)$?

b. ¿Puede considerarse el $NH_3(aq)$ una base de Arrhenius?

c. Escribe la ecuación química de la reacción del $NH_3(aq)$ con el HCl(aq).

27 **Explica el carácter básico de las siguientes disoluciones acuosas mediante las ecuaciones químicas correspondientes:**

a. Óxido de litio(s).

b. Carbonato de sodio(s).

8 ¿Cómo se nombran los compuestos ternarios?

Nomenclatura de los hidrácidos, hidróxidos, oxoácidos y sales

- Los **hidrácidos** son compuestos moleculares formados por la combinación de un halógeno o un anfígeno con el hidrógeno que se nombran con el sufijo **-ico** cuando se encuentran en disolución acuosa.

Fórmula	Nombre	En disolución acuosa	Nombre
HF(l)	Fluoruro de hidrógeno	$HF(aq) \rightarrow H^+(aq) + F^-(aq)$	Ácido fluorhídrico
HCl(g)	Cloruro de hidrógeno	$HCl(aq) \rightarrow H^+(aq) + Cl^-(aq)$	Ácido clorhídrico
HBr(g)	Bromuro de hidrógeno	$HBr(aq) \rightarrow H^+(aq) + Br^-(aq)$	Ácido bromhídrico
HI(g)	Yoduro de hidrógeno	$HI(aq) \rightarrow H^+(aq) + I^-(aq)$	Ácido yodhídrico
$H_2S(g)$	Sulfuro de hidrógeno	$H_2S(aq) \rightarrow 2\ H^+(aq) + S^{2-}(aq)$	Ácido sulfhídrico

- Los **hidróxidos** son compuestos iónicos formados por iones metálicos e iones hidróxido, OH^-. Se nombran con prefijos multiplicadores o expresando el número de oxidación del metal en números romanos.

$Au(OH)_3$ **Tri**hidróxido de oro Hidróxido de oro(**III**)

- Los **oxoácidos** son compuestos moleculares formados por hidrógeno, oxígeno y un no metal. Se disocian formando un **oxoanión** y uno o más **iones hidrógeno**.

Oxoácido: fórmula y nombre	Disociación en agua	Fórmula y nombre del oxoanión
HNO_2 ácido nitroso	$H^+ + NO_2^-$	NO_2^- ion nitrito
HNO_3 ácido nítrico	$H^+ + NO_3^-$	NO_3^- ion nitrato
H_2SO_3 ácido sulfuroso	$2H^+ + SO_3^{2-}$	SO_3^{2-} ion sulfito
H_2SO_4 ácido sulfúrico	$2H^+ + SO_4^{2-}$	SO_4^{2-} ion sulfato
H_3PO_4 ácido fosfórico	$3H^+ + PO_4^{3-}$	PO_4^{3-} ion fosfato
H_2CO_3 ácido carbónico	$2H^+ + CO_3^{2-}$	CO_3^{2-} ion carbonato
HClO ácido hipocloroso	$H^+ + ClO^-$	ClO^- ion hipoclorito
$HClO_2$ ácido cloroso	$H^+ + ClO_2^-$	ClO_2^- ion clorito
$HClO_3$ ácido clórico	$H^+ + ClO_3^-$	ClO_3^- ion clorato
$HClO_4$ ácido perclórico	$H^+ + ClO_4^-$	ClO_4^- ion perclorato

- Las **sales** son compuestos iónicos formados por dos tipos de iones y se nombran utilizando el nombre del anión y del catión. El ion amonio, NH_4^+, es un **catión poliatómico**.

Fórmula	Disociación en agua	Nombre de la sal
$NaNO_2$	$Na^+ + NO_2^-$	Nitrito de sodio
KNO_3	$Na^+ + NO_3^-$	Nitrato de potasio
$NaHCO_3$	$Na^+ + HCO_3^-$	Hidrogenocarbonato de sodio
NH_4Cl	$NH_4^+ + Cl^-$	Cloruro de amonio

NUESTRO RETO

¿Qué antiácido es más eficaz?

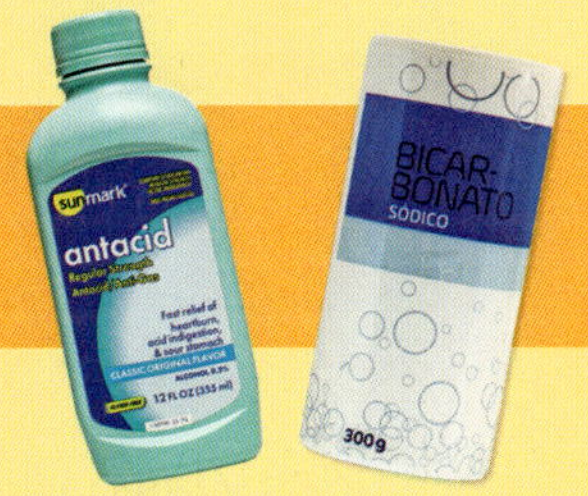

Técnica de valoración ácido-base

Los antiácidos son sustancias químicas que neutralizan el ácido clorhídrico del estómago y, por tanto, hacen menos ácido el jugo gástrico (aumentan su pH).

Los más utilizados son el bicarbonato sódico ($NaHCO_3$), el carbonato de calcio ($CaCO_3$), el hidróxido de aluminio ($Al(OH)_3$) y el hidróxido de magnesio ($Mg(OH)_2$). Estos antiácidos se comercializan en forma sólida o en suspensión. Algunos mezclan dos antiácidos a la vez; por ejemplo, hidróxido de aluminio e hidróxido de magnesio, además de otros componentes.

¿Qué antiácido es más eficaz, el bicarbonato de sodio(s) o un antiácido que combina hidróxido de aluminio(s) e hidróxido de magnesio(s) en suspensión?

Paso 1

Planificación

- ¿Cómo se puede medir la eficacia de cada antiácido?
- ¿Qué variable debemos controlar para poder comparar los dos antiácidos?

MATERIALES

- Fenolftaleína
- Matraz Erlenmeyer
- Bureta
- Pipeta

$NaHCO_3(s)$
$Al(OH)_3(s)$
$Mg(OH)_2(s)$
$HCl(aq)$

Paso 2

Realización

- Pesa 50 mg de $NaHCO_3$(s) y disuélvelo en 100 cm^3 de agua en un Erlenmeyer.
- Añade unas gotas de fenolftaleína.
- Llena la bureta con HCl(aq) 0,10 mol/L.
- Deja caer el HCl(aq) sobre la disolución de bicarbonato, agitando después de cada adición, hasta que se observe un cambio de color (de rosa a incoloro).
- Repite el proceso dejando caer muy lentamente el HCl(aq) cuando te acerques al punto de neutralidad. Anota el volumen de HCl(aq) que se ha vertido para llegar a la neutralización.
- Pesa 25 mg de $Al(OH)_3$ y 25 mg $Mg(OH)_2$, disuélvelos en 100 cm^3 de agua en un Erlenmeyer y añade unas gotas de fenolftaleína.
- Llena la bureta con ácido clorhídrico 0,10 mol/L y repite el procedimiento.

1. ¿Qué muestra ha sido capaz de neutralizar un mayor volumen de HCl(aq), 0,10 mol/L?
2. **CONTRASTAMOS JUNTOS.** ¿Qué antiácido es más eficaz?
3. Escribe un informe describiendo la indagación experimental realizada y las conclusiones a las que has llegado.

¿Qué te ha aportado esta actividad?

¿Cómo te ha ido el reto? Entra y haz tu valoración

EN RESUMEN

Propiedades de los ácidos y las bases

- Los **ácidos y las bases solubles (álcalis)** se disuelven en agua y conducen la electricidad.
- Los **ácidos** tienen sabor ácido y reaccionan con los metales y los carbonatos produciendo efervescencia. Las **bases** solubles en agua tienen tacto resbaladizo.
- Los **ácidos y las bases** reaccionan entre sí **neutralizándose** y cambian el color de los **indicadores.**

Composición de los ácidos y de las bases

- Los **ácidos** son compuestos moleculares que contienen el elemento **hidrógeno**.
- La mayoría de las **bases** son **compuestos iónicos** (óxidos, hidróxidos y carbonatos de metales), aunque también las hay moleculares, como el NH_3(aq).

Ácidos y bases de Arrhenius

- **Ácido**: sustancia que en disolución acuosa se disocia dando lugar a iones H^+(aq).
- **Base**: sustancia que en disolución acuosa se disocia dando lugar a iones OH^-(aq).

Reacción entre un ácido y una base de Arrhenius

- Los iones H^+ (del ácido) reaccionan con los iones OH^- (de la base) y forman agua:

$$H^+(aq) + OH^- \rightarrow H_2O(l)$$

PRACTICAMOS

1 Copia, completa y amplía el siguiente mapa mental.

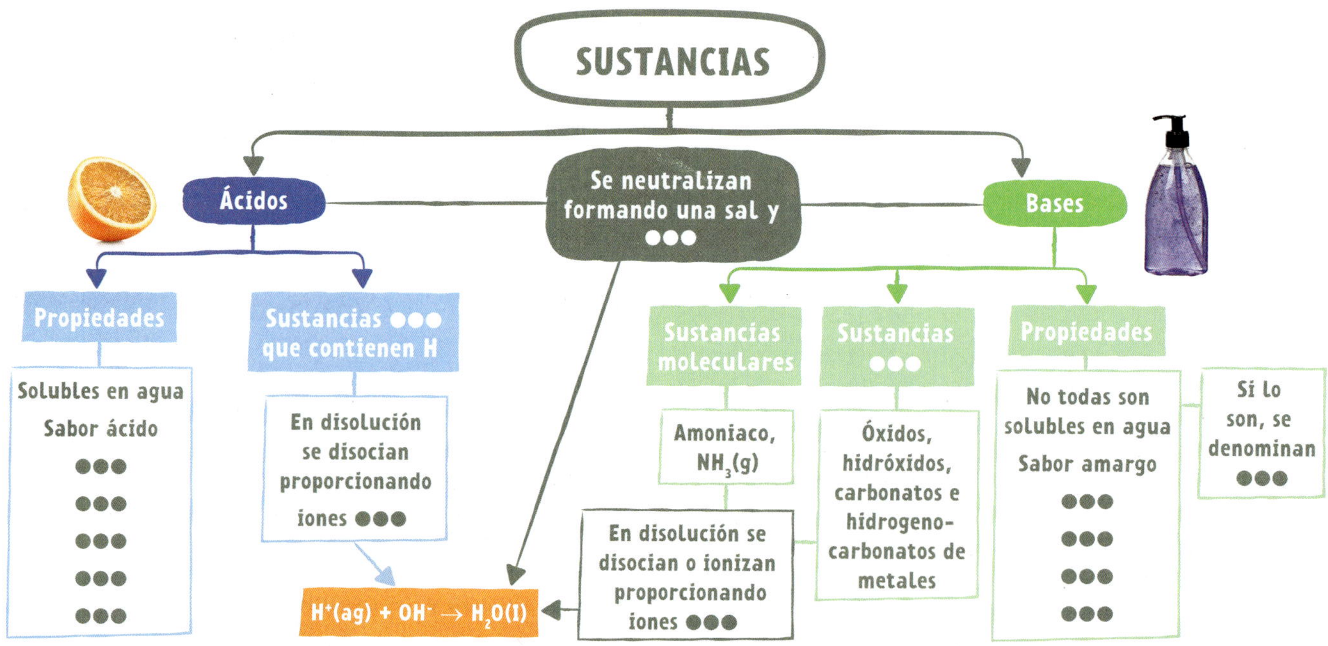

2 Las hortensias pueden tener color azul, rosa o blanco.

a. ¿Crees que puede estar relacionado con el pH del suelo?

b. ¿Cómo lo comprobarías?

3 El jugo de remolacha contiene diferentes sustancias indicadoras que cambian el color con el pH. Investiga los cambios de color añadiendo unas gotas de jugo de remolacha a 1 cm^3 de las soluciones siguientes:

Salfumán, jugo de limón, vinagre, bebida carbónica, agua destilada, disolución de amoniaco, disolución de hidróxido de calcio y disolución de hidróxido de sodio.

4 El dióxido de azufre (SO_2) es uno de los gases que originan la lluvia ácida. Reacciona con el oxígeno del aire y se transforma en trióxido de azufre (SO_3). Este reacciona con el agua de la lluvia y se forma ácido sulfúrico (H_2SO_4).

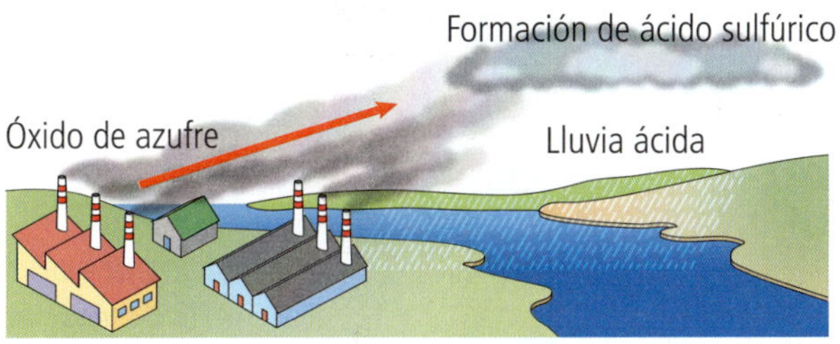

a. Escribe las ecuaciones químicas que describen las dos reacciones.

b. ¿Qué procesos llevan a la formación de SO_2 en la atmósfera?

5 La levadura artificial que se utiliza en la fabricación de pan está formada por una mezcla de ácido tartárico y bicarbonato de sodio que al reaccionar hace que la mezcla "suba" y se esponje la masa. ¿A qué se debe este hecho?

6 La velocidad de reacción de una disolución de HCl (aq, 0,1 mol/L) con el Mg es mucho mayor que la de ácido acético (aq, 0,1 mol/L). También es mucho mayor la conductividad eléctrica de la disolución de HCl (aq, 0,1 mol/L). ¿Cómo se explican estos dos hechos?

7 Atendiendo al pH de sus disoluciones (en concentraciones similares), clasifica los siguientes ácidos y bases en fuertes y débiles:

a. Ácido clorhídrico
b. Ácido acético
c. Hidróxido de sodio
d. Ácido cítrico
e. Hidróxido de calcio
f. Carbonato de sodio
g. Bicarbonato de sodio
h. Amoniaco

8 Escribe las ecuaciones químicas de las siguientes reacciones ácido-base:

a. Ácido nítrico + óxido de calcio.
b. Ácido sulfúrico + hidróxido de calcio.
c. Ácido clorhídrico + carbonato de calcio.

9 ¿Qué sustancias se pueden utilizar para obtener las siguientes sales?

a. Cloruro de calcio.
b. Sulfato de magnesio.
c. Nitrato de potasio.

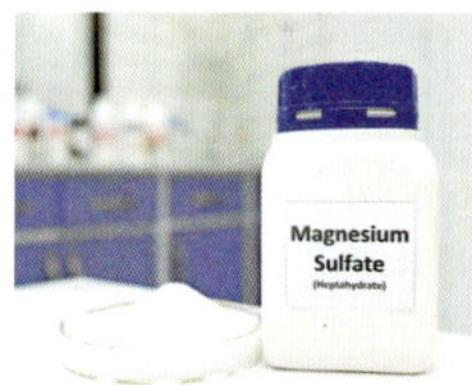

Escribe las ecuaciones químicas.

10 Completa la tabla siguiente:

Producto	Nombre de la sustancia	Fórmula de la sustancia
Salfumán	Disolución acuosa de ●●●	HCl(aq)
Lejía	●●●	●●●
Sal común	●●●	NaCl(s)
Sosa cáustica	●●●	●●●
Sosa	●●●	●●●
Amoniaco	●●●	●●●

Mis competencias Autoevaluación

2.4 Reacciones de oxidación-reducción

¡EMPEZAMOS!

¿Qué tienen en común las combustiones, la respiración y la oxidación de metales?

El calor y la llama que se produce al encender una vela son evidencias visibles de que está ocurriendo una reacción química. Se trata de una **reacción de combustión,** que produce dióxido de carbono y vapor de agua.

La **respiración celular** es un proceso que ocurre lentamente, pero que da lugar a los mismos productos que la combustión de una vela.

La **corrosión de los metales** en presencia del aire los convierte en sustancias quebradizas, que son óxidos metálicos.

- Completa e iguala la ecuación química de las siguientes reacciones:
  Combustión del metano: $CH_4(g) + O_2(g) \rightarrow$ •••
  Oxidación del hierro: $Fe(s) + O_2(g) \rightarrow$ •••
  Reducción del óxido de cobre(II) con hidrógeno: $CuO(s) + H_2(g) \rightarrow$ •••
- ¿Cómo definirías las reacciones de combustión, de oxidación y de reducción?

¡VAMOS A APRENDER!

1. Prestar ayuda cuando alguien la necesite.
2. Comprender que los procesos de combustión, corrosión de los metales y respiración celular son reacciones de oxidación.
3. Obtener metales a partir de sus óxidos mediante reacciones de reducción.
4. Interpretar las reacciones redox como procesos que implican la transferencia de electrones.
5. Comprender el concepto de número de oxidación.
6. Aplicar con destreza conocimientos de todas las áreas con el objetivo de solucionar problemas del entorno.

NUESTRO RETO

Construye una escala de actividad redox de los metales

¿Qué metal sería mejor para que no se oxidara? Investiga cuál es la tendencia relativa a oxidarse de ciertos metales.

¡Vamos allá!

1 ¿En qué consisten las reacciones de combustión?

La reacción de combustión

La **combustión** es una de las primeras reacciones usadas por los humanos. Nuestros antepasados la emplearon para calentarse, cocinar, iluminarse y fabricar utensilios.

Las **reacciones de combustión** son **rápidas** y producen una **llama** con **desprendimiento de energía**. La mayoría de estas reacciones tienen el **oxígeno** del aire como reactivo.

Las **reacciones de oxidación** son aquellas en que una sustancia se combina con **el oxígeno**. Cuando la oxidación va acompañada de **luz y calor**, recibe el nombre de combustión.

Combustibles fósiles *versus* hidrógeno

1 Interpreta lo que ocurre. Los tres combustibles más utilizados actualmente son el carbón, el gas natural y los derivados del petróleo (gasolina, queroseno, etc.), pero se investiga cómo obtener y utilizar el hidrógeno como un posible combustible alternativo.

a. Completa y ajusta las ecuaciones químicas de las reacciones de combustión. Observa que todos los combustibles están formados por C o H o ambos elementos.

Fuente	Sustancia	Reacción de	Ecuación química
Carbón	Carbono		$C(s) + O_2(s) \rightarrow$ ●●●
Gas natural	Metano		$CH_4(g) + O_2(g) \rightarrow$ ●●●
Petróleo	Gasolina (octano)		$C_8H_{18}(l) + O_2(g) \rightarrow$ ●●●
Agua	Hidrógeno		$H_2(g) + O_2(g) \rightarrow$ ●●●

b. ¿Qué ventajas presenta el hidrógeno frente a los combustibles fósiles?

c. A diferencia de los combustibles fósiles, no existe hidrógeno gas en la Tierra. ¿Cómo puede obtenerse?

d. ¿Qué problemas presenta la obtención y uso del hidrógeno en la actualidad?

2 ¿La respiración celular es una oxidación?

La respiración celular

En la **respiración celular**, la glucosa que procede de los alimentos que ingerimos reacciona con el **oxígeno** de la corriente sanguínea y **libera la energía** necesaria para el organismo.

Se trata de una **reacción de oxidación lenta**:

$$C_6H_{12}O_6(s) + 6\ O_2(g) \rightarrow 6\ CO_2(g) + 6\ H_2O(l)$$

El CO_2 que se produce lo eliminamos al exhalar. La energía liberada se almacena en forma de ATP (trifosfato de adenosina) y es usada posteriormente en la formación de componentes celulares complejos a partir de moléculas simples.

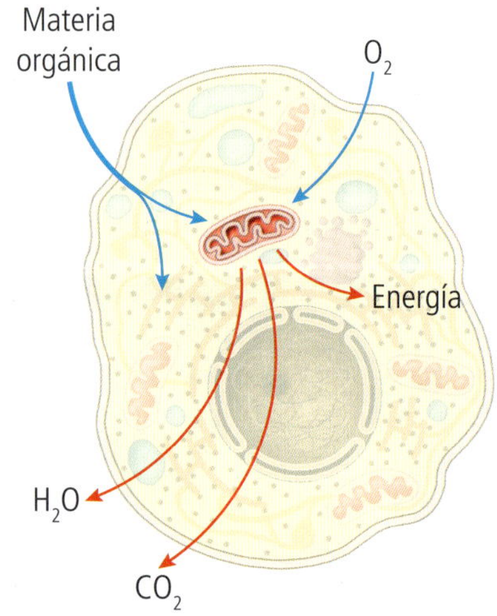

TALLER

Identificación del dióxido de carbono que exhalamos.

Paso 1 En un matraz con agua destilada vierte unas gotas de azul de bromotimol. Este indicador ácido-base presenta un color azul a pH básico, un color verdoso a pH neutro y un color amarillento a pH ácido.

Paso 2 Sopla sobre el agua con una pajita.

2 ¿Qué observas? ¿Cómo lo interpretas?

3 ¿Qué ácido responsable del cambio de pH ha formado el $CO_2(g)$ al disolverse en el agua?

4 ¿Qué iones se forman en la disolución?

Lavoisier indagó la respiración en seres vivos encerrando animales en envases herméticos para medir el ritmo del consumo de oxígeno y la producción de dióxido de carbono. "La respiración es simplemente una combustión lenta de carbono y de hidrógeno, similar en todos los aspectos a lo que ocurre en una lámpara o vela encendida y, desde este punto de vista, los animales que respiran son en realidad cuerpos combustibles que arden y se consumen".

La fotosíntesis

Durante la **fotosíntesis** de las plantas verdes, el dióxido de carbono de la atmósfera, el agua y la energía del Sol forman glucosa ($C_6H_{12}O_6$) y oxígeno.

Dióxido de carbono(g) + Agua(l) → Glucosa(s) + Oxígeno(g)

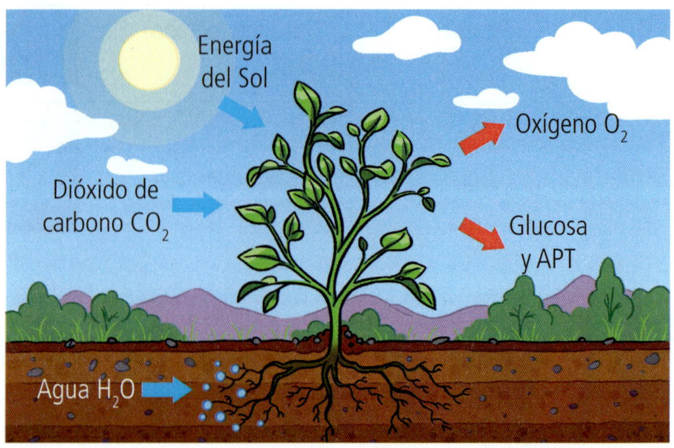

5 Escribe la ecuación química ajustada de la reacción.

6 ¿Es una reacción endotérmica? Razona la respuesta.

7 **Aprendo a pensar.** ¿De dónde procede la energía necesaria para que la reacción tenga lugar?

3 ¿Qué condiciones favorecen la oxidación de los metales?

La oxidación de los metales

Figura 1. Oxidación del hierro.

La **corrosión de un metal** es un proceso consecuencia de la reacción del metal con alguna sustancia de su entorno. Generalmente se trata de la reacción con el oxígeno del aire para formar un óxido metálico (fig. 1).

Por ejemplo, el hierro en presencia del aire se oxida dando lugar a óxido de hierro(III):

$2\ Fe(s) + 3/2\ O_2(g) \rightarrow Fe_2O_3(s)$

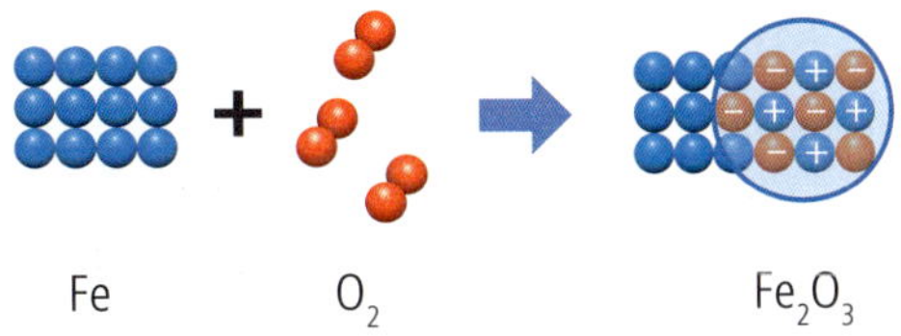

Esta reacción tiende a ser relativamente **lenta**, pero otros metales, como los metales alcalinos y alcalinotérreos, reaccionan rápidamente al exponerse al aire.

Hay algunos metales, como el oro o la plata, que no se oxidan. Son los **metales nobles** y no sufren el fenómeno de corrosión.

Otros metales, como el aluminio, nada más se oxidan superficialmente porque el óxido se adhiere con fuerza a la superficie del metal e impide que se continúe oxidando.

8 Interpreta lo que ocurre. Investiga el efecto de la temperatura. El cuadro siguiente muestra qué ocurre al calentar lana de hierro, cobre en polvo y cinta de magnesio:

Los filamentos de la **lana de hierro** se vuelven incandescentes y se transforman en un polvillo pardo, **de mayor masa**.

Cuando se calienta el **cobre** en polvo, se transforma en una sustancia de color negro y **de mayor masa**.

El **magnesio** arde con una luz muy brillante y se transforma en un sólido de color blanco, **de mayor masa.**

- **a.** ¿Cómo interpretas lo que ocurre?
- **b.** ¿Por qué es necesario aumentar la temperatura para que tenga lugar la oxidación de estos metales?
- **c.** ¿Cómo podrías comprobar la hipótesis planteada en el apartado a?
- **d.** ¿Las reacciones que han tenido lugar son exotérmicas?

9 Interpreta lo que ocurre. Los calentadores de mano van envasados al vacío y contienen hierro en polvo. La etiqueta informa que también contienen agua, sal y vermiculita. Cuando se abre la bolsa, se calienta rápidamente.

- **a.** ¿Cuál es la causa del calor generado?
- **b.** ¿Por qué se usa hierro en polvo?
- **c.** Busca información sobre la función que tienen el agua, la sal y la vermiculita en los calentadores de mano.

4 ¿Cómo se obtienen los metales a partir de sus óxidos?

La metalurgia

Los metales se encuentran en la naturaleza en forma de compuestos (óxidos, hidróxidos, carbonatos, sulfuros, etc.) que constituyen los minerales. Únicamente los metales nobles, como el oro, la plata o el platino, se encuentran sin combinar (en forma de sustancia elemental).

Los minerales de los que se extraen los metales se denominan **menas**.

TALLER

Obtención de plomo a partir de óxido de plomo(IV).

Paso 1 Coloca en un crisol tres cucharaditas de óxido de plomo amarillo (PbO_2(s)) y una cucharadita de carbón en polvo, y mézclalas.

Paso 2 Tapa el crisol y caliéntalo con un mechero Bunsen durante cinco minutos.

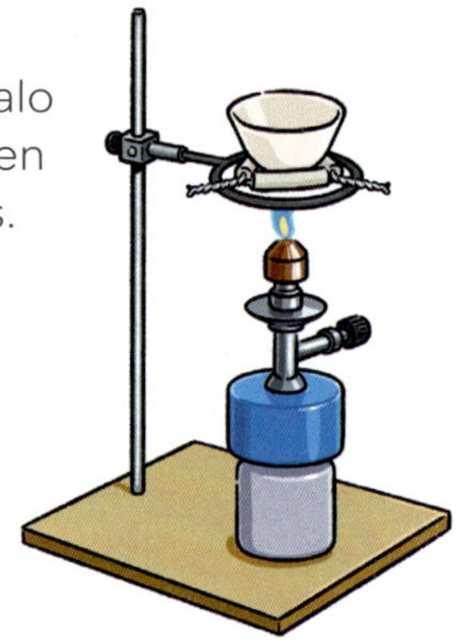

Paso 3 Deja que se enfríe el crisol y observa qué hay en su interior.

10 Interpreta la reacción que ha tenido lugar: PbO_2(s) + C(s) → ●●●

11 ¿Qué conclusión sacas acerca de la reactividad relativa del C y del Pb respecto del O?

La obtención de un metal a partir de su óxido se denomina **reducción**, y la sustancia que se utiliza para llevar a cabo la reducción se denomina **reductor**. Observa que la reducción del PbO_2(s) conlleva la oxidación del C(s).

El proceso de obtención de un metal a partir de una de sus menas se conoce como **metalurgia** y también estudia la fabricación de sus diferentes aleaciones.

La siderurgia

El proceso de obtención del **hierro** se denomina **siderurgia**.

El hierro se obtiene calentando la mena mezclada con carbón de coque (un carbono con impurezas) y piedra caliza en un dispositivo denominado alto horno.

El alto horno consta de una cuba de acero de unos 60 metros de altura aproximadamente. La combustión del coque es ayudada por el aire caliente insuflado por las toberas. Por su parte inferior sale el hierro fundido.

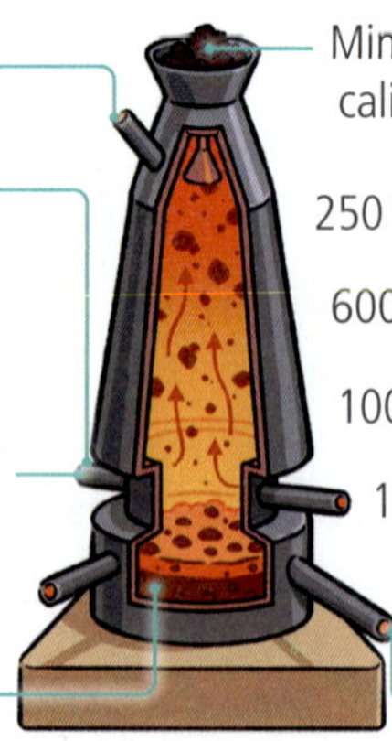

10 Completa la ecuación química de la siguiente reacción: Fe_2O_3(s) + C(s) → ●●●

11 Explica el proceso que tiene lugar en un alto horno sirviéndote del esquema adjunto.

12 Investiga cómo se obtiene el carbón de coque y define los procesos que aparecen.

13 ¿Qué función tiene la piedra caliza que se añade?

5 ¿Qué ocurre en las reacciones de oxidación-reducción?

La transferencia electrónica en las reacciones redox

14 **Interpreta lo que ocurre.** El cobre se oxida cuando se calienta fuertemente en presencia de aire. Se produce óxido de cobre(II) (sólido negro), que es un compuesto iónico formado por iones Cu^{2+} y iones óxido (O^{2-}).

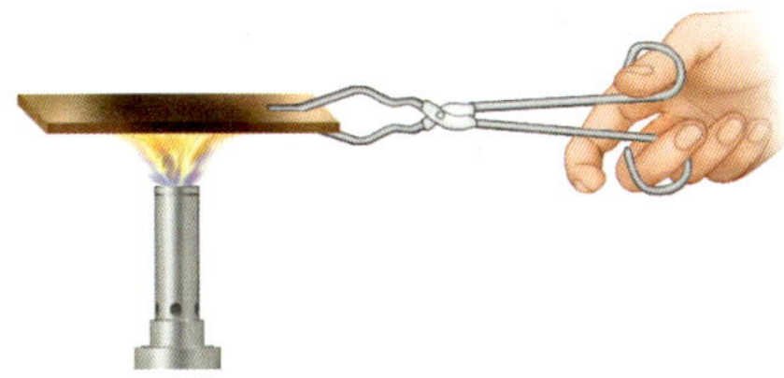

$$Cu(s) + 1/2\ O_2(g) \rightarrow Cu^{2+}O^{2-}(s)$$

La reacción implica la **transferencia de electrones** de los átomos de Cu a los átomos de O. Este proceso puede representarse a través de **dos semirreacciones**:

$Cu \rightarrow Cu^{2+} + \mathbf{2\ e^-}$ El Cu **pierde** electrones: proceso de **oxidación**

$1/2\ O_2 + \mathbf{2\ e^-} \rightarrow O^{2-}$ El O_2 **gana** electrones: proceso de **reducción**

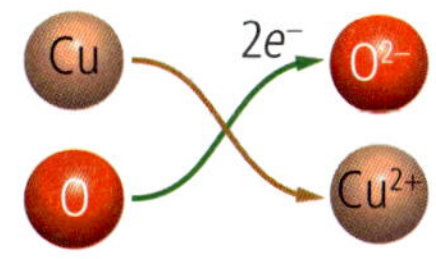

Como siempre que se produce una oxidación (pérdida de electrones) se produce una reducción (ganancia de electrones), estas reacciones se denominan **reacciones de oxidación-reducción** o **reacciones redox**.

La nueva definición electrónica de las reacciones redox nos permite considerar como tales las reacciones en las que no interviene el oxígeno.

15 **Actividad resuelta**

Justifica que la reacción del cloro con el magnesio $Mg(s) + Cl_2(g) \rightarrow MgCl_2(s)$ es una oxidación-reducción, a pesar de que no interviene el oxígeno. Recuerda que el $MgCl_2(s)$ es un compuesto iónico.

a. **¿Qué especie química se oxida y cuál se reduce?**

b. **Escribe las semirreacciones de oxidación y reducción.**

a.

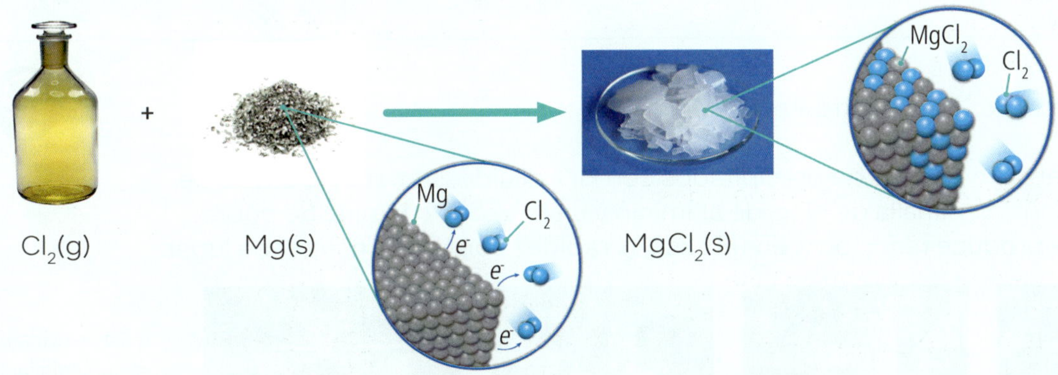

El Mg se oxida (pierde electrones) y sufre una reacción de oxidación.

El Cl_2 se reduce (gana electrones) y sufre una reacción de reducción.

b. Las semirreacciones del proceso son:

$Mg \rightarrow Mg^{2+} + 2\ e^-$ Semirreacción de oxidación

$Cl_2 + 2\ e^- \rightarrow 2\ Cl^-$ Semirreacción de reducción

16 En la reacción de descomposición:

$NaCl(s) \rightarrow Na(s) + Cl_2(aq)$

a. ¿Qué especie química se oxida?

b. ¿Qué especie química se reduce?

c. Escribe las semirreacciones de oxidación y reducción.

6 ¿La reacción de metales con ácidos es una reacción redox?

La reacción de los metales con los ácidos

TALLER

Reacción del cinc con el ácido clorhídrico.

Paso 1 Vierte 10 mL de ácido clorhídrico (0,1 mol/L) en un tubo de ensayo y a continuación añade unos trocitos de cinc.

Paso 2 Espera unos segundos y observa lo que ocurre.

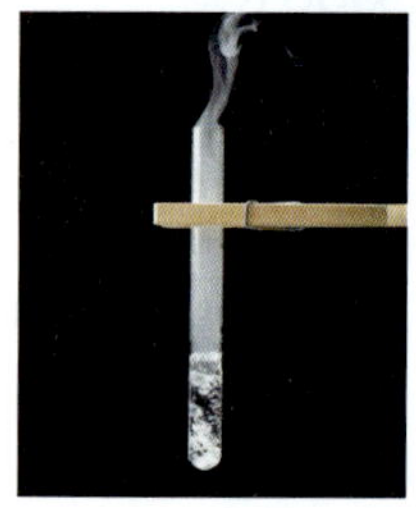

La reacción que tiene lugar entre el Zn y el HCl es:

$$Zn(s) + 2\,HCl(aq) \rightarrow ZnCl_2(aq) + H_2(g)$$

cuya ecuación iónica neta es:

$$Zn(s) + 2\,H^+(aq) \rightarrow Zn^{2+}(aq) + H_2(g)$$

Se trata de una reacción redox porque existe transferencia de electrones:

$Zn \rightarrow Zn^{2+} + 2\,e^-$ Semirreacción de oxidación

$2\,H^+(aq) + 2\,e^- \rightarrow H_2(g)$ Semirreacción de reducción

El Zn se oxida (reductor) y el ion H^+ se reduce (oxidante)

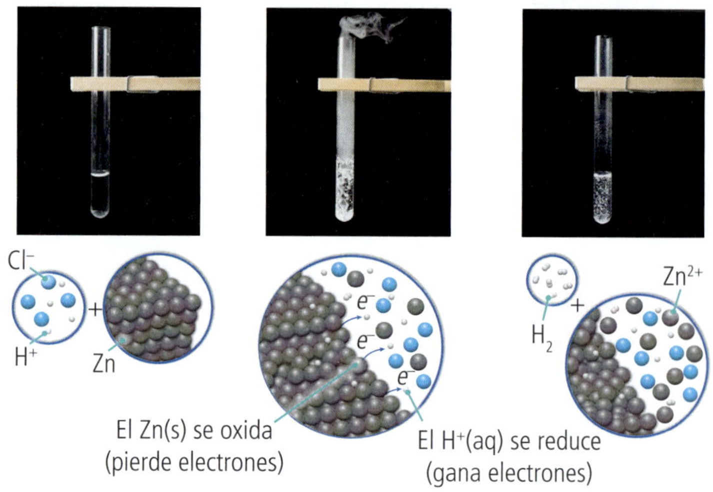

TALLER

Escala de reactividad de los metales frente a un ácido.

Paso 1 En tubos de ensayo o vasos de precipitados con HCl diluido, sumerge un trozo de cinta de magnesio, granalla de cinc, de aluminio y unos trozos o lámina de cobre. Observa si se produce reacción y, en tal caso, la rapidez con la que esta tiene lugar.

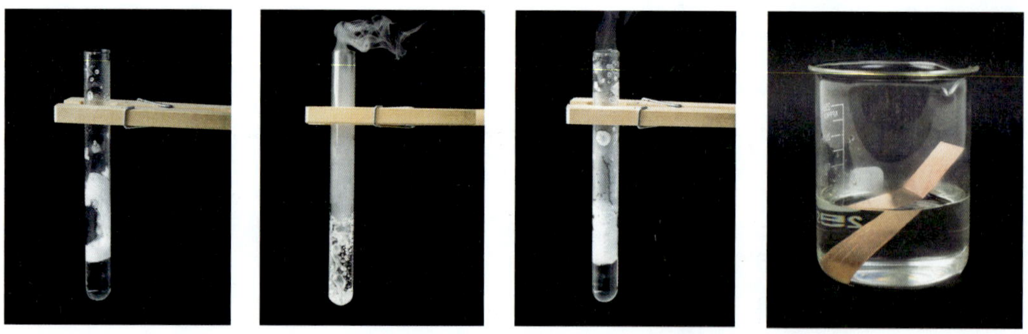

La velocidad del desprendimiento del hidrógeno nos da idea de la **velocidad de la reacción**, es decir, de la reactividad.

17. ¿Qué metales reaccionan con el ion $H^+(aq)$? Escribe la ecuación de la reacción.

18. ¿Qué metal no reacciona?

19. Ordena los metales según su reactividad. ¿Puede tomarse esta reactividad como un indicador de su mayor o menor tendencia a oxidarse en presencia del ion $H^+(aq)$?

7 ¿Qué significan los números de oxidación?

Estado de oxidación de un elemento

Cuando dos elementos se combinan para formar un compuesto, tiene lugar una transferencia total o parcial de electrones del elemento más electropositivo al más electronegativo.

TALLER

- Determinación de los números de oxidación en un **compuesto iónico**: FeO.

Paso 1 El elemento más electropositivo (no metal) transfiere e⁻ al más electronegativo.

$$Fe \overset{2e^-}{\curvearrowright} O \longrightarrow Fe^{2+}O^{2-}$$

El Fe transfiere 2 e⁻ (se oxida) al O (se reduce).

Paso 2 Se asigna un número a cada átomo que indica los electrones que ha perdido o ganado.

$$\overset{+2\ -2}{FeO}$$ — **Números de oxidación**

- Determinación de los números de oxidación de **iones monoatómicos**:

Paso 1 En este caso, el número de oxidación coincide con su carga iónica.

- Determinación de los números de oxidación en un **compuesto molecular**: CO y CO_2

Paso 1 Para asignar los números de oxidación se considera que el elemento más electropositivo (C) cede totalmente los electrones compartidos del enlace.

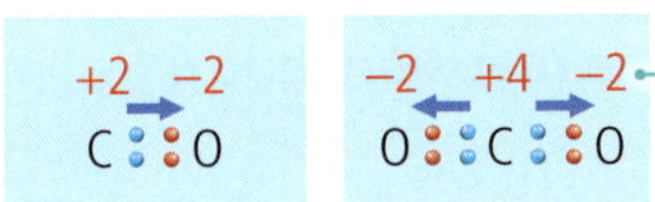

Números de oxidación

El **número de oxidación** es el número de electrones perdidos (signo +) o ganados (signo −) por un átomo, total o parcialmente, y da cuenta de su estado de oxidación.

$$\overset{+2\,-2}{CO} \qquad \overset{+4\,-2}{CO_2}$$

El **C** del CO_2 está **más oxidado** que el del CO.

- El **hidrógeno** siempre tiene número de oxidación **+1**, excepto en los hidruros metálicos (**−1**). Por ejemplo, en el hidruro de sodio: $Na^+ H^-$.
- El **oxígeno** siempre tiene número de oxidación **−2**, excepto en los peróxidos (**−1**) (por ejemplo, el agua oxigenada, H_2O_2) y en el fluoruro de oxígeno, OF_2 (**+2**).

20 **Interpreta lo que ocurre. La suma de los números de oxidación de todos los átomos siempre es cero. ¿Por qué?**

CO: $+2 + (-2) = 0$ **CO_2**: $+4 + 2 \cdot (-2) = 0$

21 **CONTRASTAMOS JUNTOS.** **Deduce el número de oxidación del S en:**

a. el sulfuro de sodio, Na_2S

b. el sulfuro de hidrógeno, H_2S

c. los óxidos SO_2 y SO_3

d. el octoazufre, S_8

8 ¿Para qué sirven los números de oxidación?

Los números de oxidación en los procesos redox

22 **Interpreta lo que ocurre.** Cuando introducimos una lámina de cinc en una disolución de sulfato de cobre(II), observamos lo siguiente:

a. ¿Qué puedes observar en la lámina de cinc?

b. ¿Cómo lo interpretas? ¿Puede tratarse de una reacción redox?

Cuando sumergimos Zn(s) en una disolución de $CuSO_4$(aq), observamos que el Zn(s) se recubre de un sólido negruzco que se puede identificar como cobre. La reacción que ha tenido lugar es:

$$Zn(s) + CuSO_4(aq) \rightarrow ZnSO_4(aq) + Cu(s)$$

La **ecuación iónica neta** es:

$$Zn(s) + Cu^{2+}(aq) \rightarrow Zn^{2+}(aq) + Cu(s)$$

El Zn(s) se ha oxidado a iones Zn^{2+}(aq) y los iones Cu^{2+}(aq) se han reducido a Cu(s). Por tanto, se trata de una **reacción redox**.

Mediante los números de oxidación se puede concluir que se trata de una reacción redox:

$$0 \longrightarrow +2$$

$$Zn(s) + Cu^{2+}(aq) \rightarrow Zn^{2+}(aq) + Cu(s)$$

$$+2 \longrightarrow 0$$

- El Zn **se ha oxidado** porque **su número de oxidación ha aumentado**.
- El Cu^{2+} **se ha reducido** porque **su número de oxidación ha disminuido**.

Se concluye que el cinc tiene más tendencia a oxidarse que el cobre.

23 **Con la ayuda de los números de oxidación, deduce qué elemento se oxida y cuál se reduce en las reacciones:**

a. $C(s) + O_2(s) \rightarrow CO_2(g)$

b. $CH_4(g) + O_2(g) \rightarrow CO_2(g) + H_2O(g)$

c. $CuO(s) + H_2(g) \rightarrow Cu(s) + H_2O(g)$

d. $Zn(s) + AgNO_3(aq) \rightarrow Zn(NO_3)_2(aq) + Ag(s)$

Un **oxidante** es la sustancia o especie química que se reduce (capta electrones), ya que, al reducirse, oxida a otra.

Un **reductor** es la sustancia o especie química que se oxida (pierde electrones), ya que, al oxidarse, reduce a otra.

¿Qué has logrado comprender hoy de forma profunda?

24 **¿Qué sustancia o especie química es la oxidante y cuál la reductora en las reacciones de la actividad anterior?**

NUESTRO RETO

Construye una escala de actividad redox de los metales

Escala de actividad redox

Queremos ordenar los siguientes metales: cinc, cobre, magnesio y plata, y el hidrógeno, en orden decreciente de su tendencia a oxidarse. Para ello observaremos si cada metal reacciona o no al sumergirlo en una disolución de iones de otro metal o de iones $H^+(aq)$.

Paso 1

Realiza las experiencias siguientes y completa en tu cuaderno la tabla:

Experiencia		Descripción	Interpretación	Conclusión
Introduce una lámina de Zn en una disolución de $CuSO_4(aq)$.		Se forma un precipitado negruzco sobre la lámina de cinc.	$Zn(s) + Cu^{2+}(aq) \rightarrow Zn^{2+}(aq) + Cu(s)$	El Zn(s) tiene más tendencia a oxidarse que el Cu(s)
Introduce un trozo de cinta de Mg(s) en una disolución de $ZnSO_4(aq)$.		•••	•••	•••
Introduce una lámina de Cu(s) en una disolución de $AgNO_3(aq)$.	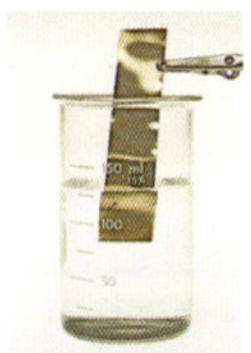	•••	•••	•••
Introduce una lámina de Zn(s) en una disolución de HCl(aq).	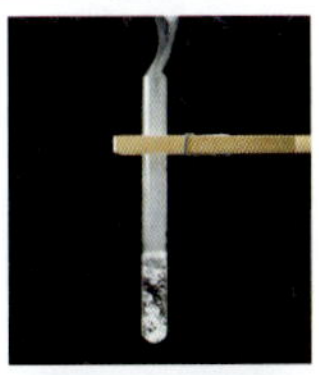	•••	•••	•••
Introduce una lámina de Cu(s) en una disolución de HCl(aq).		•••	•••	•••

1 Ordena los metales y el hidrógeno en una serie de actividad redox en orden decreciente de tendencia a oxidarse.

2 ¿Coincide la serie que has obtenido con la escala de reactividad siguiente?

Mg Zn H_2 Cu Ag

→

Menor tendencia a oxidarse

¿Cómo te ha ido el reto? Entra y haz tu valoración

EN RESUMEN

Reacciones de oxidación y de reducción según el modelo del oxígeno

- **Reacciones de oxidación**: una sustancia se combina con el oxígeno.

$$C_6H_{12}O_6(s) + 6\,O_2(g) \rightarrow 6\,CO_2(g) + 6\,H_2O(l)$$

- **Reacciones de reducción**: una sustancia pierde oxígeno.

$$PbO_2(s) + C(s) \rightarrow Pb + CO_2$$

Reacciones de oxidación-reducción según el modelo electrónico

Se oxida: pierde e^-

$$Zn(s) + Cu^{2+}(aq) \rightarrow Zn^{2+}(aq) + Cu(s)$$

Se reduce: gana e^-

Reductor: se oxida (Zn)

Oxidante: se reduce (Cu^{2+})

Número de oxidación

- **El número de oxidación de un átomo** en una sustancia es el número de electrones que ha perdido (signo positivo) o ganado (signo negativo), total o parcialmente.
- **En una reacción redox**, el número de oxidación de alguno de los átomos de un reactivo aumenta mientras que el número de oxidación de alguno de los átomos del mismo u otro reactivo disminuye.

PRACTICAMOS

1 Copia, completa y amplía el siguiente mapa mental.

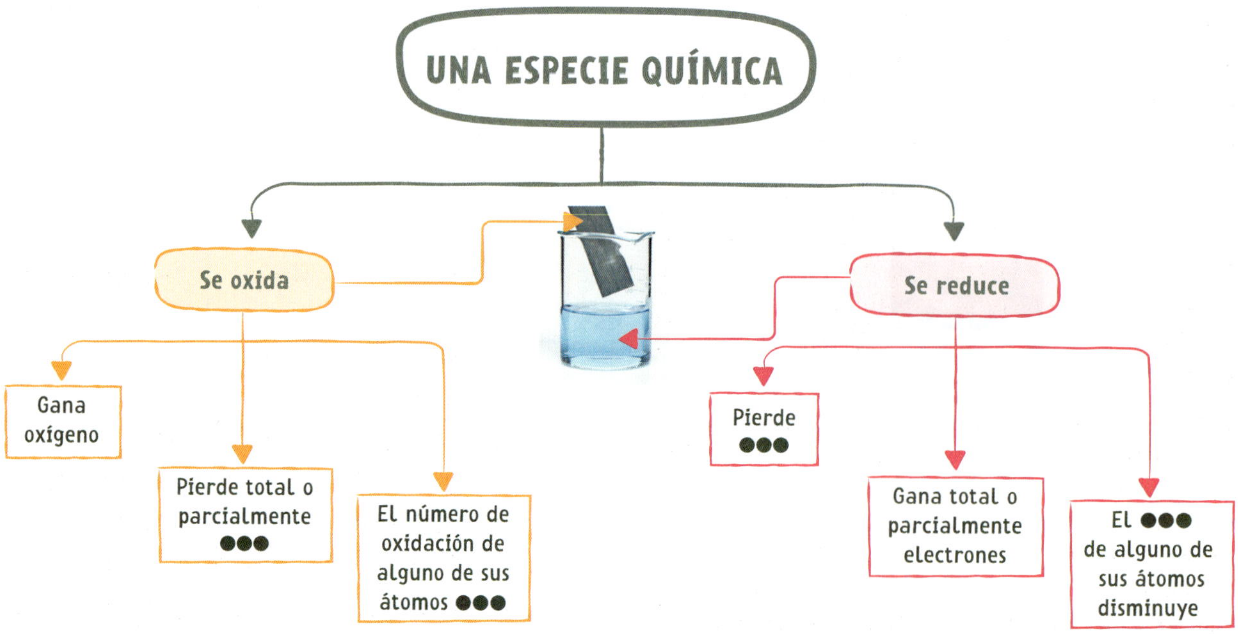

2 El triángulo del fuego advierte de los tres factores que causan el fuego. Si se elimina uno, se puede apagar el fuego. Explica en las figuras siguientes cómo se elimina uno de estos factores.

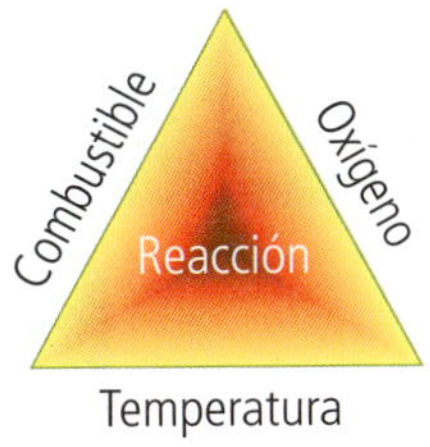

3 El etanol (CH_3CH_2OH) es un buen combustible. Escribe la ecuación ajustada de la reacción de combustión del etanol.

4 Las siguientes experiencias se han diseñado para probar si la oxidación del hierro se acelera por la presencia de:

a. Agua líquida.

b. Vapor de agua.

c. Agua con cloruro de sodio (NaCl(aq))

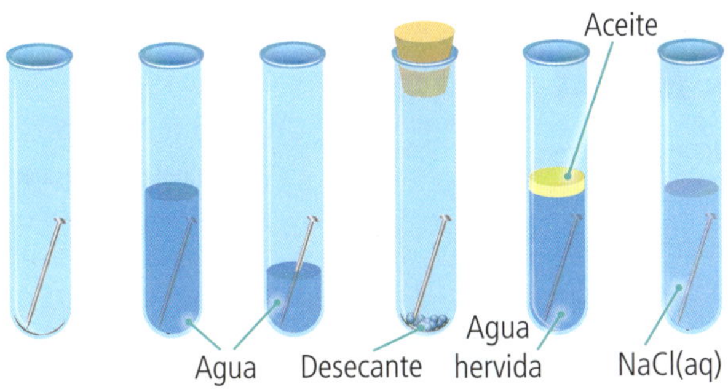

Explica la finalidad de cada experiencia y cuál sería el resultado esperable si estos tres factores aceleraran la oxidación del hierro.

5 En el laboratorio, el cobre se puede obtener a partir de su óxido, CuO(s), haciendo pasar una corriente de hidrógeno y calentando.

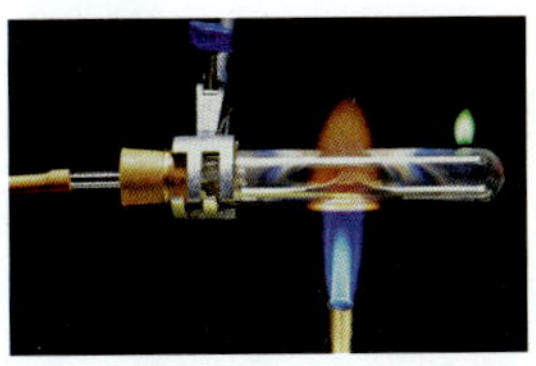

Escribe la ecuación química de la reacción que tiene lugar e indica qué especie química se reduce y cuál se oxida.

6 Determina el número de oxidación de cada elemento en las siguientes sustancias: P_4, CaO, Fe_2O_3, $Ca(OH)_2$, HNO_3, Na_2SO_3 y H_2SO_4.

7 El magnesio es un metal suficientemente reactivo como para reaccionar con el agua, aunque lentamente:

$$Mg(s) + 2\,H_2O(l) \rightarrow Mg(OH)_2(aq) + H_2(g)$$

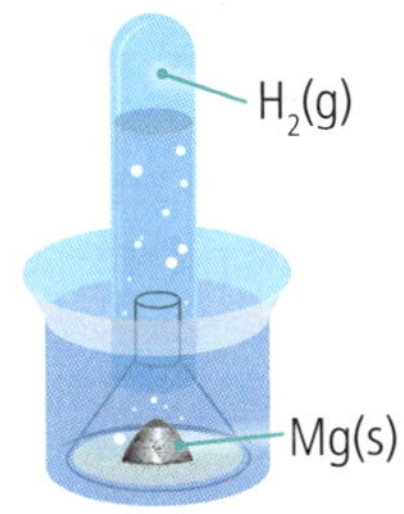

a. Asigna números de oxidación a cada átomo.

b. ¿Qué especie química se oxida?

c. ¿Qué especie química se reduce?

d. ¿Cuál es el agente reductor? ¿Y el oxidante?

8 Calentando óxido de hierro(III) con aluminio se obtiene hierro y óxido de aluminio:

$$Fe_2O_3(s) + 2\,Al(s) + \rightarrow Al_2O_3(s) + 2\,Fe(s)$$

a. Asigna números de oxidación a cada átomo.

b. ¿Qué especie química se oxida y cuál se reduce?

c. ¿Cuál es el agente oxidante y cuál el reductor?

d. De acuerdo con esta reacción, ¿qué metal tiene más tendencia a oxidarse, el Al(s) o el Fe(s)? ¿Cuál es más reductor?

9 De acuerdo con la escala de actividad redox de los metales:

Na Mg Al Zn Cr Fe Pb Sn Cu Ag Au

← Más reactivo — Menos reactivo

Precide qué reacciones tendrán lugar y, en tal caso, completa la ecuación química:

a. Mg(s) + CuO(s) → ?

b. Cu(s) + MgO(s) → ?

c. Fe(s) + ZnO(s) → ?

d. Al(s) + PbO(s) → ?

10 ¿Cuáles de las reacciones siguientes son reacciones redox?

a. $H^+(aq) + OH^-(aq) \rightarrow H_2O(l)$

b. $2\,Na(s) + Cl_2(g) \rightarrow NaCl(s)$

c. $SO_3(g) + H_2O(l) \rightarrow H_2SO_4(aq)$

d. $Ca(s) + H_2O(l) \rightarrow Ca(OH)_2(aq) + H_2(g)$

e. $CaO(s) + H_2O(l) \rightarrow Ca(OH)_2(aq)$

f. $Mg(s) + CuSO_4(aq) \rightarrow MgSO_4(aq) + Cu(s)$

Señala la especie oxidante y la reductora.

Mis competencias — Autoevaluación

2.5 Pilas y electrólisis

¡EMPEZAMOS!

¿Podemos vivir sin baterías?

Estamos rodeados por una enorme colección de dispositivos electrónicos portátiles como teléfonos móviles, reproductores de música y ordenadores. Todos estos dispositivos inalámbricos no podrían funcionar sin las pilas o baterías.

Las **pilas** producen electricidad a partir de reacciones redox espontáneas.

Por el contrario, en las **celdas electrolíticas** forzamos a que tengan lugar reacciones redox que no son espontáneas, haciendo pasar corriente eléctrica.

- ¿Cuál es el primer científico que consiguió producir una corriente eléctrica mediante una pila?
- ¿Cuál es el fundamento de una pila?
- ¿Qué relación existe entre la reacción de electrólisis del agua y la reacción que tiene lugar en una pila que utiliza hidrógeno como combustible?

¡VAMOS A APRENDER!

1. Ayudar dando pistas.
2. Comprender el funcionamiento de una pila.
3. Establecer series de actividad redox de metales mediante la medida de voltaje de pilas.
4. Comprender el concepto de electrólisis.
5. Entender la obtención de hidrógeno mediante la electrólisis del agua.
6. Construir una pila de combustible de hidrógeno.
7. Impulsar proyectos que transforman su entorno local y global.

NUESTRO RETO

Construye una pila de combustible de hidrógeno

Investiga cómo utilizar hidrógeno y oxígeno para construir una pila de combustible.

¡Vamos allá!

1 ¿Cómo construir una pila a partir de una reacción redox?

La pila Daniell

La reacción del Zn(s) con el $CuSO_4$(aq) es una **reacción redox espontánea** que implica una **transferencia** directa de los **electrones** de los átomos de Zn a los iones Cu^{2+}(aq).

$$Zn(s) + Cu^{2+}(aq) \rightarrow Zn^{2+}(aq) + Cu(s)$$

1 ¿Se podría producir una corriente eléctrica haciendo que los electrones cedidos por el Zn(s) a los iones Cu^{2+}(aq) circularan a través de un conductor metálico?

La **pila Daniell** está formada por dos electrodos, uno de cinc, Zn(s), y otro de cobre, Cu(s), y su diagrama es el siguiente:

Electrodo: conductor eléctrico donde se produce una oxidación o una reducción.

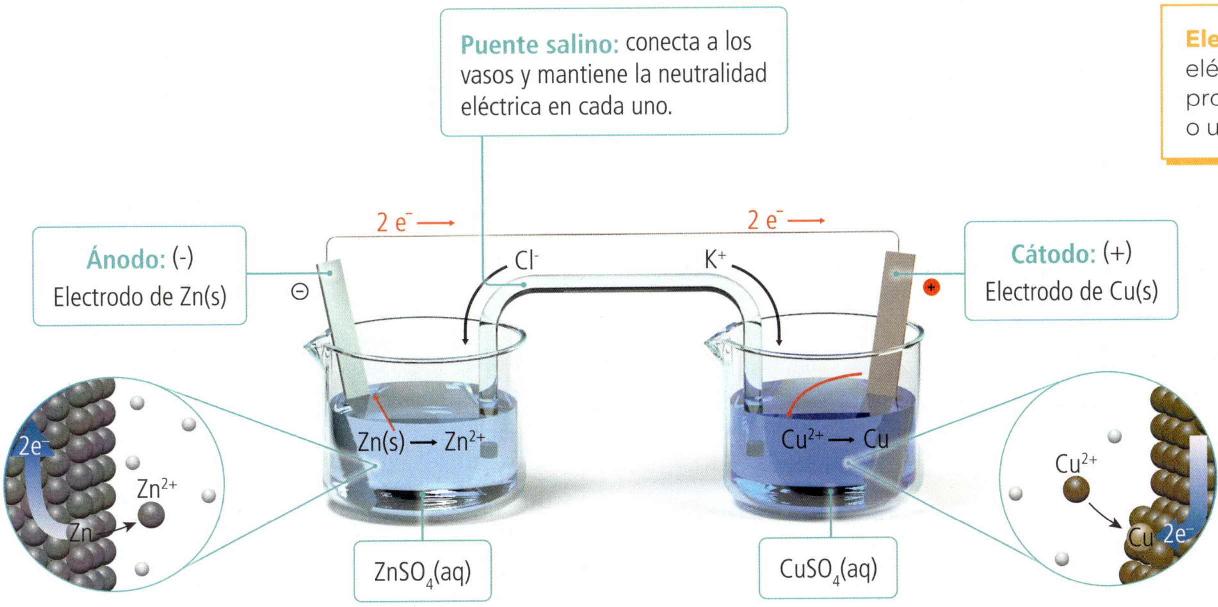

Si los electrones circulan del electrodo (-) de Zn al electrodo (+) de Cu, esto implica que hay una **diferencia de potencial** eléctrico entre ambos. ¿Cómo podrías medirla?

2 En una pila Daniell:

a. ¿Qué semirreacciones tienen lugar en cada electrodo?

b. ¿Qué función tiene el cable que une los dos electrodos?

c. ¿Cómo comprobarías que hay transferencia de electrones a través del cable?

Medida de la diferencia de potencial de una pila

TALLER

Medida de la diferencia de potencial de una pila Daniell (Zn-Cu).

Paso 1 Introduce una lámina de Zn(s) en un vaso con una disolución de $ZnSO_4$(aq, 1 mol/L) y una lámina de Cu(s) en un vaso que contenga una disolución de $CuSO_4$(aq, 1 mol/L).

Paso 2 Llena un tubo de vidrio en forma de U con una disolución de KCl(aq) y algodón en los extremos. Colócalo de puente salino entre las disoluciones de $ZnSO_4$(aq) y $CuSO_4$(aq).

Paso 3 Conecta con unas pinzas de cocodrilo y un cable cada lámina a los bornes de un voltímetro: el Cu(s) al polo positivo y el Zn(s) al polo negativo, y mide la diferencia de potencial entre ambos.

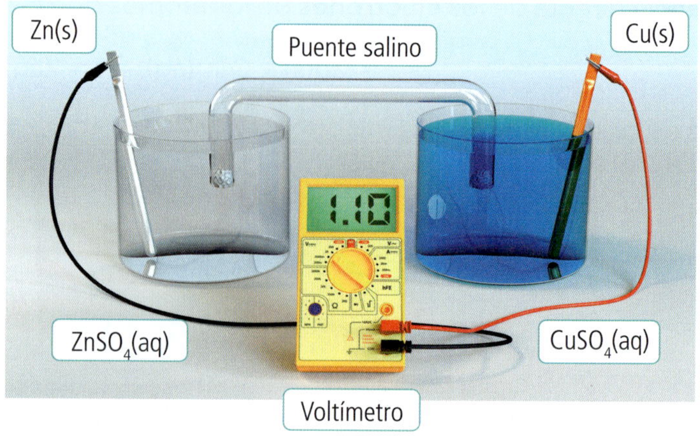

3 **¿Qué diferencia de potencial se lee en el voltímetro?**

El hecho de que sea **positiva la diferencia de potencial (voltaje)** en una pila Daniell, indica que el proceso de transferencia de electrones que tiene lugar es **espontáneo**.

Pero ¿qué nos indica sobre la tendencia relativa a oxidarse de ambos metales?

Para comparar las diferencias de potencial de dos pilas con un electrodo común, construimos una pila con Mg-Cu:

Observamos que la diferencia de potencial que marca el voltímetro es **+2,71 V**.

Si comparamos los voltajes de las pilas de Zn-Cu (1,10 V) y Mg-Cu (2,71 V), podemos obtener una escala de la tendencia que tienen estos tres metales a oxidarse:

- El magnesio y el cinc tienen mayor tendencia a oxidarse que el cobre.
- El magnesio tiene mayor tendencia a oxidarse que el cinc.

Por tanto, la tendencia a oxidarse queda de la siguiente forma:

$$Mg > Zn > Cu$$

4 **Dibuja el esquema de una pila formada por un electrodo de Mg(s) sumergido en una disolución de $MgSO_4$(aq) y uno de Zn(s) sumergido en una disolución de $ZnSO_4$(aq), indicando el signo de los electrodos y el voltaje esperable.**

2 ¿Cómo establecer una serie de actividad redox midiendo diferencias de potencial de pilas?

Serie de actividad redox

Se puede establecer una escala de actividad redox mediante la construcción de pilas formadas por pares de metales en contacto con disoluciones de sus sales iónicas.

TALLER

MATERIAL NECESARIO

- Láminas de metales: Mg, Al, Pb, Zn, Cu
- Papel de lija
- Pocillos en placa de plástico o porcelana
- Disoluciones 0,1 mol/L de $MgSO_4$, $CuSO_4$, $Al_2(SO_4)_3$, $Pb(NO_3)_2$, $ZnSO_4$
- Disolución de KNO_3 1 mol/L
- Tira de papel de filtro
- Pinzas y cables
- Voltímetro (escala 2 V o 10 V, según el valor medido)

Paso 1 Limpia las láminas de los metales con papel de lija hasta abrillantarlas.

Paso 2 Llena dos pocillos contiguos de la placa, uno con la disolución de $MgSO_4$ y el otro con la disolución de $CuSO_4$.

Paso 3 Recorta una tira de papel de filtro y sumérgela en la disolución de KNO_3. Hará de puente salino.

Paso 4 Coloca la tira de papel entre el pocillo que contiene el $MgSO_4$(aq) y el que contiene el $CuSO_4$(aq).

Paso 5 Sumerge el electrodo de Mg(s) en el pocillo que contiene la disolución de $MgSO_4$(aq), y el electrodo de Cu(s) en el pocillo que contiene la solución de $CuSO_4$(aq). Conecta mediante las pinzas y los cables la lámina de Mg al polo negativo del voltímetro y la lámina de Cu al polo positivo.

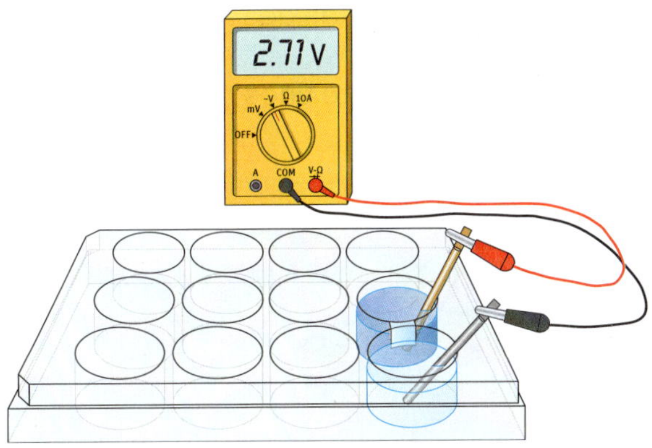

Paso 6 Anota la diferencia de potencial (E_{pila}) que indica el voltímetro.

Paso 7 Repite la experiencia con los pares de metales Al y Cu, Pb y Cu y Zn y Cu sumergidos en las respectivas disoluciones de sus sales iónicas: $Al_2(SO_4)_3$, $Pb(NO_3)_2$, $ZnSO_4$, $CuSO_4$ y anota las diferencias de potencial medidas:

Pila	Mg/Cu	Al/Cu	Pb/Cu	Zn/Cu
E_{pila} (V)	•••	•••	•••	•••

Cuanto **mayor potencial de oxidación** tiene un metal, **mayor tendencia a oxidarse** tiene.

5 Ordena los metales del taller anterior de acuerdo con su potencial de oxidación respecto del Cu en un eje horizontal:

Menor potencial de oxidación → Mayor potencial de oxidación

6 Escribe las semirreacciones redox que han tenido lugar en los electrodos de cada pila.

7 **ENTRENAMOS JUNTOS.** ¿Cuál sería el voltaje de una pila formada por Mg y Al?

3 ¿Cómo construir una pila de Volta?

La pila de Volta

El químico italiano **Alessandro Volta** utilizó discos de cinc y plata para construir la primera pila eléctrica en 1800.

TALLER

Fabrica tu propia pila de Volta.

Paso 1 Prepara todos los elementos. Recorta discos de cartón del tamaño de las monedas.

- Monedas de 10 céntimos de euro (están recubiertas con cobre)
- Arandelas o discos de cinc del tamaño de las monedas
- Discos de cartón del tamaño de las monedas
- Sal de cocina, NaCl(s)

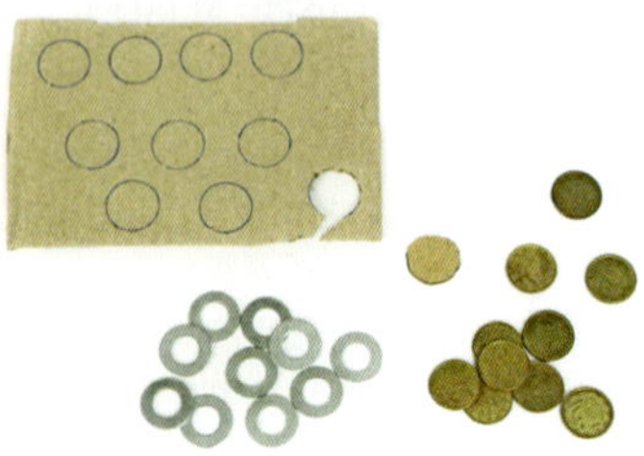

Paso 2 Disuelve una cucharada de sal en un vaso de agua y sumerge los discos de cartón en el agua salada durante unos minutos.

Paso 3 Coloca las monedas, las arandelas de cinc y los discos de cartón en una jeringa en el siguiente orden: moneda-cartón-arandela-moneda...

Paso 4 Conecta la primera arandela de cinc y el último disco de cobre de la "pila" a un voltímetro mediante unos cables y mide la diferencia de potencial.

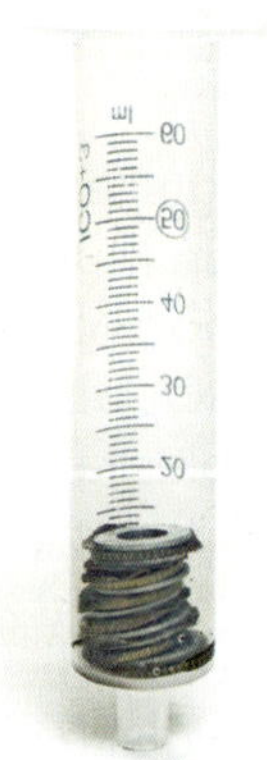

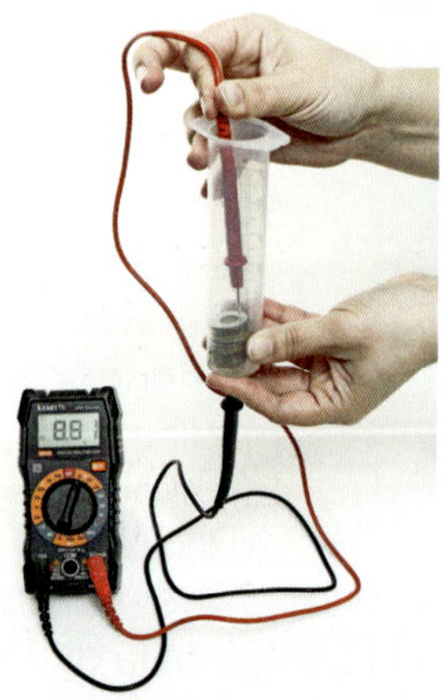

Paso 5 Repite la medida después de haber añadido más elementos (moneda-cartón-arandela). Observa que **la diferencia de potencial** obtenida depende del **número de pilas en serie** que hayas introducido en la jeringa.

En los **ánodos** (-), los discos de cinc, se produce la oxidación del cinc:

$$Zn(s) \rightarrow Zn^{2+}(aq) + 2\ e^-$$

En los **cátodos** (+), monedas de cobre, se produce la **reducción** del oxígeno disuelto en la disolución salina:

$$1/2\ O_2(aq) + H_2O(l) + 2\ e^- \rightarrow 2\ OH^-(aq)$$

7 **Escribe la ecuación química de la reacción que tiene lugar en la pila de Volta.**

4 ¿Cómo hacer que tenga lugar una reacción redox no espontánea?

La electrólisis

La reacción de oxidación del Zn(s) por el I_2(aq) es una **reacción espontánea.**

$$Zn(s) + I_2(aq) \rightarrow Zn^{2+}(aq) + 2\,I^-(aq)$$

Se genera una diferencia de potencial de **1,30 V.**

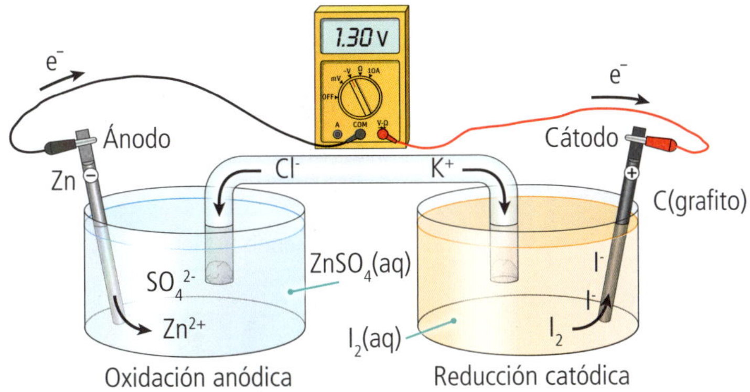

Si el **proceso inverso** tuviera lugar, es decir, que los electrones circularan del C(grafito) al Zn(s) por el exterior, los iones I^-(aq) se oxidarían y los iones Zn^{2+}(aq) se reducirían y **se obtendría I_2(aq) y Zn(s).** ¿Cómo se podría forzar que tuviera lugar este proceso?

TALLER

Electrólisis de una disolución de ZnI_2.

Paso 1 Coloca una disolución de ZnI_2(aq, 1 mol/L) en un vaso e introduce dos electrodos, uno de grafito y otro de cinc.

Paso 2 Conecta los electrodos a una fuente de alimentación de corriente continua mediante pinzas y cables.

- El electrodo de grafito al polo positivo de la fuente externa.
- El electrodo de cinc al polo negativo.

Paso 3 Aplica una diferencia de potencial superior a 1,30 V.

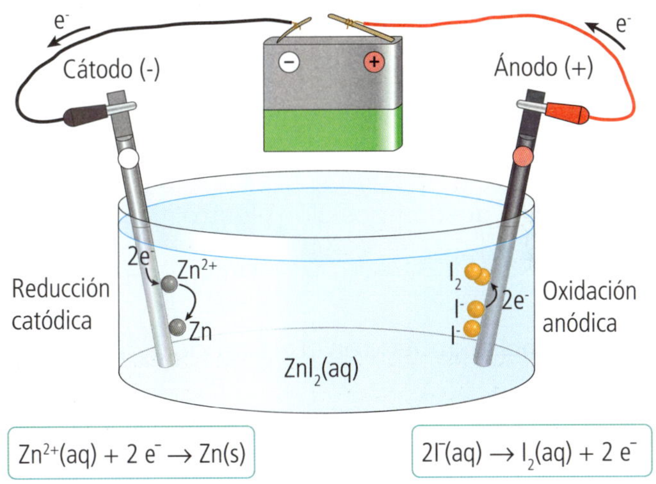

9 **NOS REPARTIMOS EL TRABAJO. Observa y describe lo que ocurre alrededor del electrodo positivo (barra de grafito) y del electrodo negativo (barra de cinc).**

10 **Escribe la ecuación de la reacción de descomposición electrolítica que tiene lugar.**

La descomposición del yoduro de cinc, ZnI_2(aq), por acción de la corriente eléctrica (pila externa) es un ejemplo de **reacción de electrólisis**. Se trata de una reacción no espontánea.

El dispositivo donde tiene lugar se denomina **celda o cuba electrolítica**.

Una celda electrolítica consta de dos electrodos inmersos en una sustancia iónica en disolución acuosa o fundida, que se denomina **electrolito**. También puede tratarse de la disolución de una sustancia molecular que se ionice al disolverse en agua, por ejemplo, HCl(aq).

El electrodo donde se produce la reducción es el cátodo (-) y el electrodo donde se produce la oxidación es el ánodo (+).

5 ¿Cómo descomponer el agua por electrólisis?

La descomposición electrolítica del agua

El hidrógeno reacciona espontáneamente con el oxígeno para dar agua. ¿Cómo podríamos hacer que la reacción tuviera lugar en sentido contrario, es decir, **descomponer el agua** para obtener hidrógeno y oxígeno?

TALLER

Electrólisis del agua.

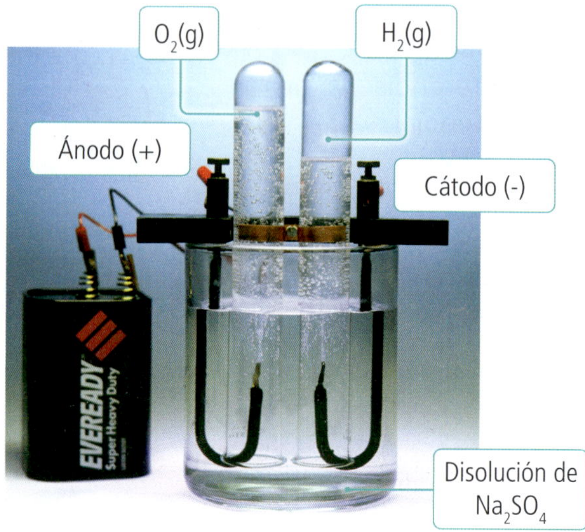

Paso 1 Disuelve Na_2SO_4(s) en agua.

Paso 2 Llena dos tubos de ensayo con la disolución de Na_2SO_4, tapa su boca con el dedo e introdúcelos invertidos en un vaso lleno de la misma disolución.

Paso 3 Introduce en el interior de cada tubo un electrodo de platino y conéctalos a una pila de 9 V.
Observa que el **volumen** de gas que se obtiene en el **cátodo** (H_2) es el **doble** al que se obtiene en el **ánodo** (O_2).

11 **Responde a las siguientes cuestiones referentes al taller de la electrólisis del agua:**

a. ¿Cómo comprobarías que el gas que se obtiene en el electrodo negativo es hidrógeno?

b. ¿Cómo comprobarías que el gas que se obtiene en el electrodo positivo es oxígeno?

c. ¿Cuál es el objetivo de disolver Na_2SO_4 en el agua?

La electrólisis o descomposición electrolítica del agua produce hidrógeno y oxígeno:

$$H_2O(l) \rightarrow H_2(g) + \frac{1}{2}\ O_2(g)$$

- El **hidrógeno** se obtiene en el electrodo negativo (**cátodo**) debido a la **reducción** de moléculas de agua:

$$2\ H_2O(l) + 2\ e^- \rightarrow H_2(g) + 2\ OH^-(aq)$$

- El **oxígeno** se obtiene en el electrodo positivo (**ánodo**) debido a la **oxidación** de las moléculas de agua:

$$H_2O(l) \rightarrow \frac{1}{2}\ O_2(g) + 2\ H^+(aq) + 2\ e^-$$

Recuerda:
Oxidación anódica
Reducción catódica

La electrólisis del agua es uno de los métodos de **obtención del hidrógeno**, que se puede utilizar para almacenar energía eléctrica en forma de hidrógeno y utilizarla luego, cuando sea necesaria.

Por ejemplo, el hidrógeno así obtenido se puede utilizar como combustible de las pilas de los vehículos eléctricos.

Para llevar a cabo la electrólisis del agua, al tratarse de una reacción no espontánea, hay que aplicar una diferencia de potencial mínima de 1,23 V.

12 **Determina los números de oxidación del O y del H en las semirreacciones de descomposición electrolítica del agua para justificar que en el cátodo tiene lugar la reducción del H_2O a H_2 y en el ánodo tiene lugar la oxidación del H_2O a O_2.**

NUESTRO RETO

Construye una pila de combustible de hidrógeno

Fabrica una pila de combustible de hidrógeno

MATERIAL NECESARIO

- 2 estropajos de acero inoxidable
- Trozo de bayeta
- Hidróxido de sodio
- Vaso de precipitado
- Cables y pinzas
- Pila de 4,5 V

Paso 1

Introduce dos estropajos de acero inoxidable en un vaso de precipitado sin que se toquen, separados por material poroso como una bayeta.

Así los iones puedan circular libremente a través suya.

Paso 2

Añade al vaso una disolución concentrada de hidróxido de sodio (entre 10 % y 20 %).

Paso 3

Carga la pila conectándola 1 minuto a una pila de 4,5 V o a una fuente de alimentación de corriente continua.

Circulará una corriente de 1 A aproximadamente.

Paso 4

Desconecta la pila y conecta los cables a una bombilla o pequeño motor que funcione con célula solar.

Observa su funcionamiento aproximadamente durante 1 minuto.

¿Ves de manera diferente algo ahora?

1 ¿Qué semirreacciones tienen lugar en el Paso 3? Señala en qué electrodos se producen.

2 **Aprendo a pensar.** El hidrógeno y el oxígeno absorbidos en la superficie del acero de los estropajos reaccionan formando agua (Paso 4). Escribe las semirreacciones que ahora tienen lugar.

¿Cómo te ha ido el reto? Entra y haz tu valoración

EN RESUMEN

Pila o celda voltaica

- Es un dispositivo que permite que la **transferencia de electrones** de una reacción redox espontánea tenga lugar a través de un circuito externo.
- Da lugar a una diferencia de potencial (voltaje, E_{pila}) entre los electrodos.

  Cátodo → (+) → Reducción

  Ánodo → (-) → Oxidación

Pila de combustible

- Es una pila que utiliza la **oxidación de un combustible** convencional, como el $H_2(g)$, que se tiene que suministrar de manera continua para generar electricidad.

Celda electrolítica

- Es un dispositivo en el cual una **reacción redox no espontánea** tiene lugar mediante el paso de la corriente eléctrica proporcionada por una fuente externa.
- La reacción se denomina **electrólisis** y la sustancia disuelta que se somete a ella, **electrolito**.

PRACTICAMOS

1 Copia, completa y amplía el siguiente mapa mental.

2 Si ponemos en contacto hierro con un metal que sea más fácil de oxidar, como el magnesio, se forma una pila en la cual el hierro actúa como cátodo y el magnesio como ánodo. De esta forma se evita la corrosión del hierro a costa de la del magnesio, que se denomina ánodo de sacrificio.

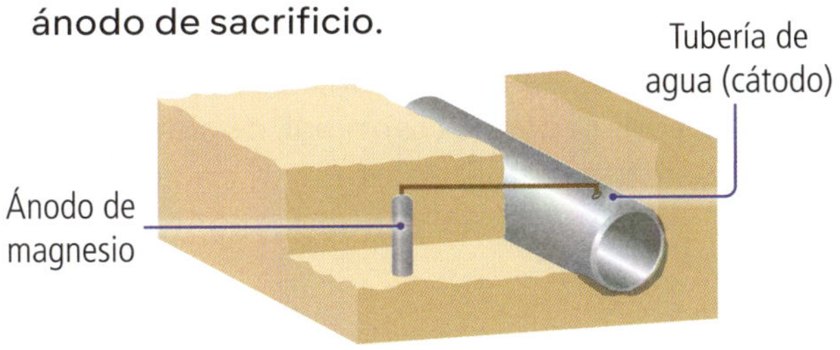

Escribe las semirreacciones que tienen lugar en el ánodo y en el cátodo:

Ánodo: $Mg(s) \rightarrow$ ●●●

Cátodo: $Fe^{2+}(aq) + 2e^- \rightarrow$ ●●●

3 El acero inoxidable es una aleación de acero con un alto contenido de cromo (18 %) y níquel (8 %). Indaga por qué este acero no se oxida.

4 Muchos elementos fueron descubiertos por electrólisis. En particular, aquellos que eran muy reactivos y que, por tanto, era muy difícil obtenerlos a partir de sus óxidos o sales.

a. Indaga cómo fueron descubiertos el sodio y el cloro.

b. ¿Cómo se obtiene actualmente el cloro? Describe el proceso electrolítico.

5 ¿Qué sustancias se obtienen en la electrólisis del HCl(aq)? Dibuja la celda electrolítica y escribe las semirreacciones de oxidación y de reducción.

6 En la electrólisis de una disolución saturada de NaCl con electrodos de grafito y una pila de 9 V, se obtiene:

Cátodo (-): $2\,H_2O(l) + 2\,e^- \rightarrow H_2(g) + 2\,OH^-(aq)$

Ánodo (+): $2\,Cl^-(aq) \rightarrow Cl_2(g) + 2\,e^-$

El Cl_2 es bastante soluble en agua y reacciona con los iones $OH^-(aq)$:

$Cl_2(aq) + 2\,OH^-(aq) \rightarrow Cl^-(aq) + ClO^-(aq) + H_2O(l)$

Escribe la reacción global que tiene lugar. ¿Por qué huele a lejía?

7 La electrólisis se utiliza para el refinado electrolítico de metales. Por ejemplo, el cobre se obtiene de su mineral con una pureza aproximada del 99 %. El resto son impurezas de platino, plata, hierro, oro y cinc. Para aumentar su pureza hasta el 99,95 % se utiliza una celda electrolítica como la de la figura.

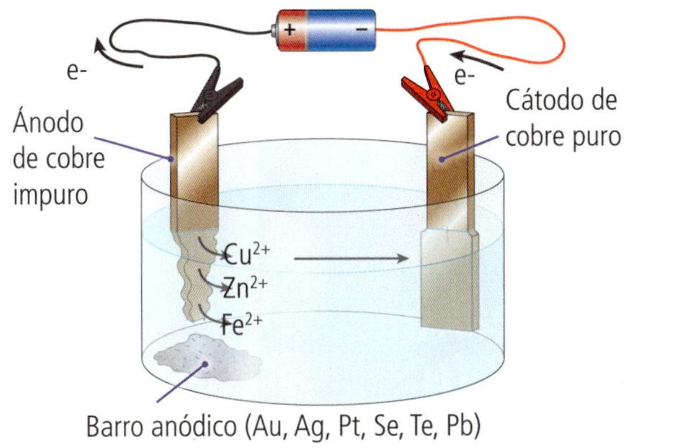

Observa y explica el esquema de la celda.

8 La electrólisis también se utiliza para recubrir un objeto metálico con una capa de otro metal con la finalidad de mejorar su aspecto externo o protegerlo de la corrosión.

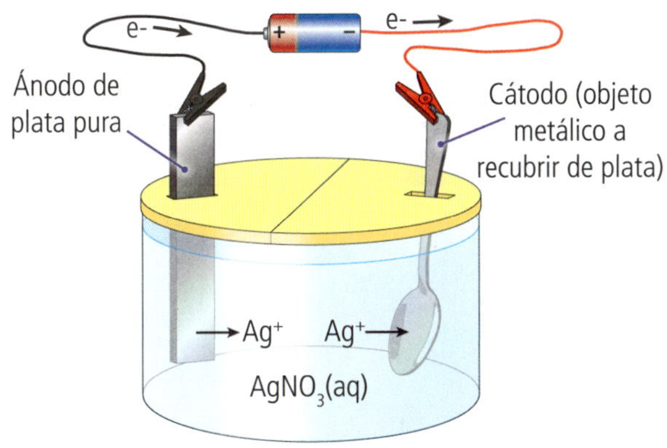

Observa y explica el esquema de la celda.

9 Completa el cuadro siguiente:

	Polaridad		Semirreacción	
	Ánodo	Cátodo	Ánodo	Cátodo
Pila	-	+	●●●	Redución
Celda electrolítica	●●●	●●●	●●●	●●●

Indica si los procesos son o no espontáneos.

Mis competencias   Autoevaluación

¿VERDAD O MENTIRA?

En las series de ficción

Breaking Bad

Vince Gilligan (Estados Unidos, 2008)

Sony Pictures Television

Cuando Walter White, un profesor de Química de un instituto de Albuquerque, es diagnosticado con un cáncer terminal, decide asociarse con uno de sus exalumnos para sintetizar metanfetamina con el fin de ganar suficiente dinero como para que su familia pueda mantenerse cuando él no esté.

En un episodio, los protagonistas necesitan recargar la batería de su autocaravana en el desierto. A Walter se le ocurre construir una pila galvánica.

Para ello cuenta con óxido de mercurio mezclado con grafito de las pastillas de freno, piezas de cinc, hidróxido de potasio e hilos de cobre.

Tienen material suficiente para preparar seis de estas células, que disponen en serie y a su vez conectan en paralelo a la batería de su caravana.

1 **Reflexiona e investiga para responder a las siguientes preguntas:**

a. Describe cómo sería cada una de estas seis células galvánicas.

b. Escribe las semirreacciones que tendrían lugar en el cátodo y en el ánodo de cada una de ellas, así como la reacción global.

c. ¿En cuál de los dos electrodos ocurriría la oxidación y en cuál la reducción?, ¿por qué?

d. ¿Cuál sería la función del hidróxido de potasio en el montaje?, ¿y la del cobre?

e. Conociendo los valores de E (HgO/Hg) = 0,10 V y E (ZnO/Zn) = -1,25 V, determina la diferencia de potencial de cada una de estas células.

f. ¿Cuál sería el valor del potencial estándar del dispositivo de seis de estas células en serie?

g. ¿Crees que sería suficiente para arrancar la autocaravana o que en la vida real no habría bastado?

La importancia de la ciencia

Joaquín Sacanell y las celdas de combustible

¿Cómo funcionan las celdas de combustible?

De modo parecido a una pila corriente. La diferencia es que una pila, por ejemplo, de una linterna, tiene dos contactos y toda la parte química está dentro de esa pila. La celda de combustible tiene un principio de funcionamiento similar, pero los elementos que reaccionan están en el exterior de la celda. Por ejemplo, si se le acerca hidrógeno de un lado y oxígeno del otro lado, se produce una reacción química equivalente a la que ocurre en la pila y se puede generar una corriente eléctrica. El producto es agua. El hidrógeno es lo que llamamos el "combustible" de la celda. Los vehículos a hidrógeno funcionan con este principio de las celdas de combustible.

Lo que nos interesa en el cátodo de la celda es tener un material que optimice la captura del oxígeno. Si uno tiene un material con superficie plana, como una mesa, y se le acerca oxígeno, el oxígeno se va a ir depositando sobre esa superficie. Pero si se le hacen agujeritos muy pequeños, el oxígeno tendrá más lugares donde quedar capturado.

Nosotros hacemos películas muy porosas a partir de nanotubos, que son pequeños cilindros hechos con una mezcla de materiales como el lantano, el estroncio y el cobalto. Se conoce desde la década de 1940, y el nombre del material es "perovskita" de lantano, estroncio y cobalto; también se le llama "cobaltita".

Las pilas de combustible son ideales para el funcionamiento de vehículos en zonas urbanas, ya que no son contaminantes. El hidrógeno que se usa como combustible se obtiene mediante electrólisis del agua, pero la electricidad que se necesita en este proceso puede provenir de centrales que queman combustibles fósiles o bien de energía verde (energía eólica o fotovotaica).

Joaquín Sacanell, especialista en materiales e investigador en CONICET. Se doctoró en Física, en la Universidad de Buenos Aires y trabaja en el Centro Atómico Constituyentes de la Comisión Nacional de Energía Atómica (CNA), en la provincia de Buenos Aires.

https://www.e-sm.net/Sacanell

1 Investiga los diferentes tipos de hidrógeno existentes según su fuente de procedencia y argumenta cuál es mejor desde el punto de vista ambiental.

¡RESUELVE EL PROBLEMA!

Un modelo de la constante de Avogadro

¿Cómo podrías explicar a qué equivale un mol de una sustancia?

En esta actividad te convertirás en un mago que, con una serie de pistas, deberá adivinar cuántas canicas se ocultan dentro de una bolsa opaca. Para ello, trabajarás con diferentes tipos de canicas.

¿Qué vas a hacer?

1. Tendrás que poner en práctica una serie de conocimientos y habilidades. Para saber cuáles son y poder realizar esta tarea con éxito, lee con atención la rúbrica.

2. Cuando termines esta tarea competencial, completarás la rúbrica para reflexionar sobre la manera en que has trabajado.

3. Para realizar esta tarea necesitarás una bolsa opaca, canicas de distintas clases y un granatario.

En distintos equipos, trataréis de adivinar cuántas canicas de cada clase hay dentro de una bolsa opaca. La bolsa será siempre la misma y conoceréis su masa antes de introducir las canicas.

Dispondréis de un granatario y de una canica de cada tipo, de muestra, para poder medir su masa. En el interior de la bolsa habrá siempre bloques de canicas, todos iguales; no habrá bloques de otro tipo ni canicas sueltas. Podéis pegar las canicas de cada bloque con pegamento o envolverlas en papel de aluminio, cuya masa podemos despreciar.

El equipo contrario os dará dos pistas: cuántas canicas de cada clase forman cada bloque y cuántos bloques componen un mol en Canicalandia.

Haciendo uso del granatario, deberéis:

- escribir la fórmula de los bloques, como si se tratara de compuestos moleculares;
- hallar el número de mol de bloques (moléculas) que contiene la bolsa;
- determinar cuántos bloques tiene y cuántas canicas (átomos) de cada clase hay en total.

Paso 1 Diseñando bloques

Escoge con tu equipo de cinco alumnos cuántas canicas de cada clase van a formar los bloques que pondréis en la bolsa para que el otro equipo trate de adivinarlo. Decidid también cuántos bloques colocaréis en la bolsa y montadlos.

Paso 2 Adivinando

Cuando sea vuestro turno para adivinar, deberéis medir la masa de cada tipo de canica y anotarla en una tabla. Apuntad también las pistas que os dé el otro equipo: cuántas canicas de cada clase forman cada bloque y cuántos bloques componen un mol.

En el ejemplo siguiente, los bloques están compuestos por una canica de tipo A y tres de tipo B y la bolsa vacía tiene una masa de 95 g. Midiendo la masa total de la bolsa, en este tendréis que deducir:

- La fórmula de los bloques, como si se tratara de compuestos moleculares.
- El número de mol de bloques (moléculas) que contiene la bolsa.
- Cuántos bloques tiene la bolsa.
- Cuántas canicas (átomos) de cada clase hay en total.

m canica A (g)	*m* canica B (g)	N.º canicas por bloque	N.º bloques por mol	Fórmula bloques	*m* bloques (g)	Bolsa llena de canicas			
						m (g)	N.º mol bloques	N.º mol bloques	N.º canicas A y B
10	13	1 A : 3 B	6	●●●	●●●	2153	●●●	●●●	●●●

Si la masa de la bolsa vacía es de 95 g, la masa de las canicas es de (2153 – 95) g = 2058 g.

Cada bloque tiene una masa de (1 · 10 + 3 · 13) g = 49 g.

Así, la cantidad de bloques que contiene la bolsa es de:

$$\frac{2058\,\text{g}}{49\,\text{g/bloque}} = 42\,\text{bloques}$$

Dado que cada mol está compuesto por seis bloques, hay

$$\frac{42\,\text{bloques}}{6\,\text{bloques/mol}} = 7\,\text{mol}$$

Por tanto:

- La fórmula de los bloques es AB_3.
- El número de bloques que contiene la bolsa es de 42.
- El número de mol de bloques que tiene la bolsa es de 7.
- La cantidad de canicas de tipo A de la bolsa es de
  42 bloques · 1 canica A/bloque = 42 canicas A.
- La cantidad de canicas de tipo B de la bolsa es de
  42 bloques · 3 canicas B/bloque = 126 canicas B

Paso 3 Comprobación

Cuando hayáis terminado un juego, abrid la bolsa y comprobad si habéis acertado.

Paso 4 Variantes

Podéis hacer bloques de más de dos canicas, siempre que todos los bloques sean iguales. También podéis jugar con arandelas, tuercas u otros objetos similares.

¿Cómo te ha ido el ABP? Entra y haz tu valoración

Bloque 3 LA INTERACCIÓN Y EL MOVIMIENTO

3.1 ¿Cómo se investiga en física?

¡EMPEZAMOS!

En 2004, los físicos de origen ruso Andréi Gueim y Konstantín Novosiólov, que trabajaban en la Universidad de Mánchester, obtuvieron por primera vez grafeno a partir de una pieza de grafito, como la barra de los lápices. Sobre la pieza de grafito, se aplicó cinta adhesiva para separar las capas de átomos de carbono, que tienen una estructura de panal de abeja de muchas capas de átomos de carbono. Gracias a la cinta adhesiva, a un microscopio electrónico y mucha paciencia, lograron comprobar que tenían un material formado por una sola capa de átomos de carbono.

En 2010 recibieron el Premio Nobel de Física por el hallazgo y la posterior investigación sobre las propiedades electrónicas de este nuevo material. Sus aplicaciones prácticas son muy variadas: desde su aplicación en la pintura de coches, que permitiría la resistencia a grandes colisiones, hasta en el campo de la electrónica, donde haría más pequeños y maleables los dispositivos.

- ¿Crees que el grafeno se descubrió por casualidad?
- ¿Qué métodos emplean los físicos en sus investigaciones?
- ¿Conoces algún campo de investigación de la física cuyos descubrimientos influyan en diferentes áreas de conocimiento?

¡VAMOS A APRENDER!

1. Compartir el espacio y los materiales.
2. Conocer algunas ramas importantes de la física y los métodos de investigación que utilizan.
3. Distinguir las principales magnitudes y unidades físicas.
4. Identificar las características de los datos experimentales relacionadas con los aparatos de medida.
5. Reconocer las cifras significativas adecuadas en las medidas.
6. Relacionar los datos experimentales para identificar relaciones entre variables.
7. Aplicar la creatividad a la resolución de problemas locales y globales.

NUESTRO RETO

¿Cuál es la resistencia de un hilo conductor?

El método científico nos va a servir para descubrir la resistencia a la corriente eléctrica de un hilo conductor.

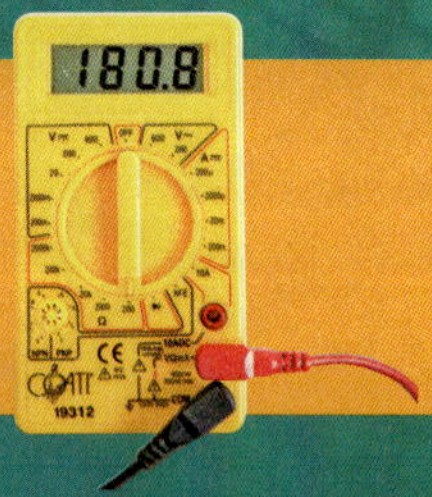

¡Vamos allá!

1 ¿Qué investiga la física?

Una ciencia básica

La física es la ciencia más básica entre todas las ciencias naturales, con un campo de interés que se extiende desde lo más pequeño, como las partículas elementales que forman la materia, hasta lo más grande, como las galaxias y la estructura del universo.

La física estudia de forma genérica las relaciones entre la materia y la energía. En este libro se describen algunas ramas que describen estas relaciones:

Energía

Electromagnetismo

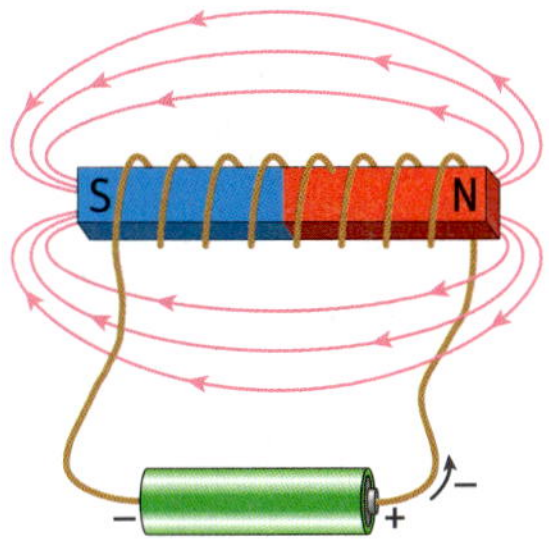

Dinámica

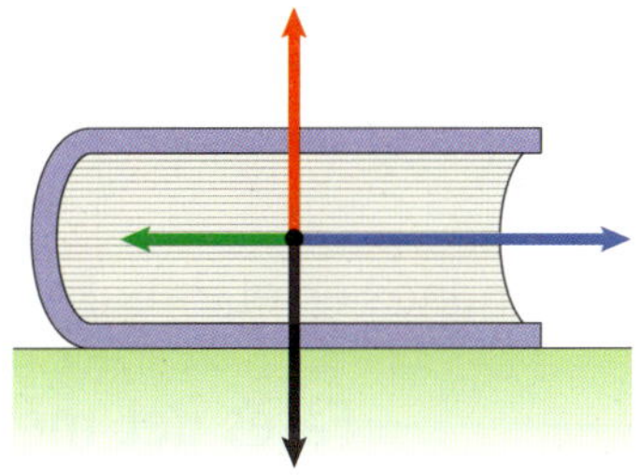

Termodinámica

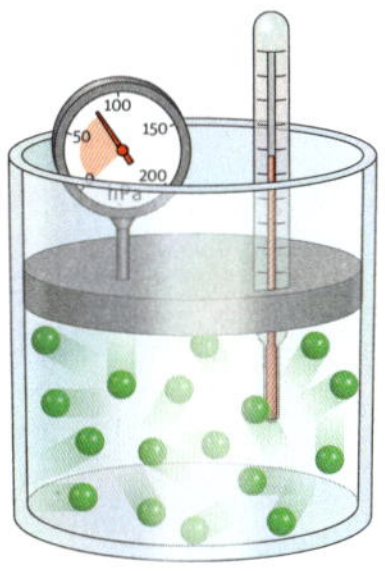

Materia

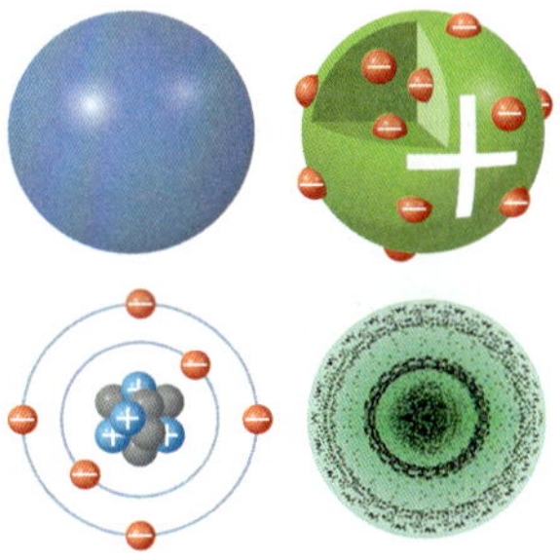

Física de fluidos

Cinemática

Electricidad

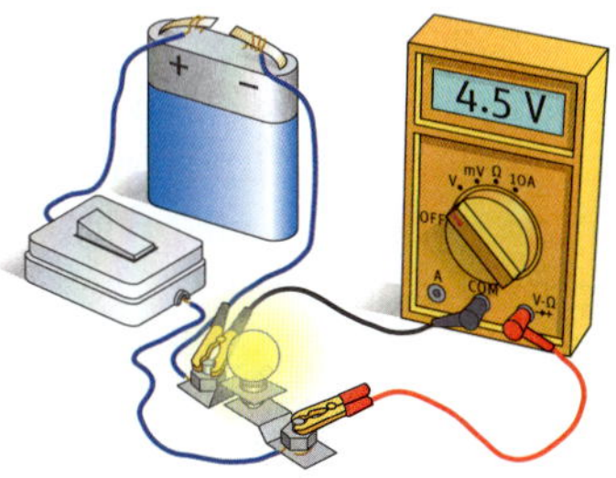

Física nuclear

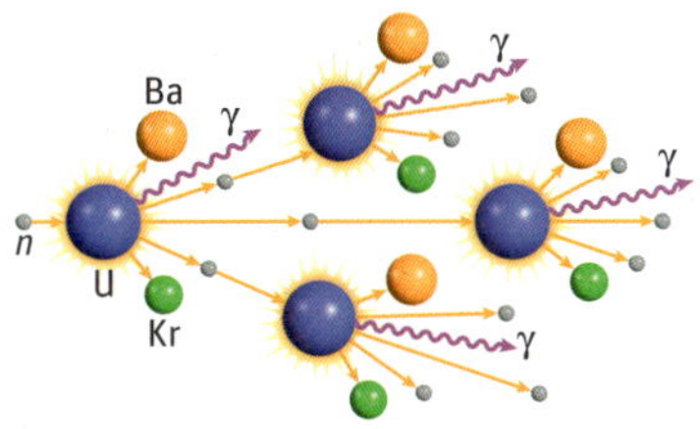

¿En qué rama te gustaría profundizar?

Además, el campo de interés de la física se solapa con los de otras ciencias naturales, de forma que sus fronteras no están perfectamente definidas.

Las aplicaciones prácticas generadas por la investigación física relacionadas con la materia y energía han influido mucho en la sociedad.

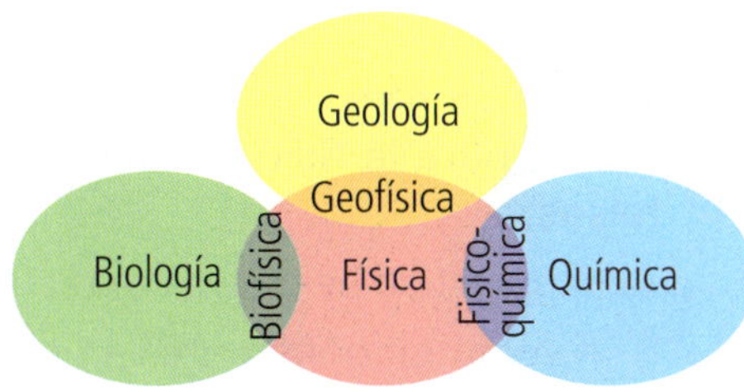

La física se relaciona con otras disciplinas.

1 **Identifica algún descubrimiento realizado por físicos que afecte positivamente a tu vida diaria.**

2 **Investiga sobre algún descubrimiento reciente en las disciplinas de la geofísica y la biofísica.**

3 **Valora la importancia de que la física se relacione con otras disciplinas.**

2 ¿Cómo investiga la física?

Métodos de la ciencia

El conocimiento científico está sujeto a procedimientos que forman los denominados **métodos de la ciencia**.

No se puede hablar de un solo método científico: los científicos siguen procedimientos diferentes según su disciplina, aunque sí tienen un procedimiento común para llevar a cabo su trabajo científico.

Métodos inductivos. Se proponen afirmaciones generales sobre el comportamiento de la naturaleza partiendo de los resultados de experimentos.

Métodos deductivos. Se prevé cómo será el comportamiento de un sistema a partir de conocimientos firmemente establecidos.

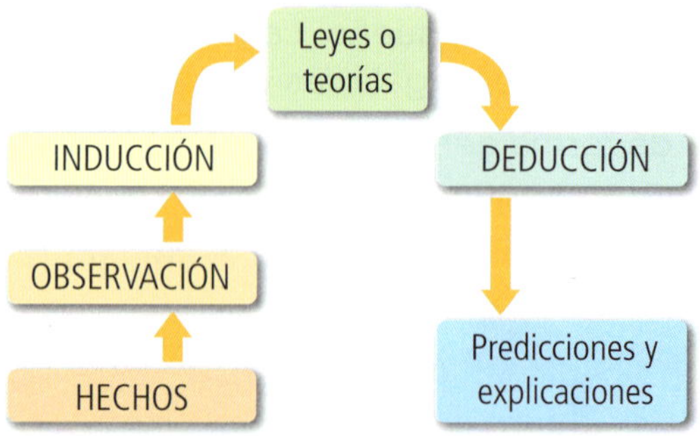

Algunas de las etapas comunes en el trabajo de muchos científicos son las siguientes:

Fases del método científico

1. **Observación del entorno, recogida de datos y planteamiento preciso del problema que va a estudiarse.** Un planteamiento correcto pone de manifiesto las premisas que permiten resolver el problema.

2. **Formulación de hipótesis sobre la posible solución del problema.** Solo las hipótesis cuya falsedad es posible demostrar a través de observaciones (aunque no llegue a suceder nunca) son aceptables.

3. **Elaboración de modelos o formas simplificadas del problema real** que ayuden a su estudio y comprensión (es un método deductivo, pues el modelo debe explicar casos particulares).

4. **Diseño de experimentos** para verificar las hipótesis, que pueden ser confirmadas (cuando se cumplen) o falsadas (cuando no se cumplen). Es la forma más precisa de conseguir el objetivo de la investigación.

5. **Formulación de nuevas hipótesis** que además puedan ser contrastadas por cualquier científico (carácter público de la ciencia). Estas permiten reconducir la investigación.

6. **Formalización de leyes generales y teorías** capaces de explicar los problemas similares al estudiado (tienen capacidad deductiva). Las teorías científicas forman el cuerpo doctrinal de la ciencia en cada época.

Sin embargo, no todo es método científico: existen numerosas aportaciones a la ciencia debidas al azar o serendipia. Por ejemplo, el ingeniero alemán Röntgen descubrió accidentalmente los rayos X cuando trabajaba con rayos catódicos.

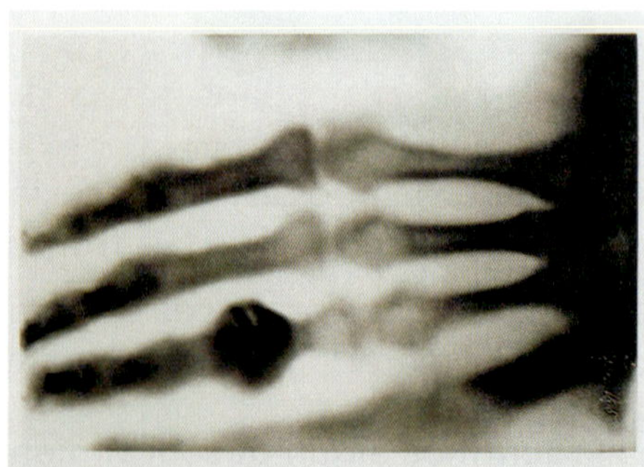

Primera radiografía tomada por Röntgen de la mano de su mujer en 1897.

4 PEDIMOS AYUDA. Indica cuáles de las siguientes hipótesis son aceptables para la física, independientemente de que sean verdaderas o falsas.

A. Las partículas de un cristal desaparecen al disolverse en agua.

B. A volumen constante, la presión de una masa de gas aumenta con la temperatura.

C. Los astros ejercen una influencia sobre las personas que los científicos nunca podrán medir.

D. La Tierra tiene forma plana.

3 ¿Qué magnitudes y unidades se usan en física?

Las magnitudes

TALLER

Paso 1 Coge una regla, un termómetro digital y un calibre.

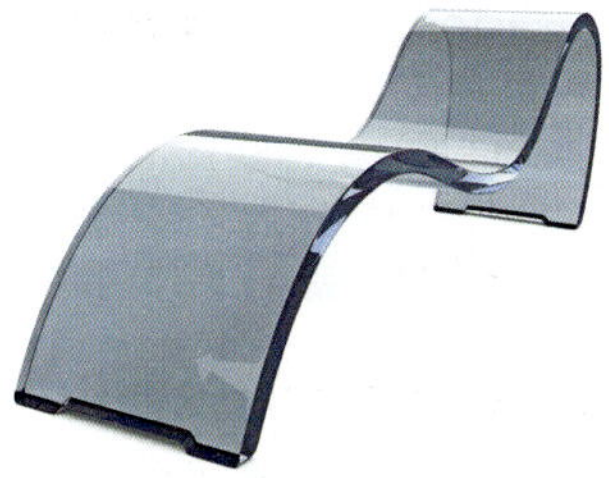

5 **Enumera algunas de las propiedades que se pueden medir en cada uno de estos objetos con los instrumentos que tienes.**

Paso 2 Haz un listado de otras propiedades que se puedan medir aunque no tengas los instrumentos adecuados contigo.

6 **¿Se puede medir el grado de utilidad de alguno de ellos? ¿Y el grado de belleza?**

Se denomina **magnitud** física a las propiedades de los objetos que pueden medirse.

- Las magnitudes fundamentales no pueden expresarse en función de otras. Por ejemplo, la longitud (L), la masa (m) o el tiempo (t).
- Las **magnitudes derivadas** se pueden expresar a partir de las fundamentales. Por ejemplo, la velocidad ($v = L \cdot t^{-1}$), la aceleración ($a = L \cdot t^{-2}$) o el volumen ($V = L^3$).

Medir una magnitud es comparar un valor de esta con otro que se toma como patrón. Las unidades de las magnitudes fundamentales se definen en el sistema internacional (SI).

Las unidades del SI pueden resultar en la práctica demasiado grandes o pequeñas. Por eso, se usan los múltiplos y submúltiplos.

Magnitud	Unidad	Símbolo
Temperatura	Kelvin	K
Longitud	Metro	m
Masa	Kilogramo	kg
Tiempo	Segundo	s
Intensidad eléctrica	Amperio	A
Cantidad de sustancia	Mol	mol
Intensidad luminosa	Candela	cd

Múltiplos					
Tera (T)	Giga (G)	Mega (M)	Kilo (k)	hecto (h)	deca (da)
10^{12}	10^{9}	10^{6}	10^{3}	10^{2}	10^{1}

Submúltiplos					
deci (d)	centi (c)	mili (m)	micro (μ)	nano (n)	pico (p)
10^{-1}	10^{-2}	10^{-3}	10^{-6}	10^{-9}	10^{-12}

7 Actividad resuelta

Convierte g/cm³ a kg/m³ usando factores de conversión.

$$1\ \text{g/cm}^3 = \left(\frac{1\ \text{g}}{1\ \text{cm}^3}\right)\left(\frac{10^{-3}\ \text{kg}}{1\ \text{g}}\right)\left(\frac{1\ \text{cm}^3}{10^{-6}\ \text{m}^3}\right) = 1000\ \text{kg/m}^3$$

4 ¿Qué datos proporcionan los instrumentos de medida?

La incertidumbre en las medidas

TALLER

Experimento 1. Esta cinta métrica mide la longitud de un objeto. ¿Cuál es el resultado? ¿Qué mínima unidad aprecia la cinta?

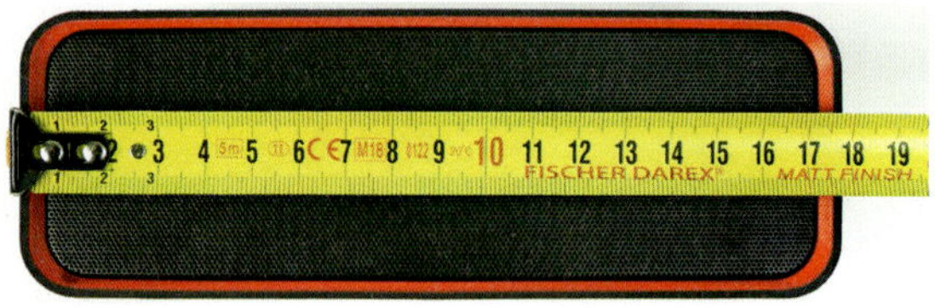

Experimento 2. El cronómetro mide intervalos de tiempo determinados. ¿Cuál es el resultado de la medida que se muestra en la imagen? ¿Qué unidad mínima es capaz de apreciar?

Todos los instrumentos tienen un límite en su apreciación o resolución. Este límite introduce un error o incertidumbre en la medida.

- El **error absoluto** es el máximo error que podemos cometer en una medida con un instrumento. Coincide con su resolución.
- El **error relativo** es el cociente entre la incertidumbre absoluta (ε_a) y el valor obtenido. La "calidad" de la medida aumenta cuanto menor es este valor.

$$\varepsilon_r = \frac{\varepsilon_a}{x} \cdot 100\%$$

¿Con qué guarda relación lo que has aprendido?

Cuando hay variaciones en las medidas por factores que no se pueden controlar, se cometen **errores accidentales**. Dados varios valores de una misma medida, el valor más probable es su media aritmética.

Los **errores sistemáticos** se deben a imperfecciones en los aparatos de medida. Se corrige calibrando el instrumento cada cierto tiempo o empleando otro más exacto.

Un instrumento que reproduce el mismo resultado al repetir una medida se dice que es preciso (los valores de las medidas estarán muy próximos unos a otros), y, si los valores de las medidas están muy próximos al valor real, el instrumento es **exacto**.

8 Actividad resuelta

La medida en amperios de un enchufe es de 12,75 A.

a. Expresa adecuadamente el valor de la medida.

b. Calcula su error relativo y compara esta medida con el dato experimental 225,6 A obtenido con otro amperímetro.

a. El valor obtenido es 12,75 ± 0,01 A.

b. Comparamos los errores relativos:

$$\frac{0{,}01}{12{,}75} \cdot 100 = 7{,}8 \cdot 10^{-2}\ \%$$

$$\frac{0{,}1}{225{,}6} \cdot 100 = 4{,}4 \cdot 10^{-2}\ \% \quad \text{(esta es "mejor")}$$

9 La medida de la velocidad de un vehículo con un radar ha resultado 123,2 km/h. Expresa adecuadamente el valor de la medida y calcula su error relativo.

Las cifras significativas

Se llama **cifras significativas, c.s.**, a las obtenidas a través de una medida experimental con un instrumento. Cualquier valor experimental está formado por cifras exactas y un último dígito incierto.

TALLER

Paso 1 En el laboratorio tenemos un vaso de precipitado con 50 mL de agua con limaduras de hierro. Mide su masa y temperatura y la sección del vaso de precipitado.

Paso 2 Anota en tu cuaderno las medidas obtenidas con cada instrumento con sus unidades en el SI.

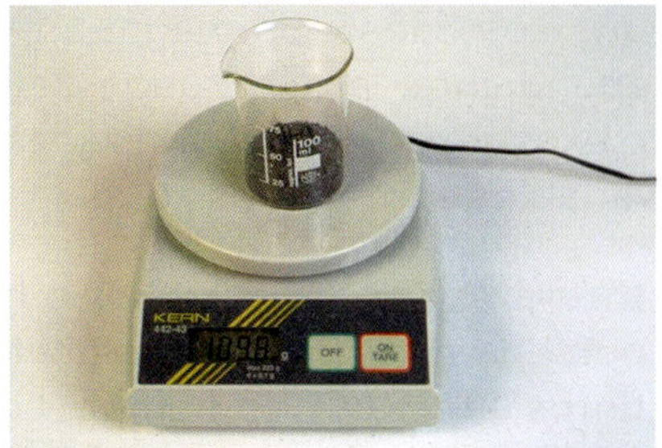

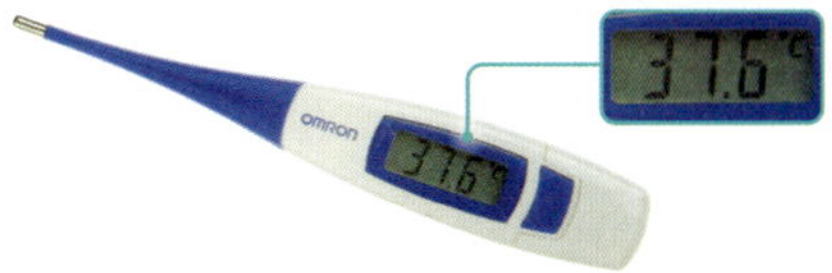

10 **¿Qué instrumentos has usado para la medida de las tres magnitudes indicadas?**

11 **¿Cuántas cifras significativas tiene cada medida? ¿Son las mismas?**

12 **¿Qué cifras son exactas en esas medidas? ¿Cuáles son inciertas?**

Reglas para determinar el número de cifras significativas	
1. Los dígitos distintos de cero son siempre significativos. Ejemplo: 127 km tiene 3 c.s. 2. Los ceros situados entre dígitos distintos de cero son siempre significativos. Ejemplo: 1007 g tiene 4 c.s. 3. Los ceros que aparecen al comienzo de un número no son significativos. Ejemplo: 0,056 mm tiene 2 c.s.	4. Los ceros que siguen a una coma decimal son significativos. Ejemplo: 17,00 °C tiene 4 c.s. 5. Los ceros al final de un número sin coma decimal no son significativos, excepto si llevan un punto final. Ejemplo: 4500 kg tiene 2 c.s., pero 4500. kg tiene 4 c.s.

El **redondeo** es un método para prescindir de cifras no significativas. Para escribir la cantidad correcta, se debe redondear la última cifra significativa sumando 1 si la cifra siguiente es mayor o igual que 5 o dejándola igual si la cifra siguiente es menor de 5.

13 **Interpreta lo que ocurre. Junto con un compañero estás haciendo bocadillos de jamón para una fiesta. Para saber lo que pesa uno cualquiera, tu compañero pesa el jamón con una balanza y obtiene 34,7 g, mientras tú pesas el pan con otra balanza y obtienes 123 g.**

$$\begin{array}{r} 123\square \\ +\ 34{,}7 \\ \hline 157{,}7 \end{array}$$

a. ¿Puedes asegurar que la masa del pan no tiene décimas de gramo? ¿Por qué?

b. ¿Puedes asegurar que el bocadillo completo pesa 157,7 g?

- En las sumas y restas de datos experimentales, el resultado no debe tener más cifras decimales que el sumando que menos tenga.
- En los productos y cocientes de datos experimentales, el resultado debe ser redondeado al número del operando que menos cifras significativas tenga.

14 Actividad resuelta

Un cuerpo de 34,7 kg de masa experimenta una aceleración de 2,5 m/s². Calcula la fuerza neta que ha recibido y exprésala con el número adecuado de c.s.

El resultado obtenido con la calculadora es $F = ma = (34{,}7\ \text{kg})(2{,}5\ \text{m/s}^2) = 86{,}75\ \text{N}$, que tiene 4 c.s. Sin embargo, uno de los factores tiene 3 c.s. y el otro, 2 c.s. El resultado debe ser redondeado a 2 c.s., es decir, 87 N.

5 ¿Cómo interpretar los datos experimentales?

Representación de los datos experimentales

Cuando se buscan relaciones entre las magnitudes físicas que proporcionan los datos experimentales, el uso de tablas y gráficos resulta de suma utilidad.

En un experimento, la magnitud física que puede variarse a voluntad se denomina **variable independiente**, la que queda determinada se llama **variable dependiente**. Por otro lado, en todo experimento hay magnitudes físicas que deben quedar invariables; a estas se las denomina **variables controladas**.

15 **Interpreta lo que ocurre.** Se ha medido el espacio recorrido por una persona subida sobre la cinta transportadora de un aeropuerto en distintos intervalos de tiempo. Los resultados se han organizado en una tabla y se han representado gráficamente.

t (s)	0	1	2	3	4
e (m)	0	2	4	6	8

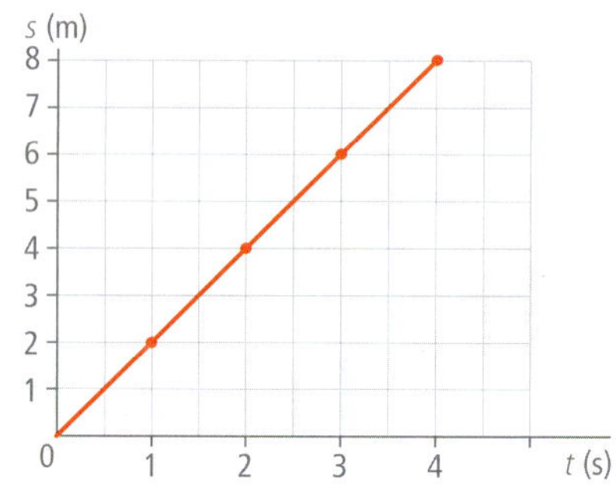

a. ¿Qué tipo de gráfica es? ¿Cuál es su ecuación?

b. ¿Cuáles son las variables independiente y dependiente?

c. ¿Puedes proponer alguna variable que deba ser controlada?

Entre estas dos variables existe una relación lineal. Su gráfica es del tipo $y = ax$ y pasa por el origen de coordenadas. Las magnitudes que se representan de esta forma se dice que son directamente proporcionales.

16 **Interpreta lo que ocurre.** Se está determinando el volumen de una masa de gas cuando se le aplican distintas presiones, manteniendo constante la temperatura. Los datos se han organizado en la siguiente tabla y se han representado.

p (Pa)	1	2	4	5
V (cm^3)	20	10	5	4

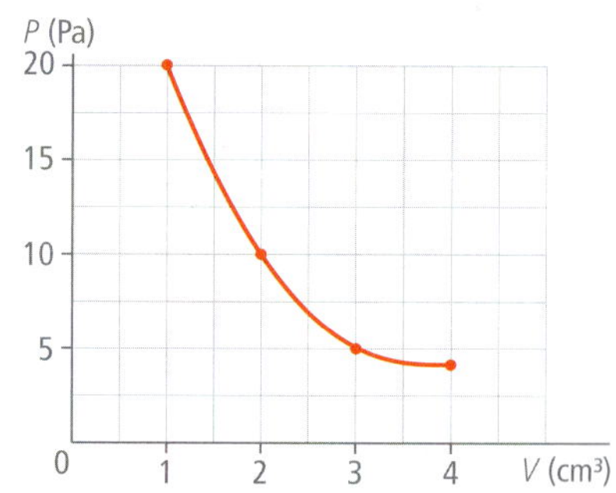

a. ¿Qué tipo de gráfica es? ¿Cuál es su ecuación?

b. ¿Cuáles son las variables independiente y dependiente?

c. Indica alguna variable que deba ser controlada.

Entre las dos variables existe una relación de proporcionalidad inversa; en este caso, su gráfica es una hipérbola del tipo $y = k/x$. Las magnitudes que se representan de esta manera se dice que son inversamente proporcionales.

17 Se está estudiando el comportamiento de un muelle frente a las fuerzas que recibe. Para ello, se estira una determinada longitud intercalando un dinamómetro entre el muelle y la mano y se observa la fuerza que ha sido necesario aplicar. Se ha obtenido la siguiente tabla de datos.

ΔL (cm)	5	10	15	20
F (N)	10	20	30	40

a. Representa F frente a ΔL.

b. **Aprendo a pensar.** ¿Qué tipo de relación hay entre estas variables? ¿Cómo son las magnitudes estudiadas?

NUESTRO RETO

¿Cuál es la resistencia de un hilo conductor?

Usamos el método científico para conocer la resistencia a la corriente eléctrica de un hilo conductor

La indagación en el laboratorio es la acción de construir y comprobar el conocimiento a través de una investigación. El modelo de indagación se realiza en cinco pasos que son una concreción del método científico experimental.

Paso 1

CONTRASTAMOS JUNTOS. Observa el hilo conductor e investiga la posibles variables que podrían influir en la resistencia a la corriente eléctrica. ¿ Podrían estar involucrados la longitud del hilo y su grosor?

1 ¿Qué variables podrían influir en su resistencia a la corriente?

2 ¿Qué propiedades se pueden medir en el hilo conductor? Mídelas y toma nota de ellas.

Paso 2

Para simplificar el problema solo vamos a estudiar la longitud del hilo y su grosor. Utiliza un polímetro para hacer las mediciones según sección y longitud.

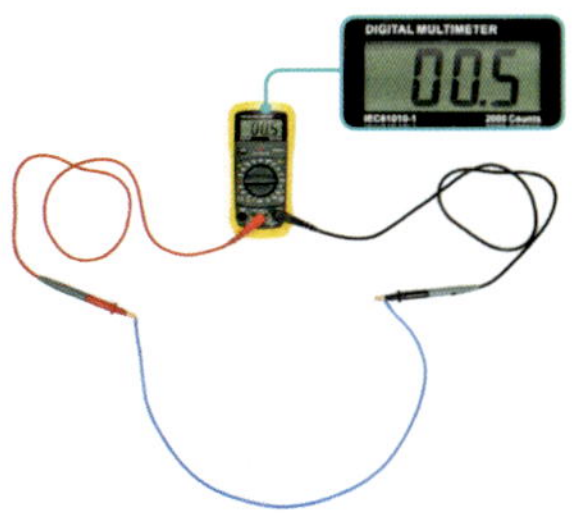

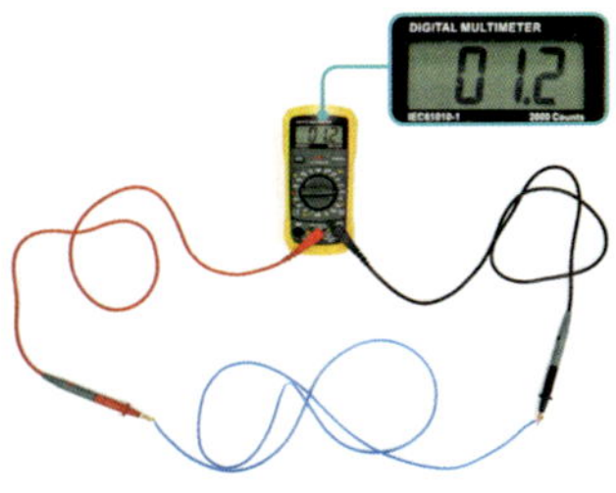

Cobre de 1 mm^2 de sección	
Longitud (m)	**Resistencia (Ω)**
10	•••
20	•••
30	•••

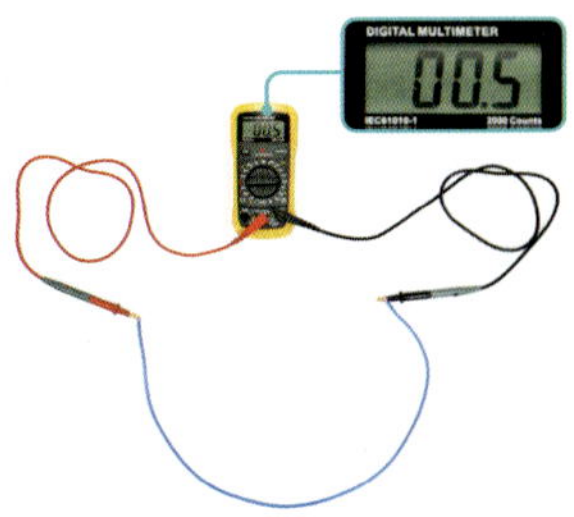

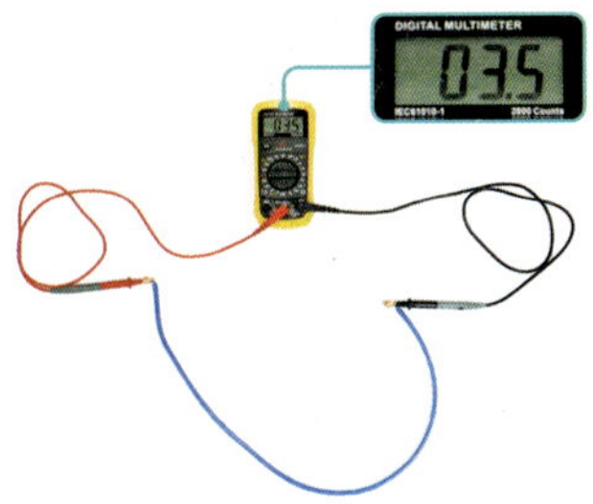

Cobre de 10 m de longitud	
Sección (mm^2)	**Resistencia (Ω)**
1	•••
2	•••
3	•••

3 Representa las gráficas resistencia–longitud y resistencia–sección.

4 ¿Qué relación se puede deducir entre dichas magnitudes?

5 ¿Qué tipo de ley se puede formular en relación con la resistencia de un hilo conductor?

6 Elabora una exposición en la que expliques tanto el proceso seguido para el estudio como las conclusiones a las que has llegado.

¿Cómo te ha ido el reto? Entra y haz tu valoración

EN RESUMEN

¿Qué y cómo investiga la física?

- La física es la ciencia más básica entre todas las ciencias naturales. De forma general, incluye diferentes áreas, como cinemática, dinámica, termodinámica, etc.

¿Qué magnitudes y unidades se utilizan en la física?

- Las magnitudes fundamentales no pueden expresarse en función de otras, mientras que las magnitudes derivadas se pueden expresar a partir de las magnitudes fundamentales.
- Medir una magnitud es comparar un valor de ella con otro que se toma como unidad. Las unidades de las magnitudes fundamentales se definen en el sistema internacional (SI).

¿Qué datos proporcionan los instrumentos de medida?

- Todos los instrumentos tienen un límite en su apreciación o resolución. Este límite introduce una incertidumbre en la medida.
- Son cifras significativas las de una medida experimental con un instrumento. Todo valor experimental está formado por cifras exactas y un último digito incierto.

¿Cómo interpretar los datos experimentales?

- Cuando entre dos variables la relación es lineal, su gráfica es del tipo $y = ax$. Las magnitudes representadas son directamente proporcionales.
- Cuando dos variables tienen una relación de proporcionalidad inversa, su gráfica es del tipo $y = k/x$. Las magnitudes son inversamente proporcionales.

PRACTICAMOS

1 Copia, completa y amplía el siguiente mapa conceptual en tu cuaderno.

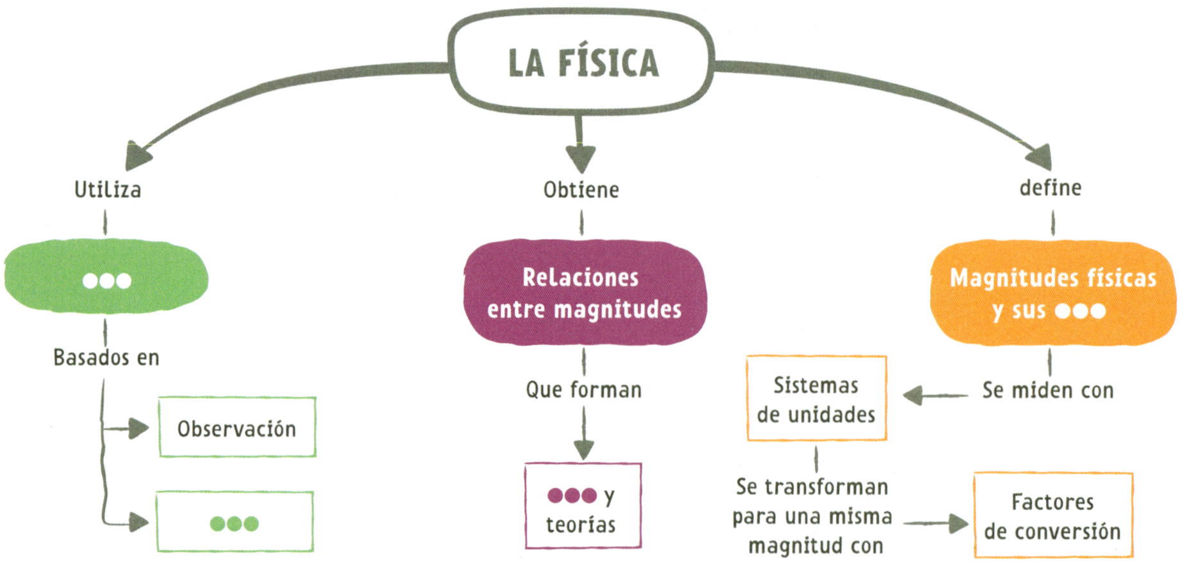

2 Indica qué ramas de la física estudian los siguientes fenómenos.

a. Una explosión por fisión nuclear.

b. El movimiento de caída de una pelota.

c. Los circuitos eléctricos de un edificio.

d. La fuerza de rozamiento de un mueble.

e. Los vórtices de aire en una ciudad.

f. Transformación de energía eléctrica en calor.

3 Las leyes de la naturaleza presentan un mundo razonablemente ordenado con un comportamiento previsible. ¿Tiene esto relación con la posibilidad de enunciar leyes generales a partir de resultados experimentales?

4 El método científico experimental propone obtener conocimiento científico siguiendo por orden seis etapas. ¿Crees que todo el conocimiento científico se ha obtenido siempre así?

5 Indica cuáles de las siguientes propiedades de los cuerpos se pueden considerar magnitudes físicas:

masa, color, utilidad, volumen, simpatía, longitud, temperatura.

6 Utilizando factores de conversión realiza las siguientes conversiones.

a. 144 km/h a m/s.

b. 45 g/dm^3 a kg/m^3

c. 268 kN/cm^2 a N/m^2

7 La siguiente imagen muestra la medida de un amperímetro analógico al comprobar el estado de una pila, si su escala está en amperios.

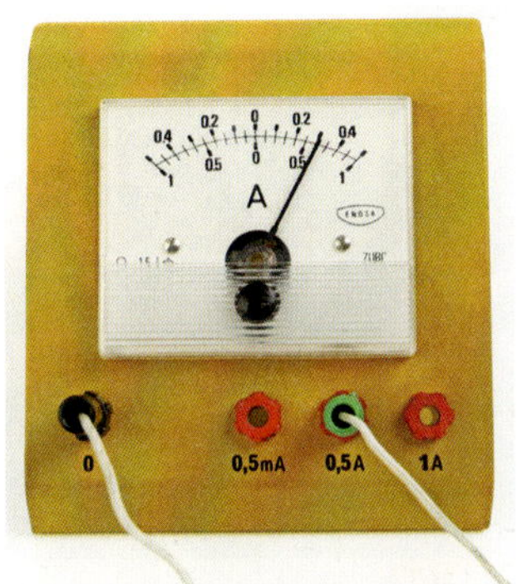

Indica el valor de la medida y la incertidumbre que introduce el aparato. ¿Cuál será la expresión correcta de la medida?

8 En unos campeonatos escolares cuatro alumnos han determinado, cronómetro en mano, el tiempo que ha tardado un atleta en recorrer los 400 m de la pista. Los resultados han sido los siguientes:

55,23 s, 55,34 s, 54,98 s, 54,87 s

a. Determina el valor más probable del tiempo del atleta.

b. ¿Qué incertidumbre introducen los cronómetros en las medidas?

c. ¿Por qué es bueno realizar varias medidas de la duración del evento?

9 Al medir la masa de un objeto con una balanza, el resultado ha sido 737,68 g.

a. Redondea el resultado a 4 c.s.

b. Redondea el resultado a 3 c.s.

c. Redondea el resultado a 2 c.s.

10 Para determinar la densidad de un trozo de mineral, se ha medido su masa con una balanza, que ha proporcionado un valor de 37,91 g. Su volumen se ha medido sumergiéndolo en una probeta con agua y anotando el volumen de agua desplazada, que ha resultado 12 cm^3.

Calcula la densidad del material y expresa el resultado con el número adecuado de cifras significativas.

11 En una oficina de correos se ha medido la masa de un sobre y se ha obtenido el valor de 23,31 g, y posteriormente se ha medido la masa de un sello, con el resultado de 0,175 g.

Calcula la masa de la carta completa y expresa el resultado con el número adecuado de cifras significativas.

12 ¿Qué tipo de relación existe entre las variables que se indican en las siguientes gráficas? ¿Qué tipo de ecuación describe a cada gráfica? Obtenla a partir de los valores que aparecen.

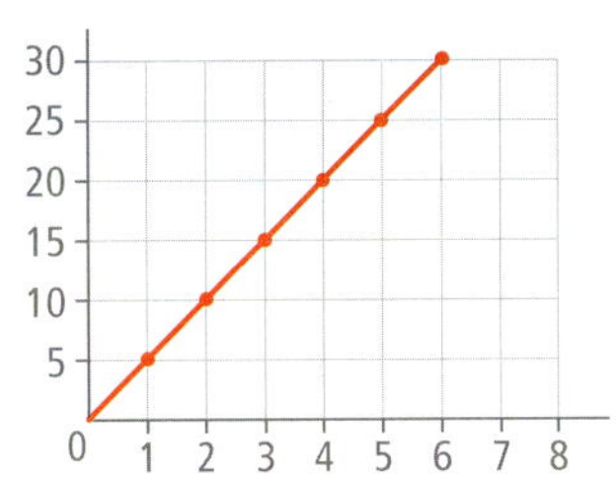

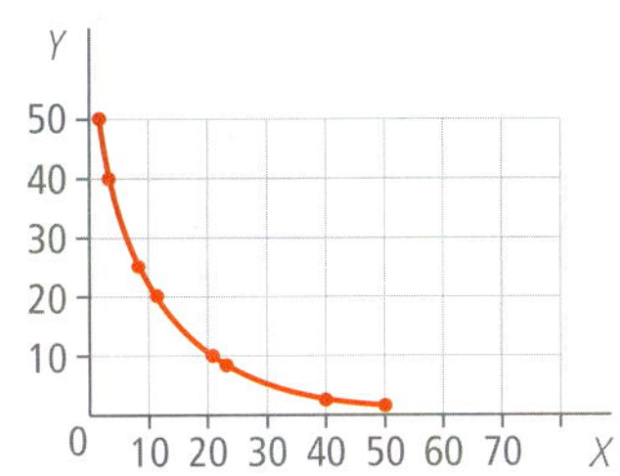

Mis competencias

Autoevaluación

3.2 Descripción del movimiento

¡EMPEZAMOS!

¿Estamos siempre en movimiento?

Una breve mirada al cielo nocturno nos muestra un panorama de estrellas y planetas aparentemente inmóviles. Sin embargo, una observación más detenida nos indica que todo es movimiento en el universo: las galaxias se mueven unas respecto a otras, las estrellas de las galaxias se mueven en torno a su centro, los planetas giran alrededor de las estrellas, los satélites alrededor de los planetas, etc.

- La órbita de la Tierra alrededor del Sol tiene una longitud aproximada de 930 millones de kilómetros. ¿Con qué velocidad media la recorre la Tierra en un año?
- ¿Los seres vivos perciben el movimiento de la Tierra alrededor del Sol?
- ¿Por qué crees que se nota o que no se nota este movimiento?

¡VAMOS A APRENDER!

1. Pedir ayuda a los compañeros antes que al profesor.
2. Reconocer por qué todos los movimientos son relativos.
3. Diferenciar las formas de describir el movimiento.
4. Describir las magnitudes del movimiento a través de vectores.
5. Distinguir entre velocidad y aceleración.
6. Identificar distintas situaciones donde existe aceleración.
7. Desarrollar la capacidad de investigación para lograr el bien común.

NUESTRO RETO

¡Vamos al parque de atracciones!

Coge el cronómetro y ven a medir los movimientos de la lanzadera y las sillas voladoras. ¡No te marees con los cálculos!

¡Vamos allá!

1 ¿Por qué decimos que el movimiento es relativo?

El origen del sistema de referencia

1 Interpreta lo que ocurre.

a. Estás sentado en tu asiento de un tren detenido en una estación y estás mirando a otro tren parado enfrente con personas en sus asientos. De pronto parece que el otro tren se ha puesto en movimiento y, sin embargo, pronto averiguas que es el tuyo el que se mueve.

- ¿Qué ha hecho posible el determinar el estado de reposo o movimiento de ambos trenes?

b. Si dos sondas espaciales se cruzasen en el espacio exterior "sin nada cerca", ¿se podría averiguar cuál de ellas se mueve?

- ¿Se podría encontrar algún punto inmóvil en el universo al que referir todos los movimientos?

c. El ciclista está en reposo respecto al coche de su director de equipo; sin embargo, ambos se están moviendo respecto a los aficionados que están en los bordes de la carretera.

- ¿Puede un cuerpo estar en reposo y en movimiento a la vez?

Para determinar el estado de reposo o movimiento de un cuerpo, es preciso establecer un punto de referencia respecto al que se produce el movimiento. El movimiento siempre es relativo respecto de dicho punto, que se denomina **origen del sistema de referencia**.

Un cuerpo **se mueve cuando cambia de posición respecto a un punto que se toma como referencia.**

2 Viajas en una avioneta con dos amigos, mientras que en el aeropuerto tenéis otro amigo esperando vuestra llegada. Indica si estás en reposo o en movimiento respecto a cada uno de tus amigos.

3 ¿Por qué se suele tomar como sistema de referencia inmóvil la superficie terrestre? ¿Se te ocurre alguna otra alternativa?

4 **Aprendo a pensar.** ¿Cuál crees que es el origen del sistema de referencia cuando se envían telescopios espaciales que viajan a través del espacio? Investiga al respecto y elabora una exposición.

2 ¿Qué es la trayectoria?

El rastro de los móviles

5 **Interpreta lo que ocurre.** Observa estas imágenes e indica cómo es la trayectoria que sigue en cada caso el avión.

La estela que deja el avión en la atmósfera nos indica por dónde ha pasado.

El humo que suelta el avión en sus acrobacias indica el camino que ha seguido.

a. ¿Qué tipo de línea es el rastro seguido por el avión en cada caso?

La **trayectoria** es la línea descrita por un móvil en su movimiento. Puede ser **rectilínea** o **curvilínea**. El **espacio recorrido** es la longitud medida sobre la trayectoria expresada en unidades de SI.

La **posición** es el lugar donde está el móvil en cada momento medido sobre la trayectoria respecto a su origen en el sistema de referencia.

La descripción de los movimientos

¿Qué sabías ya sobre este tema?

El **desplazamiento,** Δs, sobre la trayectoria es la diferencia entre sus posiciones final e inicial.

$$\Delta s = s_f - s_0$$

Para describir la posición del móvil en cada instante, se usan sus coordenadas de espacio y tiempo, que se representan en una gráfica. Se obtiene así la gráfica **espacio-tiempo (*s*-*t*)**.

6 **Interpreta lo que ocurre.** La imagen muestra las sucesivas posiciones, en metros, de un coche de "scalextric" sobre el circuito, medidas cada segundo. Se ha marcado como origen del sistema de referencia $s = 0$.

Se consideran negativas las posiciones que están a la izquierda del origen, y positivas las que se encuentran a la derecha.

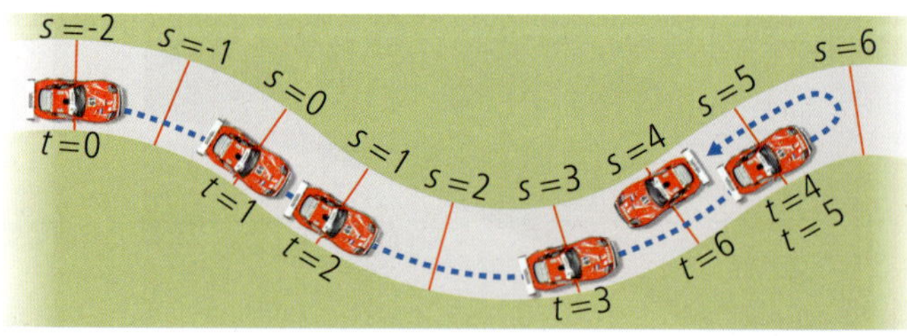

a. ¿Dónde se encuentra el móvil en el instante inicial? ¿Y al cabo de 3 segundos?

b. ¿Qué sucede entre los instantes $t = 4$ s y $t = 5$ s?

c. ¿Cuál es el desplazamiento en este caso? ¿Coincide con el espacio recorrido?

7 Actividad resuelta

Representa la gráfica *s*-*t* de un móvil cuyo movimiento tiene los valores de la siguiente tabla.

t(s)	0	1	2	3	4	5	6
s(m)	−2	0	1	3	5	5	4

Los valores de la tabla se representan con sus pares (*s*, *t*) en los ejes *X* e *Y*.

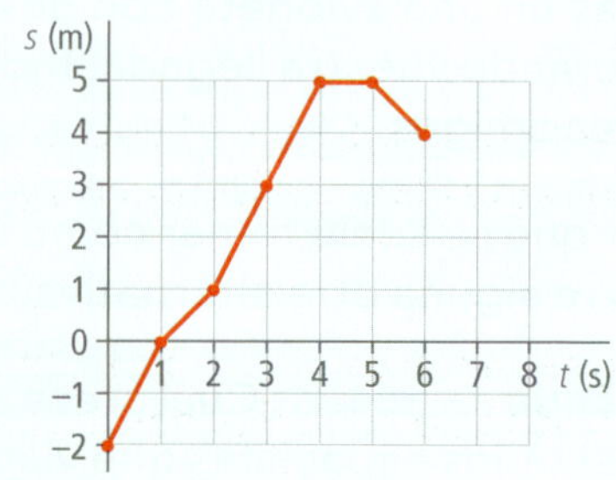

3 ¿Por qué usamos los vectores en física?

Los vectores

Un vector es un segmento orientado. Consta de los siguientes elementos:

- La **dirección** es la de la recta sobre la que se dibuja.
- El **sentido** es el indicado por la punta de flecha.
- El **punto de aplicación** es el origen del vector.
- El **módulo o intensidad** es la medida de la longitud del vector.

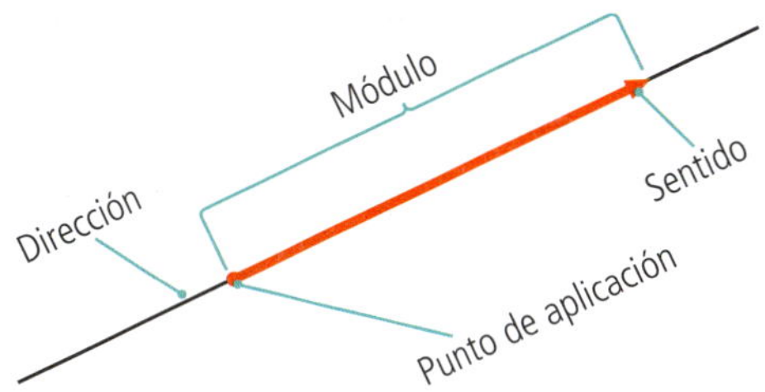

Muchas magnitudes físicas poseen características que quedan mejor determinadas si se utilizan los elementos de los vectores; por eso se dice que son **magnitudes vectoriales.** Por ejemplo: la posición, la fuerza, etc . A diferencia de las magnitudes escalares que se definen con un número como la temperatura o el volumen.

8 **Entre las siguientes magnitudes físicas, indica cuáles son escalares y cuáles son vectoriales: temperatura, velocidad, masa, fuerza, longitud, aceleración, tiempo.**

Descripción vectorial del movimiento

9 **Interpreta lo que ocurre. El dibujo muestra un pájaro que vuela libremente dentro de una gran habitación de planta rectangular. Fijamos el origen del sistema de referencia en el punto O. Una línea muestra el camino o trayectoria seguido por el pájaro en su movimiento.**

Para cada punto de la trayectoria se puede definir un vector de posición, $\vec{r}_P$, que va desde el origen al punto donde se sitúa el pájaro.

La relación entre el vector de posición en cada instante de tiempo describe el movimiento.

El vector que une dos puntos de la trayectoria se denomina **vector desplazamiento** $\Delta\vec{r}$: $\Delta\vec{r} = \vec{r}_Q - \vec{r}_P$

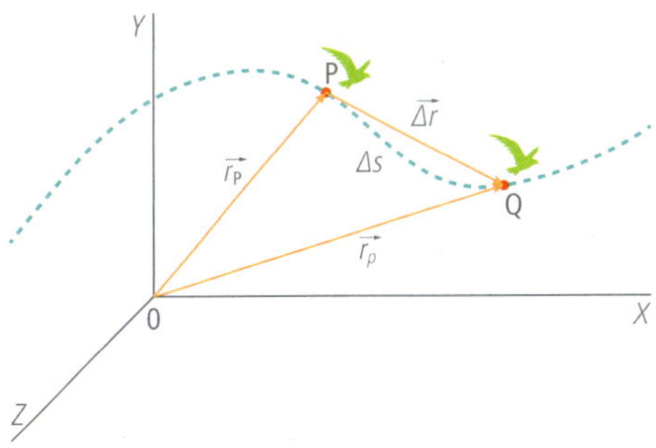

a. ¿Qué dibuja el vector de posición en el tiempo que dura el movimiento?

b. ¿Puede pasar la trayectoria del móvil por el origen? ¿Cuál sería su vector de posición en ese momento?

c. En general, ¿coincide la longitud del vector desplazamiento, $\Delta\vec{r}$, con el espacio recorrido por el móvil?

10 **Para una magnitud vectorial, ¿cuántas posibles direcciones tiene un vector? ¿Y cuántos posibles sentidos?**

¿Cómo sabrás que has comprendido esta definición?

El **desplazamiento sobre la trayectoria,** Δs, expresa el cambio de posición del móvil. No debe confundirse con el **vector desplazamiento,** $\Delta\vec{r}$, usado en la descripción vectorial del movimiento.

11 **¿Dónde está situado el vector desplazamiento en los movimientos cuya trayectoria es una línea recta? Haz un dibujo para justificar tu explicación.**

12 **CONTRASTAMOS JUNTOS. Representa en una gráfica *s*-*t* el movimiento de un objeto que tengas cerca en tu día a día, indicando tres posiciones en su trayectoria, el vector posición entre dos de ellas y el espacio recorrido.**

4 ¿Cómo se define la velocidad de un móvil?

Concepto de velocidad

13 **Interpreta lo que ocurre.** En el circuito, todas las motos competidoras salen al mismo tiempo para dar un número determinado de vueltas, pero no todas llegan a la vez.

a. ¿Cuál llegará la primera?

b. ¿Cómo podemos relacionar el espacio recorrido con el tiempo empleado?

El espacio recorrido se relaciona con el tiempo empleado mediante la **velocidad media** o **rapidez media**:

$$v_m = \frac{\Delta s}{\Delta t}$$

Es una magnitud que se expresa en el SI en m/s, aunque también puede expresarse en km/h.

14 Actividad resuelta

Si el circuito tiene una longitud de 3,5 km y el ganador de un gran premio ha dado 300 vueltas en 4,2 h, ¿cuál ha sido su velocidad media expresada en km/h y en m/s?

El espacio recorrido ha sido $e = (3,5\ \text{km}) \cdot 300 = 1050\ \text{km}$

$$v_m = \frac{\Delta s}{\Delta t} = \frac{1050\ \text{km}}{4,2\ \text{h}} = 250\ \text{km/h}\ ;\ \left(\frac{250\ \text{km}}{1\ \text{h}}\right)\left(\frac{1000\ \text{m}}{1\ \text{km}}\right)\left(\frac{1\ \text{h}}{3600\ \text{s}}\right) = 69\ \text{m/s}$$

En la carrera, unas motos adelantan a otras. En el velocímetro de cada moto se puede ver en cada momento la **rapidez instantánea**, que varía durante la carrera en cada instante de tiempo.

Un móvil posee **movimiento uniforme** si su rapidez no cambia y **movimiento variado** cuando sí cambia.

La velocidad se representa mejor con un vector

A un móvil que avanza sobre una trayectoria desde el origen a posiciones positivas se le asigna una velocidad positiva y, si lo hace en sentido contrario, se le asigna una velocidad negativa.

Para precisar los posibles cambios de la velocidad instantánea de un móvil, es adecuado representarla mediante un vector, $\vec{v}$, que se dibuja tangente a la trayectoria en cada punto considerado.

El **vector velocidad** indica la dirección y el sentido del desplazamiento del móvil, y su módulo es la rapidez.

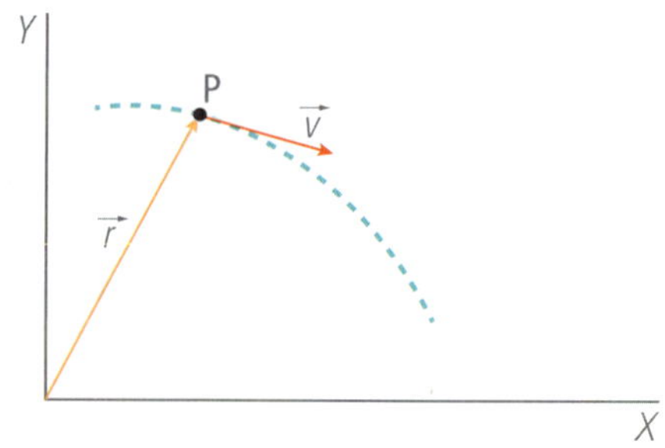

15 ¿Qué dirección tiene la velocidad en un movimiento rectilíneo?

16 Un vehículo se dirige hacia un cruce a una velocidad de 30 km/s.

a. ¿Qué cambia en su velocidad si elije las diferentes alternativas a), b), c) o d) del cruce?

b. Representa cada uno de los vectores velocidad que corresponderían a cada una de las situaciones que se presentan en el cruce.

c. ¿En qué alternativa del cruce no cambia la dirección pero sí el sentido del movimiento? ¿En cuál de ellas cambian dirección y sentido?

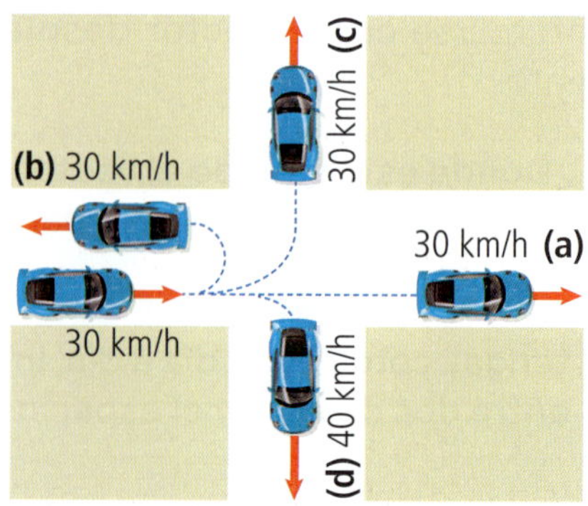

5 ¿Qué es la aceleración?

Concepto de aceleración

17 **Interpreta lo que ocurre.** Cuando el guepardo persigue a una presa, aumenta su velocidad tanto como un Fórmula 1. La imagen muestra su velocidad después de cada segundo transcurrido desde que inicia la persecución.

t = 0 s v = 0 km/h

t = 1 s v = 36 km/h

t = 2 s v = 60 km/h

t = 3 s v = 110 km/h

Completa la tabla para determinar las variaciones en la velocidad y el tiempo empleado en ello.

t (s)	Δt	v(m/s)	Δv	$\Delta v/\Delta t$
0	0	0	●●●	●●●
1	1	36 km/h = 10 m/s	10 m/s	10 m/s
2	●●●	●●●	●●●	●●●

a. Observa los valores que aparecen en las filas para cada instante de tiempo. ¿Qué crees que significan los valores de las dos columnas de la derecha?

Cuando cambia la velocidad en un movimiento, la **aceleración** mide el ritmo al que cambia la velocidad en un período de tiempo determinado.

La **aceleración media** es el cociente entre la variación de la velocidad, $\Delta v = v_f - v_0$, y el tiempo empleado en ello: se expresa en m/s^2 en el SI.

La **aceleración instantánea** es la que posee el móvil en cada instante. Tanto la aceleración media como la instantánea pueden ser positivas o negativas.

18 Actividad resuelta

Determina la aceleración media del guepardo en los 3 s de su movimiento.

El animal ha pasado del reposo, v_0 = 0 m/s, a una velocidad final, v_f = 31 m/s, en 3,0 s. Por tanto, su aceleración media ha sido:

$$a_m = \frac{v_f - v_0}{t} = \frac{(31-0)\text{ m/s}}{3{,}0\text{ s}} = 10{,}33\text{ m/s}^2$$

La aceleración se representa mejor con un vector

La aceleración mide las variaciones del vector velocidad, $\vec{v}$, que puede cambiar en módulo (rapidez), dirección o sentido. Por lo que tiene carácter vectorial: $\vec{a}$.

Así, el vector $\vec{a}$ puede tener la misma dirección y sentido que $\vec{v}$, una dirección distinta a este o incluso la misma dirección pero sentido opuesto a la velocidad, según sea el movimiento.

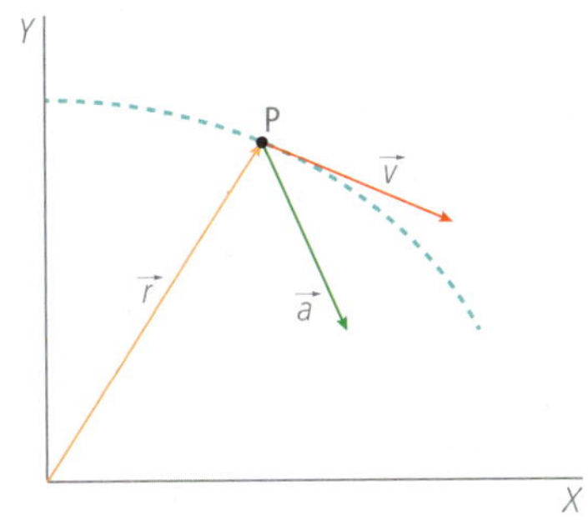

19 **Calcula la aceleración de una liebre que corre a su escondite si corre inicialmente a una velocidad de 20 m/s y tarda en llegar 4 segundos.**

6 ¿En qué situaciones hay aceleración?

Tipos de aceleración

20 **Interpreta lo que ocurre.** Razona si hay aceleración en cada uno de los casos que se presentan en las imágenes y explica a qué tipo de variación se debe su existencia.

a. El AVE circula a 350 km/h por un tramo recto.

c. Las atletas salen en una carrera de 100 m.

b. El vehículo toma una curva a velocidad constante.

d. La moto GP entra en la curva frenando.

Hay aceleración siempre que cambia la dirección o el módulo del vector velocidad.

Aceleración en los movimientos uniformes (rapidez constante)

Trayectoria rectilínea

En esta situación no cambian ni la dirección del vector velocidad ni la rapidez. No hay aceleración.

Trayectoria curvilínea

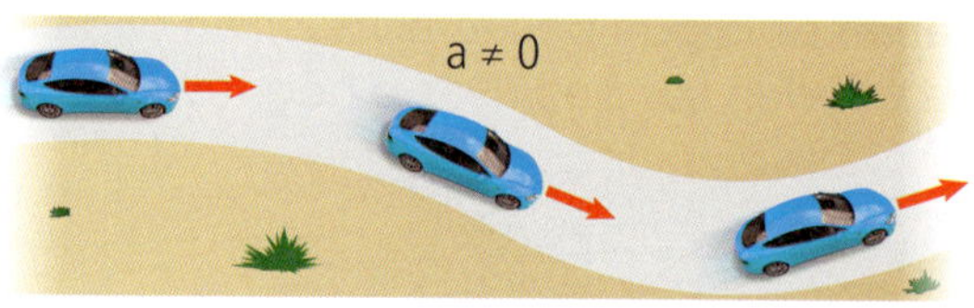

No cambia la rapidez, pero sí cambia la dirección del vector velocidad. Hay aceleración.

Aceleración en los movimientos variados (rapidez variable)

Trayectoria rectilínea

No cambia la dirección del vector velocidad, pero sí la rapidez. Hay aceleración.

Trayectoria curvilínea

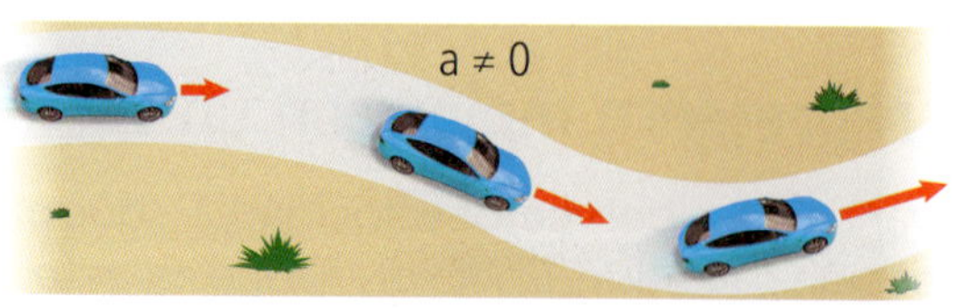

Cambia la dirección del vector velocidad y también la rapidez. Hay aceleración.

21 **ENTRENAMOS JUNTOS.** Busca el trazado del circuito de Fórmula 1 de Monza, Italia, e indica por tramos si existe aceleración en cada uno de ellos justificando tu respuesta.

NUESTRO RETO

¡Vamos al parque de atracciones!

Identifica distintos tipos de movimientos en un parque de atracciones

Acude a un parque de atracciones con una libreta para tomar notas y utiliza el cronómetro de tu móvil para hacer medidas en cada una de las atracciones.

Paso 1

Identifica el tipo de trayectoria en las atracciones.

Movimientos rectilíneos

Movimientos curvilíneos

1 Enumera las atracciones con trayectorias rectilíneas y curvilíneas.

Paso 2

La lanzadera

Caída desde 63 m

Velocidad máxima: 87 km/h

2 Mide con el cronómetro el tiempo que se tarda en caer. ¿Cuál será la velocidad media de caída?

3 Antes de hacer la medida, ¿crees que se tardará lo mismo en la subida que en la caída? ¿Por qué? Confírmalo realizando la medida del tiempo en el ascenso.

4 ¿Se podría llegar al suelo a 87 km/h?

Paso 3

Star Flyer

Radio de giro: 11 m

Velocidad adquirida por las sillas: 45 km/h

5 ¿Qué tipo de aceleración tiene esta atracción? ¿Por qué?

6 ¿Se inclinan igual las sillas que tienen una persona que las que están vacías?

7 ¿Afectaría a la seguridad de los usuarios que cambien las características de las atracciones? Investiga sobre las medidas de seguridad en el parque de atracciones.

¿Cómo te ha ido el reto? Entra y haz tu valoración

EN RESUMEN

Descripción del movimiento

- Un cuerpo se mueve cuando cambia de posición respecto a un punto que se considera **el origen del sistema de referencia**. El camino descrito por un móvil se denomina **trayectoria**.
- Todos los movimientos son relativos: se puede estar en movimiento respecto a un cuerpo y en reposo respecto a otro.
- Describir un movimiento es conocer la posición del móvil en la trayectoria en cada momento. Las gráficas *s*-*t* facilitan su estudio.

Los vectores

- Algunas magnitudes quedan descritas de una forma más concreta con el uso de vectores. Los elementos de un **vector** son: módulo, dirección, sentido y punto de aplicación.

La velocidad

- La velocidad media es el cociente entre el espacio recorrido y el tiempo empleado: $v_m = \frac{e}{t}$

La aceleración

- La **aceleración media** es el cociente entre la variación de la velocidad, Δv, y el tiempo en que ha ocurrido esa variación. $a_m = \frac{\Delta v}{\Delta t}$
- Existe aceleración en un movimiento determinado si hay cambio en la dirección o el módulo del vector velocidad.

PRACTICAMOS

1 Copia, completa y amplía el siguiente mapa mental en tu cuaderno.

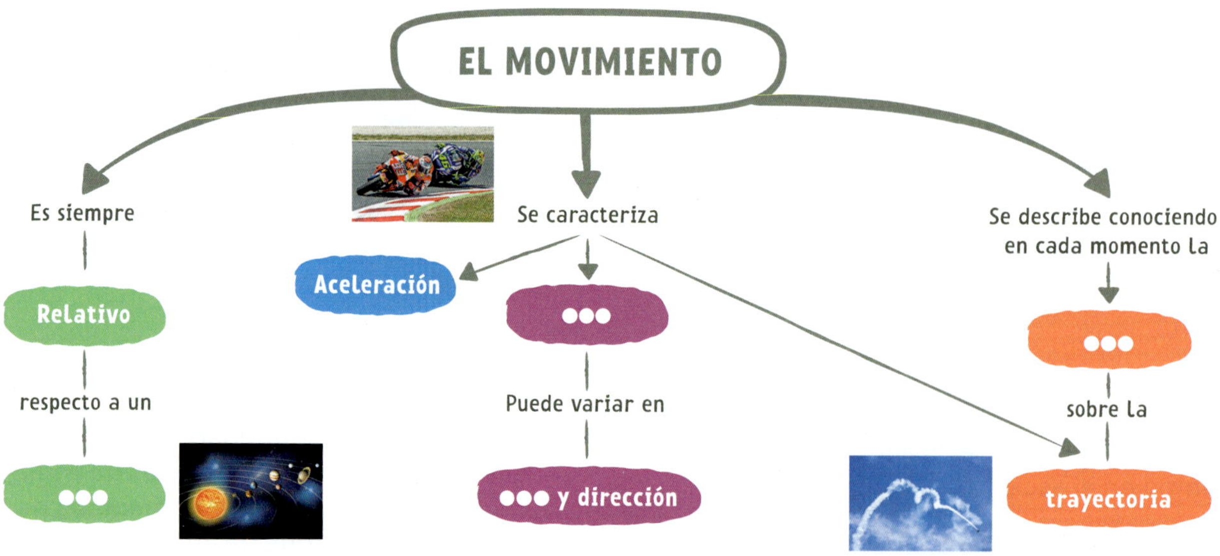

2 Razona si las siguientes afirmaciones son verdaderas o falsas:

A. La Tierra es un sistema de referencia inmóvil.

B. El vector de posición determina la posición de un móvil sobre la trayectoria.

C. La velocidad es una magnitud vectorial, pero la aceleración no.

D. La posición sobre la trayectoria puede ser positiva o negativa.

E. El valor numérico del desplazamiento sobre la trayectoria coincide siempre con el espacio recorrido.

3 **Un niño juega con un cochecito eléctrico. En el dibujo se muestra su posición en diversos momentos sobre el camino, con la distancia marcada en metros y tiempo en segundos.**

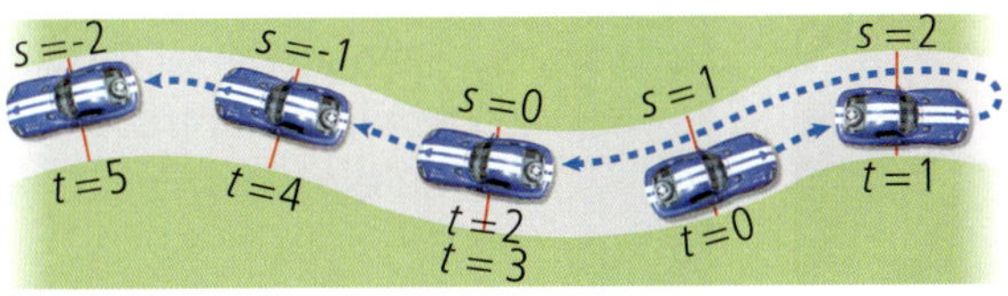

a. Realiza una tabla con los pares posición-tiempo (s–t). Dibuja la gráfica s–t.

b. ¿Cuál es la distancia total recorrida por el cochecito?

c. ¿Cuál ha sido el desplazamiento sobre la trayectoria? ¿Coincide su valor absoluto con la distancia total recorrida? ¿Por qué?

4 **Ahora el cochecito eléctrico anterior recorre una trayectoria rectilínea con los mismos pares de valores (s–t) que la actividad 3:**

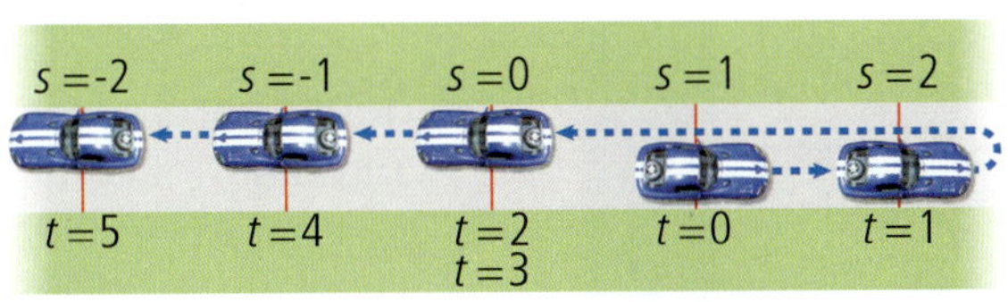

a. Dibuja la gráfica s–t y compárala con la gráfica s–t de la actividad 3. ¿Qué observas?

b. Si solo conoces la gráfica s–t o la tabla de valores (s, t), ¿podrías averiguar el tipo de trayectoria del móvil?

5 **Un vehículo recorre 25 km a una velocidad constante de 72 km/h y, a continuación, recorre 15 km más a una velocidad constante de 36 km/h. ¿Cuál ha sido su velocidad media en los 40 km recorridos?**

6 La gráfica describe el movimiento de una chica que circula en un circuito de karts:

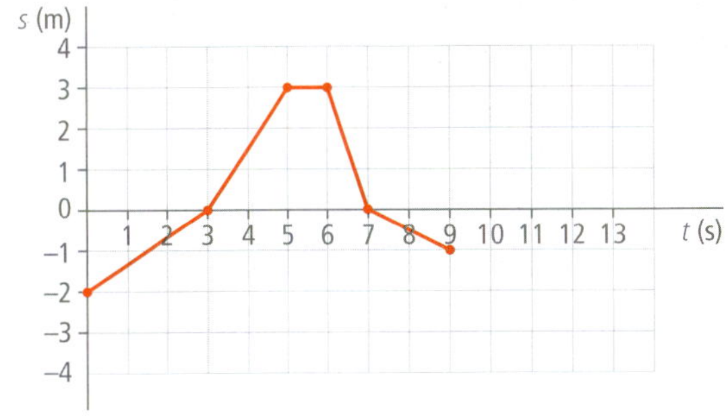

a. ¿Dónde se encuentra el kart inicialmente? ¿Hacia dónde se dirige?

b. ¿En qué momentos está en el origen?

c. ¿Está parado durante algún tiempo?

d. ¿Da la vuelta? ¿Cuándo?

e. ¿Qué espacio total ha recorrido?

f. ¿Cuál es el desplazamiento del kart sobre la trayectoria? ¿Su valor absoluto coincide con el espacio recorrido?

g. ¿Cuál ha sido su velocidad media?

7 **Indica en qué situaciones hay aceleración y justifica tu respuesta.**

a. Una liebre huye de sus perros perseguidores.

b. Un ascensor viaja entre dos pisos.

c. Unos niños montan en una noria de feria.

d. Un avión viaja en altura en un trayecto.

e. Un tren llega a una estación.

8 **En el movimiento rectilíneo de un atleta, ¿qué debe pasar para que exista aceleración? ¿Y si es un movimiento curvilíneo?**

9 **La gráfica muestra la variación con el tiempo de la rapidez de un movimiento rectilíneo de un coche en un recorrido por una ciudad.**

¿En qué tramos existe deceleración? ¿Cuál es su valor?

Mis competencias | Autoevaluación

3.3 Tipos de movimiento

¡EMPEZAMOS!

¿Cómo estudiamos los movimientos complejos?

En el parque de atracciones, las personas subidas a esta atracción (Flip Fly) aparentemente se lo están pasando muy bien. Su sentido del equilibrio se está poniendo a prueba: un mecanismo las hace describir grandes circunferencias, otro las hace girar en torno a un eje perpendicular al plano de todos los grupos de asientos, y otro voltea cada grupo de asientos: ¡demasiados giros, pensarán algunos!

Desde la posición de un observador en tierra, cada pasajero de la atracción describe una trayectoria muy compleja, pero también se podría estudiar por separado cada movimiento más sencillo. En este curso vamos a estudiar solo movimientos rectilíneos y circulares.

- ¿Por qué no se caen las personas subidas a la atracción?
- ¿Qué tipo de trayectoria tiene una persona subida en la atracción respecto de alguien que la ve desde el suelo? ¿Sería posible dibujarla de alguna forma?

¡VAMOS A APRENDER!

1. Prestar ayuda cuando alguien la necesita.
2. Clasificar los movimientos según su trayectoria y su velocidad.
3. Describir el movimiento rectilíneo uniforme mediante su ecuación y sus gráficas.
4. Distinguir el movimiento rectilíneo uniformemente acelerado mediante su ecuación y sus gráficas.
5. Reconocer las características de la caída libre de los cuerpos.
6. Identificar el movimiento circular uniforme y sus características.
7. Enfocar las tareas con mentalidad de crecimiento.

NUESTRO RETO

Experimenta con el movimiento *mrua*

Utiliza un simulador para estudiar el movimiento rectilíneo uniformemente acelerado.

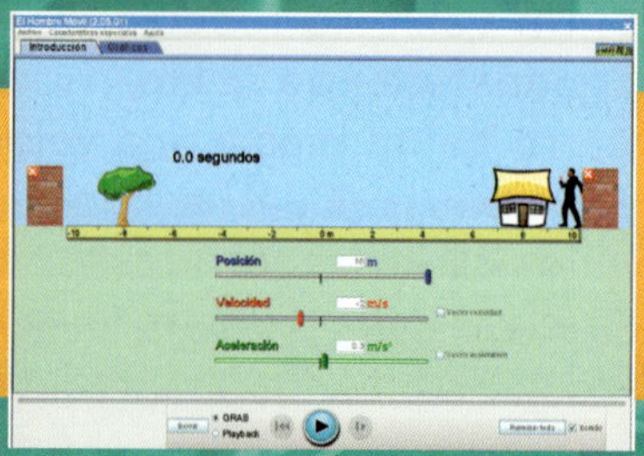

¡Vamos allá!

1 ¿Cómo podemos clasificar los movimientos?

Clasificación según la trayectoria

1 **Interpreta lo que ocurre.** Identifica las trayectorias rectas en estas imágenes.

Según su **trayectoria**, los movimientos pueden ser **rectilíneos, circulares** y **curvilíneos**.

Clasificación según la rapidez

2 Actividad resuelta

Realiza las gráficas *s–t* de los siguientes movimientos y saca conclusiones:

Situación A. Una persona camina por un sendero curvilíneo de un parque, que tiene marcado cada 50 m el espacio recorrido. Su posición en varios instantes se muestra en la siguiente tabla:

t(s)	0	25	50	75	100	125
s(m)	0	50	100	150	200	250

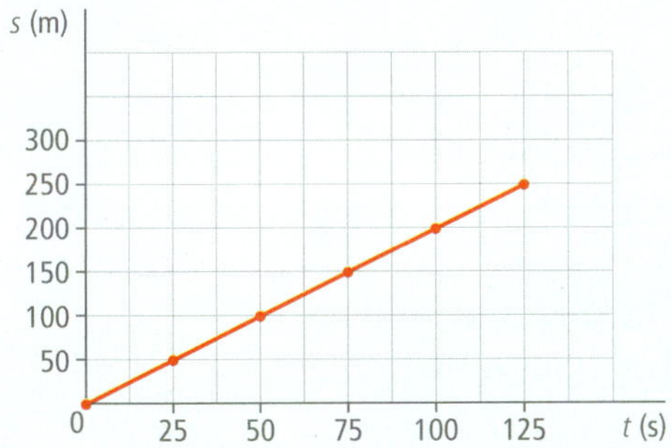

La persona recorre espacios iguales en tiempos iguales. Su gráfica *s–t* es recta.

Situación B. Un vehículo arranca desde el reposo en una pista de pruebas de varios carriles. Un sensor mide con precisión la posición del vehículo cada segundo, reflejada en la tabla:

t(s)	0	1	2	3	4	5	6
s(m)	0	10	25	45	70	100	135

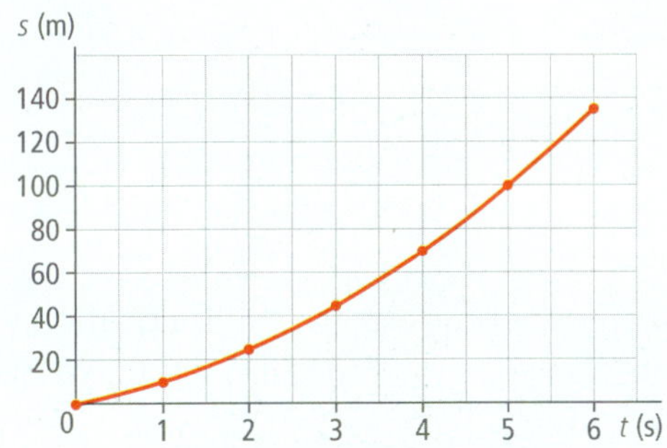

El vehículo recorre espacios diferentes en tiempos iguales. Su gráfica *s–t* es curva.

- En los **movimientos uniformes,** el módulo de la velocidad es constante, y su **gráfica *s–t* es una recta**. En los **movimientos variados,** el módulo de la velocidad cambia y la gráfica es una **curva.**

2 ¿Qué es el movimiento rectilíneo uniforme?

Características del movimiento rectilíneo uniforme

TALLER

Paso 1 Abre un grifo de forma que caiga un "hilo" de agua constante. Usa una probeta de 500 mL y mide con una regla la separación en cm de las marcas de graduación de la probeta, de 50 cm^3 en 50 cm^3. Con un rotulador señala estas marcas y rellena una tabla con seis medidas de longitud, x_i, correspondientes a las capacidades indicadas.

Paso 2 Coloca la probeta bajo el grifo y pon en marcha un cronómetro, anotando el tiempo, t_{1i} que tarda la superficie del agua en pasar por las marcas indicadas. Anota las medidas en una tabla.

Paso 3 Repite la experiencia aumentando algo el caudal del agua del grifo, mide los intervalos de tiempo t_{2i} y añade los datos a la tabla.

x_i(cm)	•••	•••	•••	•••	•••	•••
t_{1i}(s)	•••	•••	•••	•••	•••	•••
t_{2i}(s)	•••	•••	•••	•••	•••	•••

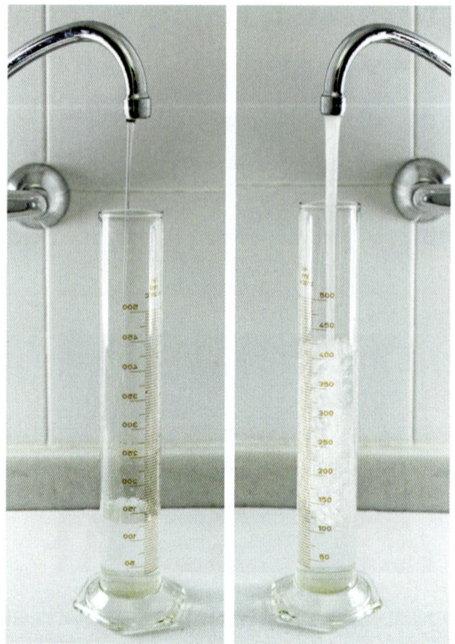

3 **Dibuja las gráficas *x–t* de estos movimientos rectilíneos. ¿Qué conclusiones sacas?**

En el **movimiento rectilíneo uniforme (*mru*)**, el módulo de la velocidad se mantiene constante para el móvil que sigue una trayectoria recta y sin cambiar el sentido.

Como el vector velocidad es constante, no cambia su módulo, dirección ni sentido. En consecuencia, no hay aceleración.

Gráficas del *mru*

Si hacemos coincidir la trayectoria del "hilo" de agua constante del grifo con el eje *X*, el agua va cambiando de posición sobre dicho eje. Suponemos que, al ponerse el cronómetro en marcha, el agua ocupa la posición x_0, al salir del grifo.

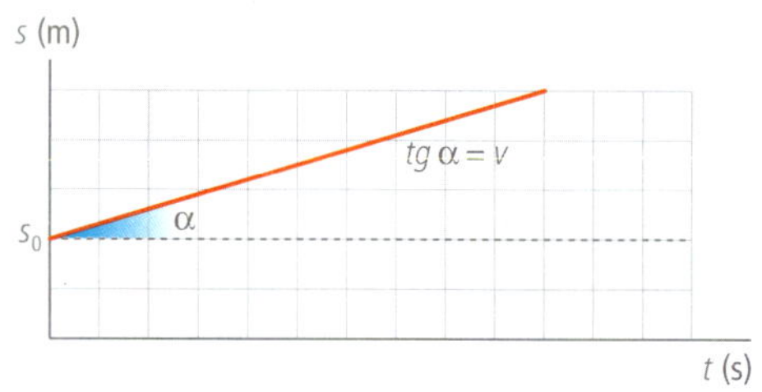

La gráfica *s–t* es una recta cuya pendiente, tg α, es la rapidez del móvil.

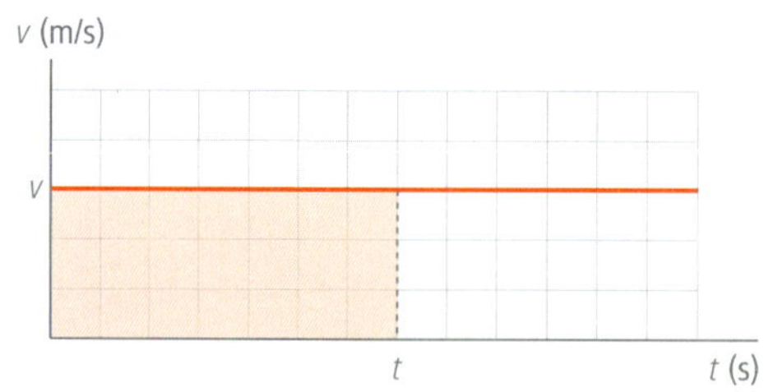

La gráfica *v–t* es una recta horizontal en $y = v_0$, ya que la rapidez no cambia.

La ecuación del *mru* es la ecuación de la gráfica *s–t*, que es una recta cuya pendiente es la rapidez

$$s = s_0 + vt$$

4 **El valor absoluto del área bajo la gráfica *v–t* es el espacio recorrido por el móvil. En este movimiento no hay cambio de sentido. ¿Qué relación hay entre el desplazamiento sobre la trayectoria y el espacio recorrido?**

3 ¿Qué es el movimiento rectilíneo uniformemente acelerado?

Características del movimiento rectilíneo uniformemente acelerado

5 **Interpreta lo que ocurre. El dibujo muestra la posición y velocidad en diversos momentos de un cochecito de juguete que se mueve por una trayectoria rectilínea.**

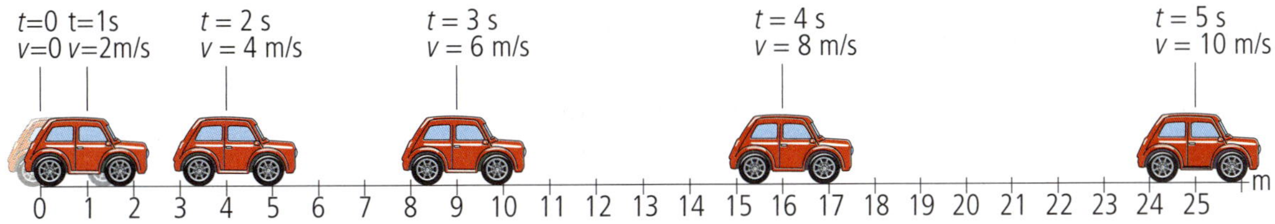

a. ¿Es un movimiento rectilíneo uniforme?

b. ¿Qué le sucede a la rapidez? ¿Cuánto varía cada segundo?

c. Determina la aceleración media del cochecito en cada intervalo de tiempo. ¿Varía?

Un **movimiento rectilíneo uniformemente acelerado (*mrua*)** es el que se realiza con aceleración constante siguiendo una trayectoria rectilínea. La aceleración media coincide con la instantánea.

$$a = cte = \frac{v - v_0}{t} \Rightarrow v = v_0 + at$$

La aceleración es debida únicamente al cambio del módulo de la velocidad.

Gráficas del *mrua*

Hacemos coincidir la trayectoria rectilínea que tiene el cochecito de juguete en su movimiento con el eje horizontal. Suponemos que ocupa una posición s_0 y tiene una velocidad v_0 en t=0 s.

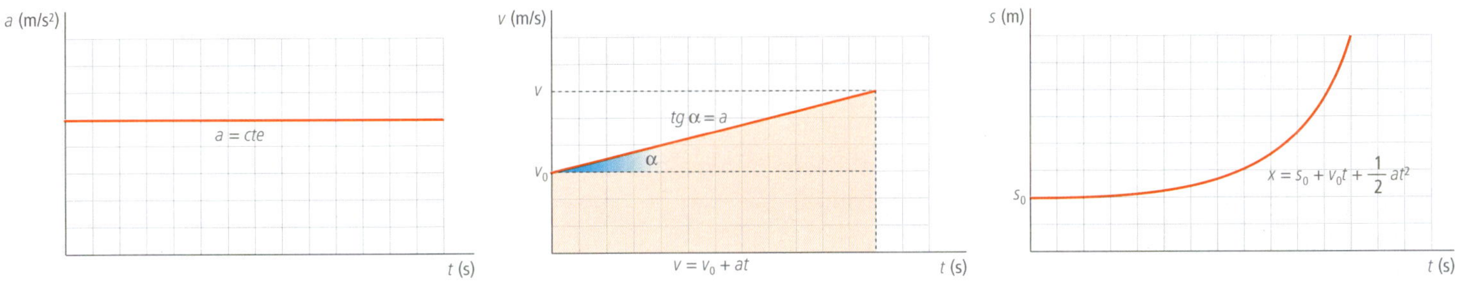

El valor absoluto del área bajo la gráfica v–t es el espacio recorrido por el móvil, $e = s - s_0$:

$$e = s - s_0 = \frac{v + v_0}{2} \cdot t = \frac{(v_0 + at) + v_0}{2} \cdot t = v_0 + \frac{1}{2}at^2 \Rightarrow s = s_0 + v_0 t + \frac{1}{2}at^2$$

6 Actividad resuelta

Los datos técnicos de una motocicleta indican que es capaz de alcanzar 100 km/h partiendo del reposo en 8 s. Suponiendo que posee un *mrua*, determina su aceleración y el espacio recorrido en ese tiempo.

$$\left(\frac{100\text{ km}}{1\text{ h}}\right)\left(\frac{1000\text{ m}}{1\text{ km}}\right)\left(\frac{1\text{ h}}{3600\text{ s}}\right) = 28\text{ m/s} \Rightarrow a = \frac{v - v_0}{t} = \frac{(28-0)\text{ m/s}}{8\text{ s}} = 3{,}5\text{ m/s}$$

$$s = v_0 t + \frac{1}{2}at^2 = 0 + \frac{1}{2}\cdot(3{,}5\text{ m/s})(8\text{ s})^2 = 112\text{ m}$$

4 ¿Qué tipo de movimiento es la caída libre?

Descripción del movimiento de caída libre

7 **Interpreta lo que ocurre.** La imagen muestra las fotografías de la caída libre de una pelota, hechas en intervalos de un segundo con una cámara de alta velocidad.

a. Se observa que los espacios recorridos en la caída son proporcionales al cuadrado del tiempo. ¿Es un movimiento uniforme?

b. Los espacios recorridos se muestran en la tabla de la derecha. Calcula la constante de proporcionalidad entre el espacio recorrido por la pelota y el cuadrado del tiempo empleado. ¿Es la misma en toda la experiencia?

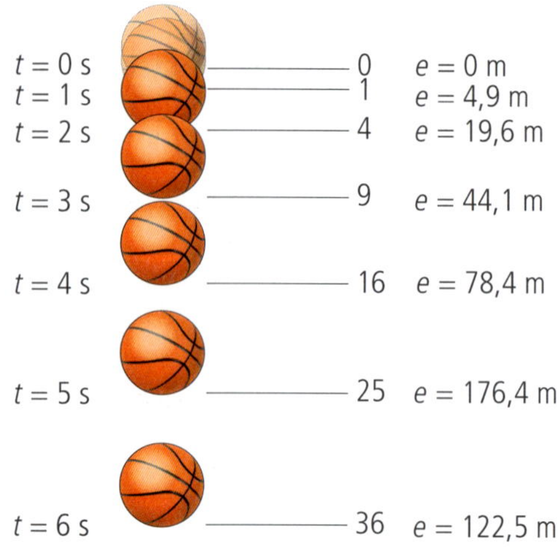

Este movimiento es un movimiento rectilíneo uniformemente acelerado, llamado **caída libre**, con una aceleración constante g = 9,8 m/s².

Para realizar cálculos sobre cuerpos en caída libre conviene situar el origen de coordenadas y el eje X en la superficie terrestre. Los objetos caerán desde una altura y_0, en el eje Y.

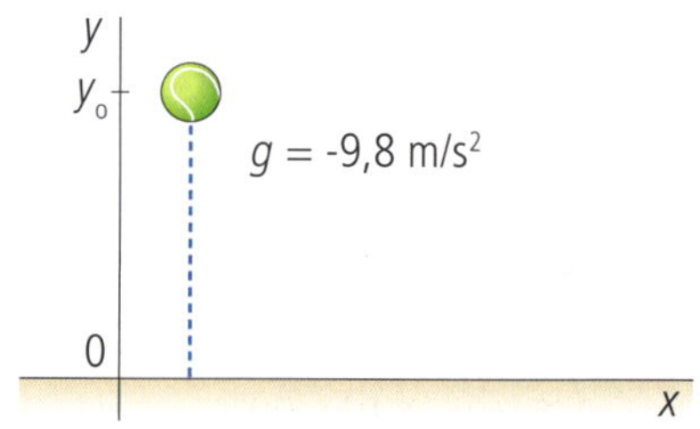

Con este sistema de referencia, a la aceleración de la gravedad se le asigna un valor negativo, g = −9,8 m/s². Particularizando, las ecuaciones del *mrua* son:

$$\left.\begin{aligned} v &= v_0 + at \\ x &= x_0 + v_0 t + \frac{1}{2}at^2 \end{aligned}\right\} \xrightarrow{a \equiv g = -9,8\ \text{ms}^{-2}} \left.\begin{aligned} v &= v_0 - 9,8t \\ y &= y_0 + v_0 t - 4,9t^2 \end{aligned}\right\}$$

8 **Actividad resuelta**

Desde una altura de 125 m, se lanza hacia el suelo una pelota de tenis con una velocidad inicial v_0 = −6 m/s. Determina:

a. **El tiempo que tarda en caer.**

b. **La velocidad con la que llega al suelo.**

La velocidad es negativa por ir en sentido negativo del eje Y.

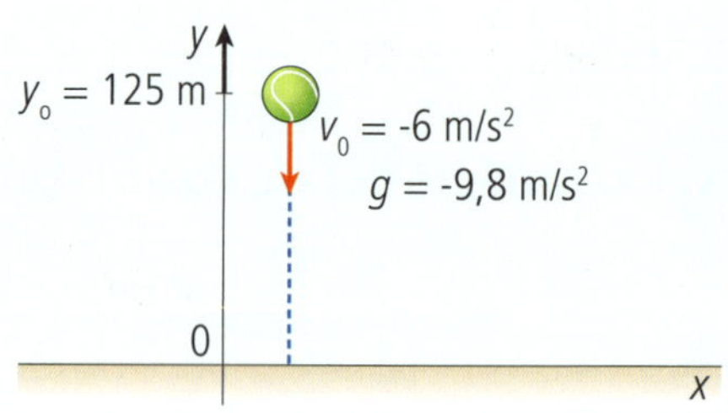

a. Llegará al suelo cuando su altura sea y = 0 m. Sustituyendo datos en la ecuación de la posición:

$$0 = 125 - 6t - 4,9t^2 \Rightarrow t = \frac{6 \pm \sqrt{36 - 4 \cdot (-4,9) \cdot 125}}{2 \cdot (-4,9)} = \frac{6 \pm 50}{-9,8} = 4,5 \text{ s}$$

b. $v = v_0 - 9,8t = -6 - 9,8 \cdot 4,5 = -50$ m/s

9 **ENTRENAMOS JUNTOS.** Si la caída libre de una maceta desde un balcón dura 25 s, ¿desde qué altura habrá caído? ¿Con qué velocidad llega al suelo la maceta?

10 Una antena se cae desde la azotea de un bloque de pisos desde una altura de 250 m. ¿Qué distancia recorre en el último segundo de caída al suelo?

11 Se lanza un balón verticalmente desde el suelo. En su ascenso alcanza una altura de 8 m en su punto más alto. ¿Con qué velocidad se lanzó hacia arriba? ¿Cuánto tiempo tarda en alcanzar la máxima altura?

El lanzamiento o tiro vertical

TALLER

Paso 1 Lanza una pelota hacia arriba.

Paso 2 Observa cómo se mueve la pelota conforme asciende.

12 ¿Tiene la misma velocidad la pelota conforme alcanza más altura? ¿Qué ocurre en el punto más alto?

Paso 3 Observa con atención la caída de la pelota desde el punto más alto.

13 ¿Qué ocurre con la velocidad de la pelota al caer?

14 Escribe las ecuaciones que describen el tramo de subida y el tramo de bajada de la pelota. ¿Son iguales? ¿Por qué?

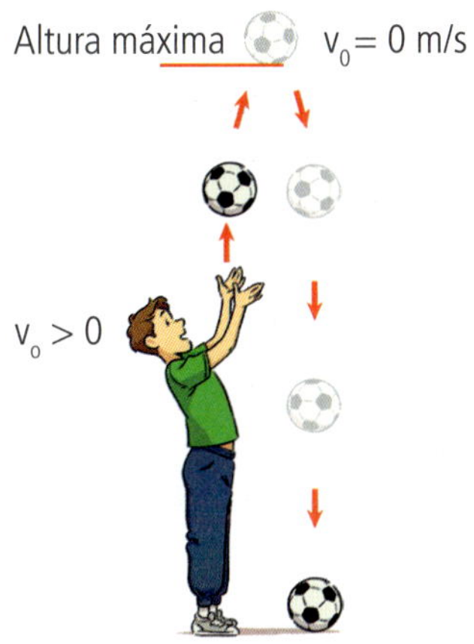

Tanto en la subida como en la bajada, la única aceleración que experimenta el objeto es la de la gravedad, $g = -9{,}8\ \text{m/s}^2$.

¿Qué ejemplos de tiro vertical añadirías?

15 Actividad resuelta

Desde lo alto de una azotea de un edificio de 45 m se lanza una canica hacia arriba con una velocidad inicial v_0 = 35 m/s.

a. Determina el tiempo que tarda en llegar al punto más alto y la altura alcanzada sobre el suelo.

b. ¿Cuánto tarda en llegar a la base del edificio?

a. En el punto más alto, su rapidez es cero. Así, el tiempo en subir es:

$$v = v_0 - 9{,}8t = 35 - 9{,}8t = 0 \Rightarrow t = \frac{-35}{-9{,}8} = 3{,}6\ \text{s}$$

En ese tiempo asciende desde y_0 = 45 m hasta:

$$y = y_0 + v_0 t - 4{,}9t^2 = 45 + 35 \cdot 3{,}6 - 4{,}9 \cdot 3{,}6^2 = 107\ \text{m}$$

b. Llegará al suelo cuando y = 0:

$$y = y_0 + v_0 t - 4{,}9t^2 = 0 \Rightarrow 45 + 35t - 4{,}9t^2 = 0$$

$$t = \frac{-35 \pm \sqrt{35^2 - 4 \cdot (-4{,}9) \cdot 45}}{-9{,}8} = \frac{-35 \pm 46}{-9{,}8} = 8{,}3\ \text{s}$$

No importa que la trayectoria del cuerpo sea rectilínea o curvilínea. La característica de la **caída libre** es que **el cuerpo solo experimente la aceleración de la gravedad** $\vec{g}$

16 **Un alumno lanza un bolígrafo desde el suelo verticalmente hacia arriba con una velocidad inicial de 75 m/s. ¿Qué altura alcanzará y con qué velocidad caerá al suelo?**

5 ¿Qué caracteriza a un movimiento circular uniforme?

Concepto de aceleración centrípeta

17 **Interpreta lo que ocurre.** Los atletas de 800 m han llegado con rapidez constante a la curva, que se puede considerar una trayectoria circular.

a. ¿Qué te llama la atención en su postura respecto a la pista? ¿Es la misma que en el resto de trayectoria rectilínea?

b. ¿Qué dirección tiene su velocidad?

En la curva es necesario que las zapatillas de deporte de los atletas no "deslicen hacia fuera".

Cuando un móvil tiene trayectoria circular y su rapidez no cambia, se trata de un **movimiento circular uniforme (*mcu*)**. Para la posición del móvil se usa la ecuación del movimiento uniforme:

$$s = \varphi R$$

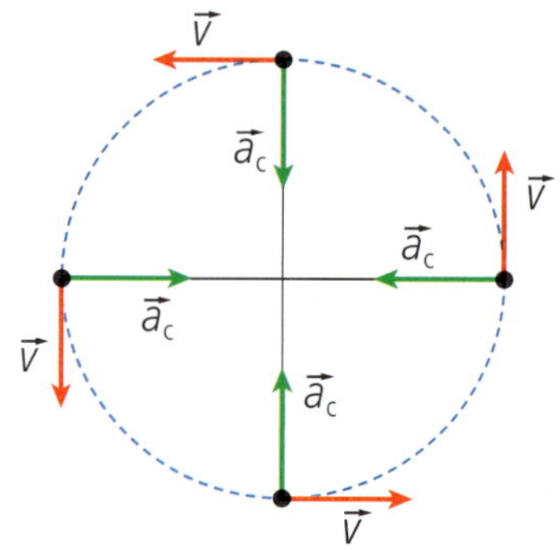

- La velocidad cambia constantemente de dirección, luego existe aceleración. Se denomina **aceleración centrípeta**, a_c, porque apunta siempre hacia el centro de la trayectoria.

$$a_c = \frac{v^2}{R}$$

- El **período**, T, es el tiempo en segundos que tarda el móvil en dar una vuelta. Si el radio de la trayectoria es R, el espacio recorrido en una vuelta es $e = 2\pi R$, luego:

$$T = \frac{2\pi R}{v}$$

- La **frecuencia**, ν, del movimiento es el número de vueltas que da el móvil cada segundo. Se expresa en vuelta/s, unidad denominada hertz (Hz):

$$\nu = \frac{1}{T}$$

18 **Actividad resuelta**

La rueda de una moto, de 45 cm de radio, gira a razón de 35 vueltas por minuto. Calcula:

a. La rapidez de un punto exterior de su cubierta.

b. El período del movimiento y su frecuencia de giro en Hz.

c. Su aceleración centrípeta.

a. Cada vuelta tiene una longitud $L = 2\pi R = 2\pi \cdot (0{,}45\text{ m}) = 2{,}8$ m. Como da 35 vueltas, el espacio recorrido por el punto es: $e = 35 \cdot (2{,}8\text{ m}) = 98$ m. Por tanto, la velocidad es:

$$v = \frac{e}{t} = \frac{98\text{ m}}{60\text{ s}} = 1{,}6\text{ m/s}$$

b. El período del movimiento es $T = \frac{2\pi R}{v} = \frac{(2{,}8\text{ m})}{(1{,}6\text{ m/s})} = 1{,}8$ s

Y la frecuencia de giro es: $\nu = 1/T = 1/(1{,}8\ s) = 0{,}56$ Hz

c. Su aceleración centrípeta será $a_c = \frac{v^2}{R} = \frac{(1{,}6\text{ m/s})^2}{(0{,}45\text{ m})} = 5{,}7\text{ m/s}^2$

19 **NOS REPARTIMOS EL TRABAJO. La rueda de un motor gira a 2500 r. p. m. Si su radio es 15 cm, determina la velocidad y la aceleración que experimenta un punto del borde de la rueda.**

NUESTRO RETO

Experimenta con el movimiento *mrua*

Utiliza un simulador del movimiento rectilíneo uniformemente acelerado

Usamos un programa informático para estudiar el movimiento uniformemente acelerado.

Entra en la dirección web https://www.e-sm.net/mrua y pon en marcha el programa de simulación de movimientos. Vamos a simular un movimiento rectilíneo uniformemente acelerado (*mrua*).

Paso 1

En la pestaña "Introducción" sitúa al hombre móvil en la posición s_0 = 10 m, v_0 = -2 m/s y a = 0,3 m/s². Marca la visualización de los vectores y pulsa "Play". Observa el movimiento durante 13 s.

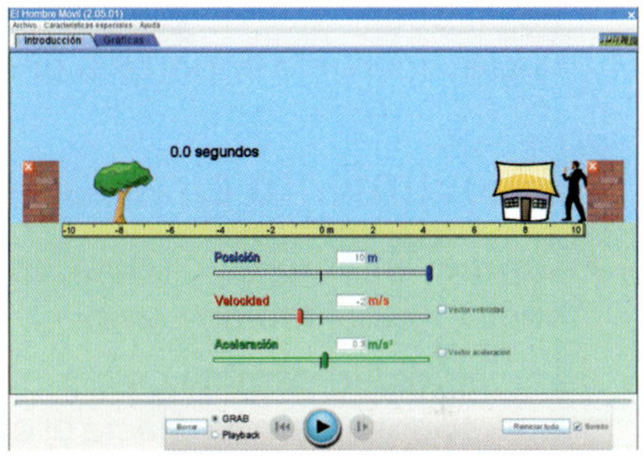

1. ¿Hacia dónde se mueve inicialmente el hombre móvil? ¿Aumenta o disminuye su velocidad?

2. ¿Se para en algún momento? ¿Cuándo? ¿Qué ocurre después?

3. Comprueba estos hechos mediante las ecuaciones del movimiento.

Paso 2

En la pestaña "Gráficas" sitúa al hombre móvil en la posición s_0 = -2 m con una velocidad inicial de v_0 = 1 m/s y aceleración de a = 0,3 m/s² mediante los mandos correspondientes (ajusta la escala de los ejes para que se vea el máximo de la gráfica). Pulsa "Play" y observa el movimiento. Páralo al cabo de 6,2 s.

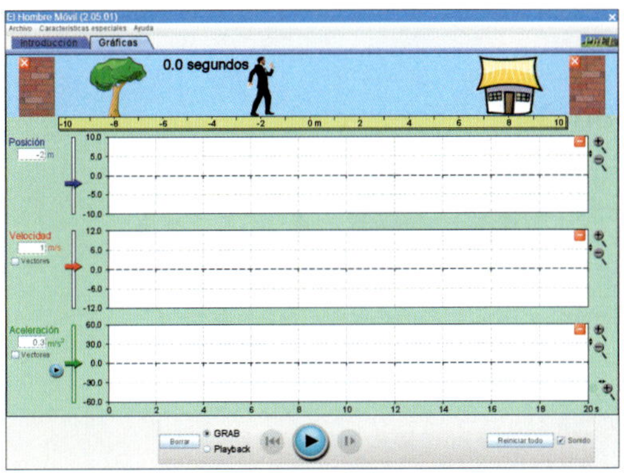

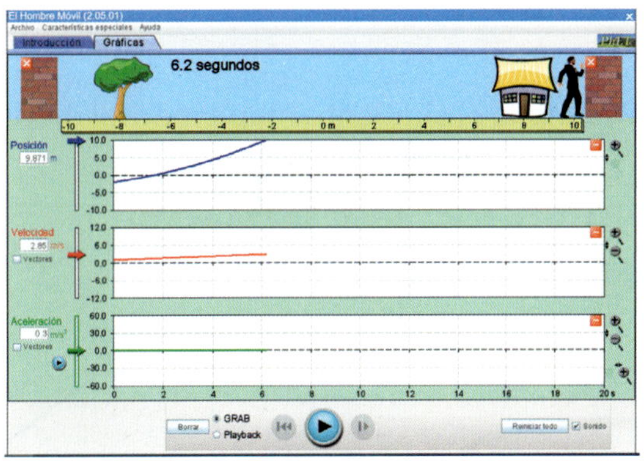

4. ¿Cómo es la gráfica *x-t*? ¿Puedes calcular su ecuación?

5. ¿Cómo es la gráfica *v-t*? ¿Experimenta aceleración? ¿Puedes calcular su ecuación?

6. Repite el movimiento con s_0 = 10 m, v_0 = 0 m/s y a = -0,8 m/s² durante 7 s.

7. ¿Alguno de los movimientos representados se corresponde con alguna actividad cotidiana?

¿Qué has logrado comprender de forma más profunda con este reto?

¿Cómo te ha ido el reto? Entra y haz tu valoración

EN RESUMEN

El movimiento rectilíneo uniforme

- **El movimiento rectilíneo uniforme (*mru*)** tiene velocidad constante siguiendo una trayectoria recta. No posee aceleración. $x = x_0 + v\,t$

El movimiento rectilíneo uniformemente acelerado

- El **movimiento rectilíneo uniformemente acelerado (*mrua*)** tiene aceleración constante siguiendo una trayectoria rectilínea.

$$v = v_0 + a\,t \quad ; \quad x = x_0 + v_0 t + \frac{1}{2} a t^2$$

La caída libre

- La característica de la caída libre es que el cuerpo solo está sometido a la aceleración de la gravedad. No importa el tipo de trayectoria del cuerpo.

El movimiento circular uniforme

- Un movimiento es circular uniforme (*mcu*) si su trayectoria es circular y el módulo del vector velocidad no cambia.
- La velocidad cambia constantemente de dirección, luego existe aceleración centrípeta, que apunta siempre hacia el centro de la trayectoria.

$$a_c = \frac{v^2}{R}$$

PRACTICAMOS

1 Copia, completa y amplía el siguiente mapa mental en tu cuaderno.

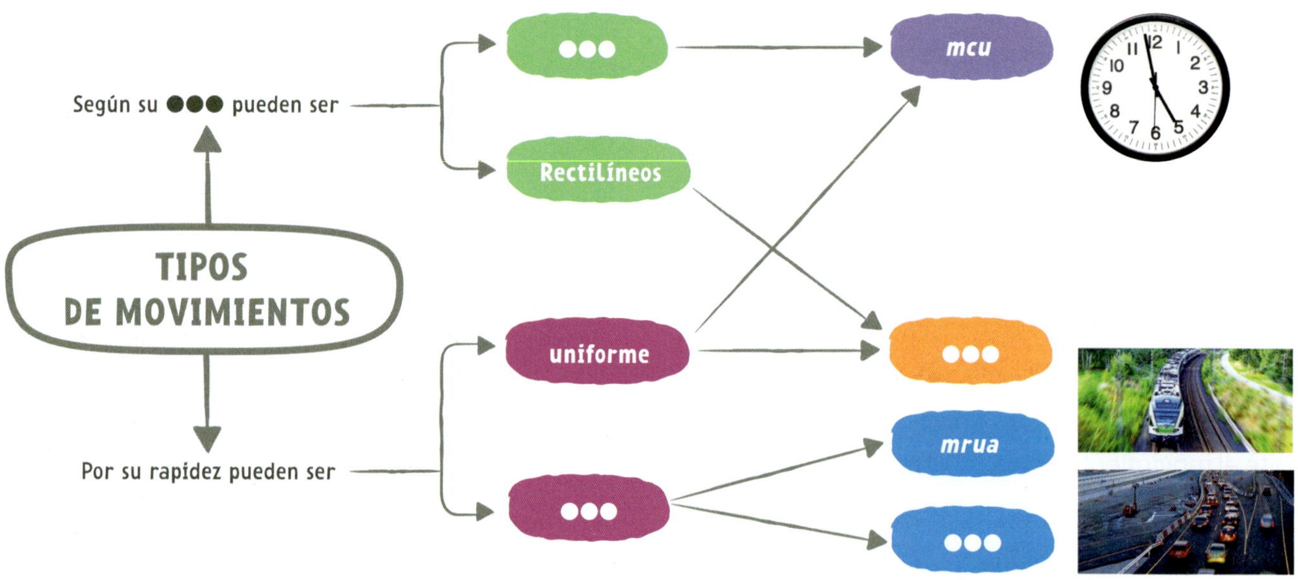

2 **La ecuación del movimiento de un coche teledirigido es $s = 5 + 6t$ con datos del SI.**

a. Representa la gráfica *s-t*.

b. Indica de qué tipo de movimiento se trata y qué trayectoria lleva.

c. ¿Cuál es su velocidad y dónde se encuentra el móvil al comenzar a contar el tiempo?

d. ¿Cuál es el desplazamiento sobre la trayectoria entre $t = 1$ s y $t = 6$ s? ¿Coincide su valor absoluto con el espacio recorrido?

3 **Dadas las siguientes gráficas *s-t*, que representan el movimiento de tres ciclistas diferentes.**

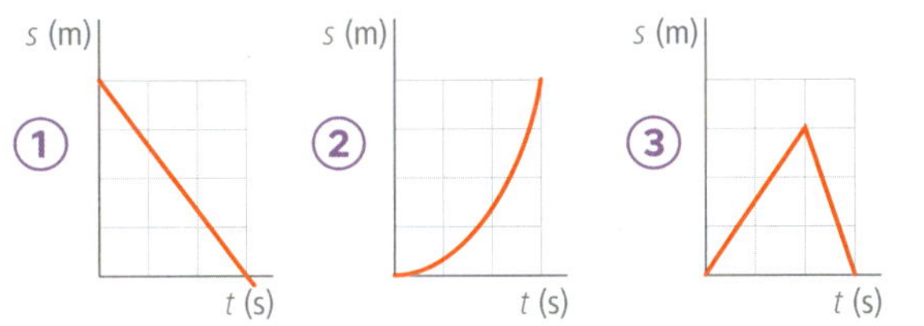

a. ¿Cuáles tienen movimiento uniforme?

b. ¿En cuáles el móvil se da la vuelta y en cuáles va siempre en el mismo sentido?

c. Si suponemos que los tres ciclistas van por una carretera recta, ¿cuáles tienen aceleración?

d. Si suponemos que los tres van por una carretera curva, ¿cuáles tienen aceleración?

4 **Una motorista está detenida en un semáforo. Justo cuando se pone verde y arranca, pasa a su lado un ciclista con un *mru* de 18 km/h. Si la motorista acelera a razón de 3 m/s^2:**

a. ¿Cuánto tiempo tardará en alcanzar la motorista al ciclista?

b. ¿A qué distancia del semáforo lo alcanza?

5 **Dadas las gráficas *v-t* de tres movimientos:**

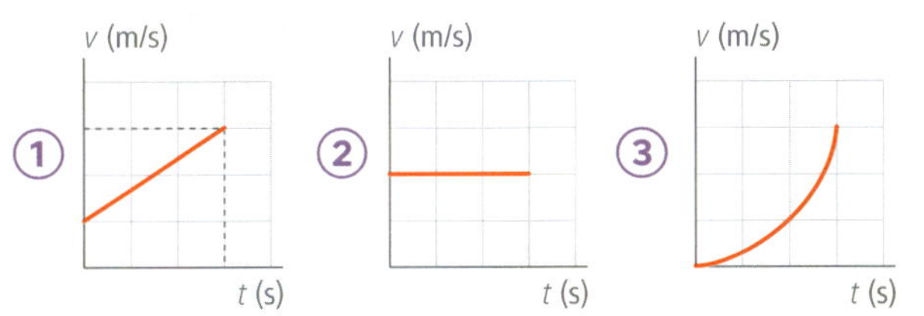

a. Razona cuáles son movimientos uniformes y cuáles son variados. Dentro de los variados, ¿cuáles son movimientos uniformemente acelerados?

b. Calcula el espacio recorrido por el móvil de la gráfica I. durante 3 s.

6 **En muchas vías públicas la velocidad está limitada a 40 km/h. Los frenos de un coche pueden aplicar una aceleración de –12 m/s^2. Un coche frena al ver un obstáculo delante de él. Calcula qué distancia recorre hasta detenerse si su velocidad es:**

a. 36 km/h

b. 72 km/h

c. Saca conclusiones sobre la velocidad y la seguridad vial.

7 **A la entrada de un túnel de alta montaña de una longitud de 3340 m, la velocidad está limitada a 100 km/h. La Dirección General de Tráfico ha situado un "radar de tramo" para controlar que no se sobrepase ese valor.**

a. ¿Cómo funciona el radar de tramo?

b. ¿Se podría superar los 100 km/h y no ser multado?

c. ¿Qué tipo de movimiento es el mejor para transitar por el túnel?

8 **Se deja caer un llavero desde 25 m de altura. ¿Qué tiempo invierte en la primera mitad del recorrido? ¿Y en la segunda?**

9 **Desde lo alto de un edificio de 75 m de altura se deja caer un balón de fútbol. Al mismo tiempo, desde el suelo se lanza verticalmente una pelota de tenis a 65 m/s. Halla:**

a. ¿A qué altura se cruzan ambos objetos?

b. ¿Cuánto tiempo tardan en cruzarse?

10 **El engranaje de un reloj antiguo de una iglesia da 8 vueltas cada segundo llevando un movimiento circular uniforme.**

a. ¿Qué rapidez llevará un punto de su periferia que está a 4,0 cm del centro? Dibuja el vector velocidad.

b. ¿Cuánto vale su aceleración? Dibuja el vector aceleración.

Mis competencias | Autoevaluación

¿VERDAD O MENTIRA?

En el cine

STAR WARS. Una nueva esperanza. Episodio IV

George Lucas (Estados Unidos, 1977)

Lucas Films, 20th Century Fox

Los rebeldes luchan contra el Imperio agrupados en las fuerzas de la República, liderados por la princesa Leia. Las fuerzas imperiales son comandadas por la figura del impecable Darth Vader.

Un valiente y joven Luke Skywalker lucha contra el Imperio junto a Han Solo, capitán de la nave espacial Halcón Milenario, y los androides R2D2 y C3PO.

¿Puede el Halcón Milenario cuando salta al hiperespacio ir a la velocidad de la luz?

1 Reflexiona e investiga para responder a las siguientes preguntas:

a. El viaje al hiperespacio implica utilizar una dimensión espacial extra a las tres que conocemos. ¿Cuántas dimensiones conocemos? ¿Crees que es posible viajar al hiperespacio en la actualidad? Justifica tu respuesta.

b. En un sistema de referencia de tres dimensiones, plantearíamos tres ejes de coordenadas (x,y,z). ¿Por qué hay tres coordenadas y no cuatro o cinco?

c. Si el Halcón Milenario se acelera de forma uniforme hasta alcanzar una velocidad muy elevada para escapar de las naves imperiales, ¿lleva velocidad constante? ¿Qué tipo de movimiento describe?

d. El capitán Solo comenta que su nave "hizo la carrera de Kessel en menos de doce parsecs". Investiga qué es un parsec y justifica si esta afirmación es correcta.

La importancia de la ciencia

¡Conviene mirar hacia arriba!

En la superficie terrestre existen numerosas huellas de impactos de asteroides producidos en distintas épocas (en general, remotas). Las consecuencias de estos impactos dependen tanto del tamaño del asteroide como de la zona en la que impacte; incluso los de menor tamaño pueden causar destrucción debido a su energía cinética.

¿Cómo cambiar la trayectoria de un asteroide?

En caso de descubrirse con tiempo un asteroide con una trayectoria de colisión con la Tierra, hay que hacer frente a la amenaza. Los científicos han propuesto dos posibles procedimientos: mandar cohetes con bombas nucleares que destruyan o desvíen el asteroide, y otro, el probado recientemente, es hacer impactar una nave contra el asteroide para cambiar su trayectoria.

El 26 de septiembre de 2022 la sonda DART, después de varios años de preparación y puesta en marcha, impactó sobre el asteroide Dimorphos, cuyo tamaño es de unos 170 m de largo. Con este impacto se ha conseguido desviar la órbita del asteroide en su movimiento de giro en torno a su asteroide compañero Didymos, lo que supone un gran avance para la apliación en la defensa frente a objetos que potencialmente pudiesen impactar en la Tierra.

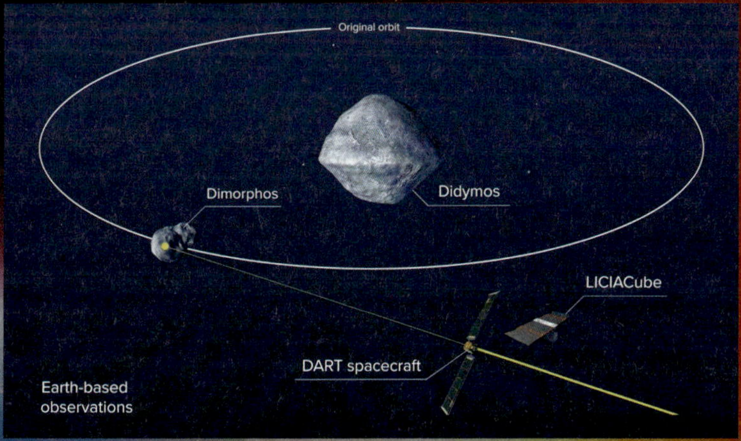

La directora de la división de Ciencias Planetarias de la NASA, Lori Glace, ha manifestado en numerosas ruedas de prensa que los astrónomos están evaluando los datos que se han obtenido después del impacto de la sonda DART. Según las mediciones realizadas, se ha comprobado que inicialmente Dimorphos tardaba 11 horas y 55 minutos en completar una vuelta alrededor de su compañero Didymos. Después del impacto, el tiempo de giro se ha reducido a 11 horas y 23 min, lo que supone un desplazamiento en la órbita de decenas de metros. No obstante, se va a realizar un seguimiento del nuevo movimiento de giro de Dimorphos para un estudio más profundo de las consecuencias del impacto.

1. ¿Por qué es preferible desviar un asteroide mediante un impacto con una nave a hacer estallar bombas nucleares sobre él?
2. ¿Qué ha causado la estela que deja Dimorfos en su movimiento? ¿A qué cuerpos cósmicos se parece?
3. ¿Sabes qué tamaño aproximado tenía el asteroide que "acabó" con los dinosaurios?

3.4 Las fuerzas como interacción

¡EMPEZAMOS!

La tenista Garbiñe Muguruza, ganadora del título de maestra en las finales de tenistas profesionales femeninas de 2021, siempre compite al máximo nivel. En sus saques y ataques se podría decir que tiene mucha fuerza. Pero ¿significa algo la expresión "tener mucha fuerza"? Trataremos de precisar el concepto de "fuerza" desde el punto de vista de la física.

- ¿Cómo se pueden medir las fuerzas?
- ¿Necesitan los cuerpos recibir fuerzas para moverse?
- ¿Cómo se relacionan la fuerza y la masa?

¡VAMOS A APRENDER!

1. Ayudar dando pistas.
2. Relacionar las fuerzas con los efectos que producen.
3. Identificar los instrumentos adecuados para medir las fuerzas.
4. Componer fuerzas teniendo en cuenta su carácter vectorial.
5. Reconocer las fuerzas como interacciones entre los cuerpos.
6. Distinguir la relación entre las fuerzas aplicadas y las aceleraciones producidas.
7. Identificar el concepto de inercia y masa inercial.
8. Usar las herramientas digitales de manera ética, respetuosa y moderada.

NUESTRO RETO

Descubre las fuerzas que nos rodean...

Mira el mundo con los "ojos de Newton" para descubrir las fuerzas que actúan en las situaciones cotidianas.

¡Vamos allá!

1 ¿Qué efectos tienen las fuerzas?

Efectos de las fuerzas en los cuerpos

1 Interpreta lo que ocurre.

a. ¿Qué le sucede a la velocidad de la bola mientras está en contacto con la mano?

c. El imán no llega a tocar las bolitas metálicas. ¿Qué les sucede a estas?

b. ¿Qué produce en la arcilla el contacto con las manos del alfarero?

d. La Luna no toca a la Tierra. ¿Qué le ocurre a la parte líquida (los mares) diariamente?

Los efectos producidos por las fuerzas en las imágenes a. y b. están ocasionados por la interacción entre cuerpos que están en contacto. Se dice que actúan **fuerzas de contacto**. Sin embargo, en las imágenes c. y d. los efectos de las fuerzas se deben a la interacción a distancia entre cuerpos. Se dice que son **fuerzas a distancia**.

Las **fuerzas** son interacciones entre cuerpos que producen cambios en la velocidad o deformaciones en ellos. Su unidad de medida en el SI es el **newton** (N).

Las fuerzas producen dos tipos de efectos sobre los cuerpos: **modifican su velocidad** y **producen deformaciones**. Se pueden producir ambos efectos a la vez.

Cuando los materiales **recuperan su primitiva forma** al cesar las fuerzas, se denominan **elásticos, y los que mantienen su última forma** se denominan **plásticos**.

2 ¿De qué tipo son las fuerzas que ejercemos sobre los objetos cotidianos?

3 Identifica los efectos de las fuerzas en las siguientes situaciones.

a

b

c

2 ¿Cómo medimos las fuerzas?

La ley de Hooke

4 **Interpreta lo que ocurre.** Se ha colgado un muelle de longitud inicial L_0 en reposo de un soporte. A continuación aplicamos diferentes fuerzas y se miden sus alargamientos respectivos $\Delta L = L - L_0$. Al representar los pares (ΔL-F), se obtiene la siguiente gráfica.

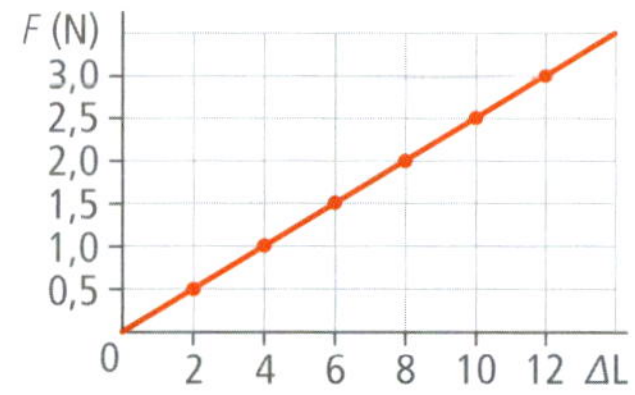

F (N)	0,0	0,5	1,0	1,5	2,0	2,5	3,0
$L-L_0$ (cm)	0	2	4	6	8	10	12

a. ¿Qué tipo de efecto han producido las fuerzas en el muelle?

b. ¿Cómo es la relación entre la fuerza aplicada y el alargamiento producido?

c. ¿Podrías hallar la ecuación de la recta representada?

La **ley de Hooke** indica que los alargamientos producidos por las fuerzas en los muelles de acero son directamente proporcionales a las fuerzas aplicadas en ellos.

$$F = k \cdot (L - L_0)$$

La constante de proporcionalidad, k, es la **constante elástica** y depende del muelle que se usa.

Para medir las fuerzas se usa un instrumento llamado **dinamómetro** que tiene una escala graduada en newtons y que se basa en la proporcionalidad directa entre fuerzas y alargamientos de muelles.

5 **Actividad resuelta**

Un muelle sobre el que no actúan fuerzas tiene una longitud de 25 cm, al aplicarle una fuerza de 15 N, su longitud pasa a ser de 45 cm. Determina su constante elástica.

Aplicando la ley de Hooke: $F = k \cdot (L - L_0) \Rightarrow k = \dfrac{F}{L - L_0} = \dfrac{15\text{ N}}{(45-25)\text{ cm}} = 0{,}75\text{ N/cm} = 75\text{ N/m}$

TALLER

Paso 1 Pon en la parte inferior de un corcho una hembrilla y sujeta un muelle en ella. Introduce la estructura en un tubo transparente y ajústala en su extremo.

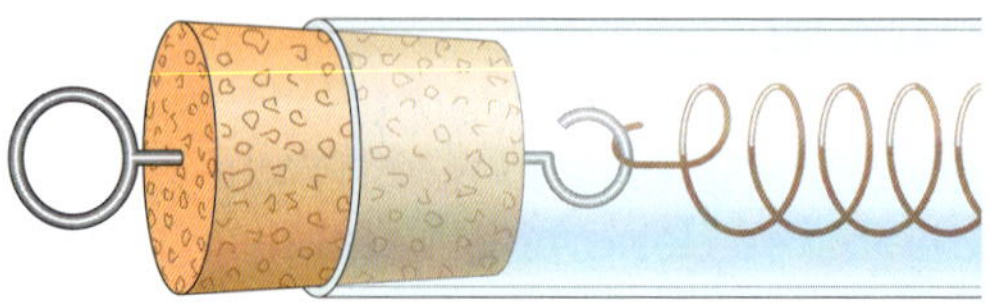

Paso 2 En la parte inferior del muelle sujeta un alambre rígido cuyos extremos has doblado previamente en forma de gancho. En ese alambre sujeta una marca roja visible.

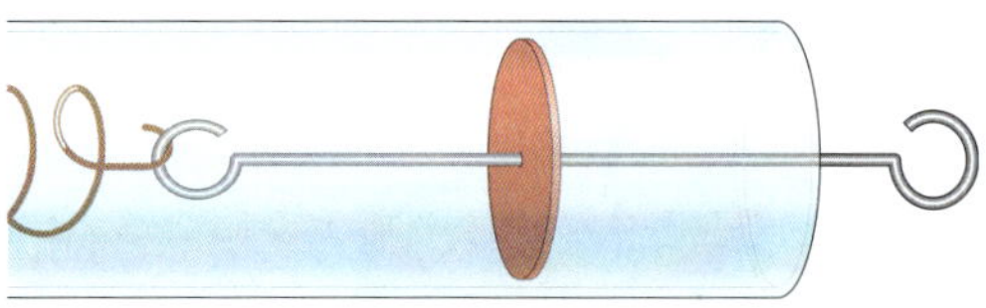

Paso 3 Gradúa el dinamómetro señalando 0 N sobre el tubo en la posición de la marca roja cuando no cuelga ningún objeto del muelle. Después señala 5 N sobre el tubo en la posición de la marca roja cuando cuelgan 510 g.

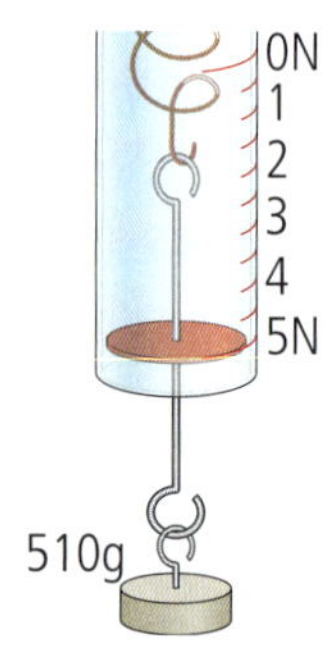

6 ¿Por qué puedes dividir la distancia entre las dos marcas del tubo, por ejemplo, en 10 partes iguales, graduando de 0,5 N en 0,5 N el dinamómetro? ¿En qué ley se basa el dinamómetro?

7 Cambia el muelle del interior del tubo y repite el procedimiento de los tres pasos usando la misma masa de 510 g. ¿Hay la misma distancia entre las dos marcas del tubo? Argumenta tu respuesta.

3 El carácter vectorial de las fuerzas

La fuerza como vector

8 **Interpreta lo que ocurre. El niño empuja el cochecito y este se mueve, pero su movimiento puede ser diferente según varios factores:**

a. Haz una lista con los factores que crees que influyen en los posibles movimientos.

b. ¿Influye el sentido de la fuerza? ¿Y la dirección de esta?

c. ¿Influirá la intensidad de la fuerza que le da el niño y el lugar del coche donde la aplica?

Las fuerzas tienen un **carácter vectorial,** ya que sus efectos son diferentes cuando varían sus componentes. Las **componentes de una fuerza** son la **dirección**, el **sentido**, el **módulo** y el **punto de aplicación**.

Composición o suma de fuerzas concurrentes

Las **fuerzas concurrentes** son las que están aplicadas en un mismo punto. Se denomina **fuerza resultante**, $\vec{R}$, de un conjunto de fuerzas concurrentes a la fuerza que es suma vectorial de todas y puede sustituir a las fuerzas sumadas.

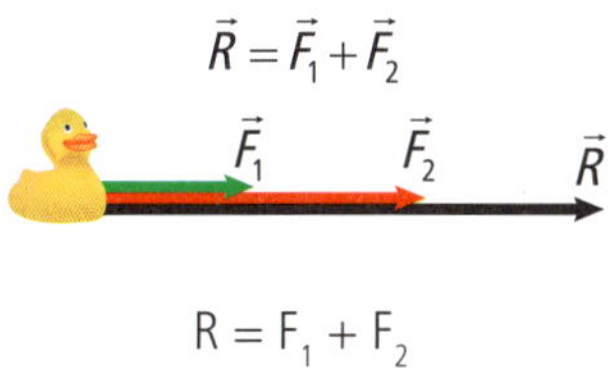

Fuerzas de igual dirección y sentido

Fuerzas de igual dirección y distinto sentido

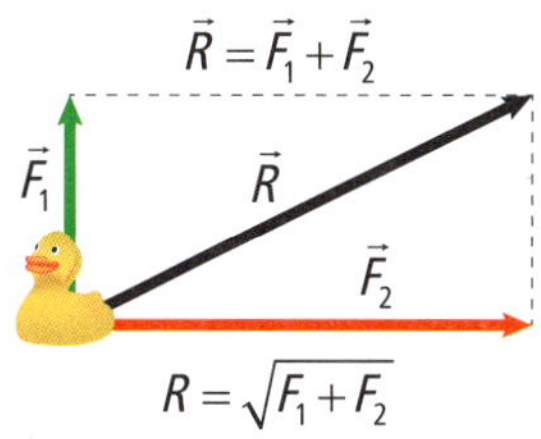

Fuerzas rectangulares

Se denomina **fuerza equilibrante**, $\vec{E}$, de un conjunto de fuerzas concurrentes a la fuerza que anula sus efectos. Es igual a la resultante, pero con sentido contrario.

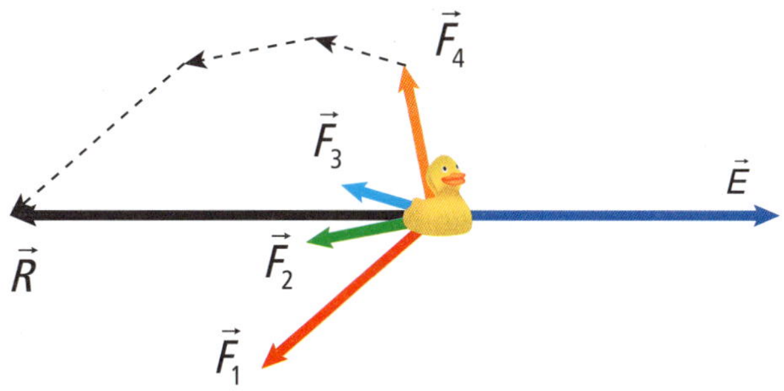

Descomposición de fuerzas

El proceso inverso es hallar dos fuerzas perpendiculares cuya suma sea la fuerza dada. Se utiliza la trigonometría para obtenerla.

9 Actividad resuelta

Un operario empuja un paquete con una fuerza paralela al suelo de 750 N por una rampa que forma un ángulo de 55º con el suelo. Descompón la fuerza en sus dos componentes: la paralela al plano inclinado, *Fx*, y la perpendicular a él, *Fy*.

La fuerza forma un ángulo de –55º con el eje *X*:

$$F_x - F\cos(-55°) - (750\ \text{N})\cos(-55°) = 430\ \text{N}$$

$$F_y = F\text{sen}(-55°) = (750\ \text{N})\,\text{sen}(-55°) = -614\ \text{N}$$

Se comprueba que *F*: $F = \sqrt{F_x^2 + F_y^2} = \sqrt{430^2 + (-614)^2} = 750\ \text{N}$

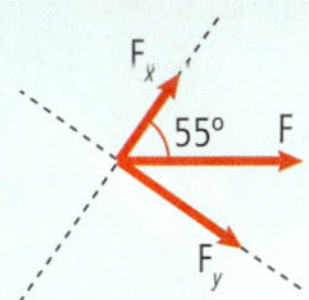

4 La fuerza como interacción entre cuerpos

La tercera ley de Newton

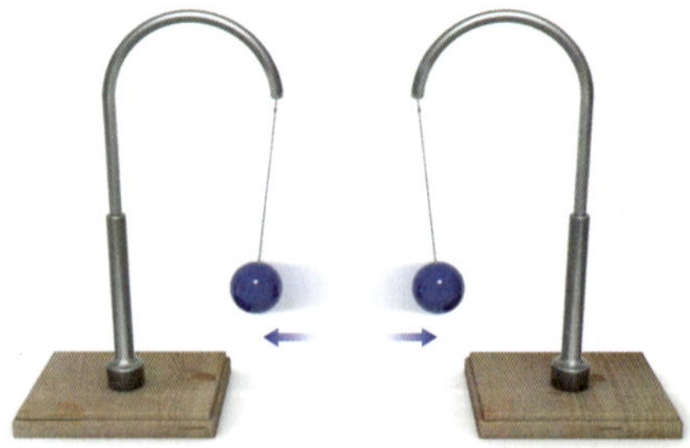

10 **Interpreta lo que ocurre.** Observa lo que sucede cuando acercamos dos péndulos electrostáticos cargados con distinto signo.

a. ¿Qué le sucedería al péndulo de la izquierda si retiramos el de la derecha? ¿Podría seguir inclinado?

b. ¿Podría estar el péndulo de la izquierda inclinado y vertical el de la derecha? Argumena tu respuesta.

Los cuerpos poseen propiedades como la masa, el volumen, la densidad o la carga eléctrica. Pero la fuerza no es una propiedad de los cuerpos, ya que solo pueden hacer fuerza sobre otros o recibirla de estos. La **fuerza es una interacción entre cuerpos distintos**.

La **tercera ley de Newton,** también llamada "**principio de acción y reacción**", describe la interacción entre cuerpos distintos: cuando un cuerpo ejerce una fuerza (acción) sobre otro, a su vez el segundo cuerpo recibe del primero otra fuerza (reacción) igual y de sentido contrario.

$$\vec{F}_{A\rightarrow B} = -\vec{F}_{B\rightarrow A}$$

- Las fuerzas de acción y reacción tienen el mismo módulo y dirección, pero tienen sentidos opuestos.
- Estas fuerzas no se anulan porque se ejercen sobre cuerpos diferentes.

TALLER

Construye un barco que se mueva a reacción.

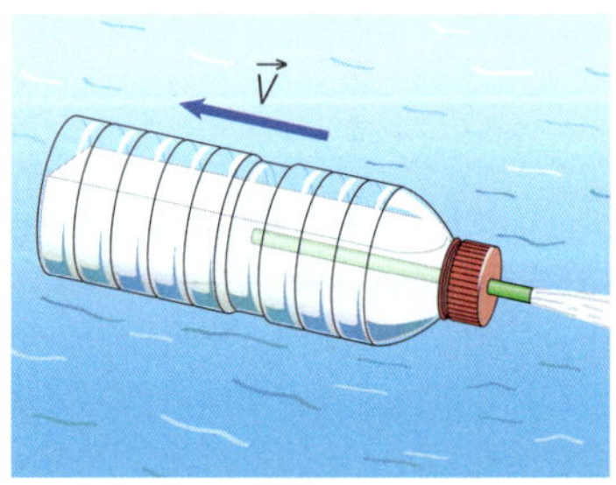

Paso 1 En el tapón de una botella de plástico transparente realiza un agujero para que entre una pajita de refresco. Sujétala con un poco de adhesivo.

Paso 2 Llena la botella de agua hasta la mitad, introduce sal de fruta y tápala rápidamente. Sitúala sobre el agua y observa qué ocurre.

11 **Investiga el gas que se produce en el interior de la botella teniendo en cuenta los tipos de reacciones que has estudiado anteriormente.**

12 **El gas de salida y la botella ¿se mueven en la misma dirección?**

13 **¿Qué cuerpo ejerce fuerza sobre la botella?**

14 **¿Qué cuerpo ejerce fuerza sobre el gas?**

15 **Razona si esta frase es correcta desde el punto de vista de la física: "Hoy no tengo fuerza, necesito comer para recuperarla y después la gastaré corriendo".**

16 **Identifica las fuerzas de acción y reacción en estas imágenes. Describe sus efectos.**

a

b

c

¿Cómo has resuelto esta actividad?

La tercera ley de Newton en la vida cotidiana

17 Actividad resuelta

Identifica el par de fuerzas de acción y reacción que permiten andar a una persona en una superficie horizontal. Explica la dificultad para andar sobre hielo.

La persona empuja con su pie izquierdo el suelo hacia atrás y el suelo empuja a la persona hacia delante.

Fuerza	Ejercida por	Sobre	Interacción
$\vec{F}_{P \to S}$	la persona	el suelo	persona-suelo
$\vec{F}_{S \to P}$	el suelo	la persona	

Si el suelo tiene hielo, el pie no puede empujarlo hacia atrás (no existe $\vec{F}_{P \to S}$) y, por tanto, no existe $\vec{F}_{S \to P}$.

18 Actividad resuelta

Dos equipos están compitiendo a tirar de una cuerda. Como sabes, vencerá el equipo que desplace al otro una longitud determinada. Identifica todos los pares de acción y reacción que intervienen, considerando a cada equipo como si fuese una sola persona. Indica qué equipo vencerá.

La acción del equipo A sobre el suelo tiene su reacción del suelo sobre el equipo A.

A su vez, la acción del equipo B sobre el suelo tiene su reacción del suelo sobre el equipo B.

A su vez, cada equipo tira del otro a través de la cuerda. Estas fuerzas de acción y reacción son iguales y de sentido contrario.

Fuerza	Ejercida por…	Sobre…	Interacción
$\vec{F}_{A \to Suelo}$	El equipo A	El suelo	Suelo-Equipo A
$\vec{F}_{Suelo \to A}$	El suelo	El equipo A	Suelo-Equipo A
$\vec{F}_{B \to Suelo}$	El equipo B	El suelo	Suelo-Equipo B
$\vec{F}_{Suelo \to B}$	El suelo	El equipo B	Suelo-Equipo B
$\vec{F}_{B \to A}$	El equipo B	El equipo A	Equipo A-Equipo B
$\vec{F}_{A \to B}$	El equipo B	El equipo A	Equipo A-Equipo B

El equipo A se moverá hacia la izquierda (ganará) porque $\vec{F}_{Suelo \to A} > \vec{F}_{B \to A}$. El equipo B se moverá hacia la izquierda (perderá) porque $\vec{F}_{B \to A} > \vec{F}_{Suelo \to B}$.

19 **Aprendo a pensar.** ¿Qué pasaría si te acercas a una pared y le das un fuerte empujón con las manos? Argumenta tu respuesta haciendo un esquema de las fuerzas que están implicadas en la situación.

5 ¿Hay relación entre fuerza y aceleración?

La segunda ley de Newton

20 **Interpreta lo que ocurre.** Un carrito de juguete se sitúa en un plano y se le aplican distintas fuerzas mediante una cuerda en cuyo extremo cuelgan pesas.

Partiendo del reposo se miden los tiempos que tarda en recorrer una misma distancia con un movimiento rectilíneo uniformemente acelerado (*mrua*) y se calculan las aceleraciones que experimenta.

Se representan gráficamente los pares de valores de fuerza y aceleración y se obtiene la gráfica 1. Posteriormente se aumenta la masa del carrito y se repite la experiencia con las mismas pesas que antes, con lo que se obtiene la gráfica 2.

a. ¿Qué relación hay entre la fuerza aplicada y la aceleración producida?

b. ¿Cómo influye la masa del carrito?

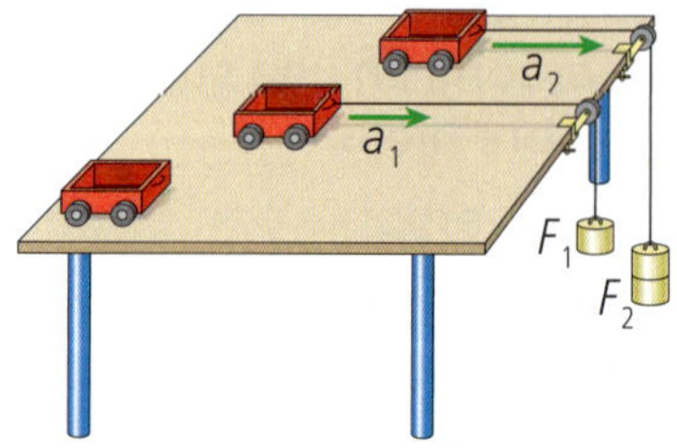

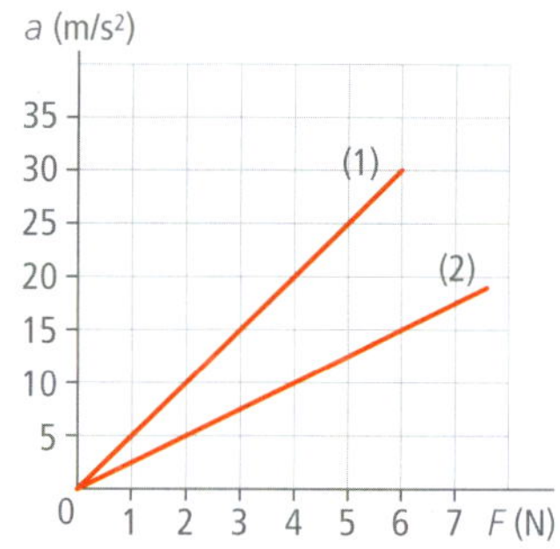

La **segunda ley de Newton** indica que la aceleración producida en un cuerpo es directamente proporcional a la fuerza aplicada.

$$\frac{F_1}{a_1} = \frac{F_2}{a_2} = \frac{F_3}{a_3} = \ldots = k$$

La constante de proporcionalidad k se denomina **masa inercial** o simplemente **masa del cuerpo**. Esta ley, aplicada a un cuerpo sobre el que actúa una fuerza resultante, se escribe:

$$\vec{F}_{\text{resultante}} = m\vec{a}$$

21 **Actividad resuelta**

Al carrito de la compra de la imagen la persona le está aplicando una fuerza de 95 N y el suelo opone una resistencia al desplazamiento de 22 N. En estas condiciones, la aceleración producida al carrito es de 2,6 m/s².

a. ¿Cuál es la masa del carrito?

b. Si la fuerza que aplica la persona pasa a ser de 125 N, ¿cuál será la nueva aceleración del carrito?

a. La fuerza resultante sobre el carrito es $F_{\text{res.}} = (95 - 22)\ \text{N} = 73\ \text{N}$

La masa se calcula con la segunda ley de Newton:

$$m = \frac{F_{\text{res.}}}{a} = \frac{73\ \text{N}}{2{,}6\ \text{m/s}^2} = 28\ \text{kg}$$

b. Calculamos la nueva aceleración:

$$a = \frac{F_{\text{res.}}}{m} = \frac{(125 - 22)\ \text{N}}{28\ \text{kg}} = 3{,}7\ \text{m/s}^2$$

22 Las siguientes gráficas corresponden a la variación de la rapidez de un cuerpo con trayectoria rectilínea.

a. Razona en cuáles de las tres situaciones hay una fuerza neta aplicada sobre el cuerpo.

b. ¿Y si la trayectoria fuese curvilínea?

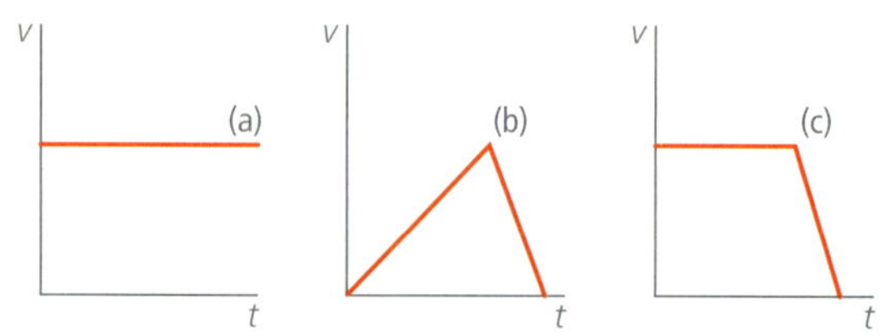

6 ¿Cuál es la velocidad de un cuerpo que no recibe fuerzas?

La primera ley de Newton

23 **Interpreta lo que ocurre.** Aristóteles y Galileo mantenían enfoques muy diferentes para explicar qué significa que un cuerpo esté en reposo.

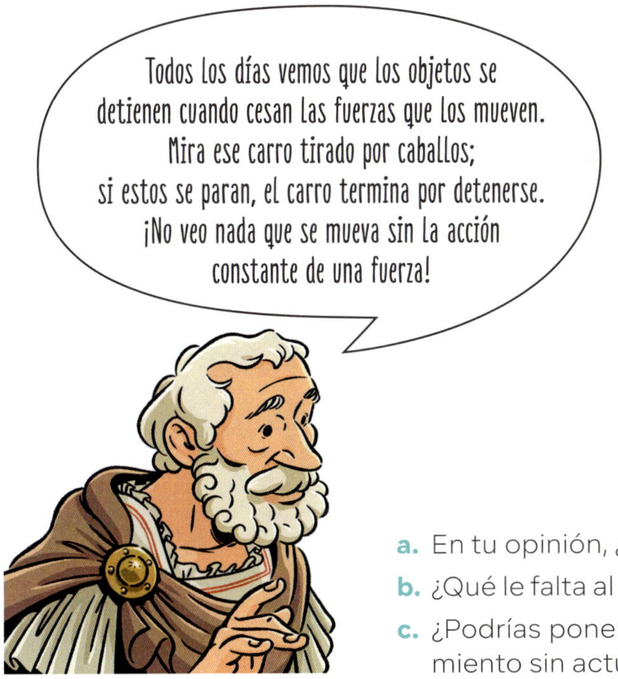

Aristóteles, filósofo griego nacido en el año el 384 a. C.

Galileo, científico italiano nacido en el año 1564 d. C.

a. En tu opinión, ¿quién tiene razón?
b. ¿Qué le falta al razonamiento de Aristóteles?
c. ¿Podrías poner hoy algún ejemplo de movimiento sin actuación de fuerzas?

La **primera ley de Newton** indica que, si un cuerpo está en reposo o en movimiento rectilíneo uniforme, permanecerá en ese estado mientras no reciba una fuerza neta.

24 La sonda espacial New Horizon, lanzada en 2006 para estudiar Plutón, salió del sistema solar en diciembre de 2020. Actualmente podemos suponer que no recibe ninguna fuerza neta. ¿Cómo es su movimiento?

¿Es lo mismo reposo que equilibrio?

25 **Interpreta lo que ocurre.** Un cuerpo está en equilibrio cuando la fuerza resultante o neta que recibe es cero y, además, no gira. ¿Tiene que estar en reposo?

El reposo y el equilibrio son dos conceptos distintos e independientes.

En su punto más alto del salto, la gimnasta está en reposo, pero no está en equilibrio porque sobre ella actúa la fuerza peso.

El paracaidista, al descender, no recibe fuerza neta (el rozamiento equilibra al peso). Está en equilibrio, pero no en reposo.

La persona sentada no recibe ninguna fuerza neta (su peso se equilibra con la fuerza que recibe de la silla). Está en equilibrio y en reposo.

7 ¿Qué es la inercia y la masa inercial?

La masa inercial

TALLER

Comprueba la existencia de la inercia.

Paso 1 Pon una cartulina fuerte debajo de un recipiente con agua situado sobre una mesa. Efectúa un rápido tirón de la cartulina y comprueba que el recipiente queda en el mismo sitio. Tiene "tendencia" a permanecer en reposo.

26 ¿Qué sucede si tiras lentamente de la cartulina? ¿Por qué?

Paso 2 Cuando viajas en autobús o tren con un *mru*, puedes permanecer fácilmente de pie sin agarrarte a nada. Pero, si se produce una frenada, tienes tendencia a permanecer con *mru* y chocarás sin querer contra lo que esté delante de ti.

El autobús o el tren reciben una fuerza de los frenos, pero los pasajeros de su interior no reciben tal fuerza, por lo que tienen tendencia a seguir con *mru*.

27 ¿Qué debes hacer para no abalanzarte sobre otros pasajeros cuando viajas de pie en autobús y este frena? ¿Por qué?

La **inercia** es la tendencia natural que tienen los cuerpos a permanecer en su estado de reposo o movimiento. Se manifiesta como una "resistencia" al cambio.

28 **Interpreta lo que ocurre.** Si se aplica la misma fuerza sobre tres cajitas iguales de distintos materiales (con distinta masa), se producirán aceleraciones distintas conforme a la segunda ley:

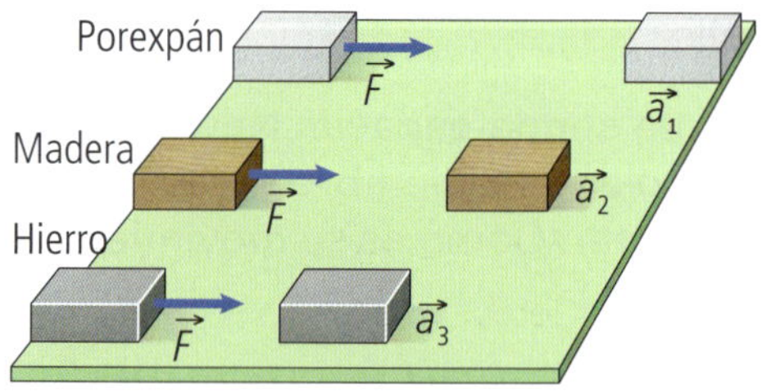

$$\vec{a}_i = \frac{\vec{F}}{m_i}$$

a. Según la imagen, ¿qué cuerpo experimenta más aceleración?

b. ¿Y cuál menos? ¿A qué crees que se debe?

c. Ordena de mayor a menor la masa que tienen los cuerpos a la vista de los resultados obtenidos en cada caso.

La **masa** determina la facilidad de las fuerzas aplicadas para producir cambios en la velocidad de los cuerpos, por eso suele denominarse **masa inercial**.

29 **NOS REPARTIMOS EL TRABAJO.** Explica lo que sucede en las siguientes imágenes según las fuerzas que se aplican y el movimiento al que dan lugar.

a

b

c

NUESTRO RETO

Descubre las fuerzas que nos rodean...

Mira el mundo con los "ojos de Newton"

TRABAJAMOS POR TURNOS. Imagina que pudiésemos ver los vectores que representan a las fuerzas en las situaciones de nuestra vida cotidiana. ¿Imaginaría Newton las fuerzas así?

Paso 1

Vamos a ver varias situaciones que se pueden presentar en el trascurso del día:

a. En la clase de Educación Física se va a practicar salto de longitud.

1 ¿A qué fuerzas está sometido el compañero cuando está en el aire? Dibújalas indicando todas sus características.

b. Durante el recreo, algunos alumnos juegan un partido de fútbol. Al golpear la pelota:

2 ¿Qué fuerzas intervienen en esta interacción?

3 ¿A qué principio de Newton hace referencia esta situación?

c. En el supermercado, para poder llevar toda la compra junta, cogemos una cesta:

4 ¿A qué fuerzas está sometida la cesta?

5 ¿Está en reposo o en equilibrio? Argumenta tu respuesta.

d. Cuando montas en bicicleta a una velocidad constante en un trayecto en línea recta:

6 ¿Qué fuerza resultante recibes? ¿Por qué?

e. Al andar por la calle de vuelta a tu casa:

7 ¿Qué fuerzas nos permiten andar?

8 ¿Qué ley de Newton estamos aplicando?

9 Visita la web https://www.e-sm.net/Fuerzas para estudiar otras situaciones cotidianas al variar el valor de las fuerzas que intervienen.

De las tareas que has hecho en este reto, ¿cuál es la que más te ha ayudado?

¿Cómo te ha ido el reto? Entra y haz tu valoración

EN RESUMEN

La fuerzas y su medida

- Las fuerzas son interacciones entre cuerpos que producen aceleraciones o deformaciones en ellos. Su unidad de medida en el SI es el newton (N).
- La ley de Hooke indica que los alargamientos producidos por las fuerzas en los muelles de acero son directamente proporcionales a las fuerzas aplicadas.
- El dinamómetro mide fuerzas en una escala graduada en newtons basándose en la proporcionalidad directa entre fuerzas y alargamientos de muelles.

Tercera ley de Newton

- La tercera ley de Newton, también llamada principio de acción y reacción, describe esta interacción. Si un cuerpo ejerce una fuerza sobre otro, este a su vez recibe del primero otra fuerza igual de sentido contrario.

Segunda ley de Newton

- La segunda ley de Newton indica que la aceleración producida en un cuerpo es directamente proporcional a la fuerza aplicada.

Primera ley de Newton

- La primera ley de Newton indica que, si un cuerpo está en reposo o en movimiento rectilíneo uniforme, permanecerá en ese estado mientras no reciba una fuerza neta.

PRACTICAMOS

1 Copia, completa y amplía el siguiente mapa conceptual en tu cuaderno.

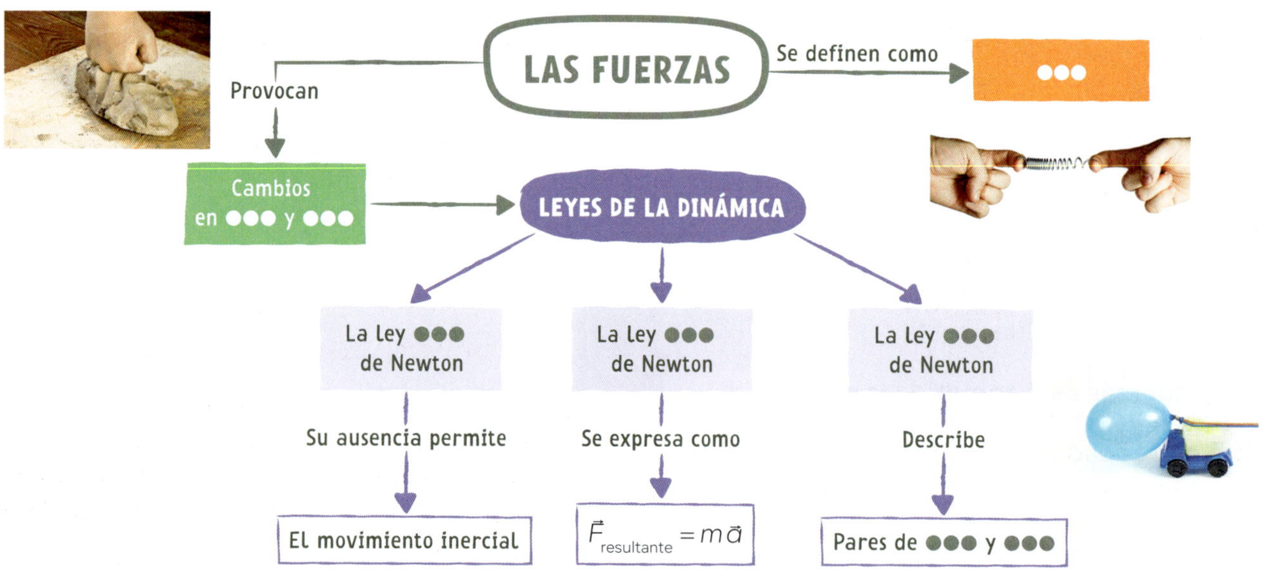

2 El resorte de un dinamómetro mide 7 cm cuando no se le aplica ninguna fuerza. La distancia en la escala de medida entre dos señales que difieren en 1 N es de 0,5 cm. ¿Cuál es la ecuación de la ley de Hooke de este dinamómetro?

3 Indica si las siguientes afirmaciones son correctas desde el punto de vista de la física o no.

a. He gastado mucha fuerza para subir siete pisos sin ascensor.

b. He ejercido una fuerza muy grande para mover el coche que estaba parado.

c. El elevador desarrolla más fuerza cuando levanta a cinco personas que cuando levanta a una sola.

d. Los aviones reciben una gran fuerza de sus motores.

4 Cuando te bajas de una barca, antes de saltar desde ella al muelle es conveniente atracar, es decir, sujetar la barca al muelle con una cuerda. Razona por qué.

5 Dos patinadores cuyas masas son 55 kg y 75 kg se encuentran juntos en una pista de patinaje. El patinador más corpulento empuja al otro con una fuerza de 150 N.

a. Explica lo que sucede conforme a la tercera ley de Newton.

b. Suponiendo que no existen fuerzas de rozamiento, ¿qué aceleración adquiere cada uno de ellos?

6 Un coche de 1250 kg de masa frena, pasando de una velocidad inicial de 144 km/h a una final de 72 km/h en 15 segundos con una trayectoria rectilínea.

a. Calcula la fuerza resultante (suponiendo que es constante) que ha recibido el coche.

b. ¿Qué espacio ha recorrido el coche en esos 15 segundos?

7 La velocidad de un móvil de 2,5 kg que lleva una trayectoria rectilínea varía conforme a la gráfica de la figura.

a. Calcula la aceleración en los tres tramos.

b. ¿En qué tramos hay fuerza resultante no nula sobre el móvil y cuál es su valor?

c. Calcula el espacio que ha recorrido en los 6 segundos.

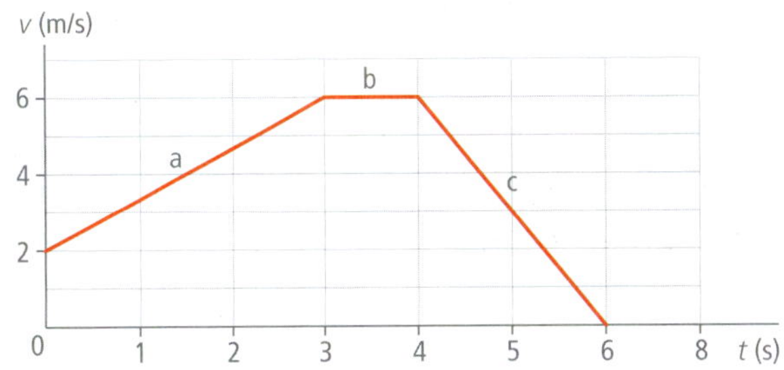

8 Un ciclista circula por una carretera recta y sin inclinación con una velocidad constante de 18 km/h.

a. ¿Qué fuerza resultante o neta actúa sobre él?

b. Si la fuerza que le impulsa hacia delante es de 250 N, ¿qué fuerza se opone a su movimiento?

c. Indica qué ley de Newton se aplica para resolver este ejercicio.

9 Por un ejemplo de un cuerpo que se encuentre en las siguientes situaciones:

a. En reposo y en equilibrio.

b. En reposo pero no en equilibrio

c. En movimiento y en equilibrio.

d. En movimiento pero no en equilibrio.

10 Una motocicleta parte del reposo y acelera bruscamente al ponerse en marcha cuando el semáforo cambia a verde. ¿Qué le podría pasar al pasajero de detrás en tal situación si no está sujeto al conductor?

3.5 La ley de la gravitación universal

¡EMPEZAMOS!

Durante siglos se creyó que las leyes físicas eran diferentes en la Tierra que en los cielos; para comprender el movimiento de los cuerpos celestes se usaban argumentos distintos a las interacciones gravitatorias que se aplicaban en la superficie terrestre.

Newton comprendió que las leyes del movimiento que funcionaban en la Tierra también debían aplicarse a los astros. Así se pudo determinar el período del cometa Halley, explicar las mareas o descubrir Urano y Neptuno. Esta idea rompedora de que el movimiento en la Tierra y en el cielo se rige por las mismas leyes supuso una revolución en todos los ámbitos de la sociedad.

Hoy día, hay miles de satélites artificiales girando alrededor de la Tierra, con todo tipo de funciones: meteorología, localización, etc. También se envían sondas a explorar el sistema solar o estudiar la composición de cometas, incluso los confines de nuestra galaxia. Actualmente, algunas agencias espaciales se plantean que el ser humano vuelva a la Luna o que viaje en una nave tripulada a Marte.

- ¿Qué es la gravedad de la Tierra?
- ¿Hasta dónde se nota el efecto de la gravedad?
- ¿Por qué se caen los cuerpos de nuestro entorno y, sin embargo, no lo hacen los satélites artificiales?
- ¿Hay evidencias de la gravedad en otras partes el universo?

¡VAMOS A APRENDER!

1. Respetar el turno de palabra.
2. Comprender que la dirección del movimiento no tiene por qué coincidir con la dirección de la fuerza.
3. Identificar las variables que influyen en la ley de gravitación universal.
4. Distinguir entre masa y peso.
5. Reconocer las fuerzas como interacciones entre los cuerpos.
6. Aplicar la ley de gravitación universal.
7. Emplear las herramientas digitales con la finalidad de ejercer una influencia positiva en el entorno.

NUESTRO RETO

Lanzamiento de un satélite

¿Cómo se coloca un satélite artificial en órbita alrededor de la Tierra?

¡Vamos allá!

1 ¿Qué condiciones son necesarias para que un cuerpo describa una trayectoria circular?

¿Qué es la fuerza centrípeta?

Cuando un objeto se mueve describiendo un movimiento circular, está experimentando una aceleración. Según la segunda ley de Newton, si un objeto posee aceleración, debe actuar sobre él una fuerza neta. De esta manera, a cualquier fuerza neta que cause un movimiento circular uniforme se la denomina **fuerza centrípeta**.

TALLER

Experimento A

Paso 1 Enciende una vela y sostenla con la mano.

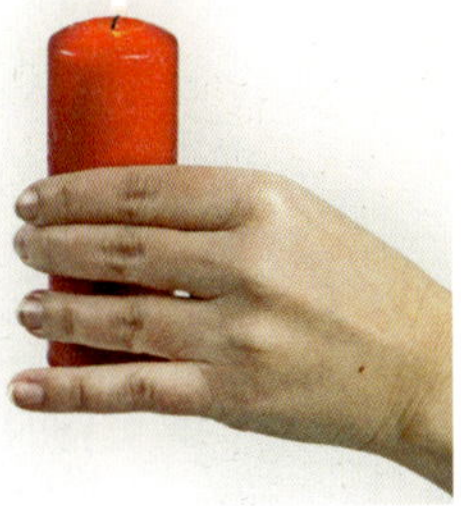

1 ¿Hacia dónde se dirige la llama?

Paso 2 Sujeta verticalmente la vela con el brazo extendido y gira en círculo con velocidad constante.

2 ¿Seguirá la llama en posición vertical? Argumenta tu respuesta.

Experimento B

Paso 1 Pasa un hilo por el tubo de plástico de un bolígrafo, ata un extremo a una manzana y el otro a una tuerca.

Paso 2 Haz girar la tuerca.

3 ¿Por qué no sale disparada en línea recta?

Paso 3 Haz girar la tuerca con velocidad constante. ¿Por qué la manzana permanece en reposo?

4 ¿Hacia dónde debe dirigirse la fuerza neta que actúa sobre la Luna en su movimiento alrededor de la Tierra? ¿Es una fuerza de contacto?

5 ¿El efecto de una fuerza centrípeta modifica el módulo de la velocidad del objeto sobre el que actúa o cambia continuamente la dirección de dicho objeto?

La segunda ley aplicada al movimiento circular uniforme

La segunda ley de Newton nos informa de cuál debe ser la fuerza neta para causar un movimiento circular uniforme. La fuerza centrípeta, $\vec{F}_c$, es la fuerza resultante que origina la aceleración centrípeta, $\vec{a}_c$. Recordando que:

$$a_c = \frac{v^2}{R}\ :\ \vec{F}_c = m\vec{a}_c \Rightarrow F_c = m\frac{v^2}{R}$$

6 Actividad resuelta

Un lanzador de martillo, en un ejercicio de calentamiento, duplica la velocidad tangencial del martillo. ¿Qué valor tendrá la fuerza centrípeta?

La fuerza centrípeta es proporcional al cuadrado de la velocidad; por tanto, si la velocidad se duplica, la fuerza centrípeta quedará multiplicada por cuatro.

2 ¿Por qué la Luna no se aleja en línea recta?

Las fuerzas entre la Tierra y la Luna

7 **Interpreta lo que ocurre.** La Luna se mueve alrededor de la Tierra con un movimiento circular cuya velocidad puede considerarse constante. Explica cuál de los siguientes dibujos te parece correcto para representar las fuerzas que actúan sobre la Luna.

¿De qué variables depende la fuerza gravitatoria?

Una idea novedosa y brillante de Newton fue la comparación de la aceleración de la Luna con la aceleración de los objetos en la Tierra, ya que intuyó que la fuerza gravitatoria era la responsable de ambos movimientos. Había estudiado que la causa de la caída de un objeto dependía de su masa. Así estableció una dependencia entre la fuerza y la distancia entre las masas.

Según los datos que aparecen en las ilustraciones, que representan parejas de cuerpos de masa *M*, donde *F* es la fuerza y *d* la distancia entre ellos:

Efecto de las masas en la fuerza

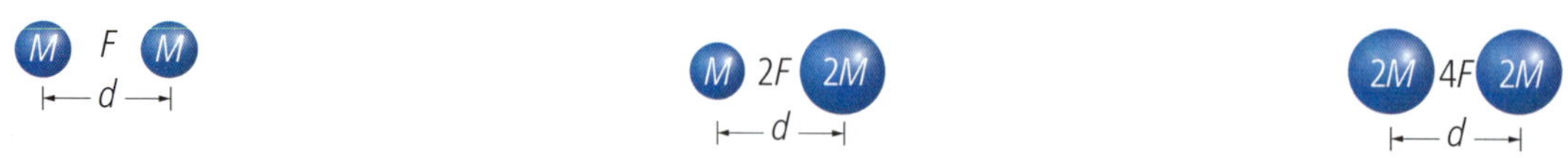

Efecto de la distancia en la fuerza

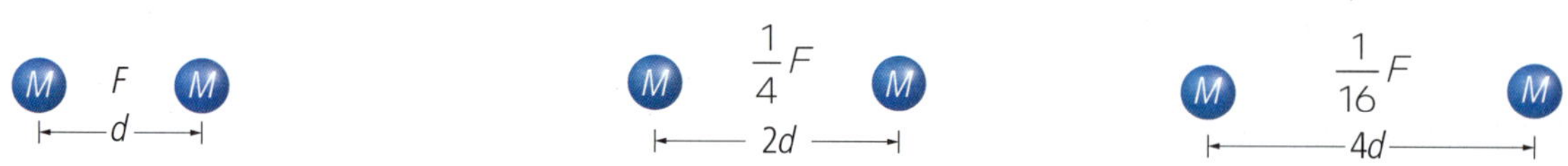

8 ¿Qué relación crees que hay entre las masas y la atracción gravitatoria? ¿Y entre la atracción gravitatoria y la distancia entre las masas?

9 Investiga la expresión matemática que relaciona la fuerza con las masas y la distancia.

¿Qué has logrado comprender de forma profunda?

3 La unificación de la física de la Tierra y la física de los cielos

La fuerza gravitatoria

¿Qué tienen en común los pies doloridos, una pelota que cae y la órbita de la Luna?

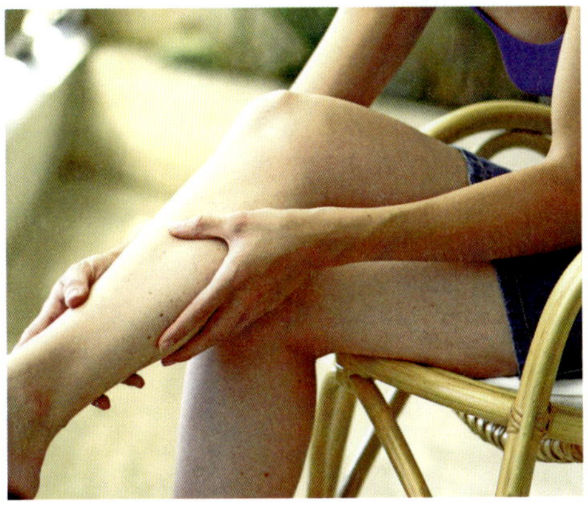

Los tres son causados por la fuerza gravitatoria. Los pies están tensos al soportar nuestro peso. Una pelota cae debido a la fuerza que actúa a unos pocos metros de la superficie terrestre. La Luna orbita porque la Tierra ejerce una fuerza gravitatoria que es centrípeta y actúa a distancia.

Ley de la gravitación universal

Dos masas cualesquiera en el universo separadas una distancia r se atraen entre sí con una fuerza que es directamente proporcional al producto de sus masas, m_1 y m_2, e inversamente proporcional al cuadrado de la distancia que las separa:

$$F = G\frac{m_1 m_2}{r^2}$$

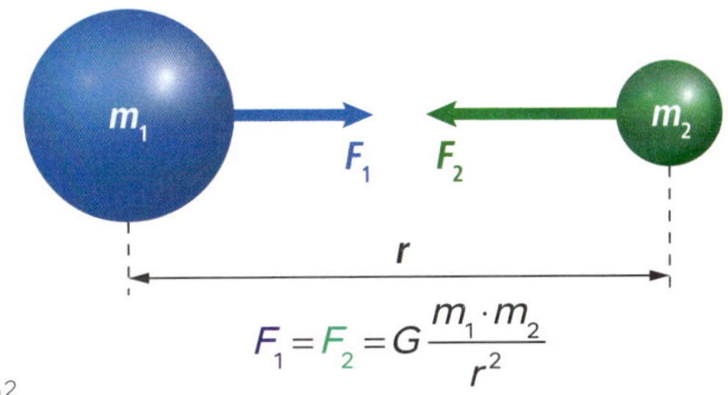

La constante de gravitación universal, G, tiene un valor de $6{,}67 \cdot 10^{-11}$ Nm^2/kg^2

10 Actividad resuelta

La astrología es una pseudociencia que pretende predecir el futuro basándose, entre otras cosas, en la posición de los planetas a la hora del nacimiento de una persona. La única fuerza que un planeta ejerce sobre la Tierra es la gravitacional.

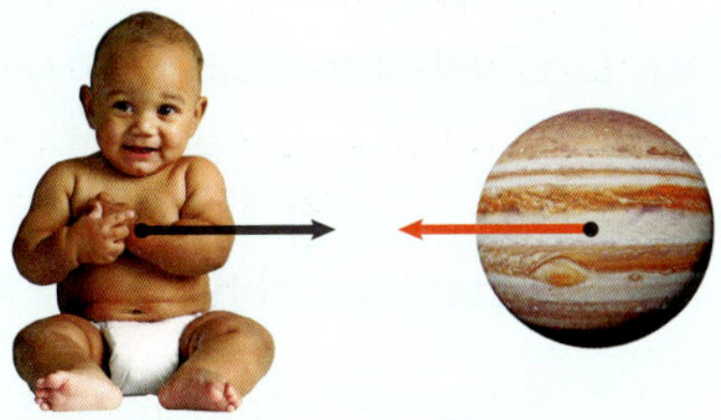

a. **¿Es apreciable la fuerza que ejerce Júpiter sobre un bebé de 4,20 kg? Supón que Júpiter se encuentra a $6{,}20 \cdot 10^{11}$ m, que es la distancia más cercana a la Tierra.**

b. **¿Cuánto vale la fuerza que ejerce el bebé sobre Júpiter?**

Dato: $m_{Júpiter} = 1{,}9 \cdot 10^{27}$ kg

a. Aplicando la ley de gravitación universal:

$$F = G\frac{m_J\, m_{bebé}}{r^2} = (6{,}67 \cdot 10^{-11}\,\text{Nm}^2/\text{Kg}^2)\frac{(1{,}90 \cdot 10^{27}\,\text{kg})(4{,}20\,\text{kg})}{(6{,}20 \cdot 10^{11}\,\text{m})^2} = 1{,}38 \cdot 10^{-6}\,\text{N}$$

b. La fuerza que ejerce el bebé sobre Júpiter es la misma que ejerce Júpiter sobre el bebé (tercera ley de Newton).

¿Podrías añadir algo más a la respuesta?

11 La fuerza gravitatoria entre dos esferas enormes de plomo es 0,010 N cuando los centros de las esferas están separados 20 m. ¿Cuál será la distancia entre los centros de las esferas si la fuerza gravitatoria es de 0,160 N? ¿A qué fuerza gravitatoria están sometidas si están separadas a una distancia de 5 m?

4 El campo gravitatorio terrestre

¿Con qué aceleración caen los cuerpos sobre la superficie terrestre?

Si la Tierra desapareciera de repente, la Luna continuaría su movimiento describiendo un movimiento rectilíneo y uniforme. Debido a la presencia de la Tierra, la Luna describe una órbita. A la situación física que produce la Tierra en su entorno se le denomina **campo gravitatorio terrestre**, y se debe a que la Tierra produce una perturbación en el espacio que la rodea por el hecho de tener masa.

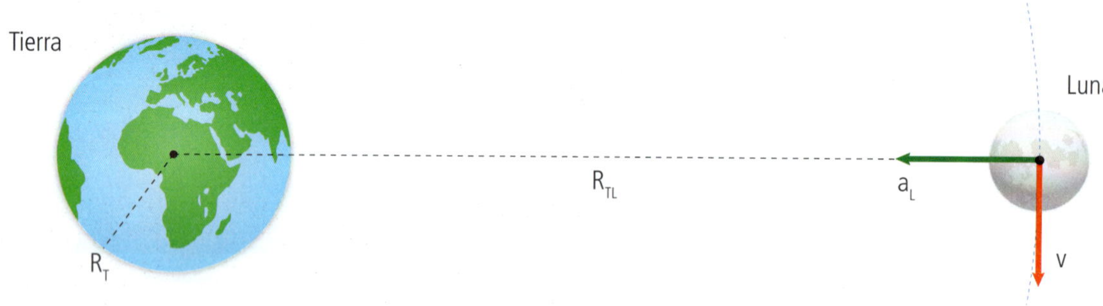

La perturbación provocada por la Tierra en un punto situado a una distancia determinada de su centro es la misma con independencia del objeto que se coloque en ese punto. Se expresa con la **fuerza por unidad de masa**, magnitud que se denota con la letra *g*, y que se denomina **intensidad del campo gravitatorio** en el caso de la superficie terrestre.

$$g_0 = \frac{F}{m} = G\frac{M_T m}{R_T^2}\frac{1}{m} = G\frac{M_T}{R_T^2} = (6{,}67\cdot 10^{-11}\,\text{Nm}^2/\text{kg}^2)\frac{(5{,}97\cdot 10^{24}\,\text{kg})}{(6{,}37\cdot 10^6\,\text{m})^2} = 9{,}81\,\text{N/kg}$$

TALLER

Determina el valor de la perturbación que produce la Tierra a las distancias que aparecen en la gráfica. Recuerda que numéricamente coincide con el valor de la aceleración.

Paso 1 Identifica qué representa la letra *R* en la gráfica.

Paso 2 ¿Cuál es la aceleración de la gravedad en la superficie de la Tierra?

Paso 3 Identifica qué le ocurre a la gravedad al aumentar la distancia al doble.

Paso 4 Establece la proporcionalidad entre aceleración y distancia.

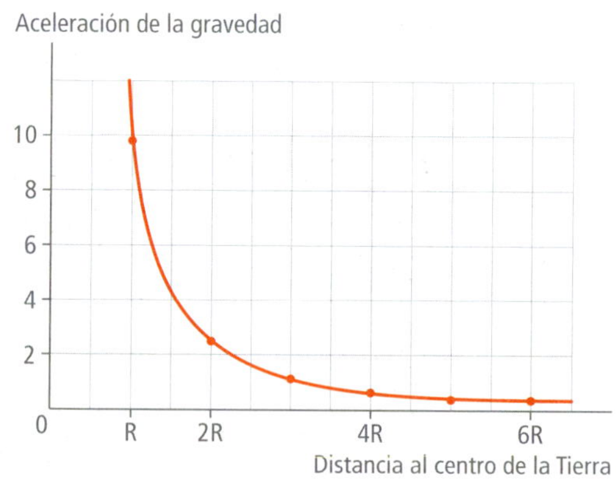

12 **TRABAJAMOS POR TURNOS.** **¿Qué datos se necesitan para determinar el valor de la perturbación que produce la Tierra en un punto de la órbita de la Luna? ¿Qué datos se necesitan para determinar el valor de *g* en la superficie lunar?**

13 **En la actualidad hay activos cinco grupos de satélites meteorológicos situados en una órbita geoestacionaria.**

a. ¿Qué se entiende por *órbita geoestacionaria*?

b. ¿Los satélites Meteosat tienen en su órbita una aceleración mayor, menor o igual que los satélites INSAT?

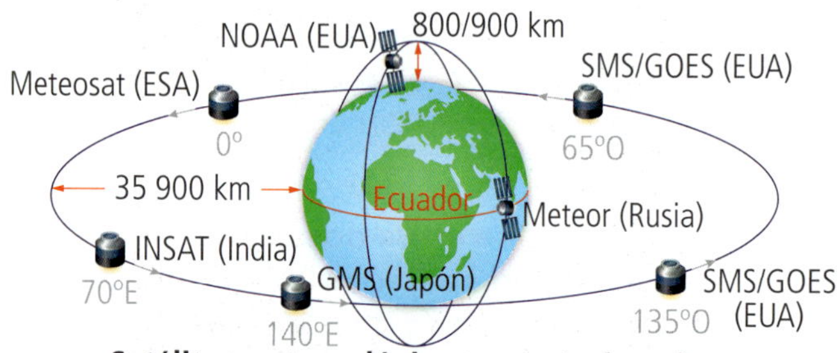

Satélites meteorológicos geoestacionarios

5 ¿Cómo explica la gravitación las mareas?

Las mareas

TALLER

En la bahía de Fundy (Canadá) se producen las mayores mareas del mundo (tienen una media de 17 m de altura).

Paso 1 Localiza en el globo terráqueo dónde se encuentra. Busca una tabla de los horarios de las mareas. ¿Tienen el mismo horario en todas las estaciones del año?

Paso 2 Si la Tierra gira sobre sí misma cada 24 horas y cualquier punto de su superficie se alinea con la Luna dos veces, ¿cuántas mareas altas y bajas hay en ese espacio de tiempo?

Paso 3 Localiza el Monte Saint Michel y comprueba si las conclusiones que has obtenido en los pasos anteriores son correctas según las tablas de mareas de ese lugar y sus horarios.

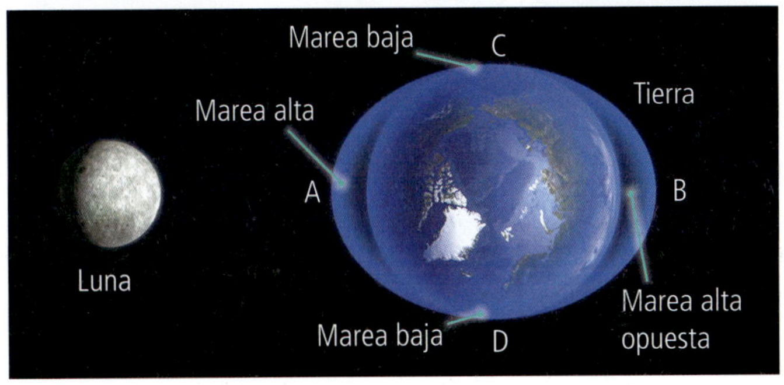

Las **mareas** son variaciones en el nivel del mar debidas a la atracción gravitatoria que el Sol y la Luna ejercen sobre diferentes puntos de la superficie terrestre.

14 **Interpreta lo que ocurre.** En determinadas posiciones del Sol y de la Luna, la marea alta es más alta de lo habitual (marea viva) y la marea baja es más baja (marea muerta). Indica qué tipo de marea y fase de la luna corresponde a cada situación. ¿Cuántas veces al mes se produce una marea viva?

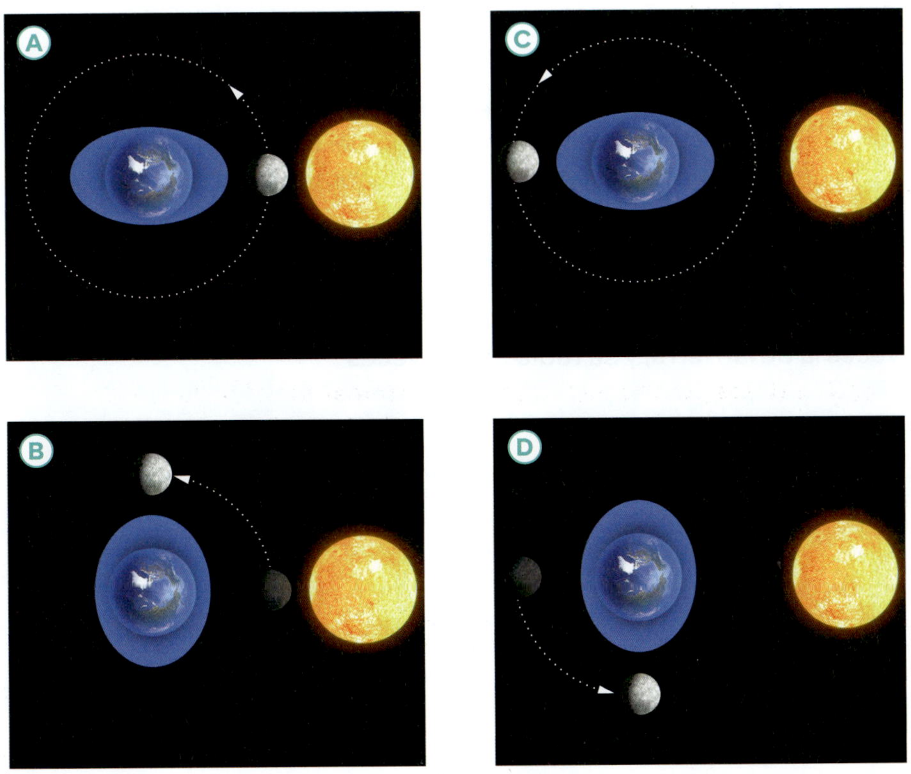

6 La gravedad, una fuerza que nos ata

La intensidad del campo gravitatorio

15 **Interpreta lo que ocurre.** Se dejan caer libremente una manzana y un balón medicinal.

$m = 0{,}10$ kg

$m = 10$ kg

a. ¿Cuál de los dos crees que experimenta una mayor fuerza gravitatoria?

b. ¿La aceleración con la que caen depende de la masa?

c. La fuerza gravitatoria que actúa sobre la manzana es 0,98 N y la que actúa sobre el balón, 98 N. Determina la relación F/m en ambos casos.

La **intensidad del campo gravitatorio**, g, tiene un valor en una caída libre de 9,8 N/kg. Representa la fuerza gravitatoria que actúa sobre la unidad de masa situada en un punto en la superficie terrestre.

El valor de g depende de la ubicación respecto al centro de la Tierra. Así, para un cuerpo situado a una distancia r de la superficie terrestre, es:

$$g = G\frac{M_T}{r^2}$$

¿Qué diferencia hay entre masa y peso?

El **peso** es la fuerza de atracción que la Tierra, u otro planeta, ejerce sobre un cuerpo. Su dirección y sentido se orienta hacia el centro de esta, y su unidad es el newton (N) en el SI. Tomando la expresión de la ley de gravitación universal, el peso (P) se calcula:

$$F = G\frac{M_T m}{r^2} \quad \rightarrow \quad P = mg$$

La **masa** es una propiedad intrínseca de un objeto, mientras que el peso depende del valor del campo gravitatorio en el lugar donde esté el objeto. Cuanto más alejado del centro de la Tierra se encuentre, menor será su peso, ya que la gravedad disminuye con el cuadrado de la distancia.

16 Actividad resuelta

Júpiter tiene una masa 318 veces la de la Tierra, y su radio es 11,2 veces el de la Tierra.

a. Justifica el dato de Júpiter que se muestra en la tabla.

b. ¿Por qué no aparece en la tabla la "masa relativa" para cada planeta?

Planeta	Peso del planeta relativo a la Tierra
Venus	0,91
Tierra	1
Marte	0,38
Júpiter	2,53
Urano	0,92

a. El peso de la persona en la Tierra sería: $P_T = mg_T = mG\frac{M_T}{R_T^2}$

El peso en Júpiter relacionado con la Tierra:

$$P_J = mg_J = mG\frac{M_J}{R_J^2} = mG\frac{318\,M_T}{(11{,}2\,R_T^2)} = \frac{318}{11{,}2^2}\cdot mG\frac{M_T}{R_T^2} = 2{,}53\cdot P_T \Rightarrow \frac{P_J}{P_T} = 2{,}53$$

b. La masa es la misma con independencia del valor de la gravedad.

¿Por qué no caen los satélites artificiales?

Un satélite en una órbita circular se mueve siempre en la dirección perpendicular a la fuerza de la gravedad que actúa sobre él. El módulo de su velocidad no cambia, pero sí lo hace su dirección.

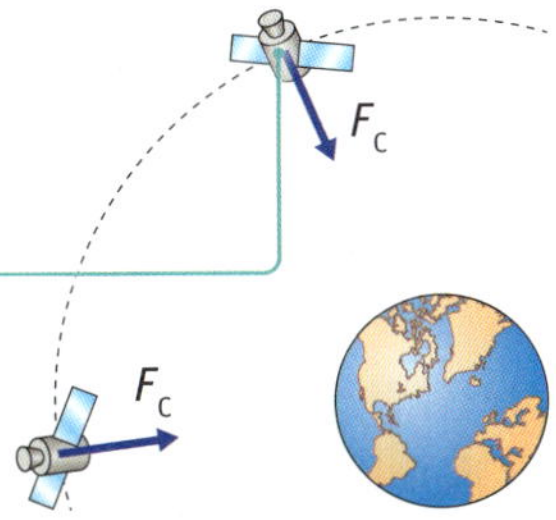

En realidad, es un caso muy especial de caída libre en el que el objeto "cae" girando indefinidamente a una cierta distancia alrededor de la Tierra, y no directamente hacia ella.

- ¿El radio de la órbita que describe un satélite depende de su velocidad?

La única fuerza que actúa sobre el satélite es la gravitatoria. Aplicando la segunda ley de Newton y teniendo en cuenta que la aceleración es centrípeta:

$$F = ma_c = m\frac{v^2}{r} \Rightarrow G\frac{M_T m}{r^2} = m\frac{v^2}{r}$$

Despejando la velocidad del satélite en la órbita: $v = \sqrt{G\frac{M_T}{r}}$

La **velocidad orbital** de un satélite en su órbita terrestre depende solo de la masa de la Tierra y del radio de su órbita.

17 Actividad resuelta

Google Maps se nutre de imágenes tomadas por el satélite Landsat 8. Capta en torno a un petabyte de información con más de 700 billones de píxeles en sus imágenes. Este satélite orbita a una distancia del centro de la Tierra de 7075 km. ¿Cuál es su velocidad orbital? ¿Y su aceleración?

Datos: $G = 6{,}67 \cdot 10^{-11}$ N/m² Kg²; $M_T = 5{,}97 \cdot 10^{24}$ kg

Sustituyendo en la expresión $v = \sqrt{G\frac{M_T}{r}} = \sqrt{(6{,}67 \cdot 10^{-11}\,\text{Nm}^2/\text{Kg}^2)\frac{(5{,}97 \cdot 10^{24}\,\text{kg})}{(7075 \cdot 10^3\,\text{m})}} = 7502$ m/s

La aceleración es centrípeta: $a_c = \frac{v^2}{r} = \frac{(7502\,\text{m/s})^2}{(7075 \cdot 10^3\,\text{m})} = 7{,}95\,\text{m/s}^2$

¿Hay gravedad en la Estación Espacial Internacional?

18 Interpreta lo que ocurre. En la imagen se ve a dos astronautas en la EEI interactuando con varios objetos.

a. Describe lo que observas en la imagen. ¿Es nula la gravedad?

b. ¿Lo que ocurre tiene alguna relación con la caída libre en un parque de atracciones?

La EEI orbita alrededor de la Tierra, lo que significa que está cayendo continuamente sobre ella, al igual que los objetos que hay en su interior, y con la misma aceleración que la nave. Esto da lugar a una ausencia de interacción entre los objetos y la nave, lo que provoca la apariencia visual de que están flotando.

Lo que se denomina **ingravidez** es la sensación que experimenta un individuo u objeto en ausencia de fuerzas de contacto. En la EEI sí actúa la gravedad, ya que, si esta no existiera, no podría estar orbitando, al igual que ocurre en el movimiento de caída de la Lanzadera en el parque de atracciones. Si soltamos una pelota a la vez que se inicia la caída libre, también tendríamos la impresión de que flota delante de nosotros.

7 ¿Hay evidencia de la gravedad en otras partes del universo?

La fuerza de la gravedad en el universo

LABORATORIO EXPRESS

20 Coge un mando a distancia y obsérvalo por su parte delantera. Comprueba que funciona bien presionando el encendido y cambiando de canal. Enfoca el mando hacia la cámara de tu móvil y presiona el botón de encendido y algún botón.

- ¿Se puede ver algo al presionar los botones? ¿Por qué piensas que ocurre este fenómeno?
- ¿Por qué crees que el ojo no es capaz de captarlo?

El cosmos está lleno de estructuras que no es posible observar, ya que emiten radiación fuera del rango de la luz visible. Esta radiación puede pertenecer a las franjas de microondas, infrarrojo, rayos gamma... Por ello, el ser humano ha construido telescopios capaces de captar imágenes en tales radiaciones electromagnéticas.

¿Es necesaria una nueva entidad de materia?

La gravedad ha jugado y juega un papel crucial en la formación de estrellas, galaxias, cúmulos de galaxias, supercúmulos y murallas. La Vía Láctea pertenece al cúmulo denominado **Grupo Local**, formado por 25 galaxias, y este Grupo Local forma parte **del supercúmulo de Virgo**.

Para explicar el movimiento anómalo de galaxias en el cúmulo de Coma, en 1933 el físico suizo Fritz Zwicky sugirió la existencia de una gran cantidad de materia no luminosa, que denominó **materia oscura**.

Posteriormente, en los años 70, la astrónoma Vera Rubin observó que las estrellas más externas de las galaxias espirales giraban más rápido de lo que deberían según los cálculos teóricos que solo consideraban la materia luminosa observable en el universo.

En la gráfica se representa la velocidad a la que orbitan las estrellas de la galaxia de Andrómeda respecto a la distancia a su centro. Se observa que la predicción teórica no coincide con las observaciones experimentales.

Las estrellas giran con una velocidad mucho mayor de la esperada de forma teórica, lo que conduce a suponer la existencia de algún tipo de materia no detectada.

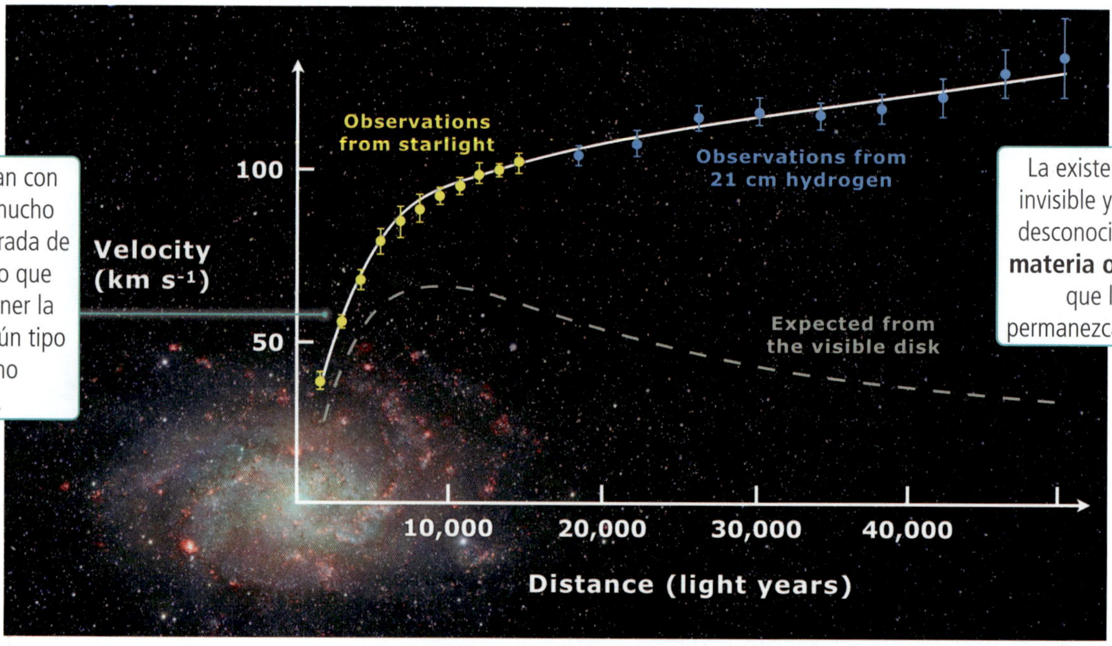

La existencia de materia invisible y de composición desconocida, denominada **materia oscura**, explicaría que las estrellas permanezcan en sus órbitas.

NUESTRO RETO Lanzamiento de un satélite

¿Cómo se coloca un satélite artificial en órbita alrededor de la Tierra?

ENTRENAMOS JUNTOS. El movimiento de un cuerpo no solo se determina por las fuerzas que actúan sobre él, sino también por las condiciones iniciales. Para colocar un satélite en órbita, un cohete lo sube a una determinada altura y desde allí lo lanza con la velocidad horizontal necesaria para que orbite a esa altura.

Paso 1

Vamos a estudiar la caída de un cuerpo con velocidad inicial cero.

Mide la altura desde la que se deja caer la pelota al suelo. Ayudándote de una aplicación específica para el móvil, graba el movimiento a cámara lenta.

Calcula el tiempo que tarda en llegar al suelo (debes buscar la relación entre el tiempo de filmación y el tiempo real).

Con ayuda de la expresión: $y = y_0 - \frac{1}{2}gt^2$

1 **Calcula el valor de *g*.**

2 **¿Coincide la dirección del movimiento de la pelota con la de la fuerza que actúa sobre ella?**

Paso 2

Con ayuda de la simulación de esta web https://www.e-sm.net/lanzamiento, se puede variar la velocidad inicial de lanzamiento de un objeto y comprobar si puede hacer orbitar el objeto alrededor de la Tierra.

Comienza el lanzamiento con valores bajos de velocidad inicial.

3 **¿Qué resultado se obtiene con valores de velocidad bajos?**

4 **¿Y al ir aumentando la velocidad inicial?**

5 **¿El tipo de movimiento de la bala depende exclusivamente de la fuerza que actúa?**

6 **¿La basura espacial se verá influenciada por el movimiento orbital de los satélites?**

7 **¿Cómo crees que influye la existencia de basura espacial para el lanzamiento de satélites?**

¿Cómo te ha ido el reto? Entra y haz tu valoración

EN RESUMEN

Fuerza centrípeta

- La fuerza centrípeta es una fuerza neta que actúa sobre un cuerpo para mantenerlo en movimiento a lo largo de una trayectoria circular.

Ley de la gravitación universal

- Establece que los cuerpos, por el hecho de tener masa, experimentan una fuerza de atracción hacia otros cuerpos con masa.

Peso

- Es la fuerza de atracción que la Tierra, u otro planeta, ejerce sobre un cuerpo. $P = mg$
- El peso depende de la distancia al centro del planeta $P = G\dfrac{M_T m}{r^2}$

Intensidad del campo gravitatorio

- Representa la fuerza gravitatoria por unidad de masa; depende de la distancia al centro del cuerpo que genera la perturbación.

$$g = G\frac{M_T}{r^2}$$

Velocidad orbital

- Es la velocidad que debe tener un planeta, satélite o similar para que su órbita sea estable.

$$v = \sqrt{G\frac{M_T}{r}}$$

PRACTICAMOS

1 Copia y completa el siguiente mapa conceptual en tu cuaderno.

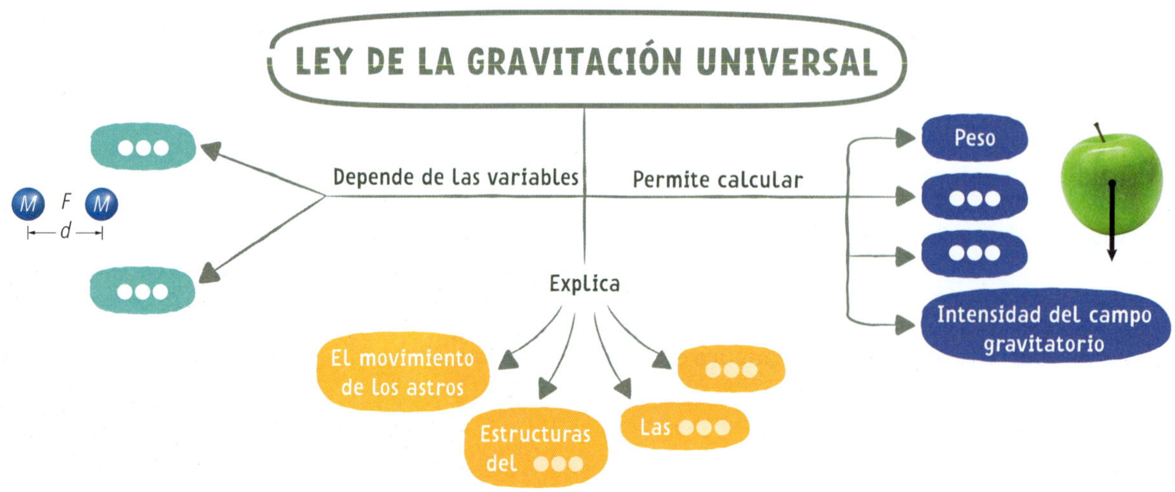

2 Dos asteroides se atraen gravitacionalmente. Si un asteroide tiene doble masa que el otro, ¿cuál experimenta una fuerza mayor? ¿Cuál experimenta una mayor aceleración?

3 **a.** Supón que dos objetos se atraen entre sí con una fuerza gravitatoria de 16 N. Si la masa de ambos se duplica y la distancia entre ellos permanece igual, ¿cuál será la nueva fuerza de atracción entre ellos?

b. En el mismo caso anterior, ¿cuál será la fuerza si se duplica la masa de ambos objetos y además se duplica la distancia entre ellos?

4 Si la gravedad en la Luna es aproximadamente 1/6 de la gravedad en la superficie terrestre, calcula:

a. La relación entre la velocidad que adquiere una masa al llegar al suelo en ambas, si se produce desde una altura *h*.

b. La masa necesaria para equilibrar en la Luna un cuerpo que en la Tierra se equilibra con una masa de 22,3 g.

5 En la figura se representa la relación entre la fuerza que ejerce la Tierra sobre una masa y la distancia al centro de la Tierra.

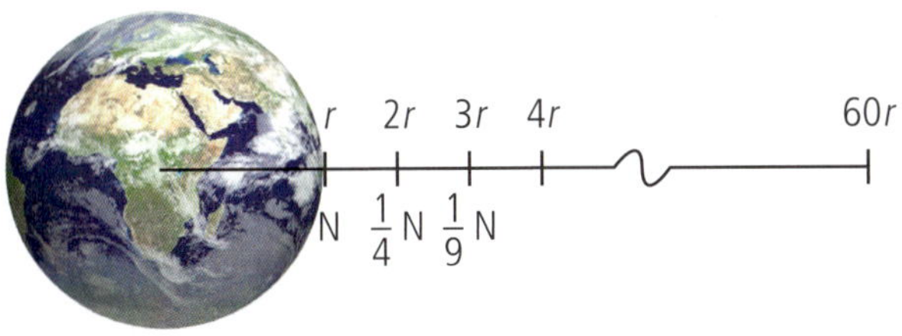

a. Completa los datos que faltan.

b. 60 *r* es la distancia del centro de la Luna al centro de la Tierra. Si en la superficie terrestre la aceleración que tiene un cuerpo en caída libre es 9,8 m/s^2, calcula la aceleración a la que se ve sometida la Luna en su órbita. ¿Coincide con la aceleración de un objeto en la superficie de la Luna?

6 El peso de un instrumento científico de 50 kg en la superficie de Titán (satélite de Saturno) es de 70 N. Determina la aceleración de la gravedad en la superficie de Titán.

7 La basura espacial se ha convertido en un verdadero problema para los satélites artificiales, ya que puede causar daños muy graves. La Red de Vigilancia Espacial de EE. UU. rastrea miles de objetos con el fin de analizar sus trayectorias. El verdadero peligro es su elevada velocidad. Calcula:

a. La velocidad de un fragmento que orbita a una distancia de $6{,}87 \cdot 10^6$ km del centro de la Tierra.

b. El tiempo que tarda en dar una vuelta alrededor de la Tierra con la expresión $v = 2\pi r/T$.

c. La fuerza con la que la Tierra atrae a un fragmento de 10 gramos ¿Con qué fuerza atrae el fragmento a la Tierra?

8 Las observaciones astronómicas de nuestra galaxia, la Vía Láctea, señalan que su masa es de unas $8{,}0 \cdot 10^{11}$ masas solares. Una estrella que orbita en su periferia se encuentra a unos $6{,}0 \cdot 10^4$ años luz (un año luz es la distancia que recorre la luz en un año).

a. ¿Cuál es el período orbital de esta estrella?

b. Si el período fuera $6{,}0 \cdot 10^7$ años luz, ¿cuál sería la masa de la galaxia?

Estos cálculos se usan para verificar la existencia de materia oscura en el universo, y han indicado, en ocasiones, la existencia de agujeros negros.

Dato: $M_{Sol} = 2{,}0 \cdot 10^{30}$ kg

9 El telescopio Hubble detectó luz emitida desde la galaxia M87. De dicha emisión, los astrónomos determinaron que la velocidad orbital es de $7{,}5 \cdot 10^5$ m/s para la materia situada a una distancia de $5{,}7 \cdot 10^{17}$ m del centro. Encuentra la masa del objeto ubicado en el centro galáctico (se cree que en él existe un agujero negro). ¿Se puede utilizar *G* fuera de nuestra galaxia?

Mis competencias | Autoevaluación

3.6 Dinámica práctica

¡EMPEZAMOS!

Edurne Pasaban es una alpinista española que ha logrado coronar los catorce "ochomiles", las montañas con más de ocho mil metros de altura sobre el nivel del mar. Cada vez que ella ataca la subida a una cumbre, experimenta y vence una serie de fuerzas, como la fuerza producida por la cuerda (tensión) y otras relacionadas con la superficie sobre la que necesita apoyar los pies (la fuerza normal y la fuerza de rozamiento). Todas las fuerzas que intervienen durante su expedición, a excepción de la fuerza gravitatoria (el peso), son de contacto.

Para comprender cómo intervienen estas fuerzas en el movimiento de la alpinista y en otras circunstancias de la vida cotidiana, debe realizarse un análisis de estas (su origen, los cuerpos implicados, la dirección, sentido, etc.) y desarrollar habilidades y técnicas para resolver las distintas situaciones: se deben aplicar las leyes de Newton.

- ¿Es útil representar en un diagrama las fuerzas que actúan sobre un cuerpo?
- ¿Cómo se puede determinar la magnitud de las fuerzas individuales que actúan en un cuerpo?
- ¿Qué fuerzas intervienen cuando dos cuerpos están en contacto?

¡VAMOS A APRENDER!

1. Llegar a acuerdos y decisiones compartidas.
2. Reconocer la fuerza normal y obtener su valor.
3. Identificar la fuerza de tensión de una cuerda y obtener su valor.
4. Distinguir la fuerza de rozamiento y obtener su valor en diferentes situaciones.
5. Identificar todas las fuerzas que actúan sobre un cuerpo.
6. Aplicar las leyes del movimiento para resolver situaciones que involucran diferentes fuerzas.
7. Atender las necesidades de las personas cercanas y conocidas.

NUESTRO RETO

¿Cuánto estás unido al suelo?

En general, los accidentes se producen por resbalones y caídas. Conoce el coeficiente de fricción de una superficie para establecer medidas de seguridad.

¡Vamos allá!

1 ¿Cómo se suman los vectores fuerza?

Diagramas de fuerzas

Las situaciones físicas donde actúan varias fuerzas simultáneamente sobre un mismo cuerpo se representan mediante un diagrama vectorial, que se denomina **diagrama de cuerpo libre**.

TALLER

Paso 1 Coged una cuerda larga entre dos personas, cada una sosteniendo un extremo de la cuerda.

Paso 2 Tirad manteniendo los extremos de la cuerda a un metro y medio de altura sobre el suelo.

Paso 3 Una tercera persona presiona hacia abajo con la mano en el centro de la cuerda, como en la imagen.

1 **Realiza un diagrama vectorial con las fuerzas que actúan en el centro de la cuerda en el paso 2 y en el paso 3.**

2 **Si la tercera persona presionara cerca de uno de los extremos, ¿cómo sería el nuevo diagrama de fuerzas?**

La **fuerza neta** o **fuerza resultante** es la suma vectorial de todas las fuerzas que actúan sobre un cuerpo, es decir, es una única fuerza que produciría el mismo efecto que el conjunto de fuerzas al que sustituye.

Cuando los vectores están dirigidos formando un ángulo con los ejes de coordenadas, se descompone el vector en sus componentes.

3 Actividad resuelta

En la imagen se muestra un dispositivo de tracción que se utiliza para recuperar lesiones de pie. Una vez que el sistema está en equilibrio, la masa que cuelga crea una fuerza en la cuerda que pasa alrededor de las poleas. La fuerza F surge de la reacción al efecto de las fuerzas 1 y 2. El módulo de F_1 y F_2 es 21,6 N.

a. Realiza un diagrama de fuerzas y calcula las componentes de F_1 y F_2.

b. ¿Cuál es el módulo de la fuerza que la pierna ejerce sobre la polea?

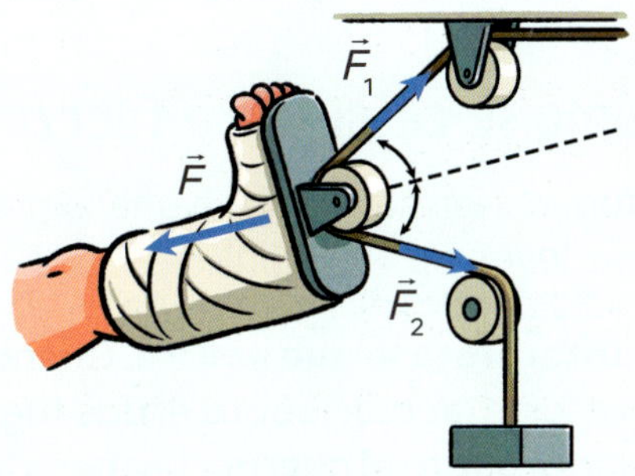

a. Las fuerzas 1 y 2 tienen el mismo módulo y forman el mismo ángulo con la dirección de los ejes de coordenadas elegidos.

Así: $F_{1,x} = F_{2,y} = F_1 \cos 35^o = (21{,}6\ \text{N}) \cdot 0{,}82 = 17{,}7\ \text{N}$

$F_{1,y} = F_{2,y} = F_1 \operatorname{sen} 35^o = (21{,}6\ \text{N}) \cdot 0{,}57 = 12{,}3\ \text{N}$

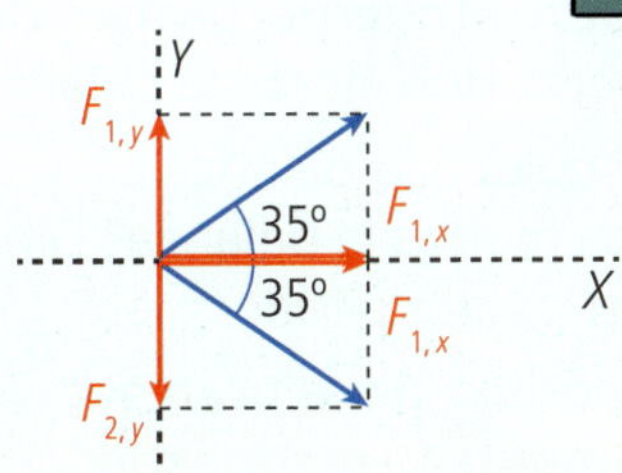

b. Como se observa en la figura, las componentes Y de F_1 y F_2 se anulan. Al estar el sistema en equilibrio, el módulo de la fuerza $\vec{F}$ coincide con la suma de las componentes en el eje X. Por tanto: $F = 2 \cdot (17{,}7\ \text{N}) = 35\ \text{N}$.

4 **TRABAJAMOS POR TURNOS. El dibujo representa una vista desde arriba de un vagón de tren tirado por una cuerda.**

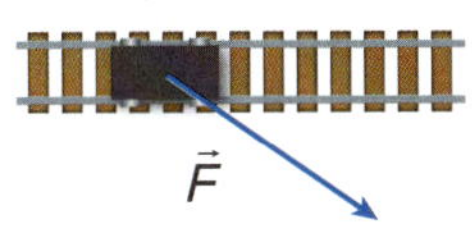

a. Dibuja las componentes de la fuerza aplicada. ¿Qué componente es mayor?

b. ¿Alguna de las componentes produce una aceleración sobre el vagón?

2 ¿Qué es la fuerza normal?

La fuerza normal

TALLER

Cuando se coloca una masa sobre una superficie, esta se hunde ligeramente por la carga. Antes de que la superficie se deforme más allá de su límite, ejerce una fuerza "restauradora" hasta que llega a ser tan grande como el peso de la carga.

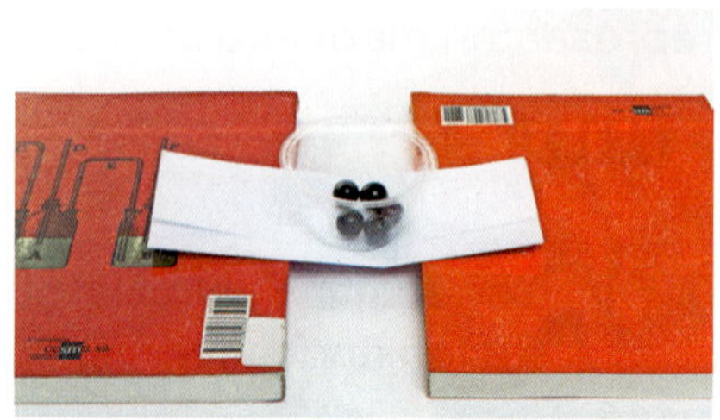

Paso 1 Dobla transversalmente un folio en cuatro partes. Apóyalo entre dos libros. Coloca en el centro un recipiente y ve añadiendo una canica tras otra.

Paso 2 Ahora dobla el folio formando un acordeón. Extiende el acordeón entre las dos pilas de libros y añade canicas al recipiente.

5 Describe qué sucede en el paso 1 al ir colocando las canicas.

6 ¿Por qué se pueden colocar más canicas sobre el folio en el paso 2?

La **fuerza normal**, $\vec{N}$, es la fuerza que ejerce una superficie sobre un cuerpo que se encuentra apoyado en ella. Es siempre perpendicular a la superficie de apoyo.

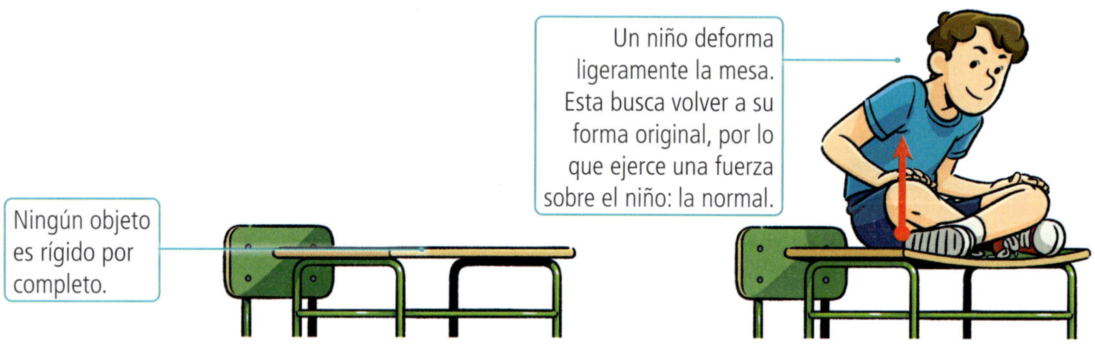

¿Cómo se calcula la fuerza normal?

La fuerza normal no tiene una expresión general; se deduce su valor en cada caso haciendo uso de las leyes de Newton.

7 **Interpreta lo que ocurre.** Cuando se coloca un cuerpo en una balanza de resorte, actúan sobre él dos fuerzas: el peso y la fuerza que realiza la balanza sobre el cuerpo. La medida de la balanza no es el peso, sino el valor de la fuerza que ejerce la balanza sobre el cuerpo, es decir, la normal.

a. Si se coloca la balanza con el cuerpo en un plano inclinado, ¿por qué marca menos la balanza? Dibuja las fuerzas que actúan sobre el cuerpo en las dos situaciones.

b. ¿El módulo de la normal coincide siempre con el módulo del peso? Argumenta tu respuesta.

8 Un operario empuja hacia abajo, con una fuerza de 30 N, un saco de arena de 40 kg, que se encuentra sobre un palé. Determina la fuerza normal que ejerce el palé sobre el saco.

9 Sabiendo que la fuerza normal de un cuerpo que se encuentra en un plano inclinado de 30° es de 120 N, ¿cuál es su masa?

3 ¿Qué es la tensión?

La tensión

La **tensión**, $\vec{T}$, es la fuerza que ejerce una cuerda o cable tenso sobre cualquier cuerpo unido a sus extremos.

TALLER

Toma una cuerda y cuelga una masa de 50 g. Corta la cuerda e inserta un dinamómetro.

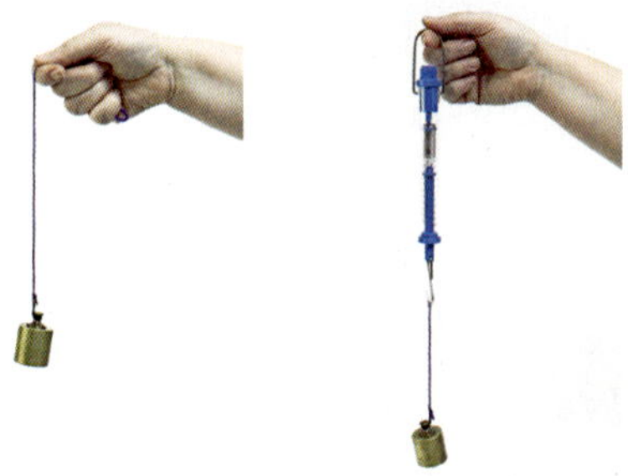

10 ¿Qué marcará el dinamómetro? ¿Coincidirá con la tensión de la cuerda antes de cortarla?

11 ¿Influye el punto donde se corte la cuerda en el resultado de la medida que leemos en el dinamómetro?

12 ¿Cómo sería el valor del dinamómetro si se usa una masa mayor?

Se suele suponer de forma general que las cuerdas tienen masa despreciable y son inextensibles; así, el módulo de la tensión es idéntico en todos los puntos de la cuerda.

13 **Interpreta lo que ocurre.** Existen dispositivos como las poleas y conectores flexibles que permiten transmitir la tensión mediante un cambio en su dirección.

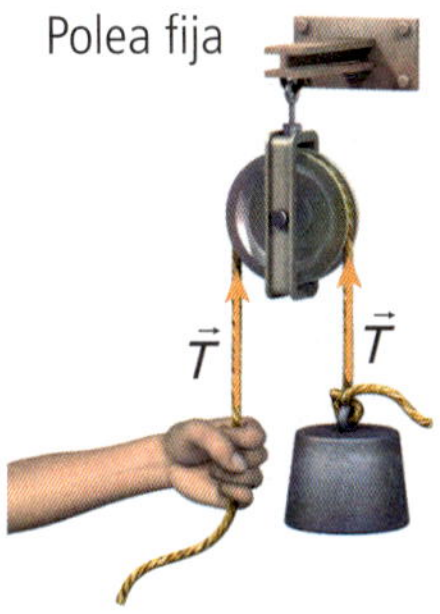

a. ¿Quién realiza la fuerza en cada situación? ¿Qué misión tiene la cuerda?

b. ¿Cambia el módulo de la tensión en alguna de las situaciones anteriores?

14 **Actividad resuelta**

Se quiere subir un piano de 200 kg de masa a un segundo piso. El operario lo sube a velocidad constante con un sistema de dos poleas.

a. ¿Qué representan las flechas rojas de la cuerda?

b. ¿Qué fuerza debe ejercer el operario sobre la cuerda para levantar el piano? ¿Cambiaría el resultado si lo sube con una cierta aceleración?

a. Las flechas representan la tensión. Al ser una cuerda continua, la tensión es la misma en todos sus puntos.

b. Aplicando la segunda ley de Newton, y como la velocidad es constante:

$$2T - mg = 0 \rightarrow T = \frac{(200\ \text{kg})(9{,}81\ \text{m/s}^2)}{2} = 981\ \text{N}$$

Sí cambia el resultado; en este caso: $2T - mg = ma$

Así, $T = \dfrac{ma + mg}{2}$; por tanto, la tensión es mayor.

4 ¿Qué es la fuerza de rozamiento?

La fuerza de rozamiento

TALLER

Paso 1 Une un dinamómetro a la zapatilla. Tira horizontalmente del dinamómetro con velocidad constante sobre una alfombra. Repite el proceso sobre una superficie lisa.

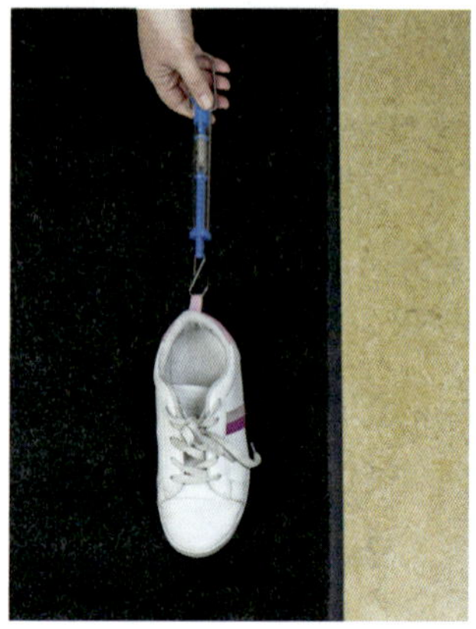

15 **¿En qué superficie hay una fuerza de rozamiento mayor?**

Paso 2 Repite el paso 1 colocando sobre la zapatilla un objeto que tenga una masa aproximadamente igual a la masa de la zapatilla.

16 **¿Variará el valor de la medida del dinamómetro si tiras de la zapatilla con un ángulo de 30º?**

17 **¿Cómo influye el hecho de colocar un objeto en la zapatilla?**

Paso 3 Coge un taco de madera. Tira de él con un dinamómetro manteniendo la velocidad constante, primero con el taco tumbado y después con el taco apoyado sobre un costado.

18 **¿Influye en el rozamiento el área de contacto entre ambas superficies?**

Cuando un cuerpo se mueve sobre una superficie, además de la fuerza normal existe una fuerza paralela a dicha superficie de contacto que se opone al movimiento. Es la **fuerza de rozamiento o fricción**; sin ella no podríamos caminar o estar sentados.

No existe una teoría exacta del rozamiento; las leyes que lo describen son empíricas. Gracias a ellas se pueden generalizar ciertas conclusiones:

- Depende de la naturaleza de las dos superficies de contacto (su rugosidad). La mayoría de las superficies, incluso las que se consideran pulidas, son extremadamente rugosas a escala microscópica.
- Es proporcional a la intensidad del contacto entre objeto y superficie. Esta viene dada por la fuerza normal que ejerce un cuerpo sobre otro.
- Es independiente del área de la superficie aparente de contacto.
- Una vez iniciado el movimiento, la fuerza de rozamiento es independiente de la velocidad del cuerpo.

¿Cómo se calcula cuando el cuerpo se mueve?

Cuando un cuerpo se empuja con una fuerza horizontal, si desliza con una velocidad constante, la fuerza aplicada será igual a la fuerza de rozamiento. Si se duplica la masa, la normal se duplica, la fuerza *F* se duplica y, por tanto, la f_r también. Así, la fuerza de rozamiento es:

$$f_r = \mu_c N$$

La constante de proporcionalidad μ_c es un número sin dimensiones que se denomina **coeficiente cinético de rozamiento**.

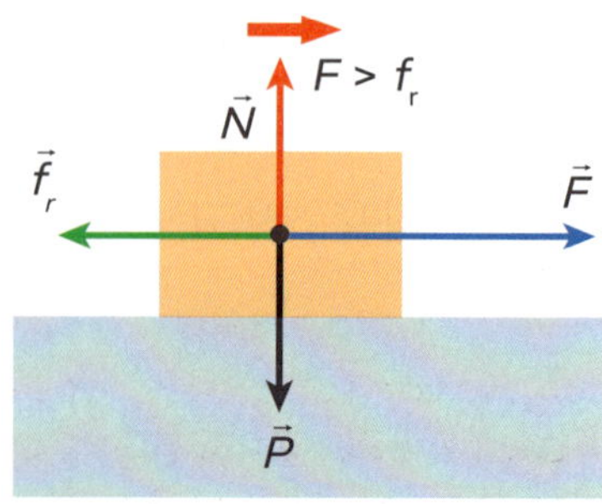

¿Cómo se calcula si el cuerpo está en reposo?

Si se tira de un cuerpo con un dinamómetro y la fuerza que se aplica es menor que la fuerza de rozamiento, el cuerpo permanece en reposo. La fuerza aplicada es igual y opuesta a la fuerza de rozamiento y en esta situación se denomina **fuerza de rozamiento estática**.

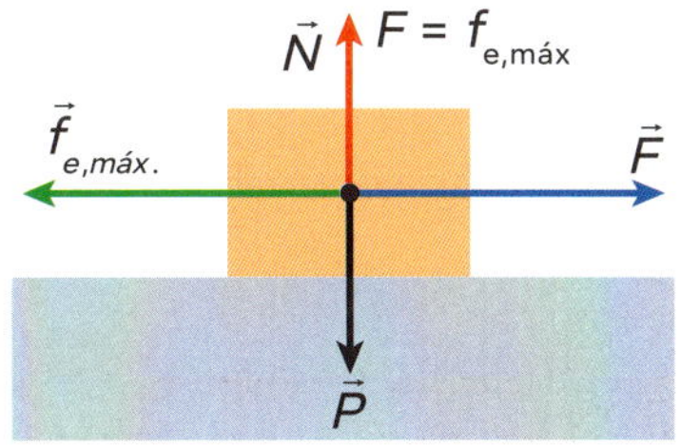

Si se aumenta la fuerza aplicada, la máxima fuerza de rozamiento estática corresponde al instante en que el bloque está a punto de deslizar. Los experimentos demuestran que:

$$f_r = \mu_e N$$

La constante de proporcionalidad μ_e es un número sin dimensiones que se denomina **coeficiente estático de rozamiento**.

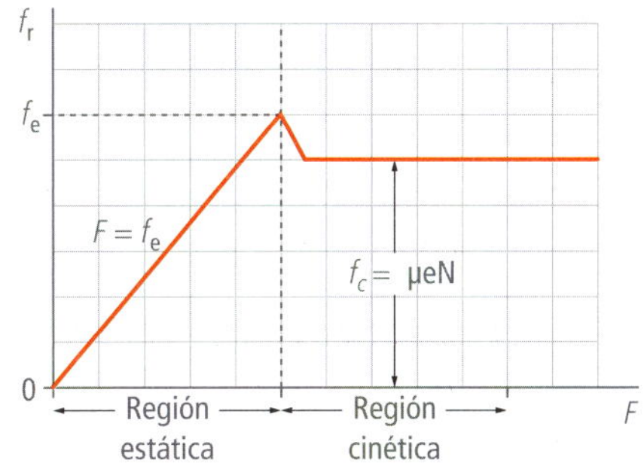

19 **Interpreta lo que ocurre. La gráfica muestra la función de la fuerza de rozamiento respecto de la fuerza aplicada.**

a. ¿Existe proporcionalidad entre la fuerza aplicada y la fuerza de rozamiento estática?

b. Si la $f_{e,max.} > f_c$, ¿qué coeficiente de rozamiento es mayor, el estático o el cinético?

20 **Actividad resuelta**

En distintas situaciones se relaciona la fuerza de rozamiento con la normal. Se han cometido algunos errores. Relaciona cada expresión de la fuerza normal con su imagen correspondiente y escribe la expresión de la fuerza de rozamiento para cada caso.

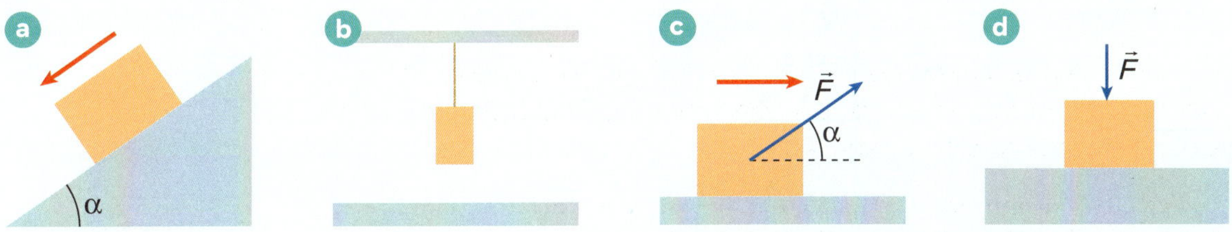

I. $N = 0$ **II.** $N = mg + F$ **III.** $N = mg \cos\alpha$ **IV.** $N = mg - F\text{sen}\alpha$

En la figura b, la masa no está en contacto con la superficie. No hay fuerza normal, ni fuerza de rozamiento.

En la figura d, la masa está en reposo. No hay fuerza de rozamiento, ya que en la dirección horizontal no hay aplicada una fuerza.

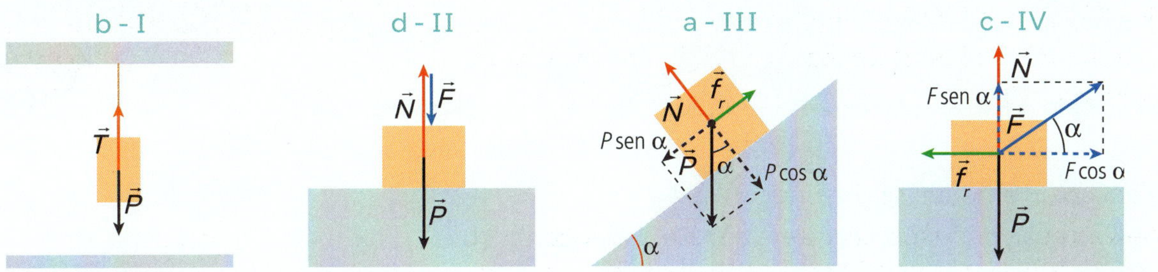

$N = 0 \rightarrow f_r = 0$ $N = mg + F;\ f_r = 0$ $N = mg \cos\alpha \rightarrow f_r = \mu N$ $N = mg - F\text{sen}\alpha \rightarrow f_r = \mu N$

21 **Un esquiador se encuentra parado en una placa horizontal de hielo. Pide ser remolcado con una cuerda que tire de él horizontalmente. Si su masa es de 60 kg y el coeficiente de fricción es 0,09, ¿cuál es la máxima fuerza con la que se debe tirar antes de que empiece a moverse?**

5 ¿Cómo se resuelven los problemas de dinámica?

Resolución de problemas

Para la resolución de problemas de dinámica hay que seguir los siguientes pasos:

Paso 1 Realizar un diagrama del cuerpo libre que muestre todas las fuerzas que actúan.

Paso 2 Usar los ejes cartesianos para descomponer cada fuerza en sus componentes en el caso de que sea necesario.

Paso 3 Aplicar las leyes de Newton para resolver numéricamente la situación.

22 Actividad resuelta

Un niño, jugando con su perro, lo coloca en un carro y corre tirando de ambos con un tirador que forma 45° con la horizontal. La masa del carro es de 8 kg y la masa del perro es de 5 kg. El coeficiente de rozamiento entre las ruedas del carro y el suelo es $\mu = 0{,}30$.

a. **¿Qué fuerza se debe aplicar sobre el carrito para que adquiera una velocidad de 2,0 m/s en 4,0 s?**

b. **¿Qué fuerza se debe aplicar para que, una vez alcanzados los 2,0 m/s, continúe el movimiento con velocidad constante?**

a. En el diagrama del cuerpo libre, las fuerzas que actúan son el peso, la normal, la fuerza aplicada y la fuerza de rozamiento.

La fuerza aplicada debe descomponerse en sus componentes F_x y F_y

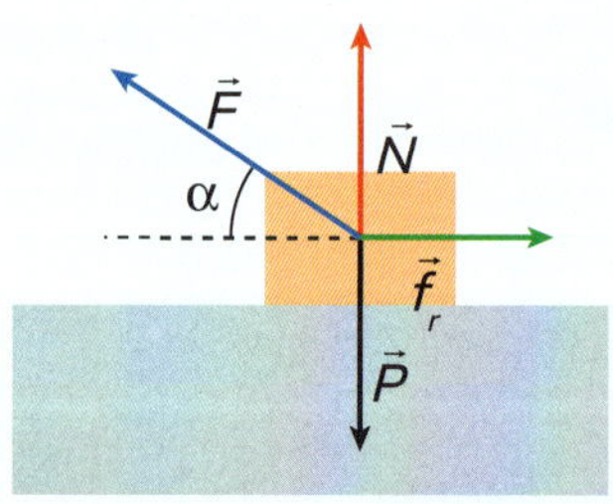

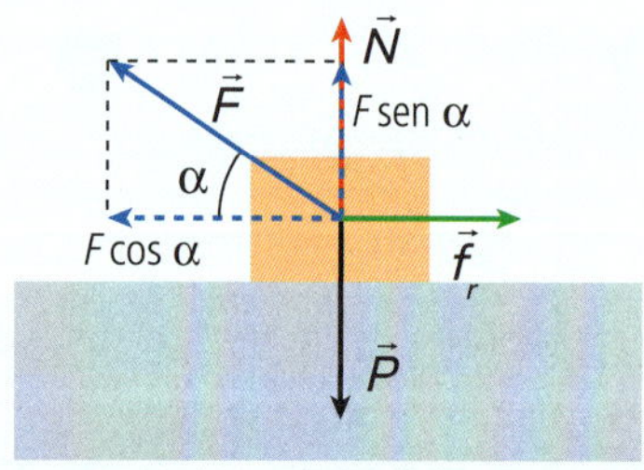

Utilizando las ecuaciones del *mrua*, se obtiene la aceleración:

$$a = \frac{v_f - v_o}{t} = \frac{2{,}0\,\text{m/s}}{4{,}0\,\text{s}} = 0{,}5\,\text{m/s}^2$$

Se plantea la segunda ley en ambos ejes de coordenadas:

$$\Sigma F_y = m a_y \Rightarrow N + F\,\text{sen}\alpha - mg = 0 \Rightarrow N = (13\,\text{kg})(9{,}81\,\text{m/s}^2) - F\,\text{sen}\,45° = 128 - F\frac{\sqrt{2}}{2}$$

$$\Sigma F_x = m a_x \Rightarrow F\cos\alpha - f_r = ma \Rightarrow F\cos\alpha - \mu N = ma \Rightarrow F\frac{\sqrt{2}}{2} - 0{,}30\left(128 - F\frac{\sqrt{2}}{2}\right) = (13\,\text{kg})(0{,}5\,\text{m/s}^2)$$

Resolviendo la ecuación anterior, se obtiene $F = 49$ N.

b. Para que la velocidad sea constante, la aceleración debe ser cero:

$$F\cos\alpha - \mu N = 0 \Rightarrow F\frac{\sqrt{2}}{2} - 0{,}30\left(128 - F\frac{\sqrt{2}}{2}\right) = 0$$

Resolviendo la ecuación anterior, se obtiene $F = 42$ N.

23 **Una chica de 40 kg está en reposo en una pista de patinaje. Una compañera le da un tirón con una fuerza de 210 N y adquiere una aceleración de 5 m/s². Determina la fuerza de rozamiento que actúa sobre los patines.**

24 Actividad resuelta

Al tirar de un dinamómetro unido al extremo de una cuerda que pasa por una polea, se observa que una masa de 70 g colocada en el otro extremo sube una distancia de 60 cm en 1,0 s. ¿Cuánto marcará la escala del dinamómetro?

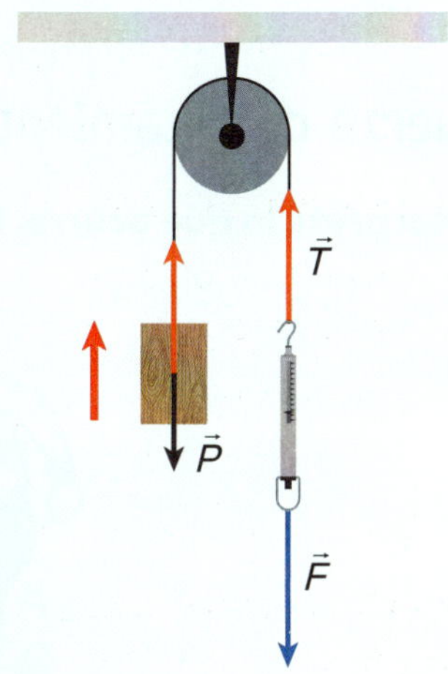

La masa adquiere un *mrua*.

Su aceleración: $y = v_o t + \frac{1}{2}at^2 \Rightarrow 0{,}60\,\text{m} = \frac{1}{2}a(1{,}0\,\text{s})^2 \Rightarrow a = 1{,}20\ \text{m/s}^2$

Con el esquema de las fuerzas que actúan sobre la masa y el dinamómetro, es posible calcular el valor de la tensión de la cuerda.

Aplicando la segunda ley de Newton y tomando como dirección la de la cuerda y sentido positivo hacia arriba:

$T - mg = ma \rightarrow T = m(a+g) = (0{,}070\ \text{kg})\ (1{,}2 + 9{,}8)\ \text{m/s}^2 = 0{,}77\ \text{N} \rightarrow$ Marca 0,80 N

25 **Se cuelga del extremo de una polea un objeto de masa desconocida. En el otro extremo se cuelga un dinamómetro del que tiramos hasta que el objeto permanece en reposo colgando del extremo. En esta situación, el dinamómetro marca 0,50 N.**

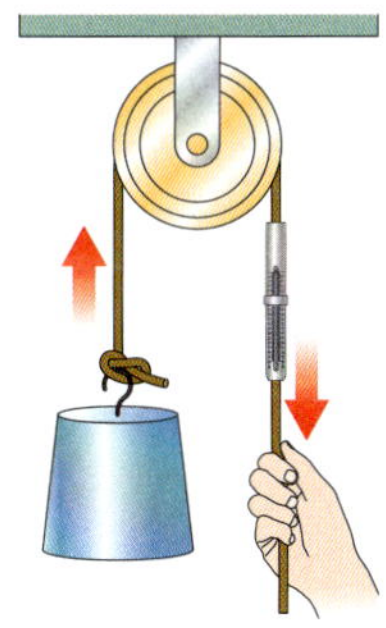

a. ¿Cuál es la tensión de la cuerda?

b. ¿Qué valor tiene la masa del objeto?

c. ¿Qué valor tendría la masa si el dinamómetro marcase 2 N?

d. ¿Qué medida daría el dinamómetro si se pone en reposo una masa de 150 gramos?

26 Actividad resuelta

Un conductor aparca un automóvil en una calle que tiene una inclinación de 30º. Al ir a abrir la puerta siente que el coche comienza a bajar (seguramente no ha puesto el freno de mano). ¿Qué distancia ha recorrido en los 2,0 s en los que se mueve el coche antes de pisar el freno? Dato: μ_c = 0,4

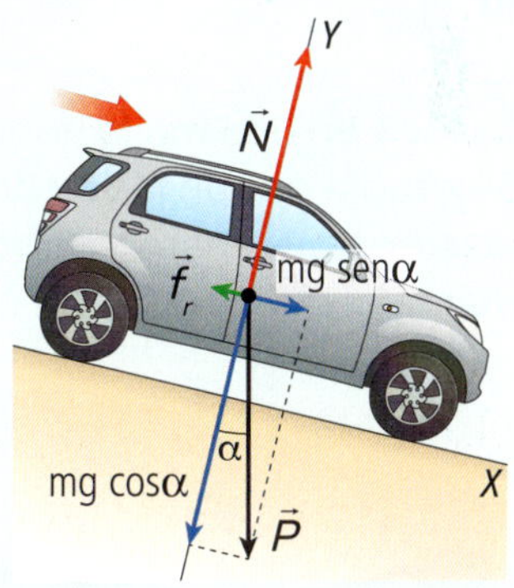

El vehículo, al descender, lleva un *mrua*. Para determinar el valor de la aceleración, primero se identifican las fuerzas que actúan sobre él y posteriormente se aplica la segunda ley de Newton.

En el eje Y $\quad N - mg\cos\alpha = 0 \rightarrow N = mg\cos\alpha$

En el eje X $\quad mg\,\text{sen}\,\alpha - f_r = ma$

Sabemos que $f_r = \mu N = \mu\, mg\cos\alpha$; sustituyendo en la expresión del eje X

$\cancel{m}\,(9{,}81\ \text{m/s}^2)\ \text{sen}\ 30^\circ - 0{,}4\ \cancel{m}\,(9{,}81\ \text{m/s}^2)\cos 30^\circ = \cancel{m}\,a$;

por tanto, la aceleración tiene un valor de 1,5 m/s², y es independiente de la masa.

La distancia que recorre se obtiene: $x = v_0\,t + \frac{1}{2}\,a\,t^2 \rightarrow x = 0{,}5\,(1{,}5\ \text{m/s}^2)\,(2{,}0\ \text{s})^2 = 3{,}0\ \text{m}$

27 **Una moto y un camión viajan por una carretera plana y horizontal con la misma velocidad. Los dos frenan en el mismo instante. Si el coeficiente cinético entre los neumáticos y el pavimento es el mismo, ¿qué afirmación es correcta respecto a la distancia recorrida por ambos hasta pararse?**

A. Recorren la misma distancia.

B. El camión recorre más distancia.

C. La moto recorre más distancia.

D. Sin el valor de la masa y μ no se puede responder.

¿Qué destacas de lo que has aprendido para resolver problemas?

6 Aplicaciones de las fuerzas en el deporte y en la ingeniería

La fuerza de rozamiento en el deporte

28 **Interpreta lo que ocurre.** En las situaciones que se muestran a continuación:

a. ¿Cómo afecta la fuerza de rozamiento al movimiento del atleta en cada caso?

b. De las dos figuras del atleta corriendo, ¿cuál corresponde al impulso y cuál al frenado?

Los gimnastas, los escaladores, los levantadores de peso, entre otros, utilizan carbonato de magnesio para secar las manos y que no haya deslizamiento.

En el *curling* se usan zapatos con suelas especiales: una altamente deslizante, la de apoyo; y otra antideslizante, la que se apoya para acelerar al lanzar la piedra.

La tensión en la ingeniería

TALLER

Paso 1 Coloca en una malla unos 2 kg de piedras. Sujetadla por un lado con la mano y por el otro con un dinamómetro de 50 N. ¿Qué marca el dinamómetro?

Paso 2 Manteniendo la misma posición de la malla, con un segundo dinamómetro genera las dos componentes del dinamómetro del paso 1. ¿Qué marcan los dinamómetros?

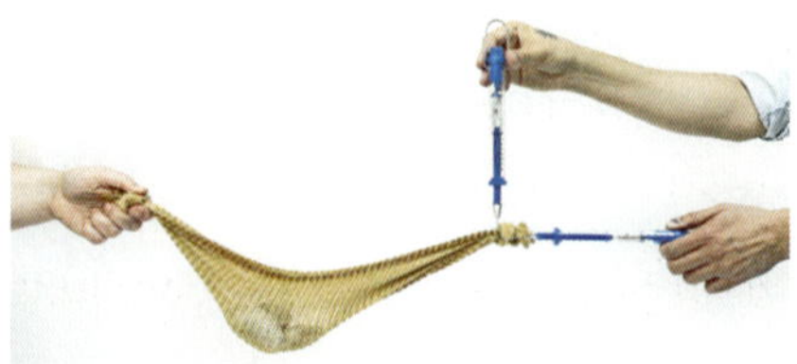

29 **Si se cambia la masa de las piedras a 1 kg, ¿cuánto marca el dinamómetro vertical?**

Al igual que en la malla, los cables que se utilizan en un puente disminuyen su tensión al tener una pendiente más pronunciada, lo que permite colocar un cables de menor calidad a cambio del uso de torres más altas para una buena sujeción.

30 **Busca ejemplos de otros tipos de puente en los que los cables de sujeción tienen otras formas geométricas.**

NUESTRO RETO ¿Cuánto estás unido al suelo?

Conoce el coeficiente de fricción de una superficie

NOS REPARTIMOS EL TRABAJO. Cuanto más lisa es una superficie, más difícil es caminar sobre ella sin resbalarse. Andamos más seguros sobre un suelo rugoso que sobre una superficie mojada. Entender el coeficiente de fricción puede ayudar a evitar accidentes al caminar o al conducir un vehículo.

Paso 1

Coloca sobre la plancha de polietileno cuatro objetos de masa similar, por ejemplo, un taco de madera, una caja de fósforos, un cubito de hielo y una goma de borrar. Inclina lentamente la plancha.

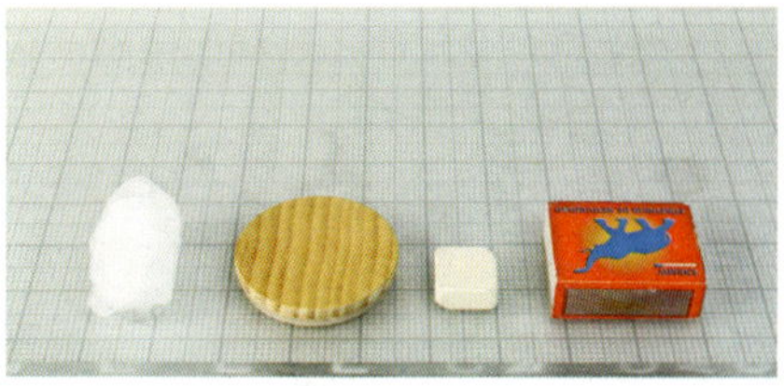

1 **¿El coeficiente de fricción estático entre estos objetos y el tablero es igual para todos?**

2 **¿Cambiaría dicho coeficiente si la plancha fuera de otro material?**

Después coloca dos cajas de fósforos, una llena de cerillas y la otra llena de tornillos.

3 **¿Depende el coeficiente de fricción de la masa del objeto?**

4 **¿Qué fuerza es la causante de que estos objetos comiencen a deslizar?**

Paso 2

- Con ayuda de un clavo y un martillo realiza algunos agujeros en el fondo de un bote de plástico. Hazlos de fuera a dentro.
- Coloca el bote con un vaso de precipitado lleno de agua sobre la plancha de polietileno apoyada en una cuña. Aumenta lentamente la inclinación de la tabla hasta que el bote comience a deslizar. Ahora disminuye muy levemente la inclinación, para que el bote no deslice.
- Vierte el agua en el bote de plástico y coloca el vaso vacío dentro de él.

5 **¿Qué ocurre cuando el agua comienza a fluir?**

6 **¿El agua aumenta o disminuye el coeficiente de fricción?**

7 **Elabora un informe sobre la importancia de las medidas de seguridad en suelos mojados.**

8 **Según los resultados obtenidos en los experimentos que has realizado, ¿qué materiales crees que pueden ser adecuados en la construcción de las rampas para personas con discapacidad?**

¿En qué otro lugar te servirá lo que has aprendido?

¿Cómo te ha ido el reto? Entra y haz tu valoración

EN RESUMEN

La fuerza normal

- La fuerza normal es una fuerza de reacción que ejerce una superficie sobre un cuerpo que se encuentra apoyado en ella. Su dirección es perpendicular a la superficie.

La tensión

- La tensión es la fuerza con la que una cuerda o cable tenso tira de cualquier cuerpo unido a sus extremos.

Fuerza de rozamiento

- Cuando un cuerpo se mueve o intenta moverse sobre una superficie rugosa, existe una fuerza paralela a ella: es la fuerza de rozamiento.
- La fuerza de rozamiento es proporcional a la fuerza normal. No depende del área de contacto entre los cuerpos, pero sí de su naturaleza.
- Su expresión depende de si el cuerpo está en reposo o en movimiento:

$f_r = \mu_e N$ para un cuerpo en reposo.

$f_r = \mu_c N$ para un cuerpo que desliza.

Se cumple que $\mu_c < \mu_e$

PRACTICAMOS

1 Copia, completa y amplía el siguiente mapa conceptual en tu cuaderno.

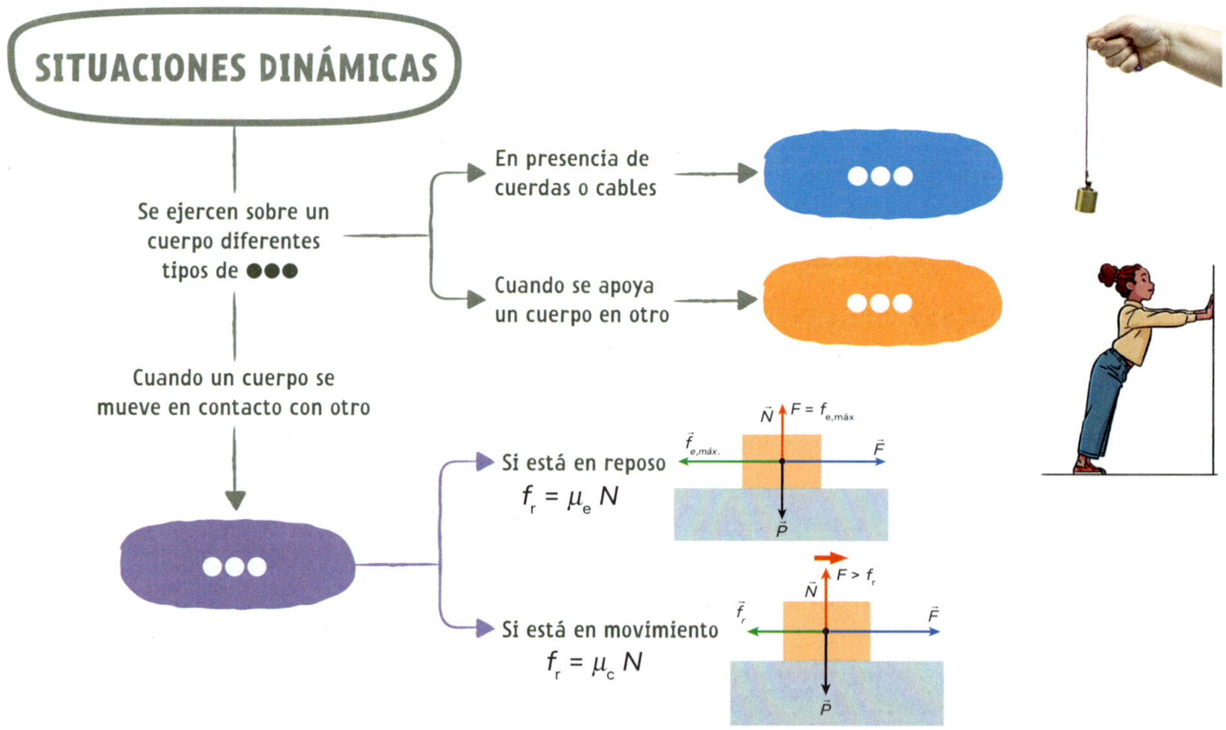

2 Un semáforo de masa 12 kg se encuentra suspendido en la calle, como se muestra en la figura. El ángulo α es de 65º. Calcula la tensión de los tres cables.

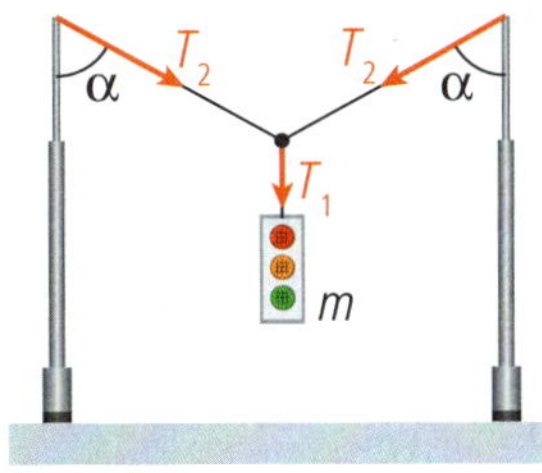

3 Se lanza un cuerpo hacia arriba por un plano inclinado.

a. En ausencia de rozamiento, dibuja las fuerzas que actúan (antes de su descomposición en ejes) sobre él una vez que la mano deja de impulsarlo.

b. Realiza el dibujo en presencia de rozamiento.

c. Repite el proceso si se dejara caer el cuerpo por un plano inclinado.

4 Dibuja las fuerzas que actúan sobre la chica y rotula las fuerzas que actúan sobre la caja.

5 Un automóvil que se mueve con una velocidad inicial v = 30 m/s frena repentinamente, bloqueando sus ruedas, es decir, comienza a patinar. El automóvil recorre una distancia de 75 m antes de llegar a parar.

a. Calcula el coeficiente de rozamiento entre las ruedas y la carretera.

b. En el enunciado se habla de frenar bloqueando las ruedas. ¿Qué ventajas presenta el sistema de frenos antibloqueo, ABS?

6 Los tomates de colgar se caracterizan por tener una piel muy resistente y una pulpa muy carnosa. Un tomate en promedio tiene una masa de 100 g.

a. Calcula la tensión de la cuerda de un racimo que contiene 25 tomates.

b. Si se rompiera la cuerda, ¿con qué aceleración caería el racimo?

7 Una persona realiza una fuerza de 30 N para izar un cuerpo de 1,5 kg con una polea. Deduce qué tipo de movimiento experimentará el cuerpo.

8 Un estudiante dibuja un diagrama de fuerzas erróneo, con la intención de representar las fuerzas que actúan sobre un automóvil que viaja a velocidad constante por una carretera horizontal. Identifica los errores del diagrama y dibuja uno que sea correcto.

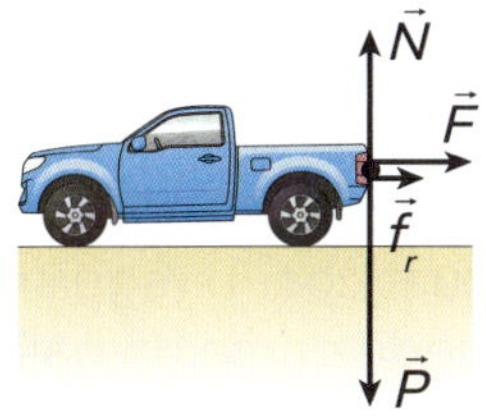

9 ¿Qué fuerza se tiene que hacer para mantener en la mano un cuerpo de 5,0 kg? ¿Y para subirlo con una aceleración de 1,2 m/s²?

10 Se efectúan varios ensayos sobre un bloque de 10,2 kg que se encuentra sobre una superficie horizontal. Para cada ensayo se tira con una fuerza horizontal conocida y se mide su aceleración, obteniendo una gráfica de aceleración en función de la fuerza. A partir de esta, se desea conocer el módulo de la fuerza de rozamiento cuando el módulo de la $\vec{F}$ es:

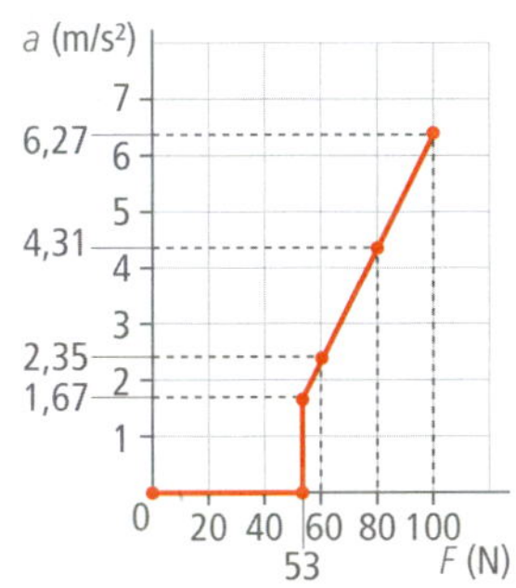

a. 0 N **b.** 40 N **c.** 60 N **d.** 100 N

Determina también los coeficientes de rozamiento estático y dinámico.

11 Un esquiador de masa 62 kg se desliza por una pendiente nevada que forma un ángulo de 25º con la horizontal. Encuentra:

a. El coeficiente de rozamiento entre los esquís y la nieve sabiendo que la fuerza de rozamiento vale 45 N.

b. La aceleración del esquiador.

c. La velocidad que llevará al final de la pendiente si ha recorrido 70 m y ha partido del reposo.

Mis competencias Autoevaluación

3.7 Fuerzas en los fluidos

¡EMPEZAMOS!

En España existen más de 1200 embalses, lo que supone una capacidad total de embalsar agua de unos 56.000 hectómetros cúbicos. En muchos embalses se puede practicar gran variedad de deportes acuáticos: piragüismo, *windsurf*, hidropedales, etc., e incluso uno puede darse un baño.

Las piraguas de estos aficionados, al igual que los hidropedales o el barco, flotan debido a que el agua ejerce una fuerza vertical hacia arriba capaz de equilibrar su peso.

Tras la carrera, los piragüistas se lanzan al agua cerca del embarcadero. Vamos a ver de qué depende la presión que el agua ejerce sobre ellos una vez que se han zambullido.

- Si los piragüistas realizaran una zambullida en el mar, ¿para una misma profundidad sufrirían una mayor o menor presión que si fuera en el pantano?
- ¿Tiene importancia la forma de la piragua para su flotabilidad?

¡VAMOS A APRENDER!

1. Aceptar y cumplir con las tareas que se les han asignado.
2. Identificar la relación entre fuerza y presión.
3. Reconocer la variación de la presión asociada a la profundidad en un fluido.
4. Relacionar la presión atmosférica con la predicción del tiempo.
5. Comprender por qué los objetos flotan o se hunden.
6. Entender qué sucede en el interior de un fluido estático cuando se ejerce una presión externa.
7. Aplicar la creatividad a la resolución de problemas locales y globales.

NUESTRO RETO

Batalla hidráulica

Los gatos hidráulicos se usan en los talleres mecánicos para elevar fácilmente los coches. En su interior hay fluidos para transmitir las fuerzas.

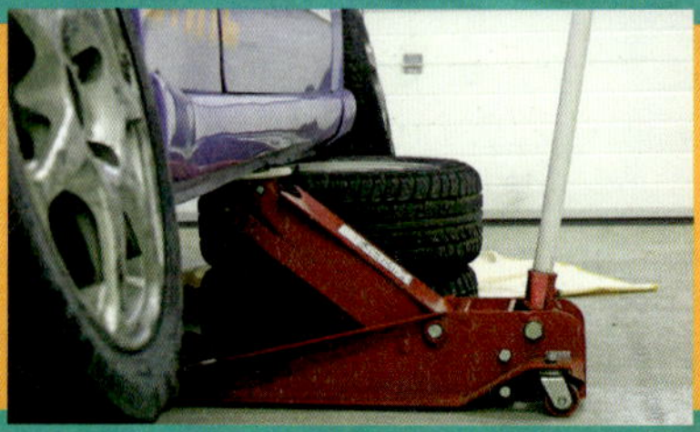

¡Vamos allá!

1 ¿Qué diferencia hay entre fuerza y presión?

La presión: una fuerza distribuida en una superficie

TALLER

Experimento A

Paso 1 Coloca verticalmente una barra de metal sobre un recipiente que contiene harina para ver la huella que deja.

Paso 2 Pon la barra de metal horizontalmente y vuelve a dejar su huella en el recipiente con harina.

1 **Si en los dos casos la barra ejerce la misma fuerza, ya que el peso no varía, ¿por qué la huella en la harina es más profunda en el primer caso que en el segundo?**

2 **Si se posa verticalmente en la superficie de harina una barra del mismo metal, pero con una masa mayor, ¿deja la misma huella que en el caso anterior?**

Experimento B

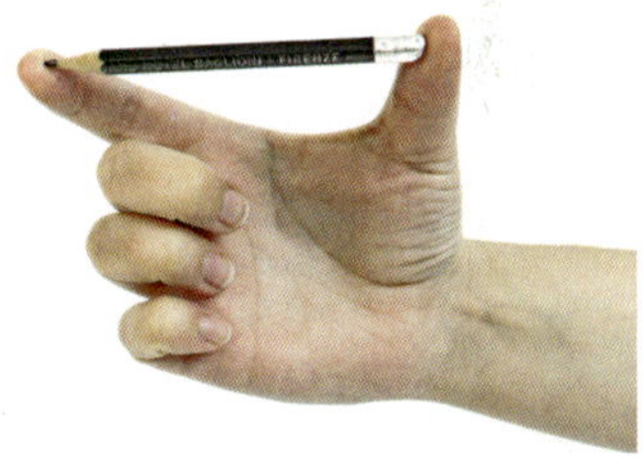

Sujeta un lápiz entre dos dedos e intenta (con cuidado de no pincharte con la punta) comprimirlo.

3 **Al apretar el lápiz con los dedos, se está realizando la misma fuerza en los dos extremos. ¿Por qué la punta del lápiz deja una huella más profunda en nuestro dedo que el otro extremo?**

La **presión** es una magnitud escalar que se define como la fuerza ejercida, perpendicularmente, sobre la unidad de superficie. Matemáticamente se expresa como:

$$p = \frac{F}{S}$$

Su unidad en el SI es el N/m^2, que recibe el nombre de pascal (Pa).

Para una misma fuerza constante, cuanto menor es el área de aplicación, mayor es la presión, y al contrario, a mayor área de aplicación de la fuerza, menor es la presión que se ejerce. Lo cual permite aplicaciones muy útiles en nuestra vida cotidiana.

Aplicaciones de presión elevada

Aplicaciones de presión baja

4 **Calcula la presión ejercida sobre una mesa por un bloque de madera de 40 kg de masa si la superficie sobre la que se apoya es de 40 cm^2? ¿Cambiará la presión si se duplica la superficie de apoyo?**

5 **Calcula la presión que ejerce una niña de pie sobre el suelo si posee una masa de 35 kg y la superficie de cada pie es de 20 cm^2. ¿Qué presión ejerce si se apoya solo sobre un pie?**

2 ¿De qué depende la presión en el interior de un fluido?

Presión hidrostática

TALLER

Paso 1 Haz un pequeño agujero en una botella de plástico y tápalo con cinta aislante. Llena la botella de agua, introdúcela en una bandeja profunda y quita la cinta aislante.

6 ¿El chorro de agua sale siempre con la misma velocidad?

7 ¿De qué factor depende la velocidad de salida?

Paso 2 Haz esta vez tres agujeros en la misma vertical y tápalos con cinta aislante. Tras apoyar la botella en el recipiente retira la cinta de todos los agujeros.

8 ¿Por dónde sale el agua a más velocidad?

9 Si se hiciera un agujero al lado y a la misma altura que el del paso 1, ¿cambiaría la velocidad de salida del agua?

El peso del agua ejerce presión sobre las paredes y el fondo del recipiente. A mayor cantidad de agua por encima de uno de los orificios, mayor es la presión que se ejerce. El peso del líquido que queda por encima de un punto de profundidad *h* es:

$$\text{Peso} = m \cdot g = d_{\text{líquido}} \cdot V \cdot g = d_{\text{líquido}} \cdot S \cdot h \cdot g$$

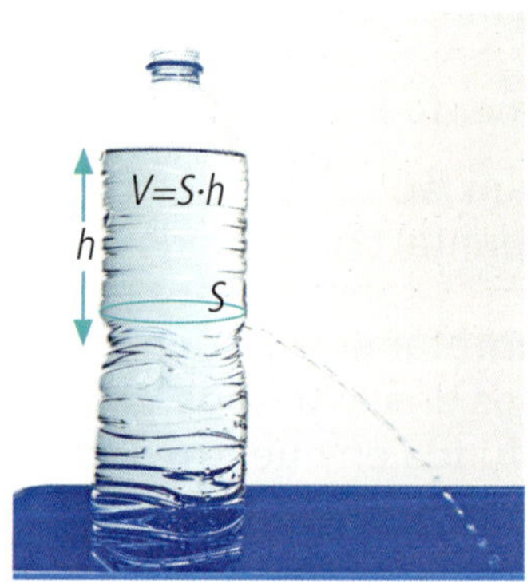

La presión es el peso dividido por la superficie donde se apoya:

$$p = \frac{d_{\text{líquido}} \cdot S \cdot h \cdot g}{S} = d_{\text{líquido}} \cdot g \cdot h$$

Esta expresión se conoce como **ecuación fundamental de la hidrostática**.

10 **Interpreta lo que ocurre.** Al llenar el recipiente cónico con agua, la escala graduada que mide la presión marca un valor determinado.

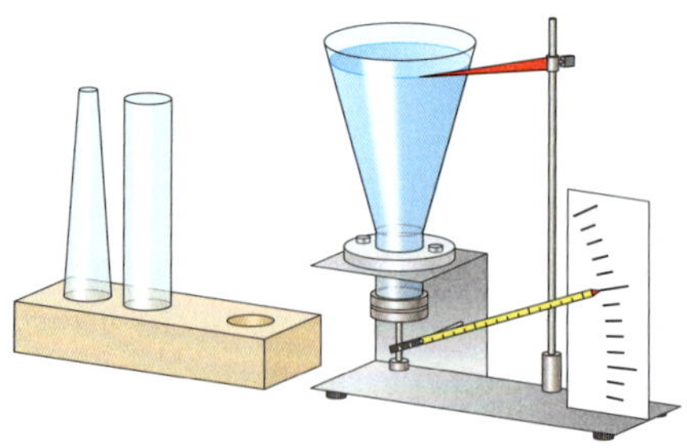

- **a.** Se sustituye el recipiente por otro de los que se muestran a la derecha, y se llena de agua hasta la misma altura. ¿Cuál de los tres recipientes ejercerá mayor presión en la base?
- **b.** Si se sustituye el agua por glicerina, un líquido que tiene mayor densidad que el agua, ¿cambiará la posición de la medida de la presión en la escala?
- **c.** Si se utilizase alcohol etílico, que tiene menos densidad que el agua, ¿cómo sería la posición de la medida respecto a las anteriores del agua y la glicerina?

11 Calcula la presión que se ejerce sobre el fondo de una bañera en la que el agua alcanza 40 cm de altura.

12 ¿Con qué fuerza debe tirarse del tapón de la bañera para vaciarla si este tiene la forma circular de 5 cm de diámetro? Dato: $d_{\text{agua}} = 1000\ \text{kg/m}^3$.

13 Un submarinista baja hasta los 5 m por debajo de la superficie para observar algunos peces. ¿A qué presión está sometido? Si desciende a 10 m para ver algas, ¿qué presión ejerce el agua de mar sobre él? Dato: $d_{\text{agua marina}} = 1024\ \text{kg/m}^3$.

14 ¿Qué presión soporta la base de un recipiente de cocina si tiene una altura de 4 cm de aceite de oliva? Dato: $d_{\text{aceite}} = 916\ \text{kg/m}^3$.

3 ¿Pesa el aire?

El peso del aire

TALLER

Paso 1 Cuelga un globo vacío de un dinamómetro en un soporte vertical.

Paso 2 Infla el globo y vuelve a colgarlo del dinamómetro en el soporte.

15 ¿Cuánto pesa el aire del globo despreciando la fuerza del empuje?

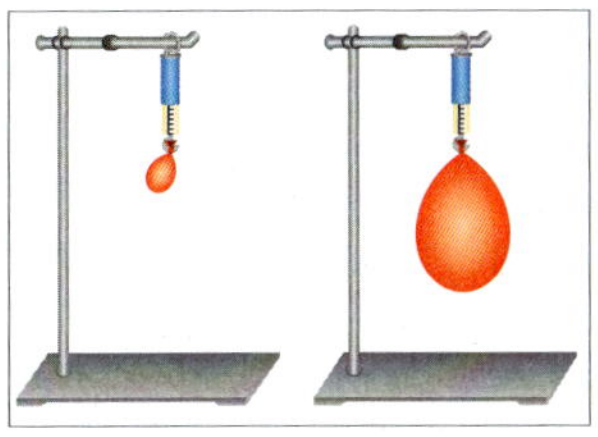

¿Ejerce presión la atmósfera?

16 **Interpreta lo que ocurre.**

Experiencia A

Se llena un tubo de ensayo con agua hasta unos 2 cm del borde superior. Cierra el extremo apretando con el pulgar e introdúcelo boca abajo en un recipiente que contenga agua.

Experiencia B

Conecta el aire que hay atrapado en el tubo de ensayo con el aire exterior mediante un tubo de plástico flexible. Se observa que el nivel de agua va bajando poco a poco hasta el nivel del recipiente.

a. En la experiencia A ¿por qué no cae toda el agua al introducir el tubo de ensayo?

b. ¿Por qué cae el agua al conectar el tubo de plástico en la experiencia B?

La atmósfera, como el agua en un pantano, ejerce presión. De la misma manera que la presión del agua se debe a su peso, la presión atmosférica está relacionada con el peso del aire.

¿Cómo podemos medir la presión atmosférica?

En la atmósfera no es posible utilizar la ecuación fundamental de la hidrostática en cualquier situación, ya que tanto la densidad como el valor de la gravedad varían con la altura. Aunque sí que resulta útil para diferencias de altura pequeñas. En este caso:

$$\Delta p = d_{gas} \cdot g \cdot \Delta h$$

Torricelli (1608-1647) ideó un experimento para medir la presión atmosférica. Llenó de mercurio un tubo de vidrio que estaba cerrado por uno de sus extremos e introdujo el tubo en una cubeta llena de mercurio con el extremo abierto hacia abajo. Observó que el mercurio descendía hasta quedar a 76 cm por encima de la superficie de la cubeta.

El valor hallado por Torricelli a nivel del mar se llamó una atmósfera, 1 atm, y se toma como unidad de presión atmosférica, su equivalencia al SI es 1 atm = 101325 Pa.

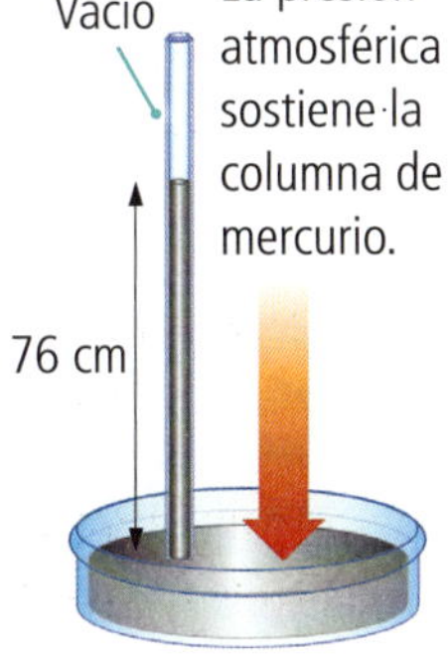

La presión atmosférica sostiene la columna de mercurio.

17 Actividad resuelta

Determina la relación entre 1 atm y la unidad de presión en el SI, el pascal.

Dato: $d_{mercurio} = 13600\ kg/m^3$.

$1\ atm = d_{mercurio} \cdot g \cdot h_{mercurio} = (13600\ kg/m^3) \cdot (9{,}8\ m/s^2) \cdot (0{,}76\ m) = 101293\ Pa = 1013\ hPa$

4 ¿Por qué es importante conocer las variaciones de la presión atmosférica ?

Variaciones en la presión atmosférica

El origen de numerosos fenómenos meteorológicos está en la diferencia de presión entre distintos puntos de la atmósfera. Un mapa meteorológico indica la situación de la atmósfera en un momento dado.

En los mapas del tiempo la unidad de presión que se utiliza es el milibar (mb) o el hectopascal (hPa). Una atmósfera equivale a 1013 mb. A las líneas que unen puntos que se encuentran a la misma presión atmosférica se las denomina **isobaras**.

Las áreas de alta y baja presión se denominan **anticiclones (A) y borrascas (B)**, respectivamente. Estas áreas tienden a desplazarse sobre la superficie terrestre y son las que marcan las condiciones meteorológicas diarias en un lugar.

Un **frente** es la zona de choque entre dos masas de aire a distinta temperatura.

18 **Interpreta lo que ocurre. En los mapas meteorológicos aparecen letras A y B, líneas cerradas y líneas abiertas de colores azul, rojo o mezcla de azul y rojo.**

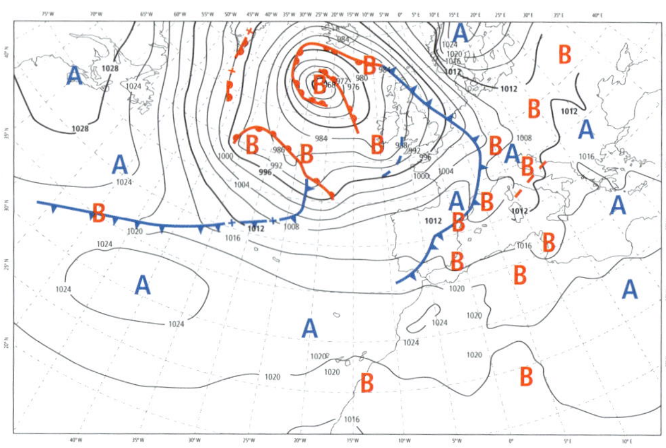

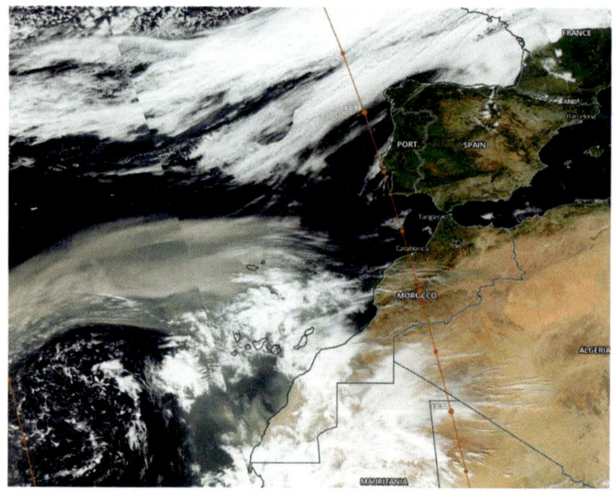

a. Con ayuda de los siguientes símbolos, identifica en el mapa los diferentes frentes.

b. ¿Qué significan las letras A y B?

c. ¿Qué son las líneas cerradas y qué significa el número que aparece en ellas?

d. Compara el mapa de superficie con el mapa obtenido por satélite.

En los anticiclones, la presión aumenta desde el exterior al centro, lo que provoca que el aire de las capas más altas descienda. En un anticiclón la presión es superior a 1013 mb. Están asociados a condiciones meteorológicas estables.

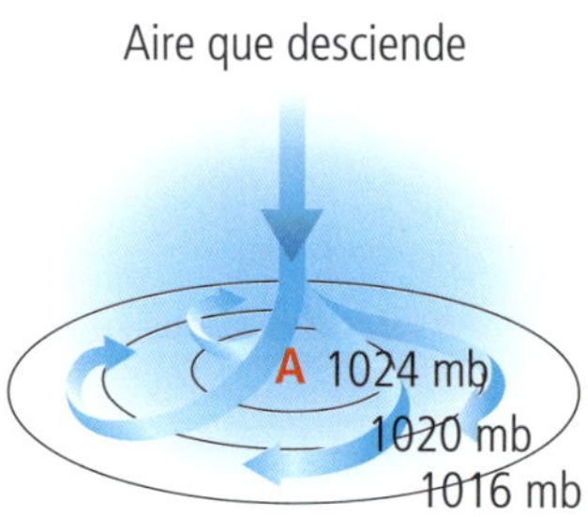

En las borrascas, la presión disminuye del exterior hacia el centro. Esta diferencia de presión provoca que el aire ascienda a capas superiores. La presión suele ser inferior a 1013 mb. Están asociadas a condiciones meteorológicas inestables.

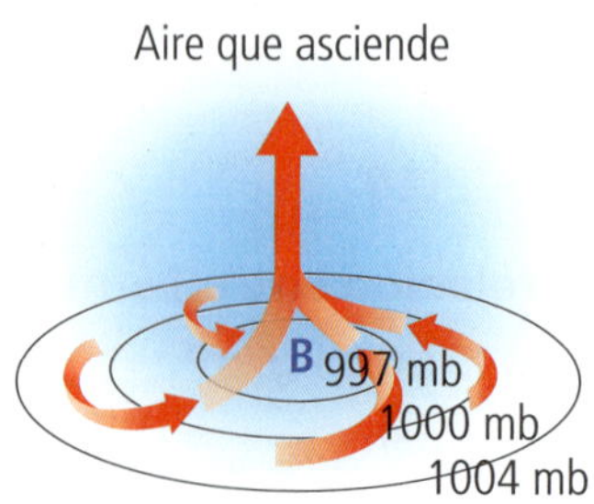

5 ¿Por qué pesamos menos en el agua?

Principio de Arquímedes

TALLER

Paso 1 Moldea dos pedazos de plastilina de la misma masa, uno con forma de esfera y el otro con forma de barca.

Paso 2 Introduce la esfera en un recipiente lleno de agua con un agujero al nivel del agua. Al hundirse la esfera, cierta cantidad de agua se sale del recipiente. Recógela con un vaso de precipitado y mide su volumen.

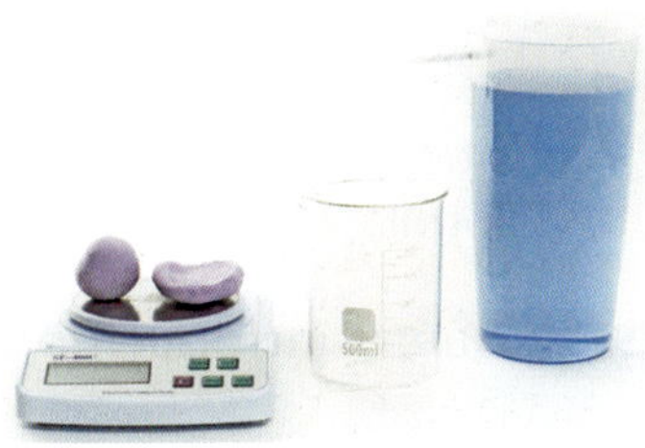

19 **Si la esfera de plastilina tiene un volumen de 30 cm³, ¿qué volumen de agua se ha recogido en el vaso de precipitado? ¿Por qué crees que se hunde?**

Paso 3 Saca la esfera y enrasa de nuevo el recipiente. Ahora introduce el objeto que tiene forma de barca.

20 **¿Qué le ocurre a la barca? ¿Por qué crees que ocurre?**

21 **¿El volumen de agua que sale del recipiente al introducir el pedazo con forma de barca es mayor, menor o igual que en el caso de la esfera?**

Todos los fluidos ejercen una fuerza sobre los objetos que están total o parcialmente sumergidos en ellos, y es consecuencia de que la presión del fluido es mayor a mayor profundidad. Esta fuerza se denomina **empuje.**

Arquímedes de Siracusa, en el siglo III a. C., descubrió el principio de flotabilidad de los cuerpos, conocido hoy como **principio de Arquímedes:**

Todo cuerpo total o parcialmente sumergido en un fluido en reposo (gaseoso o líquido) experimenta una fuerza vertical (empuje) hacia arriba, cuyo módulo es igual al peso del fluido desalojado.

Su formulación matemática es: $E = m_{\text{líquido}} \cdot g = d_{\text{líquido}} \cdot V_{\text{sumergido}} \cdot g$

22 Actividad resuelta

Un globo aerostático, que está subiendo con velocidad constante, tiene una masa de 1000 kg.

a. Determina el volumen del globo sabiendo que la densidad del aire es 1,2 kg/m³.

b. Si subiera con una aceleración determinada, ¿el volumen del globo será mayor, menor o igual que en el caso a.?

a. Como sube a velocidad constante, la suma de las dos fuerzas que actúan, el peso y el empuje, es cero, así: $E = mg = (1000\ \text{kg}) \cdot (9{,}8\ \text{m/s}^2) = 9{,}8 \cdot 10^3\ \text{N}$

Según el principio de Arquímedes: $E = 9{,}8 \cdot 10^3\ \text{N} = d_{\text{aire}} \cdot V_{\text{globo}} \cdot g$

$$V_{globo} = \frac{9{,}8 \cdot 10^3\ \text{N}}{d_{aire} \cdot g} = \frac{9{,}8 \cdot 10^3\ \text{N}}{(1{,}2\ \text{kg/m}^3) \cdot (9{,}8\ \text{m/s}^2)} = 8{,}33 \cdot 10^2\ \text{m}^3$$

b. En esta situación el empuje será mayor, ya que, según la segunda ley de Newton

$$E - m \cdot g = m \cdot a \rightarrow E = m \cdot (g + a);$$

por tanto, el volumen del globo deberá ser mayor.

6 ¿Cómo se transmiten las presiones?

Principio de Pascal

TALLER

Paso 1 Llena de agua una botella de plástico transparente de 1,5 litros.

Paso 2 Introduce el globo cerrado, con un tornillo y algo de aire, en la botella. El globo debe flotar.

23 **¿Por qué, al introducirlo, el globo flota?**

Paso 3 Cierra la botella herméticamente. Experimenta jugando a presionar y relajar los laterales de la botella.

24 **¿Por qué, al presionar la botella, el globo desciende y, al dejar de presionar, asciende?**

25 **¿Varía el empuje sobre el globo por el hecho de presionar y dejar de presionar la botella?**

Se puede aumentar la presión en un fluido ejerciendo una fuerza extra sobre él. Esto resulta más fácil si el fluido está encerrado. Por ejemplo, el corazón aumenta la presión arterial empujando la sangre en un sistema confinado (las válvulas).

Pascal estudió qué sucede con la presión en un fluido confinado, y enunció el **principio de Pascal:**

Cuando se ejerce una presión externa sobre un fluido en equilibrio, dicha presión se transmite a todo el líquido con igual intensidad y en todas las direcciones.

26 Actividad resuelta

El sistema de la figura (esquema de prensa hidráulica) contiene un líquido cualquiera. Los depósitos están cerrados por dos pistones deslizantes de superficie S_1 y S_2. Se realiza un experimento en el que se ejercen varias fuerzas en el primer pistón y se buscan las fuerzas que equilibren en el segundo. Después se realiza el mismo experimento utilizando otros dispositivos con depósitos de diferentes secciones, y se obtienen los resultados de la tabla. Encuentra una expresión matemática que cumpla los valores de la tabla.

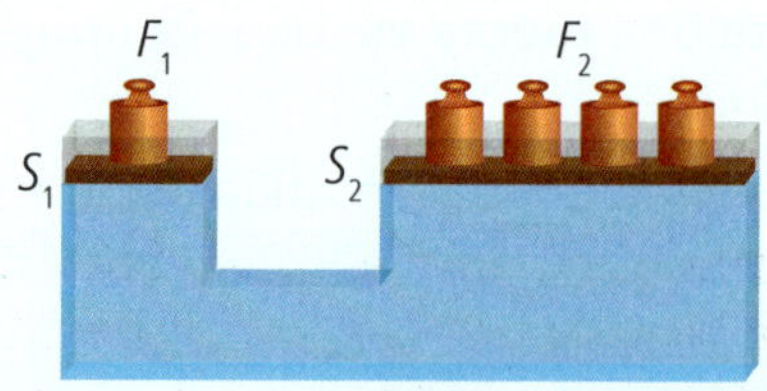

S_1 (m²)	F_1 (N)	S_2 (m²)	F_2 (N)
0,2	20	0,8	80
0,2	30	0,8	120
0,3	10	1,2	40
0,4	26	0,2	13

De las dos primeras filas se observa que, si el área del segundo pistón se cuadruplica, la fuerza necesaria para que el sistema permanezca en equilibrio también se cuadruplica. En la tercera fila se observa la misma relación. En la cuarta fila, al reducirse a la mitad el área del segundo pistón, también se reduce la fuerza a la mitad.

La relación cumple con el principio de Pascal, y es:

$$\frac{F_1}{S_1} = \frac{F_2}{S_2}$$

Al ejercer una fuerza sobre el pistón 1, se realiza una presión $p_1 = F_1/S_1$ que se transmite a todo el líquido, aplicándose en el pistón 2, donde la presión es F_2/S_2,

Por tanto, se cumple: $\frac{F_1}{S_1} = \frac{F_2}{S_2}$

Resolución de ejercicios de hidrostática

27 Actividad resuelta

El elevador hidráulico de un taller tiene un pistón de entrada de radio 1,20 cm. El émbolo sobre el que se coloca el automóvil tiene un radio de 15 cm. La masa del émbolo junto con la del automóvil es de 2100 kg. ¿Qué fuerza se tendrá que aplicar en el primer émbolo para sostener el coche?

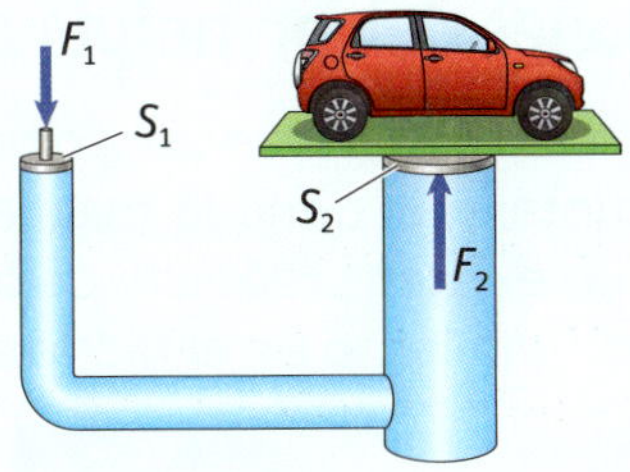

Según el principio de Pascal, la presión sobre el pistón y la presión sobre el émbolo es la misma. Por tanto:

$$\frac{F_1}{S_1}=\frac{F_2}{S_2}\Rightarrow F_1=F_2\frac{S_1}{S_2}=F_2\frac{\pi r_1^2}{\pi r_2^2}=\left[(2100\ \text{kg})\cdot(9{,}8\ \text{m/s}^2)\right]\frac{(0{,}012\ \text{m})^2}{(0{,}15\ \text{m})^2}=1{,}3\cdot 10^2\ \text{N}$$

28 Actividad resuelta

Se ha realizado una experiencia para conocer la densidad de un líquido desconocido, utilizando como fluidos conocidos el aire y el agua.

a. **¿Qué volumen tiene el cuerpo?**

b. **Calcula la densidad del líquido desconocido.**

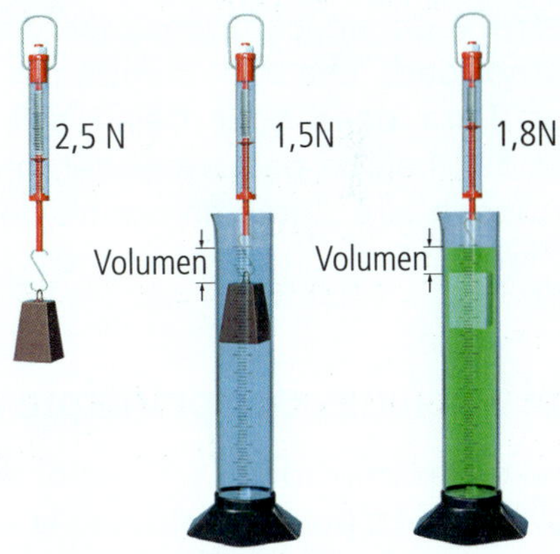

a. En el agua, el empuje es:

$$E = P_{real} - P_{aparente} = (2{,}5\ \text{N}) - (1{,}5\ \text{N}) = 1{,}0\ \text{N}$$

Como $E = V \cdot d_{fluido} \cdot g \rightarrow V = \dfrac{E}{d_{fluido}\cdot g} = \dfrac{1{,}0\ \text{N}}{(1{,}0\cdot 10^3\ \text{kg/m}^3)(9{,}8\ \text{m/s}^2)} = 1{,}0\cdot 10^{-4}\ \text{m}^{-3}$

b. En este caso:

$$E = P_{real} - P_{aparente} = (2{,}5\ \text{N}) - (1{,}8\ \text{N}) = 0{,}70\ \text{N}$$

$$d_{fluido} = \frac{E}{V\cdot g} = \frac{0{,}70\ \text{N}}{(1{,}0\cdot 10^{-4}\ \text{m}^{-3})(9{,}8\ \text{m/s}^2)} = 7{,}1\cdot 10^2\ \text{kg/m}^3$$

29 **ENTRENAMOS JUNTOS.** Aunque la sangre fluye, en una primera aproximación se puede tratar como un fluido estático. Estima la diferencia de presión sanguínea entre la cabeza y los pies de una persona de 1,80 m de altura cuando la persona está de pie y cuando está tumbada. Dato: densidad de la sangre, d = 1,06 kg /litro.

30 El agua embalsada en una presa ocupa una superficie de 1273 hectáreas y puede contener 400 hm^3 de agua. Si la altura de la presa es de 92 m, calcula la presión que ejerce el agua sobre la presa en un punto situado 90 m por debajo del nivel de la superficie.

31 **Aprendo a pensar.** La glicerina es un líquido viscoso muy usado en productos farmacéuticos y en cosmética. En la gráfica se representa la variación de la presión hidrostática con la profundidad para la glicerina. Determina su densidad a partir de los datos de la gráfica.

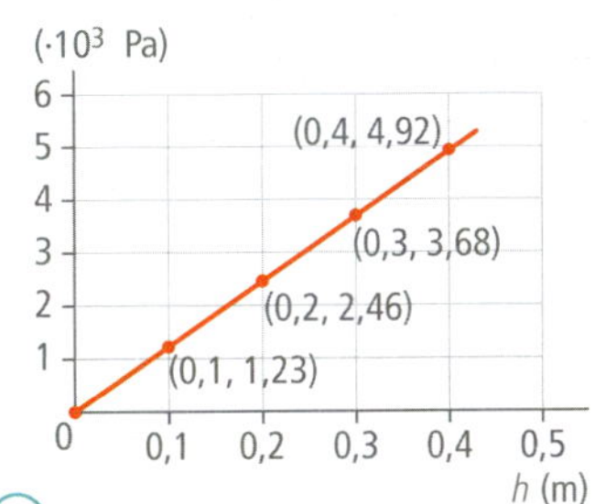

32 Se quiere triplicar la fuerza ejercida en un elevador hidráulico cuyo radio del primer pistón es r_1 = 5 cm. El radio del segundo pistón será:

a. El triple

b. 9 veces más

c. $\sqrt{3}r_1$

d. No se puede calcular

¿Qué paso o parte en la resolución de ejercicios te cuesta más y cuál menos?

7 Aplicaciones tecnológicas del principio de Arquímedes y del principio de Pascal

Aplicaciones del principio de Arquímedes

Cuando un cuerpo es más denso que el fluido en el se halla, se hunde; si es menos denso, por el contrario, flota; y, si tiene la misma densidad, queda sumergido en la superficie sin hundirse. Actualmente existen dispositivos que pueden modificar su densidad y, por tanto, controlar su grado de hundimiento en el fluido en el que se encuentran.

Los buceadores disponen de un lastre y de un compensador de flotabilidad, chaleco compensador. Para descender dejan salir aire del chaleco; para ascender, introducen aire. También controlan la flotabilidad con sus pulmones.

En los globos aerostáticos se calienta el aire de la bolsa con un quemador. El aire caliente es menos denso que el aire ambiente; el globo sube. Para bajar se apaga el quemador. Para mantener la misma altura, el quemador funciona de manera pulsante.

Los submarinos disponen de una cámara hermética que está rodeada de tanques de lastre. Cuando estos se llenan de agua, el submarino se sumerge, mientras que, cuando el agua es expulsada inyectando aire a presión, el submarino emerge.

Aplicaciones del principio de Pascal

Una de las principales aplicaciones del principio de Pascal son las máquinas hidráulicas. Otras aplicaciones, por ejemplo, son la maniobra de Heimlich, para la expulsión de cuerpos que obstruyen las vías respiratorias, o que salga la pasta de dientes al apretar el extremo del tubo.

En este principio se basa la forma en la que se estiran las patas de las arañas: aprietan los músculos situados en su abdomen, lo que provoca que la sangre llegue hacia sus patas y que se estas se estiren.

33 Actividad resuelta

Al pisar el pedal del freno, ejercemos una fuerza con el pie en el pedal que este transmite a un émbolo de diámetro 0,50 cm. Esa fuerza crea una presión en el interior del líquido de frenos. El fluido la transmite casi instantáneamente en todas direcciones y llega al émbolo de diámetro 2,50 cm, frenando las zapatas de las ruedas. El sistema cambia también la dirección y el sentido de la fuerza aplicada. Al accionar el freno, se ejerce una fuerza de 100 N; como este tiene estructura de palanca, realmente se ejerce una fuerza sobre el émbolo de 500 N. Determina la fuerza ejercida sobre las ruedas.

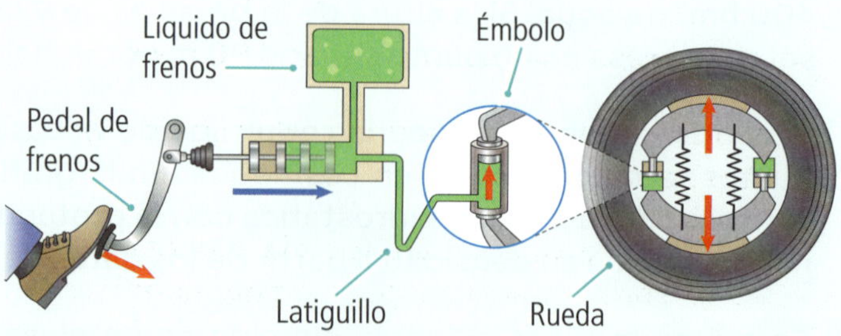

Según el principio de Pascal, $p_1 = p_2$; por tanto:

$$\frac{F_1}{F_2} = \frac{S_1}{S_2} \Rightarrow F_2 = F_1 \frac{S_2}{S_1} = F_1 \frac{\pi r_2^2}{\pi r_1^2} = (500\ \text{N}) \frac{(1{,}25 \cdot 10^{-2}\ \text{m})^2}{(0{,}25 \cdot 10^{-2}\ \text{m})^2} = 1{,}25 \cdot 10^4\ \text{N}$$

NUESTRO RETO Batalla hidráulica

El funcionamiento de los gatos hidráulicos

CONTRASTAMOS JUNTOS. Al aplicar una fuerza sobre el émbolo de una jeringa, se aplica presión sobre el agua de su interior que se transmite a través del agua haciendo que se mueva el émbolo de la otra jeringa.

Paso 1

Se conectan dos jeringas del mismo diámetro mediante un tubo flexible. Se suelta del tubo una de las jeringas. Con la otra jeringa se aspira agua de un recipiente hasta llenar el tubo y la jeringa hasta la mitad. La jeringa libre se llena hasta la mitad y se conecta al tubo. Se debe evitar que queden burbujas de aire.

Se repite el proceso con dos jeringuillas de distinto diámetro.

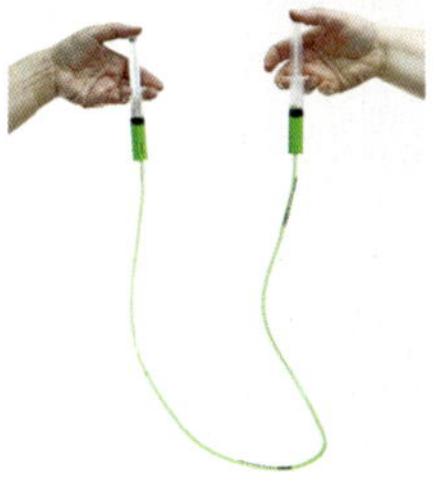

1. **¿Por qué es importante que no existan burbujas de aire?**

Paso 2

Tomando las dos jeringuillas iguales, se sostiene una con cada mano y se colocan los pulgares en los émbolos. Se aprieta uno de los émbolos.

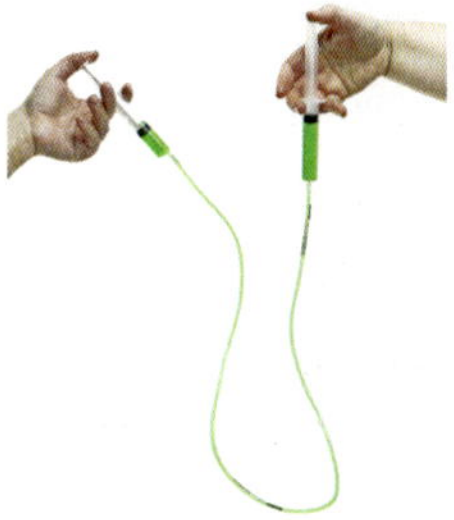

2. **¿Qué ocurre? ¿El movimiento de un émbolo fuerza al movimiento del otro?**
3. **Si se presiona el émbolo de un lado una cierta distancia, ¿qué distancia recorrerá el émbolo de la otra jeringa?**

Paso 3

Repite el paso anterior utilizando las jeringas de distinto diámetro.

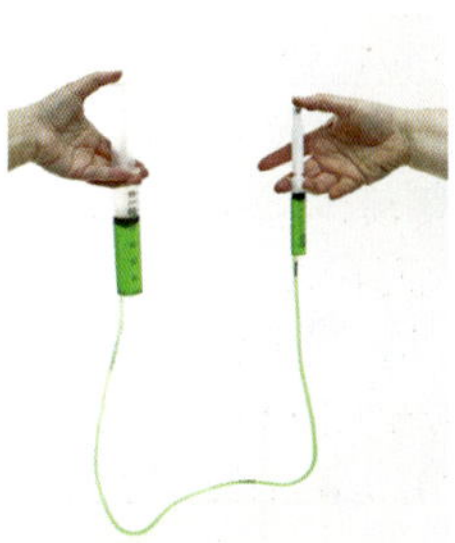

4. **¿Qué émbolo se presiona más fácilmente?**
5. **¿Qué émbolo recorre más distancia al ejercer una fuerza sobre el otro émbolo?**
6. **Haz una exposición para toda la clase explicando las conclusiones a las que has llegado después de hacer el reto.**

¿Podrías describir algo sobre lo que en este momento sepas más?

¿Cómo te ha ido el reto? Entra y haz tu valoración

EN RESUMEN

Presión

- Se define como la fuerza ejercida perpendicularmente sobre la unidad de superficie. En el SI su unidad es el pascal.

$$p = \frac{F}{S}$$

Ecuación fundamental de la hidrostática

- La presión hidrostática en un punto del interior de un líquido se calcula: $p = \frac{d_{líquido} \cdot S \cdot h \cdot g}{S} = d_{líquido} \cdot g \cdot h$

Presión atmosférica

- Es la presión que ejerce la atmósfera debido a su peso sobre cualquier cuerpo que se encuentre inmerso en ella.

Principio de Arquímedes

- Todo cuerpo total o parcialmente sumergido en un fluido en reposo experimenta una fuerza vertical hacia arriba (empuje), cuyo módulo es igual al peso del fluido desalojado.

$$E = d_{líquido} \cdot V_{sumergido} \cdot g$$

Presión de Pascal

- Cuando se ejerce una presión externa sobre un fluido en equilibrio, dicha presión se transmite a todo el líquido con igual intensidad y en todas las direcciones.
- En una prensa hidráulica se cumple: $\frac{F_1}{S_1} = \frac{F_2}{S_2}$

PRACTICAMOS

1 Copia y completa el siguiente mapa conceptual en tu cuaderno.

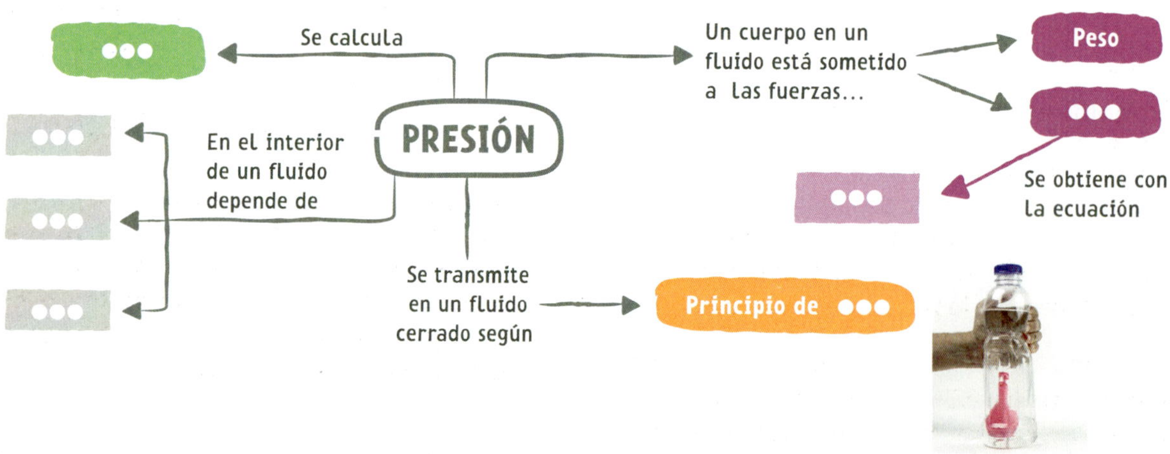

2 Un coche tiene una masa de 1500 kg y sus neumáticos están hinchados a una presión de 2,40 atm. Calcula la superficie de contacto de cada neumático con el suelo.

3 Los dos buzos de la imagen se encuentran en el mar a ambos lados de una roca.

a. ¿Dónde es mayor la presión, en A o en B?

b. Si salen del agua, ¿habrá presión en las posiciones que ellos ocupaban?

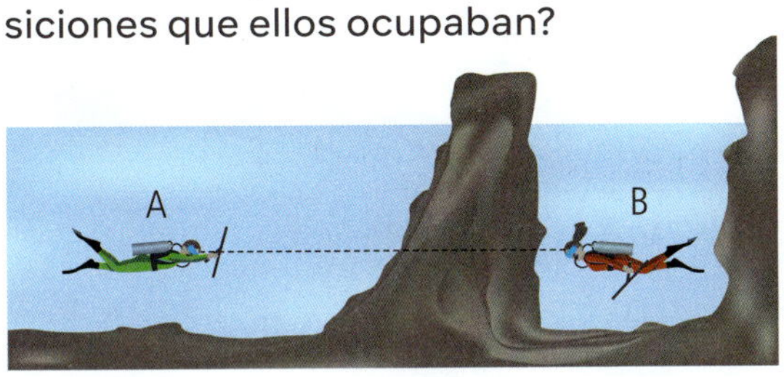

4 Al bucear bajo el agua se suele notar una sensación incómoda en los tímpanos debido al aumento de presión. El tímpano humano tiene un área de 70 mm^2 y puede soportar una fuerza de unos 7,0 N sin romperse. Si al bucear no se tienen medios para compensar la presión, ¿a qué profundidad máxima se podría bucear sin que se rompa el tímpano?

A. 0,30 m **B.** 1,0 m **C.** 3,0 m **D.** 10 m

5 Los altímetros usados por los montañeros indican la altitud a la que se encuentran basándose en la diferencia de presión entre dos puntos situados a distinta altura. Si a nivel del mar la presión es de 760 mm y en una montaña 620 mm de mercurio, calcular la altura de la montaña sobre el nivel del mar. Suponer que la densidad del aire es constante e igual a 1,3 g/litro.

6 Para administrar por vía intravenosa un suero a un enfermo, se cuelga una bolsa de un soporte a una cierta altura. Si la densidad de la disolución es de 1030 kg/m^3 y la presión sanguínea en las venas es de 20 mm de Hg, ¿a qué altura mínima tiene que estar colgada la bolsa?

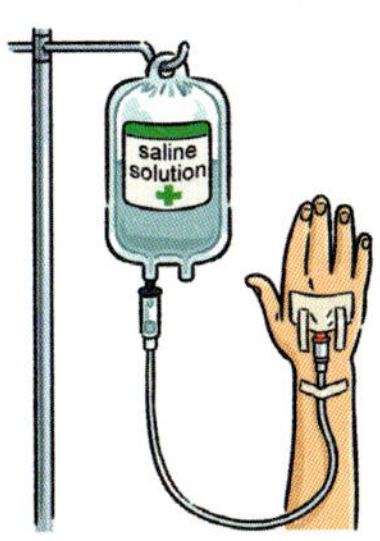

7 En un mapa del tiempo hay una isobara de 1040 mb y otra de 927 mb. Expresa ambas presiones en hPa, mm de mercurio y atmósferas.

8 El manómetro de la figura está conectado a un gas encerrado en un recipiente. La diferencia de nivel entre la barra abierta y la conectada al recipiente es de 7,0 cm. Calcula la presión del gas sabiendo que la presión atmosférica es 1,0 atm.

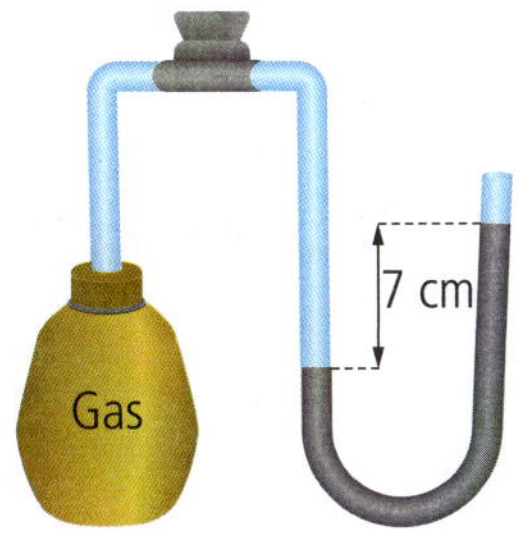

Dato: d_{mercurio} = 13 600 kg/ m^3.

9 Responde a las siguientes cuestiones:

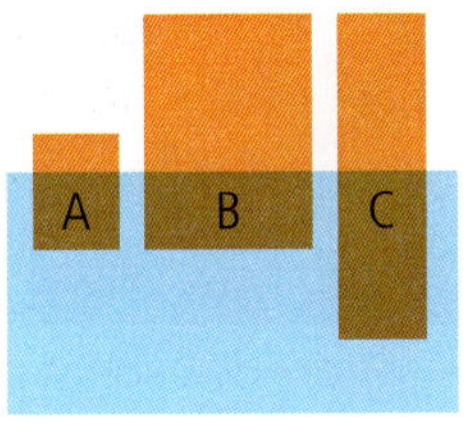

a. Un bañista decide bucear; comienza a 1,5 m y luego pasa a 3,5 m. ¿Cuándo recibe mayor empuje del agua?

b. Ordena de mayor a menor la densidad de los cuerpos A, B y C.

10 Un cuerpo cuelga del techo mediante un hilo. Cuando está suspendido en el aire, la tensión del hilo es 650 N. Cuando está totalmente sumergido en agua, la tensión del hilo es de 250 N. Calcula la densidad del cuerpo.

11 Una de las consecuencias del cambio climático es el desprendimiento de icebergs. El 3 de marzo de 2021 la misión Copernicus Sentinel-1 de la ESA captó el desprendimiento de un iceberg en la Antártida. Utilizando el principio de Arquímedes, halla el cociente entre el volumen de la parte sumergida y el volumen total del iceberg.

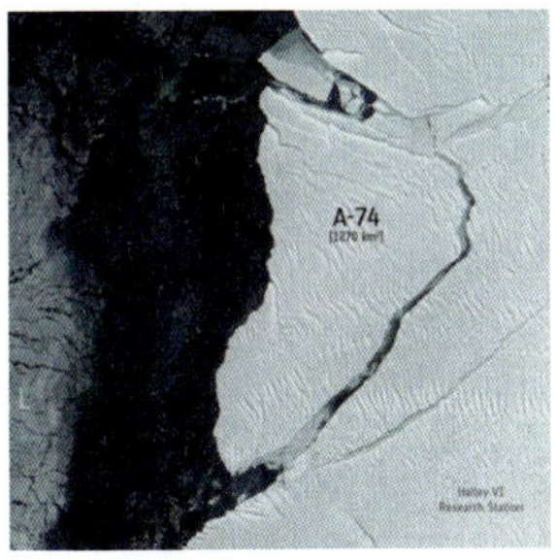

Datos: $d_{\text{agua del mar}}$ = 1025 kg/m^3; d_{hielo} = 917 kg/m^3

12 Las primeras ollas a presión solían explotar con cierta frecuencia. ¿Qué fuerza soportan los pestillos que sujetan la tapa de una olla a presión si esta tiene un diámetro de 25,0 cm y su presión en el interior es de 1,75 atm? Despreciar el peso de la tapa.

Mis competencias Autoevaluación

¿VERDAD O MENTIRA?

En los medios

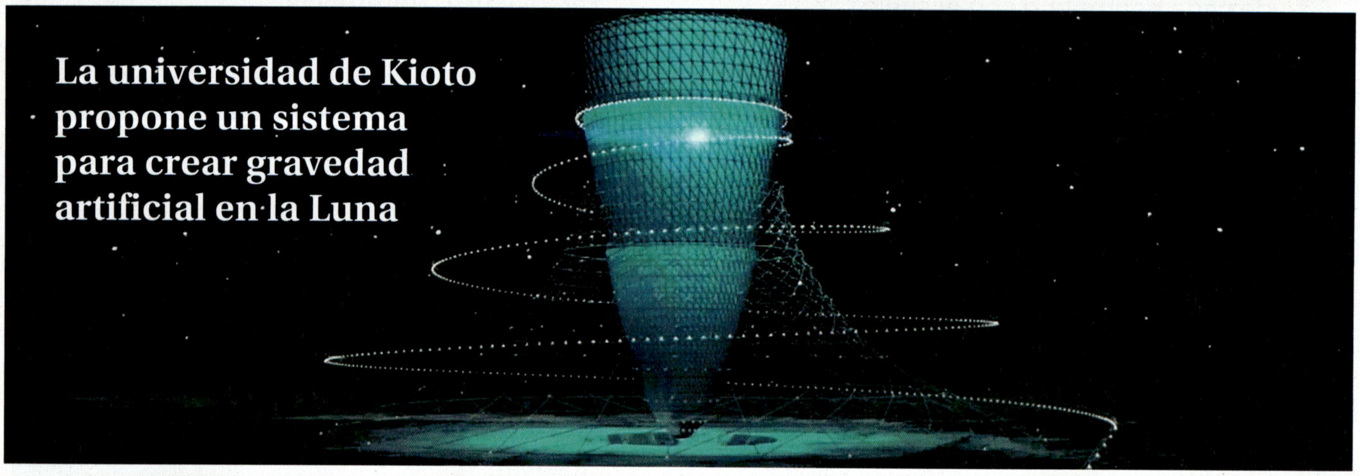

Con el programa Artemis, que pretende poner de nuevo humanos en la Luna para 2025, y el desarrollo de la industria aeroespacial comercial, que ya aspira a trasladar pasajeros a nuestro satélite y a Marte como sucede con el programa Starship de Space X, resolver cómo se puede mantener un hábitat sostenible es fundamental para el futuro de la exploración espacial.

Por ese motivo, ingenieros e investigadores de la Universidad de Kioto y de Kajima Corporation, una empresa constructora de las más grandes y antiguas de Japón, con casi dos siglos de trayectoria, han realizado una propuesta conjunta para crear un hábitat de vida sostenible en otros planetas como pueden ser la Luna y Marte, según recoge Gizmodo. En un comunicado publicado, los autores de la propuesta se plantean el tipo de entorno e instalaciones que se necesitan para vivir en otro planeta. Mientras que las preocupaciones del sector aeroespacial van por asegurar los recursos necesarios para poder respirar, alimentarse y sobrevivir en la Luna o Marte, la propuesta considera la importancia de la gravedad para poder desarrollar una vida similar a la que se tiene en la Tierra.

La gravedad en la Luna es del 16,5 % respecto a la de nuestro planeta, y, en el caso de Marte, del 37,9 %. Están de sobra demostrados **los efectos en la masa ósea de la permanencia en el espacio**, por lo que los investigadores se plantean que "sin gravedad, es posible que los mamíferos no nazcan con éxito. Además, incluso si pueden nacer, **no podrán esperar un crecimiento normal en condiciones de baja gravedad"**. Por lo que la "instalación viva de gravedad artificial" puede **generar una gravedad equivalente al entorno global mediante el uso de la fuerza centrífuga** debido a la rotación en el espacio, la superficie lunar y la superficie de Marte, y es la tecnología central para que los seres humanos avancen en el espacio" [...]

La propuesta de la Universidad de Kioto y Kajima Corporation contempla tres aspectos. The Glass es el primero y consiste en un sistema para generar gravedad artificial en otro planeta a través de la fuerza centrífuga.[...] Una parte habitable y, por último, un sistema de transporte entre planetas. [...]

ALFREDO BIURRUN

1 **Reflexiona e investiga para responder a las siguientes preguntas:**

a. ¿Puede existir un hábitat sostenible para la vida sin gravedad? Contesta de forma razonada basándote en el artículo.

b. La gravedad en la Tierra es de 9,8 m/s². ¿Cuánto valdría en la Luna? ¿Y en Marte?

c. En un eventual viaje para establecer una base a la Luna alcanzamos el punto de ingravidez o gravedad cero. ¿Podemos afirmar que en esta situación no existen fuerzas?

d. Investiga cómo afecta la ingravidez a los astronautas.

La importancia de la ciencia

La química física del agua de fregar

Agnes Pockels (1862-1935) llevó a cabo múltiples experimentos científicos relacionados con la tensión superficial

Al terminar la escuela, Agnes se dedicó a cuidar a sus padres, nunca se casó y su único empleo fue el de ama de casa. El vínculo con la física le llegó a través de su hermano Fritz Pockels, quien estudiaba física en la universidad y le proporcionó libros y revistas científicas. Todo su aprendizaje fue autodidacta, por las dificultades e imposiciones sociales de la época.

En la cocina descubrió el complejo comportamiento del agua grasienta que resulta de fregar los platos. Su cuñada escribió: "...lo que millones de mujeres ven todos los días sin placer ninguno y están ansiosas por tirar, esto es, el agua grasienta de fregar los platos, llevó a esta chica a hacer observaciones y en última instancia a la investigación científica".

Construyó un aparato que le permitía medir la tensión superficial de monocapas de sustancias antipáticas (jabones y detergentes) e hidrofóbicas (aceites y grasas). El perfeccionamiento de este aparato y los trabajos asociados le valieron a Irving Langmuir el Premio Nobel de Química en 1932.

Agnes, con ayuda de su hermano, consiguió presentar su trabajo a Lord Rayleigh, quien escribió al editor de *Nature* para que publicara su trabajo. En 1892 veía la luz su artículo "Tensión superficial". Durante varios años continuó publicando numerosos trabajos, aunque de forma esporádica. Uno de sus últimos artículos fue "La medición de la tensión superficial con la balanza", publicado en otra prestigiosa revista, *Science*, en 1926.

Un atisbo de reconocimiento a su labor científica no llegó hasta que cumplió los 70 años, cuando la Universidad Politécnica de Brunswick le concedió un doctorado *honoris causa*, en ingeniería. Tras su muerte, el 21 de noviembre de 1935, su nombre cayó en el olvido.

1. ¿Por qué los alfileres de acero, un clip o una hoja de afeitar, a pesar de ser más densos que el agua, no se hunden cuando se depositan con cuidado sobre una superficie acuosa? ¿Existe empuje?

2. ¿Por qué se hunden al añadir jabón al agua?

3. Describe otros experimentos con agua en los que se pueda demostrar la existencia de la tensión superficial del agua.

4. Investiga sobre seres vivos que se aprovechen de la tensión superficial del agua.

¡RESUELVE EL PROBLEMA!

La cinemática en el polideportivo

¿Cómo puedes estudiar la cinemática en el polideportivo?, ¿a través de qué actividades crees que puedes hacerlo?

En esta actividad desarrollarás distintas habilidades con tus compañeros para poder estudiar las ecuaciones propias de diferentes tipos de movimientos.

¿Qué vas a hacer?

1. Tendrás que poner en práctica una serie de conocimientos y habilidades. Para saber cuáles son y poder realizar esta tarea con éxito, lee con atención la rúbrica.
2. Cuando termines esta tarea competencial, completarás la rúbrica para reflexionar sobre la manera en que has trabajado.
3. Para realizar esta tarea necesitarás balones, cintas, cronómetros, tizas de colores y conos deportivos para marcar.

Debéis hacer seis grupos de trabajo y desarrollar las diferentes actividades establecidas previamente por el profesor. Tomando nota de los tiempos invertidos o de la cantidad de repeticiones conseguidas en cada caso, podréis realizar los cálculos necesarios para estudiar diferentes tipos de movimientos.

Paso 1 Preparad la cancha y las pruebas

Delimitaréis con conos deportivos la pista de atletismo en caso de que el polideportivo no disponga de una y haréis sobre ella diferentes marcas.

- Prueba de 400 m. Medid la longitud de la pista y señalad claramente con tizas de colores la salida y la marca de la distancia correspondiente a 400 m. Necesitaréis dar varias vueltas a la pista para lograr 400 m. Anotaréis el tiempo invertido y calcularéis la velocidad media.
- Para la prueba de 800 m. Recorred dos veces la distancia anterior. Anotaréis el tiempo invertido y calcularéis la velocidad media.
- Esprintes. Marcad con otra tiza la distancia (aproximadamente 15 m) que utilizaréis para hacer esprintes. Apuntaréis el tiempo que tardéis en recorrer esa distancia lo más rápidamente que podáis.
- Caída de balón. Dejad caer balones desde la máxima altura de las espalderas y tomad nota del tiempo.
- Lanzamientos verticales de los balones hacia arriba. Anotaréis el tiempo total desde que los lancéis hasta que lleguen al suelo y calcularéis la altura máxima alcanzada.
- *Hula-hoops.* Con los *hula-hoops* determinaréis la cantidad de vueltas que lográis en un minuto. Podéis hacer una marca en el aro para ayudaros.

Paso 2 Las rotaciones

Podéis formar seis equipos: A, B, C, D, E y F, e ir realizando las pruebas. Debéis organizar las rotaciones para que 2 miembros de cada equipo estén midiendo los tiempos de otro equipo mientras el resto del equipo realiza su prueba. Todos los miembros del equipo deben realizar todas las pruebas.

Debéis completar la siguiente tabla con los tiempos y repeticiones que logréis. Los tiempos serán la media de los medidos por tus dos compañeros.

Miembro	400 m lisos		800 m lisos		Tiempo esprintes	Tiempo caída balón	Lanzamiento vertical de balón		rpm *hula-hoop*
	t	v_m	t	v_m			t_{total}	$h_{máx}$	
•••	•••	•••	•••	•••	•••	•••	•••	•••	•••

Paso 3 Clasificando los movimientos

En la siguiente tabla, marca la casilla correspondiente en cada caso.

Prueba	Movimiento uniforme	*mrua*	*mcu*
400 m lisos	•••	•••	•••
800 m lisos	•••	•••	•••
Esprintes	•••	•••	•••
Caída de balón	•••	•••	•••
Lanzamiento vertical de balón	•••	•••	•••
Hula-hoop	•••	•••	•••

Paso 4 Comparando resultados

Compara los resultados globales de tu grupo con los de otros grupos y responde a las siguientes preguntas.

1. ¿Por qué crees que son dos personas diferentes quienes cronometran tus tiempos?
2. ¿Qué conclusiones sacas de los valores de velocidad media obtenidos en las pruebas de 400 y 800 m?
3. Suponiendo que el esprint ha sido un *mua*, calcula tu aceleración (dispones del espacio y del tiempo invertido) y compárala con la de tus compañeros. Calcula la velocidad final alcanzada.
4. ¿Qué crees que ocurriría con el tiempo invertido en la caída de los balones si empleáis balones distintos?
5. Calcula la altura máxima alcanzada en el lanzamiento vertical del balón y después determina la velocidad con la que el balón ha llegado al suelo (desprecia la altura que hay entre tus manos y el suelo cuando lo lanzas).

¿Cómo te ha ido el ABP? Entra y haz tu valoración

Bloque 4 LA ENERGÍA

4.1. Trabajo y energía mecánica

4.2. Energía térmica

4.3. Luz y sonido

4.4. La energía en nuestro mundo

4.1 Trabajo y energía mecánica

¡EMPEZAMOS!

Saltar sobre una cama elástica no es solo una actividad muy divertida, sino también muy ventajosa para el cuerpo. Desarrolla la psicomotricidad, mejora el equilibrio, las habilidades motoras y también facilita el ejercicio aeróbico. Y todo ello sin generar un gran impacto en las articulaciones.

Durante un salto en la cama elástica, los cambios de energía que permiten realizar un rebote sobre ella se producen cuando la fuerza de gravedad, la cama y la persona que salta realizan lo que se conoce como trabajo. Al realizar trabajo, la energía se transfiere a otro cuerpo o se convierte en otra forma de energía.

- ¿Qué formas de energía se manifiestan en el salto completo?
- ¿Qué transformaciones de energía se han producido?
- ¿Se conserva la energía en un salto completo de trampolín?
- ¿Se ha "perdido" la energía cuando la saltadora termina el ejercicio?

¡VAMOS A APRENDER!

1. Respetar el turno de palabra.
2. Entender que la energía se transfiere, se transforma, se conserva y se degrada y que el trabajo es una forma de transferir energía.
3. Explicar cómo debe desplazarse un cuerpo para que una fuerza sobre él realice trabajo.
4. Aplicar la relación entre el trabajo y la energía mecánica y comprender bajo qué condiciones esta se conserva.
5. Entender que la potencia es una forma de medir la eficacia del trabajo y reconocer que las máquinas transmiten fuerzas.
6. Aplicar la creatividad a la resolución de problemas locales y globales.

NUESTRO RETO

¿Confías en el principio de conservación de la energía mecánica?

¿Te atreverías a poner la cara delante de la bola de un péndulo que se deja caer desde una altura, y esperar a que vuelva sin moverte? El principio de conservación de la energía puede ayudarte a tomar la decisión.

¡Vamos allá!

1 ¿Cómo se intercambia la energía entre los sistemas?

Transferencia de energía

La energía juega un papel fundamental tanto en nuestra vida diaria como en multitud de fenómenos científicos.

La **energía** es la propiedad que tienen los cuerpos o sistemas materiales que les permite producir cambios en ellos mismos o en su entorno.

1 **Interpreta lo que ocurre.** ¿Qué tienen en común estas situaciones?

En las tres situaciones se **transfiere energía.**

a. El tractor transfiere energía en forma de **trabajo,** ya que, al aplicar su fuerza sobre el arado, lo desplaza: es **energía mecánica.**

b. La leña ardiendo transfiere energía a la paella en forma de **calor** como consecuencia de una diferencia de temperaturas: es **energía térmica.**

c. El Sol transfiere la energía en forma de ondas electromagnéticas: es **energía radiante.**

La energía se presenta de diferentes maneras:

- Energía potencial gravitatoria, como en una montaña rusa.
- Energía potencial elástica, como un tiro con arco.
- Energía cinética, por ejemplo, una moto en movimiento.
- Energía química, como la de la gasolina en un coche.

Una de las cualidades más interesantes de la energía es que esta puede transformarse en otras formas de energía.

¿Qué te ha aportado esta explicación?

2 Actividad resuelta

Señala las transformaciones de la energía que se producen en estas situaciones:

En el salto de esquí, la energía potencial del saltador se va transformando en cinética. Al terminar el salto, la energía se disipa en forma de calor.

En el levantamiento de peso, la energía química de su cuerpo se transforma en potencial gravitatoria de la barra. Esta gana altura gracias al esfuerzo de la atleta.

La energía cinética del jugador tras lanzarse para llegar a la base se transforma principalmente en energía térmica, al frenar su cuerpo rozando contra el suelo.

2 ¿De qué variables depende el trabajo?

Las fuerzas y el trabajo

No todas las fuerzas producen cambios. La distinción entre las fuerzas que logran un cambio en otro cuerpo y las fuerzas que no lo logran es una parte fundamental de la idea de trabajo.

3 Interpreta lo que ocurre. Dos amigos realizan un experimento para comprobar la energía transferida al aplicar una fuerza constante sobre un cuerpo. Para ello uno tira de la otra, que lleva patines, manteniendo siempre la misma fuerza, mediante una cuerda unida a un dinamómetro.

Si se aumenta la distancia recorrida, se observa que la velocidad final es mayor en cualquiera de los dos casos.

- **a.** Si el ángulo α es 0°, ¿la velocidad de la patinadora es mayor o menor? ¿Aumenta o disminuye la energía que se le transfiere?
- **b.** ¿En qué caso es mayor la componente de la fuerza en la dirección del movimiento?
- **c.** ¿Influye, en la energía transferida a la patinadora, el desplazamiento recorrido mientras actúa la fuerza?
- **d.** ¿En qué situación, tras aplicar la fuerza, no habrá energía transferida a la patinadora?

El **trabajo** mide la transferencia de energía que produce una fuerza constante cuando actúa sobre un objeto en movimiento. Matemáticamente se expresa como el producto de la componente de la fuerza en la dirección del movimiento por la distancia que actúa la fuerza. Para el movimiento en una dirección se expresa:

$$W = F \cdot d \cdot \cos \alpha$$

Donde F es el módulo de la fuerza, d es el módulo del desplazamiento y α es el ángulo que forman el vector fuerza y el vector desplazamiento. Su unidad en el SI es el julio (J).

4 Actividad resuelta

Esta deportista levanta una barra de peso 588 N a una altura de 0,45 m por encima de su pecho. Si el peso sube y baja a una velocidad constante, calcula el trabajo realizado por la levantadora sobre la barra, en la fase de ascenso y en la de descenso.

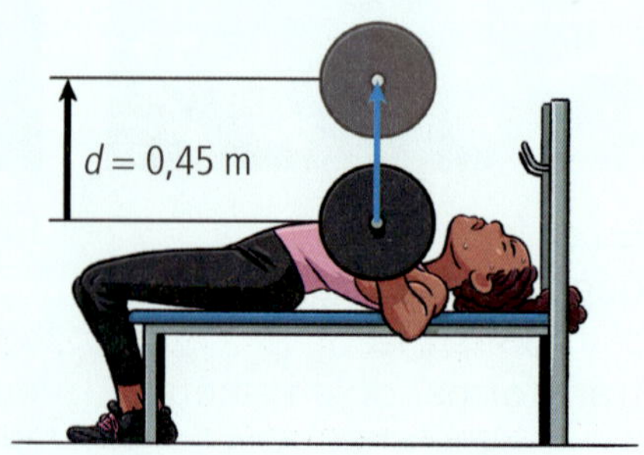

Ascenso: $W = F \cdot d \cdot \cos \alpha = (588\ \text{N}) \cdot (0{,}45\ \text{m}) \cdot \cos 0° = 2{,}6 \cdot 10^2\ \text{J}$

En el descenso, el desplazamiento tiene sentido contrario a la fuerza que realiza la levantadora:

$W = F \cdot d \cdot \cos \alpha = (588\ \text{N}) \cdot (0{,}45\ \text{m}) \cdot \cos 180° = -2{,}6 \cdot 10^2\ \text{J}$

El trabajo puede ser negativo.

5 La fuerza que ejerce la Tierra sobre un satélite en su órbita ¿realiza trabajo sobre el satélite?

3 ¿Cómo se relacionan energía y trabajo en un sistema?

Transferencia de energía y trabajo

La forma en la que se manifiesta la transferencia de energía depende del sistema al que afecta y de cómo se apliquen las fuerzas.

6 **Interpreta lo que ocurre.** Un operario, partiendo del reposo, mueve una caja con una fuerza constante. Se supone que no hay rozamiento. A medida que la caja gana velocidad, el operario se tendrá que mover también más rápido para poder continuar aplicando la misma fuerza.

a. A partir de un punto del recorrido de la caja, para intervalos de tiempo iguales, ¿se moverá esta distancias más grandes o más pequeñas? ¿Realizará el operario el mismo trabajo? ¿Lo deberá realizar más rápido o más lento?

b. Si la aceleración es constante, ¿qué relación existe entre la distancia recorrida y la velocidad final de la caja? ¿Qué relación existe entre el trabajo y la velocidad de la caja?

La **energía cinética** puede definirse como el trabajo necesario para acelerar un cuerpo de masa *m* desde el reposo hasta alcanzar una velocidad *v*. Su unidad en el SI es el julio (J).

$$E_c = \frac{1}{2} m \cdot v^2$$

¿Puede un objeto almacenar energía debido a su posición?

El trabajo realizado en contra de la fuerza gravitatoria, por ejemplo, al levantar un objeto, se convierte en una forma de energía que se denomina **energía potencial gravitatoria** y que es aquella que posee un cuerpo por encontrarse en una determinada posición en un campo gravitatorio:

$$E_p = m \cdot g \cdot h$$

TALLER

Paso 1 Deja caer una pelota de golf desde tres alturas diferentes sobre un recipiente con arena.

Paso 2 Repite con una pelota de pimpón desde las mismas alturas.

7 Compara las huellas de los impactos y extrae conclusiones.

8 ¿En qué se ha convertido la energía potencial gravitatoria justo antes del impacto con la arena?

4 ¿Cómo se relacionan el trabajo y la energía mecánica?

Trabajo e incremento de la energía cinética

El trabajo que realiza la fuerza neta sobre una furgoneta en el desplazamiento *d* es $W = F \cdot d$.

Según la segunda ley de Newton y las expresiones cinemáticas:

$$W = F \cdot d = m \cdot a \cdot d = m \cdot \frac{v_2^2 - v_1^2}{2d} \cdot d = \frac{1}{2} m \cdot v_2^2 - \frac{1}{2} m \cdot v_1^2 = \Delta E_c \Rightarrow W = \Delta E_c$$

Esta expresión se conoce como **teorema de la energía cinética.**

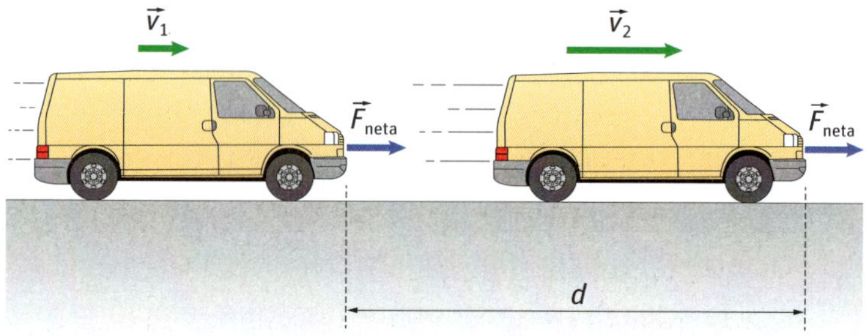

9 ¿Depende la variación de la energía cinética de la trayectoria seguida por la furgoneta?

10 Si la fuerza neta sobre la furgoneta de la figura tuviera el sentido contrario al de la imagen, ¿el trabajo realizado por dicha fuerza sería positivo o negativo? ¿Aumentará o disminuirá la velocidad de la furgoneta?

11 Actividad resuelta

Una vagoneta de 200 kg de masa se mueve sin fricción sobre unos raíles horizontales con una velocidad de 5,0 m/s. Calcula el trabajo necesario para:

a. Duplicar su velocidad.

b. Mantener su velocidad constante.

c. Detenerla completamente.

a. Se aplica la relación entre el trabajo y la variación de energía cinética:

$$W = \Delta E_c = \frac{1}{2} \cdot (200\ \text{kg}) \cdot \left[(10{,}0\ \text{m/s})^2 - (5{,}0\ \text{m/s})^2\right] = 7{,}5 \cdot 10^3\ \text{J}$$

b. No hay variación de energía cinética; por tanto, el trabajo es cero julios.

c. $W = \Delta E_c = \frac{1}{2} \cdot (200\ \text{kg}) \cdot \left[(0\ \text{m/s})^2 - (5{,}0\ \text{m/s})^2\right] = -2{,}5 \cdot 10^3\ \text{J}$

Trabajo e incremento de la energía potencial

12 **Interpreta lo que ocurre.** Una grúa sube a velocidad constante un palé de ladrillos de masa *m* a una altura *h*, desde la posición y_1 a la y_2. ¿Qué trabajo realiza?

La fuerza que realiza la grúa es $F_{ext.} = m \cdot g$, y el trabajo es:

$$W_{ext.} = F_{ext.} \cdot h \cdot \cos 0° = m \cdot g \cdot h = m \cdot g \cdot (y_2 - y_1)$$

¿Coincide el trabajo realizado por el peso con el hecho por la grúa?

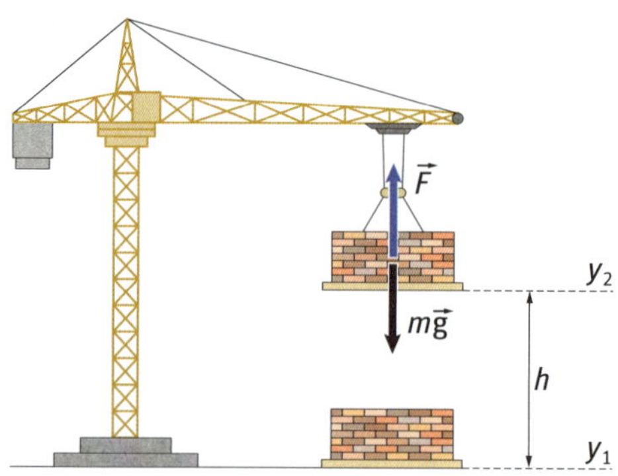

La **energía potencial gravitatoria** de un cuerpo se define como el producto del peso por la altura respecto a un sistema de referencia (como el suelo): $E_p = m \cdot g \cdot h$

El trabajo realizado por la fuerza externa es:

$$W_{ext.} = E_{p,2} - E_{p,1} = \Delta E_p$$

13 Demuestra que el trabajo realizado por el peso es $W_{peso} = -\Delta E_p$

Trabajo y energía mecánica

Cuando se realiza un trabajo, la fuerza necesaria para realizarlo la proporciona un cuerpo. En este proceso, el cuerpo que realiza el trabajo intercambia energía con el cuerpo sobre el que se realiza dicho trabajo.

- Si el trabajo se realiza sobre un objeto, este gana energía.
- La energía adquirida por un sistema debido al movimiento (energía cinética) o a su posición (energía potencial) se denomina **energía mecánica**:

$$E_m = E_c + E_p$$

Además de la energía potencial gravitatoria, existe una energía asociada a los materiales elásticos por su estiramiento o compresión, a la que se llama **energía potencial elástica.**

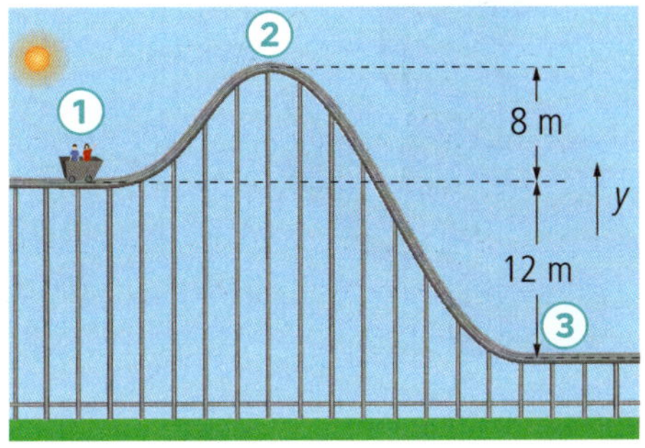

14 **Un coche de 800 kg se mueve en una montaña rusa. Calcula, respecto al punto 1 , la energía potencial en los puntos 2 y 3. Determina la variación de energía potencial entre los puntos 2 y 3.**

15 **Interpreta lo que ocurre. Una persona lanza hacia arriba una pelota con una velocidad inicial.**

a. ¿La energía cinética con que se lanza la pelota hacia arriba valdrá lo mismo que la suma de la energía potencial (respecto de la mano) y cinética en cualquier punto del trayecto de subida? ¿Tendrá el mismo valor que la energía potencial en el punto más alto?

b. ¿Qué le ocurre a la energía total del sistema?

Principio de conservación de la energía mecánica

La energía mecánica de un sistema se conserva cuando las fuerzas (por ejemplo, el peso) que actuan sobre él realizan un trabajo que solo depende de las posiciones inicial y final, y no del camino seguido. En ese caso, el trabajo se puede expresar como $W = -\Delta E_p$.

- Si la fuerza que actúa sobre un cuerpo es el peso, el trabajo producido es $W = -\Delta E_p$.
- El trabajo realizado por la fuerza neta es $W = \Delta E_c$.
- En conclusión, si la única fuerza que actúa sobre un cuerpo es el peso, se cumple:

$$\Delta E_c = -\Delta E_p \Rightarrow \Delta E_c + \Delta E_p = 0 \Rightarrow \Delta(E_c + E_p) = 0 \Rightarrow \Delta(E_m) = 0 \Rightarrow E_{m,o} = E_{m,f}$$

16 Actividad resuelta

Un saltador de esquí de 60 kg parte del reposo y realiza un salto. Determina la energía potencial y cinética en cada punto.

1

$E_{p,1} = m \cdot g \cdot h_1 = (60\ \text{kg}) \cdot (9{,}8\ \text{m/s}^2) \cdot (80\ \text{m}) = 4{,}7 \cdot 10^4\ \text{J}$

$E_c = 0\ \text{J};\ E_m = E_{p,1} + E_c = 4{,}7 \cdot 10^4\ \text{J}$

3

$E_{p,3} = m \cdot g \cdot h_{2,4} =$

$(60\ \text{kg}) \cdot (9{,}8\ \text{m/s}^2) \cdot (30\ \text{m}) = 1{,}8 \cdot 10^4\ \text{J}$

$E_c = (4{,}7 \cdot 10^4\ \text{J}) - (1{,}8 \cdot 10^4\ \text{J}) = 2{,}9 \cdot 10^4\ \text{J}$

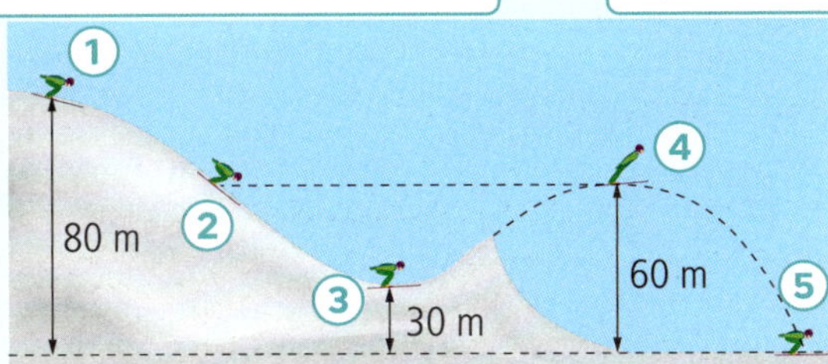

2 4

$E_{p,2} = E_{p,4} = m \cdot g \cdot h_{2,4} =$

$(60\ \text{kg}) \cdot (9{,}8\ \text{m/s}^2) \cdot (60\ \text{m}) = 3{,}5 \cdot 10^4\ \text{J}$

$E_c = E_m - E_{p,2,4} = (4{,}7 \cdot 10^4\ \text{J}) - (3{,}5 \cdot 10^4\ \text{J}) = 1{,}2 \cdot 10^4\ \text{J}$

5

$E_{c,5} = 4{,}7 \cdot 10^4\ \text{J}$

$E_{p,5} = 0\ \text{J};\ E_m = E_{p,5} + E_{c,5} = 4{,}7 \cdot 10^4\ \text{J}$

5 ¿Se conserva o no la energía mecánica?

Degradación de la energía

Cuando aparecen las fuerzas de rozamiento, que reducen la energía mecánica de un cuerpo en movimiento, no se cumple el principio de conservación de la energía mecánica, pero sí se conserva la energía total, si tenemos en cuenta la energía térmica disipada.

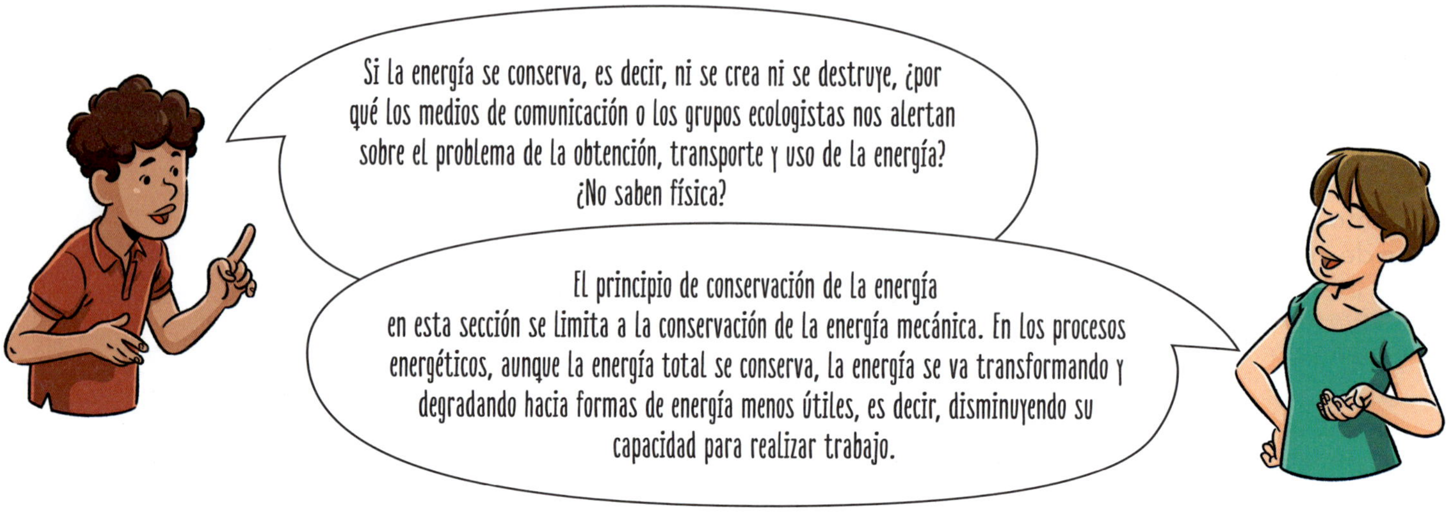

La **energía mecánica**, E_m, de un sistema **no se conserva** cuando realizan trabajo, W_r, las fuerzas de rozamiento:

$$E_{m,o} = E_{m,f} + W_r$$

17 **Aprendo a pensar.** ¿Qué fuentes de energía conoces? ¿Qué problemas medioambientales derivan de la producción y consumo de la energía? Haz propuestas encaminadas al ahorro energético.

18 Actividad resuelta

Una madre tira del trineo de su hijo con velocidad constante; la masa del niño y el trineo es de 40 kg. Al llegar al punto A, la madre empuja el trineo, que adquiere una velocidad de 4 m/s. En el tramo de A a C, las fuerzas de fricción que actúan sobre el trineo realizan un trabajo de $2 \cdot 10^3$ J. ¿Qué cambios energéticos se producen desde la subida hasta el final del descenso? ¿Qué velocidad alcanza el trineo en C?

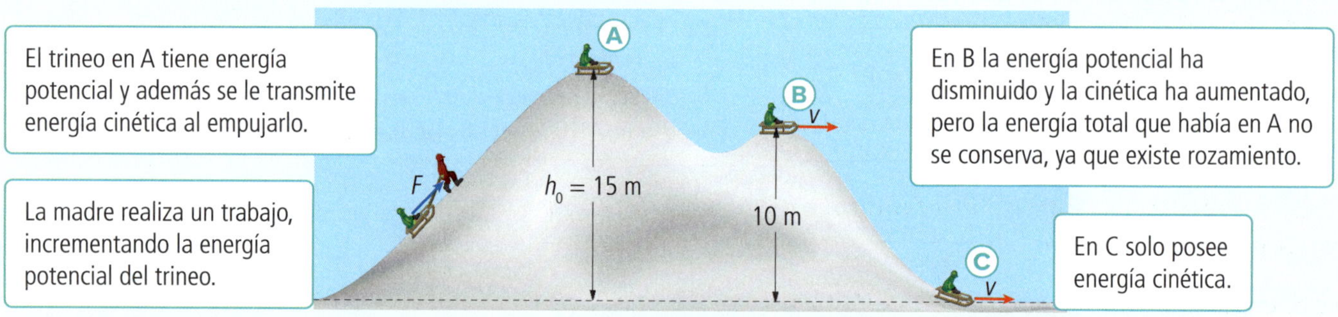

La velocidad en C es:

$$E_{c,C} = E_{m,A} - W_r = \left[(40\ \text{kg})\cdot(9{,}8\ \text{m/s}^2)\cdot(15\ \text{m}) + \frac{1}{2}\cdot(40\ \text{kg})\cdot(4{,}0\ \text{m/s})^2\right] - (2{,}0\cdot 10^3\ \text{J}) = 4{,}2\cdot 10^3\ \text{J}$$

$$E_c = \frac{1}{2} m\cdot v^2 \Rightarrow v = \sqrt{\frac{2E_c}{m}} = \sqrt{\frac{2\cdot(4{,}2\cdot 10^3\ \text{J})}{40\ \text{kg}}} = 14{,}5\ \text{m/s}$$

6 ¿Con qué rapidez se transfiere o se transforma la energía?

Trabajo y potencia

La definición de trabajo no informa sobre cuánto tiempo actúa la fuerza que causa el desplazamiento de un cuerpo. Por ejemplo, aunque el trabajo realizado al subir a una altura un saco de cemento por unas escaleras o con una grúa es el mismo, el tiempo empleado es distinto. Eso significa que la grúa es **más potente**, es decir, puede realizar el mismo trabajo más rápidamente.

La **potencia** es la energía transferida en la unidad de tiempo. Si la energía se aporta realizando un trabajo, la potencia se define como la rapidez con la que se realiza el trabajo:

$$P = \frac{W}{t}$$

La unidad de potencia en el SI es el vatio, 1 W = 1 J/s.

19 Interpreta lo que ocurre. **Una persona corre escaleras arriba. Tarda 4,0 s en subir un tramo de 3,5 m de altura.**

a. ¿Qué fuerza vence la persona al subir las escaleras?

A. Fuerza de gravedad. B. Fuerza normal a su peso.

Para determinar la fuerza que se opone al ascenso bastaría con conocer la masa de la persona, pero conocerla no aportaría información sobre el tiempo necesario para subir la escalera.

b. Haz un análisis de la energía puesta en juego en el proceso. Si la masa de la persona es de 55 kg, ¿qué potencia desarrolla, sabiendo que parte del reposo y que, al llegar al final del tramo, tiene una velocidad de 1,5 m/s?

La persona convierte la energía química de los alimentos en energía cinética y potencial gravitatoria. El trabajo que realiza se convierte en energía mecánica:

$$W = m \cdot g \cdot h + \frac{1}{2} m \cdot v^2 = (55\ \text{kg}) \cdot (9{,}8\ \text{m/s}^2) \cdot (3{,}5\ \text{m}) + \frac{1}{2} \cdot (55\ \text{kg}) \cdot (1{,}5\ \text{m/s})^2 = 1{,}9 \cdot 10^3\ \text{J}$$

La potencia es: $P = \frac{W}{t} = \frac{1{,}9 \cdot 10^3\ \text{J}}{4{,}0\ \text{s}} = 4{,}8 \cdot 10^2\ \text{W}$

Relación entre potencia mecánica y velocidad de un móvil

En los entrenamientos deportivos se mejora la potencia trabajando la rapidez de ejecución de la fuerza. La relación entre la potencia y la velocidad de desplazamiento de un móvil con velocidad constante, al aplicar una fuerza, es:

$$P = \frac{W}{\Delta t} = \frac{F \cdot \Delta s}{\Delta t} = F \cdot v$$

La potencia mecánica instantánea es el producto de la fuerza recibida, en la dirección de la velocidad, por la velocidad instantánea. $P = F \cdot v$.

20 Un coche de 800 kg acelera desde 0 a 100 km/h en 8 s. Calcula:

a. La variación de energía cinética del automóvil en ese tiempo.

b. El trabajo realizado por el motor y la potencia desarrollada por el vehículo.

21 Un padre y una hija, cuya masa es la mitad de la del padre, suben corriendo una colina. La hija asciende la misma distancia en la mitad de tiempo. ¿Quién realiza más trabajo? ¿En qué caso es mayor la potencia?

7 ¿Ahorran energía las máquinas?

Fuerzas y máquinas

Las **máquinas** transmiten fuerzas y, al hacerlo, las reducen, las amplifican, modifican su dirección o sentido, con el fin de facilitar las tareas.

Las máquinas ideales, es decir, sin pérdida de energía mecánica, ofrecen una ventaja mecánica, pues permiten encontrar otra forma de realizar un mismo trabajo, conjugando la magnitud de la fuerza con la distancia.

En definitiva, las máquinas **no ahorran energía**, pero varían las fuerzas para reducir el esfuerzo realizado.

Tipos de máquinas	
Máquinas simples	**Máquinas compuestas**
Realizan trabajo en un solo paso.	Realizan pasos encadenados para funcionar.
Ejemplo: plano inclinado, polea, tijeras.	Ejemplo: reloj mecánico, bicicleta, aspiradora.

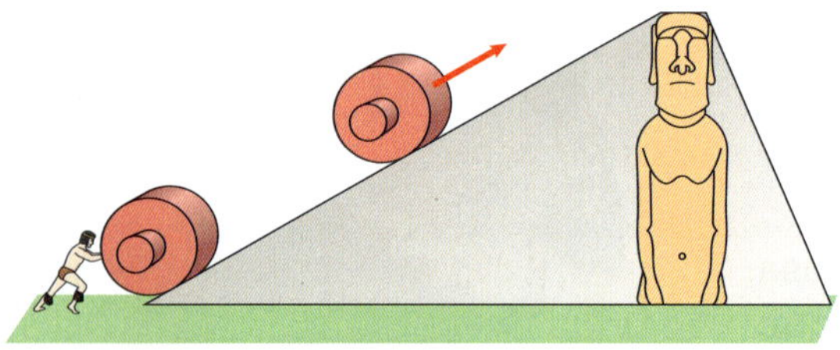

- En las máquinas se producen transformaciones de energía. En estos procesos, parte de la energía se degrada, es decir, una parte de la energía no es útil para realizar trabajo.
- La eficiencia o **rendimiento** de una máquina es la relación entre la energía útil que proporciona la máquina y la energía aportada:

$$\mu = \frac{\text{Energía útil}}{\text{Energía aportada}} \cdot 100$$

- La eficiencia permite clasificar las máquinas en función del uso que hacen de la energía.

22 **En muchos edificios existen rampas para garantizar el acceso a personas con problemas de movilidad. En ocasiones las rampas son cortas y con mucha pendiente; otras veces, tienen menos inclinación, pero mayor longitud.**

a. ¿Qué rampa es la más adecuada para facilitar la subida con la silla de ruedas? ¿Por qué?

b. La rampa ejerce una fuerza de apoyo sobre la silla de ruedas; ¿realiza trabajo esa fuerza?

c. Si una silla de ruedas asciende (a velocidad constante y sin rozamiento) por una rampa para salvar 1 m de altura, ¿el trabajo para subir por la rampa será igual al necesario para elevar la silla a esa misma altura si no hubiera rampa?

23 **El kilovatio ¿es una unidad de potencia o de energía? ¿Cuál es la equivalencia entre el kWh y el julio? ¿Cómo se refleja el consumo eléctrico en la factura, en kW o en kWh?**

Investiga cómo optimizar la factura de la luz respecto a la potencia contratada y la energía consumida a lo largo del día.

24 **Una lavadora de 2,5 kW de potencia funciona durante 1,5 horas. Se ha calculado que la energía útil en el proceso es $9{,}45 \cdot 10^6$ J.**

a. ¿Qué energía ha consumido? ¿Cuál es el rendimiento de la lavadora?

b. El kWh a las 15 h tiene un coste de 0,25603 euros, y a las 18 h es de 0,40408. Calcula el coste para esas dos franjas horarias.

NUESTRO RETO ¿Confías en el principio de conservación de la energía mecánica?

El péndulo y la energía mecánica

El movimiento del péndulo es muy útil para estudiar el principio de conservación de la energía.

MATERIALES
- Hilo o cuerda
- Dos masas iguales
- Regla
- Soportes de laboratorio
- Bola grande de porexpán

Paso 1

Construye dos péndulos simples idénticos, con dos cuerdas de la misma longitud, y cuelga de ellas dos masas iguales.

Mide la longitud del hilo, *L*, y las masas.

Desplaza de la posición de equilibrio uno de los péndulos y mide el tiempo que tarda en dar 10 oscilaciones completas.

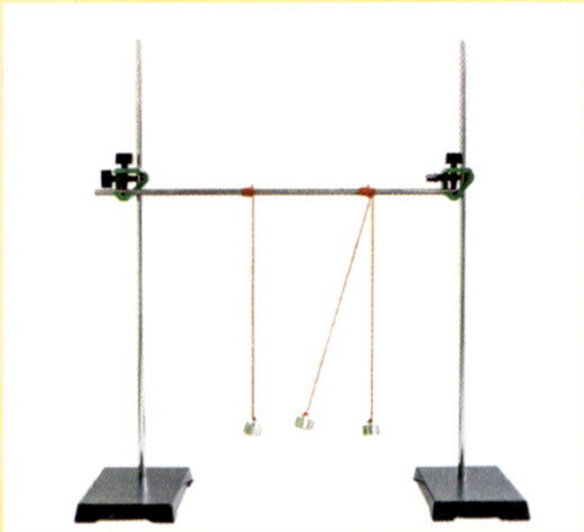

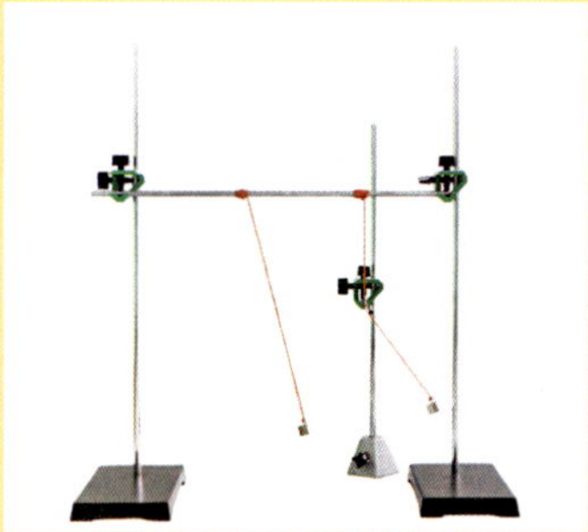

Paso 2

Cuando estén oscilando, introduce en la trayectoria de uno de ellos una barra de metal.

1. Sabiendo que el período de un péndulo es $T = 2\pi\sqrt{\frac{L}{g}}$, comprueba que se cumple dicha expresión con tu datos.
2. Si los dos péndulos se alejan la misma distancia de la vertical y se les deja oscilar, ¿llegan los dos a la misma altura?
3. ¿Tendrán los dos péndulos el mismo periodo?
4. ¿Qué transformaciones de la energía se producen en el movimiento del péndulo?
5. Al colocar la barra en uno de los péndulos, ¿afecta al principio de conservación de la energía del péndulo? ¿Llegan los dos péndulos a la misma altura? ¿Tienen los dos péndulos el mismo periodo?
6. Si se conserva la energía mecánica, ¿por qué se para el péndulo? ¿Se pararía si el experimento se hiciera en el vacío?
7. ¿Realiza trabajo la tensión de la cuerda?

Paso 3

Construye un péndulo con una cuerda de unos 2 m de altura y una bola blanda (porexpán o tela). Separa la bola de la posición de equilibrio y acércala a la cara de alguien, sujetándola con las manos. Deja caer la bola sin proporcionarle impulso. ¿Impactará la bola con la cara?

8. En el enlace se simulan los factores que influyen en el periodo de un péndulo y las transformaciones energéticas que se producen en su movimiento con y sin fricción: www.e-sm.net/Pendulo

¿Cómo te ha ido el reto? Entra y haz tu valoración

EN RESUMEN

Energía

- Es la magnitud que mide la capacidad de un sistema para producir cambios.
- La energía se transfiere, se transforma, se conserva y se degrada.

Trabajo

- Es la magnitud que mide la transferencia de energía causada por una fuerza que actúa sobre un objeto en movimiento.

$$W = F \cdot d \cdot \cos \alpha$$

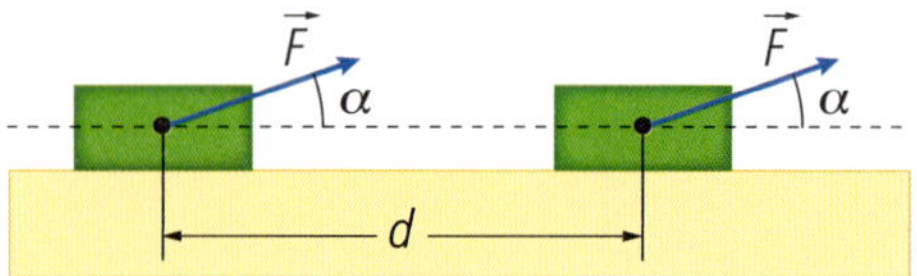

Energía cinética

- Es la que posee un cuerpo en movimiento.

$$E_c = \frac{1}{2} m \cdot v^2$$

- Su relación con el trabajo es $W = \Delta E_c$

Energía potencial

- Es aquella que posee un cuerpo por encontrarse en una determinada posición en un campo gravitatorio.

$$E_p = m \cdot g \cdot h$$

- El trabajo que realiza el peso: $W = -\Delta E_p$

Energía mecánica

$$E_m = E_c + E_p$$

- La energía mecánica de un sistema se conserva cuando sobre él actúan fuerzas, como el peso, cuyo trabajo se puede expresar como $-\Delta E_p$, independientemente del camino seguido.
- Si existen fuerzas como la de rozamiento, la energía mecánica no se conserva.

Potencia

- Mide la rapidez con la que se transfiere la energía si se transfiere en forma de trabajo: $P = \dfrac{W}{t}$
- Las **máquinas** transmiten fuerzas, pero no ahorran energía.

PRACTICAMOS

1 Copia, completa y amplía el siguiente mapa mental. No olvides incluir en él los siguientes términos: trabajo, negativo, nulo, cinética, potencial, transforma, conserva, rapidez.

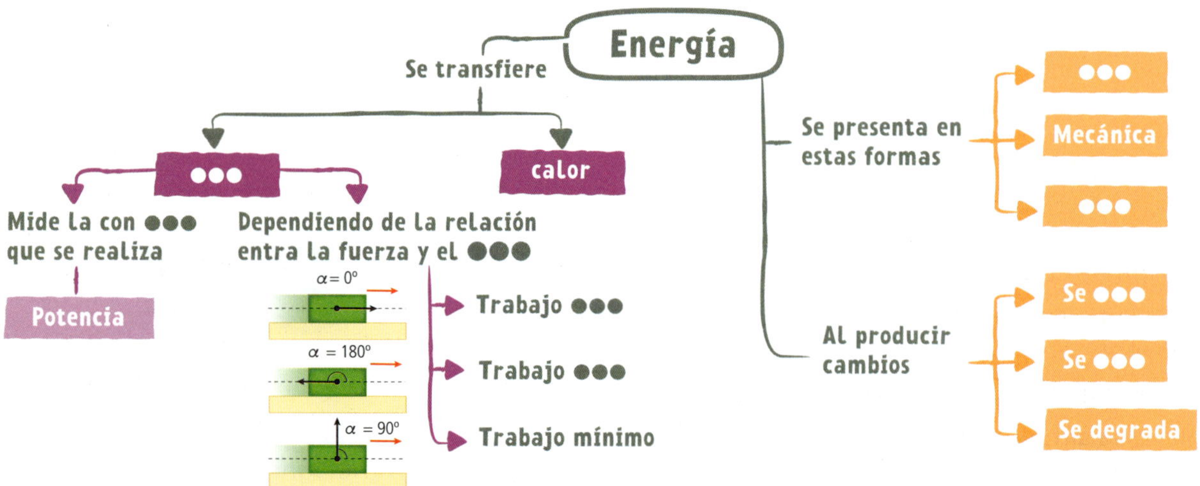

2 **Explica si se realiza trabajo en las siguientes situaciones:**

a. Una persona empujando un armario, sin que este se mueva.

b. Un camarero lleva una bandeja con el brazo recto a través del comedor a velocidad constante.

3 **¿De las fuerzas que se muestran, cuál realizará un trabajo mayor?**

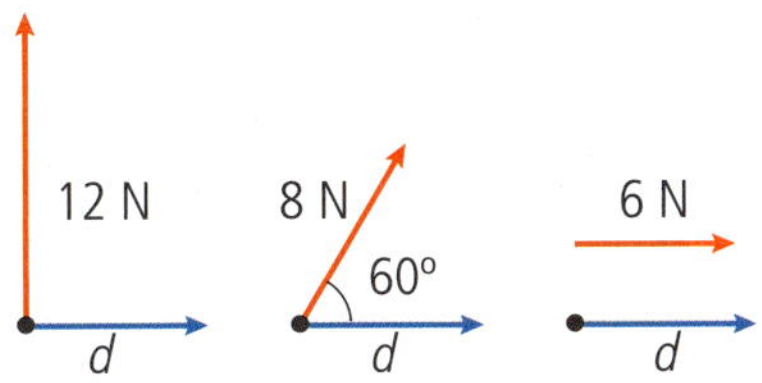

4 **Celia Fernández es una clavadista española. Salta desde una altura desconocida, pero se sabe que al llegar al agua su energía cinética es 1 · 10^4 J. Si la masa de Celia es de 45 kg, ¿con qué velocidad llega al agua? ¿Desde qué altura saltó?**

5 **En la gráfica se representa la energía cinética de un móvil frente a su velocidad.**

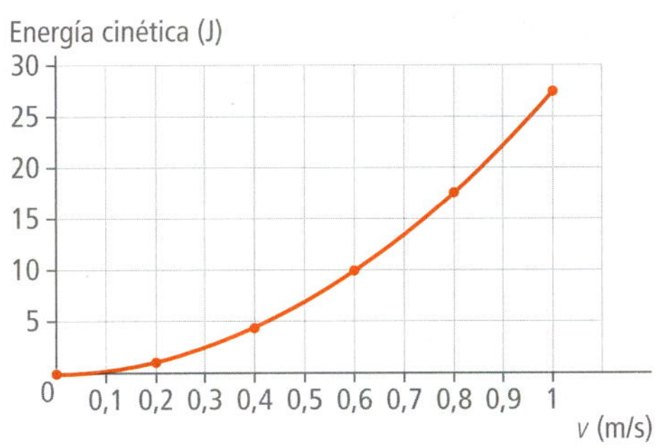

a. Determina la masa del móvil.

b. ¿Cuánto varía la energía cinética si la velocidad del móvil pasa de 0,4 a 0,8 m/s?

c. ¿Qué trabajo ha realizado la fuerza neta que actúa sobre el móvil al pasar de 0,4 a 0,8 m/s?

6 **Un operario empuja una caja de 35 kg por un plano inclinado. Consigue subir la caja con velocidad constante hasta una altura de 2 m.**

a. De las fuerzas que actúan sobre la caja, ¿cuáles realizan trabajo?

b. ¿Qué trabajo se realiza sobre la caja, suponiendo que no hay rozamiento?

7 **Desde una azotea se lanzan tres bolas idénticas con la misma velocidad. ¿Cuál de ellas tendrá mayor energía cinética al llegar al suelo?**

8 **El primer diagrama de energía representa justo el momento en que un jugador de balón volea remata un balón por encima de la red. El segundo representa la energía del balón justo antes de tocar el suelo. El gráfico está incompleto; complétalo.**

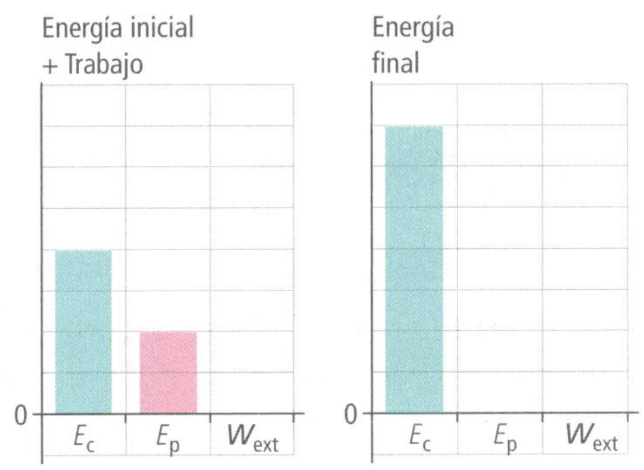

9 **En una escalera mecánica del metro se desea que puedan subir 25 personas por minuto. El desnivel que tiene la escalera es de 14 m. Suponiendo que la masa media de las personas es de 62 kg:**

a. ¿Qué trabajo tiene que realizar el motor de la escalera? ¿Qué potencia mínima debe tener para mover dicha escalera?

b. Si la potencia desarrollada por el motor es 4,5 kW, ¿qué energía utiliza en la subida? ¿Cuál es su rendimiento?

Mis competencias — Autoevaluación

4.2 Energía térmica

¡EMPEZAMOS!

La madera, fuente de calor

Hace siglo y medio la madera servía como fuente de energía para calentarse y cocinar, para alimentar las máquinas de vapor o los hornos siderúrgicos. Actualmente se sigue utilizando en muchas zonas del mundo con estos fines. A ella se sumaron otras fuentes de energía como el carbón, el petróleo, el gas natural, la energía nuclear o las energías renovables. Pese a esta amplia gama de fuentes de energía, se sigue hablando de crisis energética. ¿Qué problemas energéticos conlleva la transformación de estas fuentes primarias de energía?

- El cambio de temperatura que se produce en el contenido del caldero ¿depende de la cantidad de aquello que se pretende calentar? ¿Influye el material del que está hecho el caldero en el proceso de calentamiento?
- A una distancia cercana a la hoguera se siente su calor. ¿Cómo llega este calor hasta nosotros?
- ¿La sensación de frío o calor es una buena medida de la temperatura?
- Al utilizar un atizador metálico para mover la leña, enseguida se nota que está caliente, ¿por qué?

¡VAMOS A APRENDER!

1. Llegar a acuerdos.
2. Entender la relación entre la energía térmica y la temperatura y comprender que el calor es una forma de transferir energía.
3. Indagar qué efectos produce el calor sobre los sistemas materiales.
4. Calcular la temperatura final a partir de la transferencia de calor.
5. Entender la relación entre la transferencia de calor y la realización de trabajo.
6. Aplicar con destreza conocimientos de todas las áreas con el objetivo de solucionar problemas del entorno.

NUESTRO RETO

Jugando a transferir energía en forma de calor

¿Qué sucede cuando te encuentras cerca de una fuente de calor? Realiza experiencias para comprender cómo se transfiere el calor entre dos cuerpos a distinta temperatura.

¡Vamos allá!

1 ¿Cómo se puede interpretar la temperatura?

Termómetros y temperatura

La temperatura solo se puede medir en términos de una propiedad física que dependa de ella y cuya respuesta a esta sea reproducible y conocida. Con esas condiciones se construyen los **termómetros**. Un termómetro solo puede medir la temperatura de un objeto poniéndolo en contacto térmico con él.

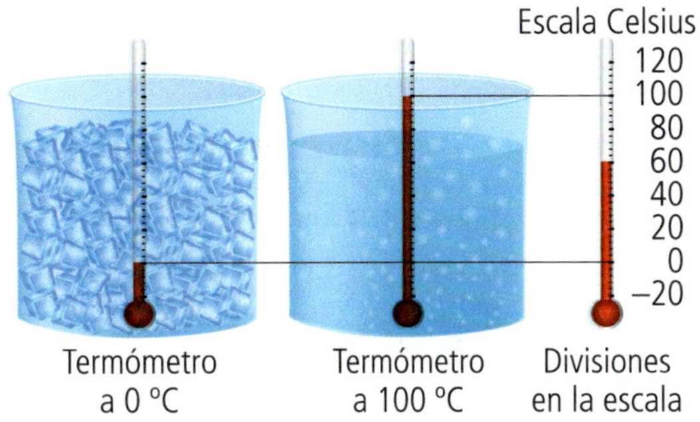

1 **Interpreta lo que ocurre.** **Una escala de temperatura se fundamenta en encontrar dos puntos fiables de calibración y en fijar un número de divisiones entre dichos puntos.**

¿Cuáles son los dos puntos de calibración en la escala Celsius? ¿Por qué se denominó antes también *escala centígrada*? **¿Es correcto denominarla así?**

En el caso de un gas, la **temperatura** es una medida de la energía cinética promedio de sus partículas. Cuando un gas se calienta, las partículas que lo componen se mueven más rápido y esto se refleja en una lectura más alta del termómetro. Si se enfría, las partículas se mueven más lentas y esto supondrá que el termómetro marque una temperatura más baja.

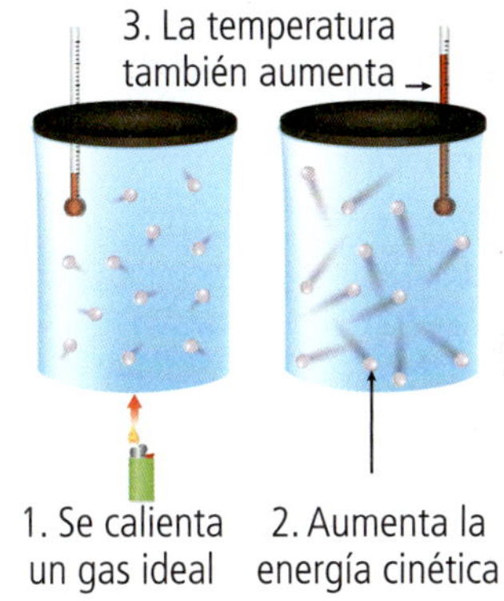

El cero absoluto de temperatura

La elección del cero en la escala Celsius es arbitraria y no tiene un significado especial más allá de dar una referencia sobre el punto de congelación del agua. Los científicos utilizan otra escala de temperaturas, la escala Kelvin.

Al representar en una gráfica presión-temperatura (°C) la variación que sufren diferentes gases cuando, a volumen constante, aumenta la temperatura, se observa que, al extrapolar todas las líneas, estas confluyen en el mismo punto, −273,15 °C.

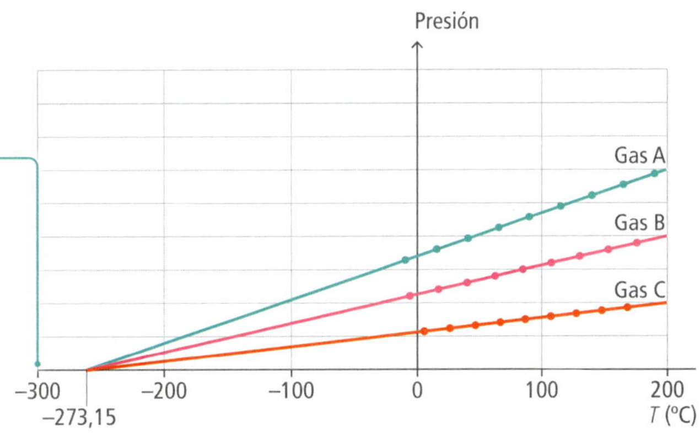

A la temperatura de −273,15 °C se la denomina el **cero absoluto** y supone el punto de inicio de la **escala Kelvin**, que es absoluta y que además usa intervalos del mismo tamaño que el grado Celsius. La relación entre ambas escalas es:

$$T\,(\mathrm{K}) = T\,(^{\circ}\mathrm{C}) + 273{,}15$$

2 **¿Tiene sentido en física la existencia de una presión negativa?**

3 **¿Podría bajar la temperatura de − 273,15 °C? Investiga.**

4 **¿Son ciertas las siguientes afirmaciones sobre la escala Celsius y la escala Kelvin?**

a. Ambas asignan la misma temperatura al punto de congelación y al punto de ebullición del agua.

b. El tamaño del grado en la escala Celsius es menor que en la escala Kelvin.

2 ¿Es lo mismo calor que temperatura?

El equilibrio térmico

La relación entre el movimiento de las partículas de un gas y la temperatura puede extenderse a la materia en general. La materia está formada por átomos, moléculas o iones en movimiento continuo, chocando entre sí y con las paredes del recipiente que los contiene. La traslación es el principal movimiento de las partículas en líquidos y gases y la vibración lo es para los sólidos.

La **energía térmica** es aquella que posee un cuerpo debido al movimiento interno de sus partículas. Esta energía está relacionada con la temperatura, de lo que resulta que, a mayor energía térmica, mayor temperatura.

TALLER

Paso 1 Se coloca sobre un recipiente un matraz de fondo plano con agua a unos 20 °C y que lleve incorporado un termómetro y un capilar.

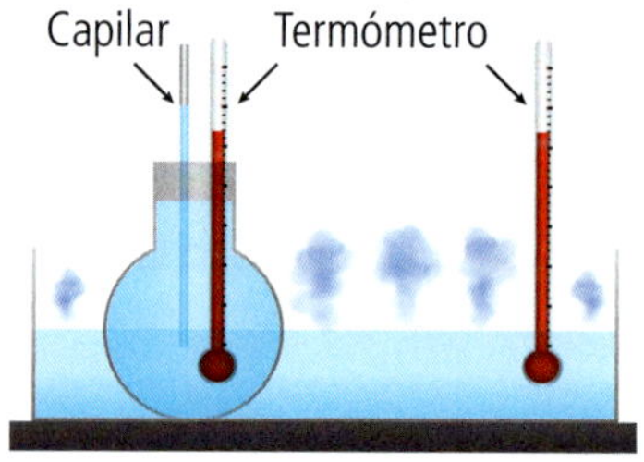

Paso 2 Se calienta agua a una temperatura de unos 80 °C y se llena con ella el recipiente. Un segundo termómetro mide la temperatura en este.

Paso 3 Se observa la evolución con el tiempo de la temperatura del agua del matraz y la del recipiente.

5 **NOS REPARTIMOS EL TRABAJO. ¿La temperatura del agua del matraz aumentará o disminuirá? ¿Y la del agua del recipiente?**

6 **¿Por qué sube agua por el capilar?**

7 **Transcurrido un cierto tiempo, ¿marcarán los termómetros la misma temperatura?**

Se ha transferido energía del agua caliente al agua fría. La transferencia de energía ha sido causada por la diferencia de temperaturas y cesa una vez que las temperaturas se igualan. En ese instante se ha alcanzado el **equilibrio térmico**.

El **calor** es la transferencia espontánea de energía debido a una diferencia de temperaturas.

Su unidad es el julio (J), pero también se usa la caloría: 1 cal = 4,18 J; 1 J = 0,24 cal.

Mecanismos de transferencia de calor

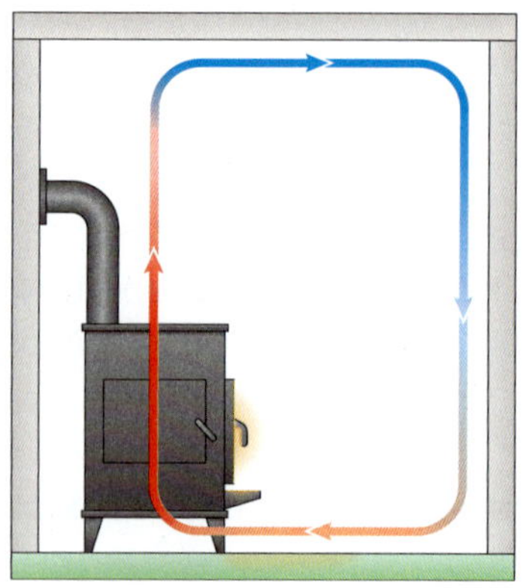

8 **Interpreta cómo ocurre. Al quemar leña en una estufa, se produce una reacción química que libera energía en forma de calor.**

a. Si remueves el fuego con un gancho metálico, ¿qué mecanismo de transferencia de calor se produce? ¿Cómo se transfiere esta energía a nivel molecular?

b. Explica cómo se transporta el calor al techo y a las paredes de la habitación. ¿Existe movimiento de materia?

c. Si te acercas a la estufa, sin tocarla, sientes su calor, al transmitirse la energía por radiación. ¿Esta emisión de energía aumenta o disminuye con la temperatura? ¿Requiere de un medio material para propagarse?

9 **¿Por qué se colocan los radiadores cerca del suelo y el aire acondicionado cerca del techo?**

10 **En los radiadores metálicos, ¿qué fenómeno es más importante a la hora de aumentar la temperatura de una habitación, la radiación, la convección o la conducción?**

3 ¿Qué le ocurre a un sistema cuando intercambia calor?

Consecuencias del intercambio de calor

Cuando un sistema intercambia calor con otro, se puede producir un **cambio de estado** o una **variación de su temperatura**. También, como consecuencia de variar la temperatura, es posible experimentar una **variación de tamaño** (dilatación o contracción).

TALLER

Paso 1 Calienta en un mismo recipiente 100 mL de aceite y 100 mL de agua (a igual temperatura inicial) y mide su temperatura a la vez al cabo de unos minutos.

11 **Se observa que el aceite aumenta su temperatura más rápidamente que el agua. ¿Depende el calor transferido de la sustancia a la que se transfiere?**

12 **Si no hay cambio de estado, ¿de qué depende el calor que hay que aportar a un sistema para variar su temperatura?**

Paso 2 Calienta durante 1 minuto 100mL de agua y prueba a calentar la misma cantidad (a la misma temperatura inicial) durante 3 minutos. La variación de temperatura se triplica.

Paso 3 Calienta durante 3 minutos 300 mL de agua (triple que en el paso anterior). ¿Qué observas?

13 **¿Qué relación existe entre el calor y la masa? ¿Y entre el calor y la variación de temperatura?**

El **calor** que hay que dar a un sistema para aumentar su temperatura depende de la masa, de la variación de temperatura y del tipo de sustancia. No depende de la temperatura inicial:

$$Q = m \cdot c \cdot \Delta T$$

La **capacidad calorífica específica**, c, propia de cada sustancia, es el calor que hay que suministrar a 1 kg de masa para elevar su temperatura 1 K o 1 ºC. Se expresa en (J/(kg K)). La capacidad calorífica específica del agua es 4180 J/(kg K), la del aceite de oliva es 1675 J/(kg K).

14 Actividad resuelta

Un senderista toma café en un vaso de aluminio de 0,120 kg. El café en el termo se encuentra a 80 ºC y la taza a 10 ºC. Tras verter 0,250 kg de café, ¿qué temperatura alcanzarán la taza y el café en equilibrio térmico? Dibuja una gráfica temperatura-tiempo.

Datos: $c_{\text{café}} = c_{\text{agua}}$ = 4180 J/(kg K); c_{Al} = 900 J/(kg K).

Se supone que no hay intercambio de calor con el entorno. Cuando se alcanza la **temperatura de equilibrio**, el calor cedido por el café caliente es igual al recibido por la taza fría:

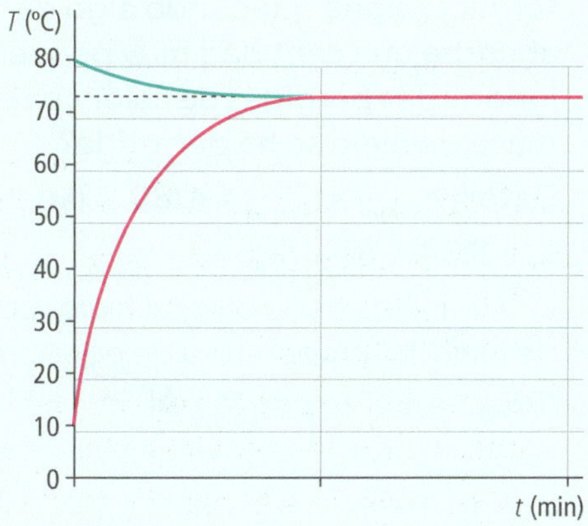

$$Q_{\text{cedido}} = Q_{\text{recibido}} \rightarrow m_{\text{café}} \cdot c_{\text{agua}} \cdot (T_{\text{café}} - T_{\text{eq}}) = m_{\text{Al}} \cdot c_{\text{Al}} \cdot (T_{\text{eq}} - T_{\text{Al}})$$

$$(0{,}250\ \text{kg}) \cdot (4180\ \text{J/(kg K)}) \cdot (80\ ºC - T_{\text{eq}}) = (0{,}120\ \text{kg}) \cdot (900\ \text{J/(kg K)}) \cdot (T_{\text{eq}} - 10\ ºC) \rightarrow T_{\text{eq}} = 73\ ºC$$

15 **Una persona de 60 kg de masa ha observado que su temperatura ha pasado de 36,5 ºC a 38,5 ºC. ¿Qué energía suministran las reacciones químicas del metabolismo para elevar la temperatura del cuerpo? ¿Cambiaría el resultado si la temperatura se da en kelvin? Dato: $c_{\text{mamífero}}$ = 3400 J/(kg K).**

4 ¿Por qué no varía la temperatura en los cambios de estado?

Cambio de estado

Cuando se pone agua a hervir en la cocina, y una vez que esta hierve, hay personas que aumentan la intensidad de la llama más de lo necesario con la intención de mantener la ebullición.

16 **¿Tiene sentido aumentar la potencia de la cocina cuando el agua ya hierve desde un punto de vista energético? ¿Aumenta la temperatura del agua mientras hierve?**

17 **Observa la estructura del hielo, el agua líquida y el vapor de agua y responde:**

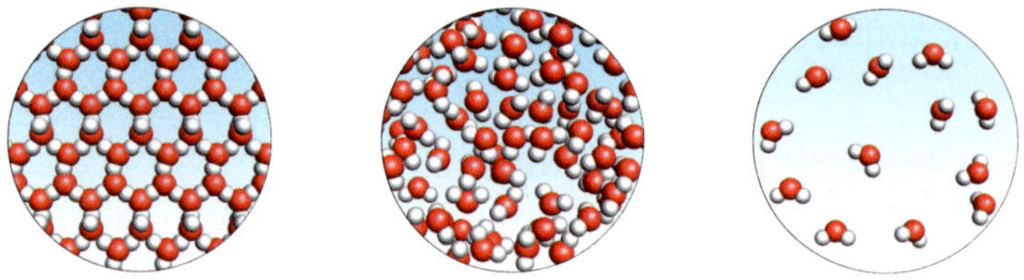

a. En un sólido las partículas no están completamente quietas, sino que realizan un movimiento de vibración. ¿Qué le ocurre al hielo si se aporta energía? ¿Se invierte la energía en modificar la estructura interna del hielo o en aumentar la energía cinética de las partículas?

b. Explica qué le ocurre al agua líquida cuando se le aporta energía y su temperatura a presión atmosférica llega a 100 °C.

Cuando el **intercambio de calor** en una sustancia pura está produciendo un **cambio de estado**, su temperatura **no varía**. Antes de llegar al cambio de estado, al calentar una sustancia, se aporta energía y esta se transfiere a las partículas que forman la materia.

La cantidad de energía absorbida o cedida por unidad de masa que se transfiere cuando una sustancia sufre un cambio de estado se denomina **calor latente**, ***L***. Su unidad es (J/kg).

$$Q = m \cdot L$$

El calor latente de fusión del agua es $3{,}34 \cdot 10^5$ J/kg, el de vaporización es $2{,}26 \cdot 10^6$ J/kg.

18 ### Actividad resuelta

En un vaso térmico con hielo se vierten 0,35 kg de naranjada a 25 °C. Tras alcanzar el equilibrio térmico, sigue quedando algo de hielo. Si el vaso absorbe una cantidad muy pequeña de calor y se ignoran las pérdidas de calor con el entorno, ¿qué masa de hielo se ha derretido?

Datos: $c_{\text{naranj.}} = c_{\text{agua}} = 4180$ J/(kg °C);

$L_f = 3{,}34 \cdot 10^5$ J/kg.

La naranjada cede calor al hielo. Como queda algo de hielo, la temperatura de equilibro será 0 °C:

$m_{\text{hielo}} \cdot L_f = m_{\text{naranj}} \cdot c \cdot \Delta T \rightarrow$

$$m_{\text{hielo}} = \frac{m_{\text{nar.}} \cdot c \cdot \Delta T}{L_f} =$$

$$= \frac{(0{,}35\ \text{kg}) \cdot \left(4180\ \text{J/(kg °C)}\right) \cdot (27 - 0)\ °\text{C}}{3{,}34 \cdot 10^5\ \text{J/kg}} = 0{,}12\ \text{kg}$$

19 **¿Cuántos julios cede un gramo de vapor de agua que se condensa a 100 °C?**

20 La palabra *latente* en latín quiere decir 'escondido':

a. ¿Por qué se le denomina calor latente?

b. En el cambio de estado sólido a líquido, aparece el calor latente de fusión. ¿Cómo se denomina al calor cuando pasa de líquido a vapor? Para una cierta sustancia, ¿cuál crees que tendrá un mayor valor?

c. ¿En los procesos inversos se absorbe o se cede energía? ¿Se hace en la misma cantidad?

21 **Para descongelar 0,50 kg de guisantes a 0 °C, ¿qué transferencia de calor se requiere? Se supone que su calor latente coincide con el del agua.**

22 **¿En cuál de los siguientes casos se requiere una mayor cantidad de calor? Considerad en todas las situaciones el mismo material.**

a. Aumentar 7 °C a 2 kg de material.

b. Aumentar 4 °C a 3,5 kg de material.

c. Aumentar 5,6 °C a 2,5 kg de material.

d. La cantidad de calor es la misma en cada una de las situaciones anteriores.

5 ¿Cómo se representan los cambios de estado de una sustancia?

La curva de calentamiento

Una curva de calentamiento de una sustancia muestra cómo cambia la temperatura de una cantidad dada de esa sustancia conforme se va aportando energía en forma de calor.

23 Actividad resuelta

Representa la curva de calentamiento de 0,10 kg de hielo a –10 °C hasta que llega a 100 °C y no queda ninguna molécula en estado líquido. Puedes verlo en www.e-sm.net/Calentamiento.

a. **Realiza un diagrama de barras en el que se muestre el calor suministrado en cada tramo de la curva. Datos:**
c_{hielo} = 2090 J/(kg °C); c_{agua} = 4180 J/(kg °C); L_{fus} = 3,34 · 10^5 J/kg; L_{vap} = 2,26 · 10^6 J/kg

b. **¿Tiene la misma pendiente la recta del estado sólido que la del líquido? ¿De qué depende?**

a. En los tramos a y c, al calentar, la temperatura aumenta, $Q = m \cdot c \cdot \Delta T$. En los tramos b y c, se produce un cambio de estado, $Q = m \cdot L$.

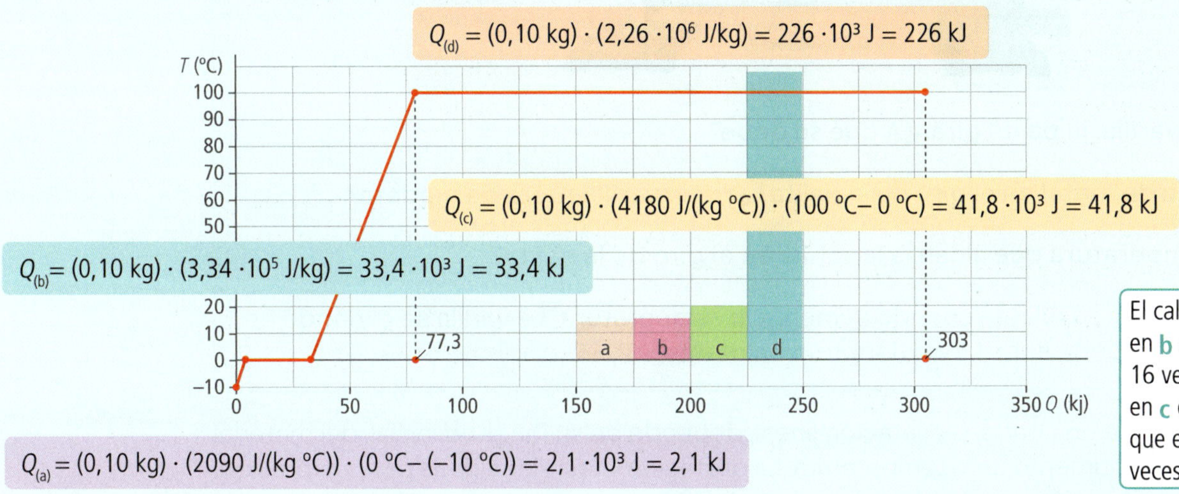

El calor puesto en juego en b es aproximadamente 16 veces mayor que en a; en c es 20 veces mayor que en a y en d es 108 veces mayor que en a.

b. No tienen la misma pendiente, depende del valor de la capacidad calorífica específica.

$$\Delta T = \frac{Q}{m \cdot c}$$

A menor pendiente, mayor es la capacidad calorífica específica y más energía se necesita para lograr un mismo incremento de temperatura.

24 **Comprueba que la temperatura a la que hierve el agua depende de la presión. Para ello calienta unos 2 mL de agua en una jeringa a unos 50 °C, tapa la jeringa con el dedo y tira fuerte del émbolo hacia atrás. ¿Al tirar del émbolo, aumenta o disminuye la presión? ¿Por qué se forman burbujas dentro del agua?**

25 **Una cafetera envía 10 g de vapor a 100 °C sobre 250 g de leche a 20 °C. La leche se calienta gracias a la condensación del vapor. Datos: c_{leche} = 3888 J/(kg °C); L_v = 2,26 · 10^6 J/kg.**

a. ¿Qué cantidad de calor aporta el vapor al condensarse? ¿A qué temperatura queda la leche?

b. ¿Qué calor ha cedido el vapor? Representa la gráfica *T*–*Q* del proceso hasta alcanzar el equilibrio.

26 **Sabiendo que el punto de fusión del etano es –114 °C y el de ebullición, 351 K:**

a. Dibuja la gráfica de calentamiento y la de enfriamiento.

b. Explica en ambos casos qué ocurre en cada tramo.

6 ¿Cómo se explica la dilatación?

¿Otra consecuencia del intercambio de calor?

TALLER

Paso 1 Sujeta una varilla metálica de unos 50 cm por uno de sus extremos. El otro extremo apóyalo sobre una madera lisa.

Paso 2 Entre la madera y la varilla coloca una aguja metálica clavada a una pajita de cartón.

Paso 3 Calienta la varilla con la ayuda de un mechero Bunsen.

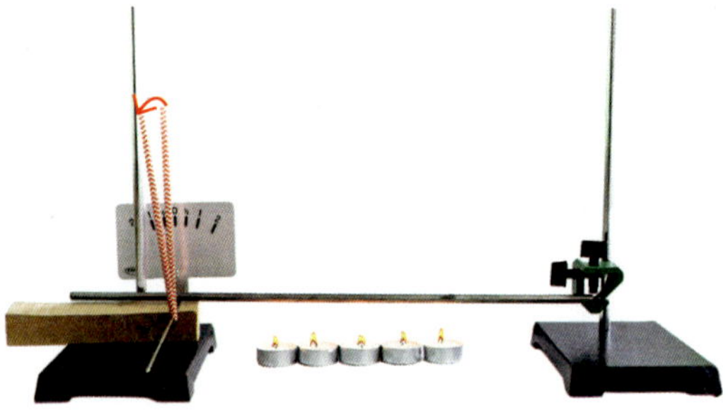

27 **Al calentar la varilla, la pajita gira. ¿A qué se debe?**

28 **¿Influye el tipo de metal en el giro de la pajita? ¿Y si la varilla fuera de madera?**

29 **¿Influye la temperatura que alcanza la varilla en el giro de la pajita?**

Casi todos los cuerpos se dilatan cuando aumenta la temperatura. La varilla se expande en las tres dimensiones, pero, sobre todo, longitudinalmente.

El aumento de longitud de una barra, o **dilatación lineal**, depende de su longitud inicial, del material con que está hecha y del aumento de la temperatura. La dilatación lineal viene dada por la expresión:

$$\Delta L = \alpha \cdot L_o \cdot \Delta T$$

El **coeficiente de dilatación lineal**, α, es distinto para cada material. Su unidad es (°C^{-1} o K^{-1}).

30 **Actividad resuelta**

Si una varilla de cobre de 0,50 m de longitud aumenta su temperatura 100 K, ¿cuál es la longitud final de la varilla? Dato: $\alpha_{cobre} = 1{,}68 \cdot 10^{-5}$ K^{-1}.

$\Delta L = \alpha \cdot L_o \cdot \Delta T = (1{,}68 \cdot 10^{-5}\ K^{-1}) \cdot (0{,}50\ m) \cdot (100\ K) = 8{,}4 \cdot 10^{-4}\ m \approx 1\ mm$.

Este alargamiento es suficiente para que el alfiler ruede y se observe el movimiento de la pajita.

31 **La gráfica representa el volumen (mL) que ocupa 1 kg de agua frente a la temperatura.**

a. Generalmente, cuando un líquido recibe calor, su volumen aumenta. ¿Este fenómeno ocurre también con el agua?

b. ¿Para qué temperatura la densidad del agua es máxima?

c. A esa temperatura, el agua es más densa que el hielo. ¿Qué importancia tiene este hecho en invierno en los ecosistemas marinos?

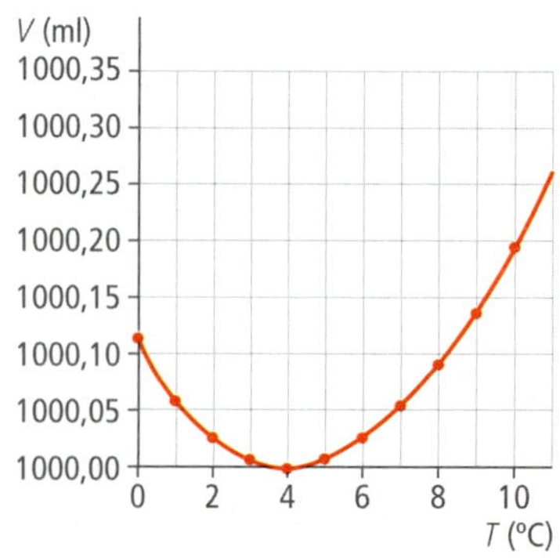

32 **Se cuelga una masa de un alambre de cobre sujeto entre dos paredes. Si se mueve la llama de un mechero a lo largo del alambre, ¿la masa se acercará o se alejará del suelo? ¿Por qué?**

7 ¿Se puede transformar el trabajo en calor y viceversa?

Cómo convertir trabajo en calor: el experimento de Joule

A mediados del siglo XIX, James P. Joule realizó este experimento para demostrar que se puede elevar la temperatura del agua transfiriendo energía mecánica.

1. Dos masas se unen con cuerda a una rueda de palas. Caen a velocidad constante una distancia h, perdiendo energía potencial.

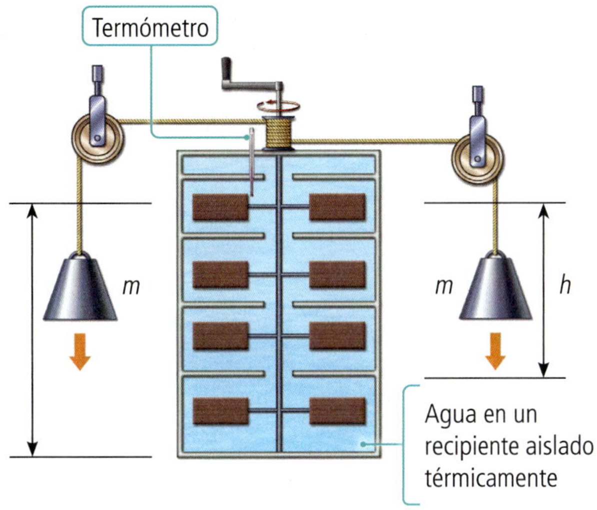

2. La energía potencial de las masas se trasforma en energía cinética, dotando de movimiento a las palas.
3. Debido al giro de las palas y por la fricción, se agita el agua y aumenta con ello su temperatura.

33 Actividad resuelta

En una simulación del experimento de Joule se dejan caer, desde 1,0 m de altura, 2 masas de 26 kg cada una. El calorímetro contiene 102 g de agua y se observa que la temperatura del agua aumenta 1,2 °C. Si la c_{agua} = 1 cal/(g °C), determina la relación entre la unidad de trabajo y la caloría.

El trabajo realizado por las pesas en su caída es:

$$W = 2\,m \cdot g \cdot h = 2 \cdot (26\text{ kg}) \cdot (9{,}8\text{ m/s}^2) \cdot (1{,}0\text{ m}) = 5{,}1 \cdot 10^2\text{ J}$$

La cantidad de calor: $Q = m \cdot c \cdot \Delta T = (102\text{ g}) \cdot (1\text{ cal/(g °C)}) \cdot (1{,}2\text{ °C}) = 122\text{ cal}$

Al dividir el trabajo entre el calor: $\dfrac{W}{Q} = \dfrac{5{,}1 \cdot 10^2\text{ J}}{122\text{ cal}} = 4{,}18\dfrac{\text{J}}{\text{cal}} \rightarrow 1\text{ cal} = 4{,}18\text{ J}$

A la relación 1 cal = 4,18 J se la denomina **equivalente mecánico del calor**.

Según la experiencia de Joule, la temperatura aumenta independientemente de si la energía se agrega en forma de calor o en forma de trabajo.

El **calor** y el **trabajo** son dos formas diferentes de **transferir energía** hacia o desde un sistema.

Cómo convertir el calor en trabajo: máquinas térmicas

34 Interpreta cómo ocurre. En este dispositivo similar al de Joule, ¿giran las palas y asciende la masa?

A. Sí, el calor suministrado se transforma en trabajo y la masa sube.

B. No, pues la energía aumenta en el calorímetro, pero esta no está disponible para realizar trabajo. Para que se pueda realizar trabajo es necesario que existan dos focos a diferentes temperaturas.

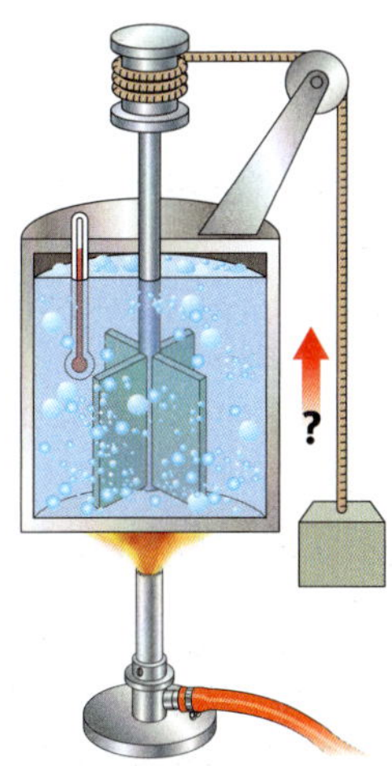

El trabajo mecánico no aparece espontáneamente. Para ello se utilizan máquinas térmicas, que transforman cíclicamente calor en trabajo (**motores térmicos**) o envían energía térmica de un sistema más frío a otro más caliente, aportando trabajo (**frigoríficos**). Es decir, para que una máquina térmica realice trabajo, es preciso que existan dos focos a distinta temperatura.

Rendimiento de una máquina térmica

En las máquinas térmicas no es posible obtener rendimientos del 100 %, ya que parte de la energía se disipa.

El **rendimiento** de un motor térmico es:

$$\mu = \frac{E_{útil}}{E_{aportada}} \cdot 100 = \frac{W}{Q_1} \cdot 100 = \frac{Q_1 - Q_2}{Q_1} \cdot 100$$

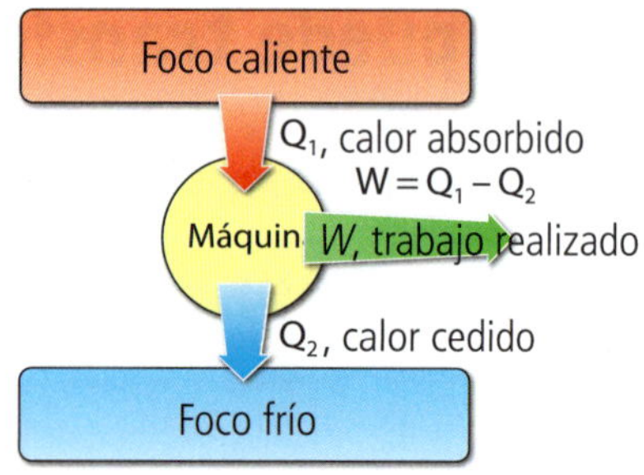

35 **Interpreta cómo ocurre.** ¿Son posibles las máquinas térmicas de la figura? ¿Hay alguna máquina frigorífica?

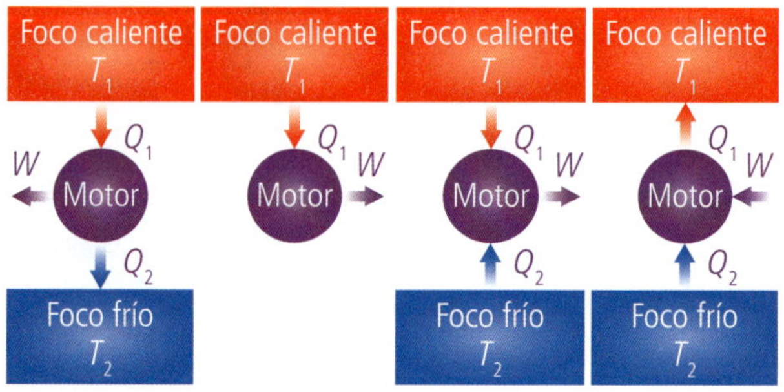

36 En una central de carbón, se usa el calor producido en la combustión para mover las turbinas y generar energía eléctrica. En un día la combustión aporta $2{,}40 \cdot 10^{14}$ J y se transfieren al medio ambiente $1{,}50 \cdot 10^{14}$ J. ¿Qué trabajo han realizado las turbinas? ¿Cuál es la eficiencia de la central?

La turbina de vapor y los motores de combustión interna

- La turbina es un **motor de combustión externa** (la combustión se produce fuera del motor). En ella se calienta un fluido que, al expansionarse y enfriarse, produce trabajo útil. En la mayoría de las centrales eléctricas se utilizan turbinas de vapor para generar electricidad.

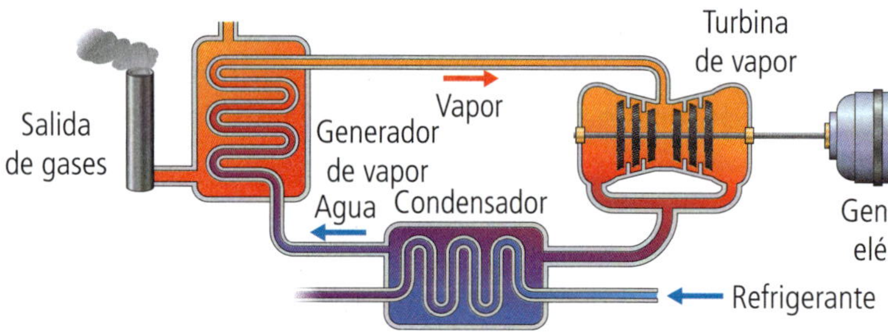

Enuncia una cosa que hayas aprendido hoy y para qué la puedes utilizar en el día a día.

- En los motores de combustión interna, la combustión se realiza en su interior y son los propios gases de la combustión los que realizan el trabajo.

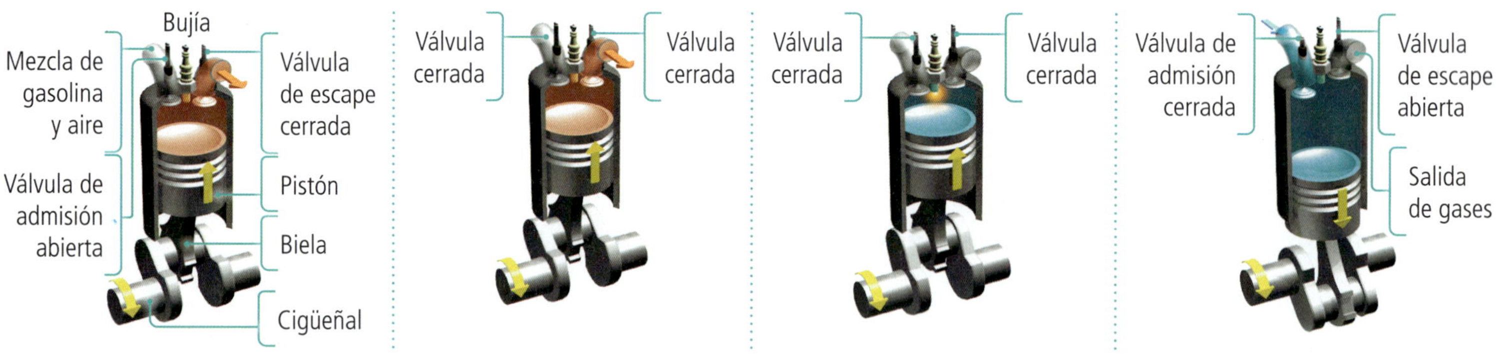

1.er tiempo: admisión. Se mezclan la gasolina y el aire.

2.º tiempo: compresión. La mezcla de gasolina y aire se comprime.

3.er tiempo: explosión. La explosión empuja el pistón hacia abajo.

4.º tiempo: escape. El pistón sube y expulsa los gases quemados.

El trabajo del motor se produce solamente durante la explosión. Para empezar a funcionar, el vehículo necesita un motor eléctrico.

En esta animación puedes ver el funcionamiento de un motor de cuatro tiempos: www.e-sm.net/Motor.

37 **Los objetivos del desarrollo sostenible 7 ("Energía asequible y no contaminante") y 13 ("Acción por el clima") tienen relación con lo que estás estudiando. ¿Por qué?**

NUESTRO RETO Jugando a transferir energía en forma de calor

Mecanismos para transferir calor

Existen tres mecanismos de transferir calor de un cuerpo más caliente a otro más frío: conducción, convección y radiación.

La carrera de la energía térmica

Paso 1

TRABAJAMOS POR TURNOS. Coloca dos varillas, una de cobre y otra de acero, sujetas con unas pinzas o un soporte. Con un rotulador marca en cada varilla un punto cada 2 o 3 centímetros.

Paso 2

Deja libre la primera marca. Sobre las siguientes deja caer una gota de cera de una vela.

Paso 3

Coloca la llama de una vela (deben ser iguales) bajo la primera marca de cada varilla.

1 Transcurrido un tiempo, se comienza a derretir la cera. ¿Por qué se derrite? ¿Se derrite al mismo ritmo en la varilla de acero que en la de cobre?

La tira "bimetálica"

Paso 1

Recorta dos tiras de papel de aluminio de 4 cm × 1 cm. Prepara también un tira de papel fino del mismo tamaño que las de aluminio y pégala sobre una de ellas.

Paso 2

Coge la tira de aluminio con una pinza y acércala a 3 cm de la llama de una vela. Repite el proceso con la tira de doble capa, con el aluminio hacia la llama.

2 ¿Por qué se dobla la tira de aluminio y papel?

3 Una aplicación práctica de lo anterior es la lámina bimetálica. ¿En qué consiste? ¿Qué utilidad tiene?

"Casi se apaga"

Paso 1

Coloca el cabo de una vela sobre una superficie lisa. Recorta un trozo de cartón en forma de T.

Paso 2

Enciende la vela y coloca el quinqué o un tubo abierto por los dos extremos sobre la vela.

Paso 3

Transcurrido un tiempo, la llama baja de intensidad. En ese momento coloca el cartón en la boca del tubo.

4 ¿Por qué pierde intensidad la llama?

5 **Aprendo a pensar.** Al colocar el cartón, la llama revive. ¿Por qué?

¿Cómo te ha ido el reto? Entra y haz tu valoración

EN RESUMEN

Energía térmica y temperatura

- Es la que posee un cuerpo debido al movimiento interno de sus partículas.
- A mayor energía térmica, mayor temperatura.
- **Equilibrio térmico** es el estado en el que se igualan las temperaturas de dos cuerpos que inicialmente se encontraban a diferente temperatura.

Calor

- Es la transferencia espontánea de energía debido a una diferencia de temperaturas.
- Se **transfiere** por conducción, convección y radiación.
- El calor que hay que suministrar a un sistema para aumentar su temperatura es:

$$Q = m \cdot c \cdot \Delta T$$

Donde c (J/kg °C) es la capacidad calorífica específica, característica de cada sustancia.

Cambio de estado

- En un cambio de estado, la temperatura no varía.
- El calor puesto en juego en un cambio de estado se obtiene: $Q = m \cdot L$. Donde L (J/kg) es el calor latente.

Dilatación

- Cuando aumenta la temperatura de un sistema, generalmente, este se dilata. Al disminuir la temperatura, se comprime.
- La dilatación lineal viene dada por la expresión:

$$\Delta L = \alpha \cdot L_0 \cdot \Delta T$$

Donde α es el coeficiente de dilatación lineal, que es distinto para cada material. Su unidad es (°C^{-1} o K^{-1}).

Máquinas térmicas

A la relación 1 cal = 4,18 J se la denomina **equivalente mecánico del calor**.

Las **máquinas térmicas** son dispositivos que transforman cíclicamente calor en trabajo (**motores térmicos**) o envían energía térmica de un sistema más frío a otro más caliente, aportando trabajo (**frigoríficos**).

PRACTICAMOS

1. Copia, completa y amplía el siguiente mapa mental. No olvides incluir en él los siguientes términos: transforma, temperatura, Celsius, térmico, estado, térmicas, calor.

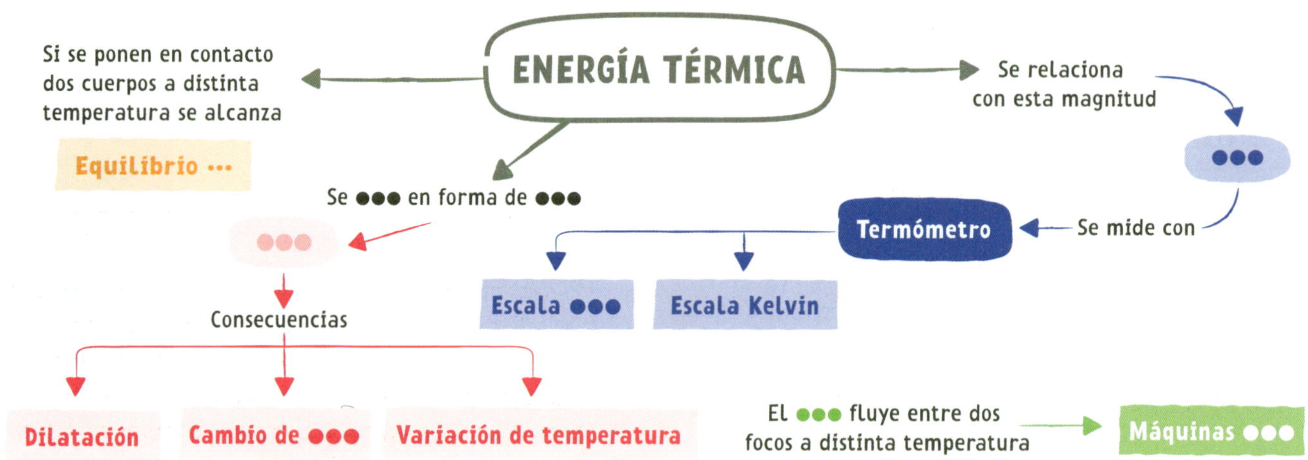

2 Responde razonadamente:

a. Los dermatólogos eliminan pequeñas manchas precancerosas congelándolas con nitrógeno líquido a una temperatura de 77 K. ¿Cuál es la temperatura en Celsius?

b. Si la escala Celsius se hubiese hecho con solo 50 divisiones ¿a qué temperatura herviría el agua?

c. Si colocas en tu mano un cubito de hielo, esta se siente fría. ¿Hacia dónde fluye el calor?

d. ¿Si un objeto se siente más frío que otro, implica que está a menor temperatura?

3 **Calcula la cantidad de energía que se tendrá que comunicar a 200 g de cobre para elevar su temperatura 15 K. Dato: c_{Cu} = 387 J/K; c_{Al} = 900 J/K.**

a. Si el calor calculado en el apartado anterior lo pierde un trozo de aluminio de 200 g, ¿cuánto descenderá la temperatura?

4 **La curva de calentamiento de *m* gramos de una sustancia desconocida es la de la figura.**

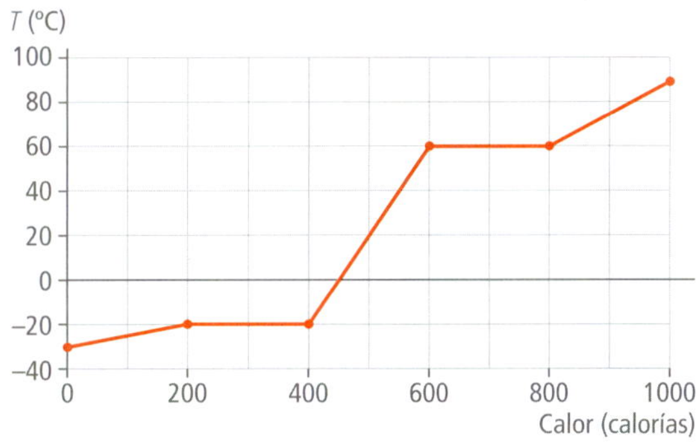

a. ¿Qué energía (en julios) debe comunicarse a los *m* gramos del líquido para aumentar su temperatura de –20 ºC hasta evaporarse completamente?

b. Si la masa es 12 g, ¿cuál será el calor latente de fusión (J/kg) de dicha sustancia?

5 **Una cacerola de aluminio de 0,50 kg de masa se usa para calentar 250 g de agua de 20 a 80 ºC.**

a. Cuando se va calentando, ¿es diferente la temperatura de la cacerola que la del agua?

b. ¿Qué calor se requiere en el proceso?

c. ¿Qué porcentaje de la energía se necesita para elevar la temperatura de la cacerola? ¿Cambiaría este porcentaje si variara la masa de la cacerola? Dato: c_{Al} = 900 J/K.

6 **Se introducen en el calorímetro 10 g de agua a 20 ºC y 5,0 g de un metal a 80 ºC. Sabiendo que a 25,8 ºC se alcanza el equilibrio térmico, determina la capacidad calorífica específica del metal y realiza una gráfica temperatura-tiempo. Nota: Se puede construir un calorímetro con dos vasos de poliestireno.**

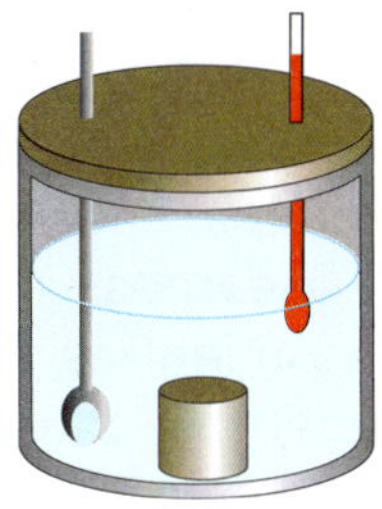

7 **En un experimento análogo al realizado por Joule, se deja caer una sola pesa de 12 kg desde una altura de 42 m para mover las palas del calorímetro, que contiene 1,0 kg de agua. ¿Cuánto aumentará la temperatura del agua?**

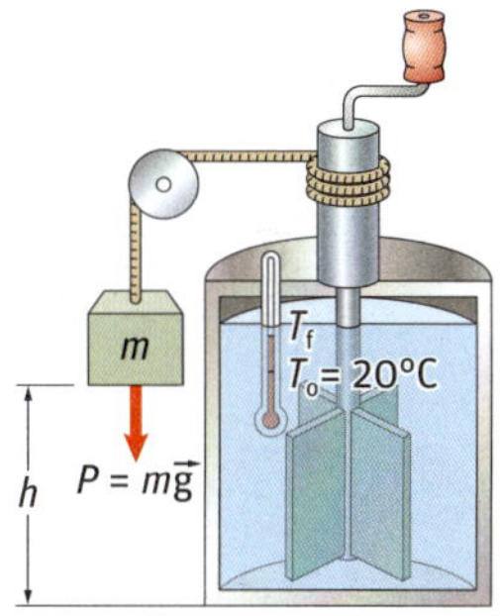

8 **Explica qué mecanismo de transferencia de calor es el más importante en estos casos:**

a. Calentar la comida en el microondas.

b. Calentar la sartén en una cocina de inducción.

c. Mientras funciona el aire acondicionado.

9 **Dada la variación de la longitud de dos barras metálicas A y B con la temperatura, determina para cada gráfica la relación que hay entre los coeficientes de dilatación.**

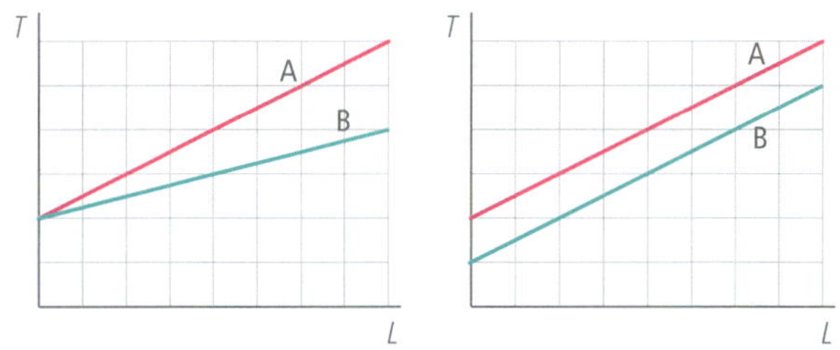

10 **El motor de un automóvil tiene una eficiencia del 20 % y produce en promedio 24 kJ por segundo de trabajo mecánico durante su funcionamiento. Determina el calor que entra en el pistón y la cantidad de calor que se envía por segundo al ambiente.**

Mis competencias | Autoevaluación

4.3 Luz y sonido

¡EMPEZAMOS!

¿Sabemos algo sobre las ondas?

Piensa en un día cualquiera. Al sonar la alarma nos despertamos debido a las ondas sonoras, encendemos la luz (ondas luminosas) para salir de la cama y asearnos, vamos a la cocina y calentamos la leche en el microondas, mientras con el mando a distancia (radiación infrarroja) encendemos la televisión o escuchamos música (ondas de radio). Y todo esto ¡sin salir de casa!

El ser humano se relaciona con el medio exterior empleando los cinco sentidos. A través de la interacción de las ondas luminosas con el ojo y de las ondas sonoras con el oído recoge información de cuanto le rodea. El cerebro es el órgano que transforma estas ondas en imágenes y sonidos reconocibles (lenguaje, música...).

- ¿Existe alguna diferencia entre las ondas luminosas y las ondas sonoras?
- ¿Son todos los sonidos audibles?

¡VAMOS A APRENDER!

1. Cumplir con las tareas que se les ha asignado.
2. Comprender el concepto de onda y conocer los diferentes tipos de ondas.
3. Reconocer las características del sonido y sus aplicaciones.
4. Conocer las características de la luz como onda electromagnética.
5. Distinguir las radiaciones electromagnéticas y sus aplicaciones beneficiosas para el ser humano.
6. Reconocer la vulnerabilidad constitutiva propia y la de todo ser vivo.

NUESTRO RETO

¿Cuánto ruido hacemos?

Toma medidas y analiza el nivel de contaminación acústica de tu centro.

¡Vamos allá!

1 ¿Qué es una onda? ¿Qué tipos hay?

Características de las ondas

TALLER

Paso 1 Sujeta un muelle por ambos extremos y estíralo.

Paso 2 Genera un pequeño impulso moviendo, una vez, una de las manos en la dirección del muelle.

Paso 3 Observa qué sucede al transmitirse el impulso.

1. ¿Cuál es el origen del movimiento del muelle?

2. ¿Cómo se desplaza el impulso generado en el muelle?

Una **onda** es la propagación de una perturbación (vibración) a partir de un punto de origen llamado foco. Sus características son:

Período (*T*): es el tiempo que tarda una partícula en hacer una oscilación completa.

Amplitud (*A*): es la máxima distancia que separa la partícula desde su posición de equilibrio.

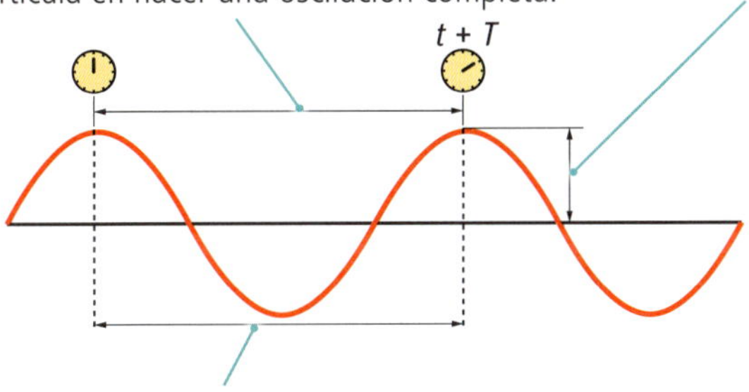

Frecuencia (*f*): es el número de oscilaciones que da la partícula en un segundo. Se mide en hercios (Hz). Si sube y baja dos veces por segundo, su frecuencia será 2Hz.

Longitud de onda (λ): es la distancia entre dos puntos que vibran en fase.

Velocidad de propagación (*v*): es el cociente entre la longitud de onda y el período. $v = \lambda / T$

La frecuencia se relaciona con el período:

$$f = \frac{1}{T}$$

Tipos de ondas

Criterio de clasificación	Tipo de onda	Ejemplo
Naturaleza	Ondas **mecánicas**: necesitan de un medio material para propagarse.	• Sonido • Ondas en cuerdas
	Ondas **electromagnéticas**: además de en cualquier medio, también se pueden propagar en el vacío.	• La luz • Rayos X
Relación entre dirección de propagación y vibración	Ondas **longitudinales**. Se originan por compresiones y dilataciones del medio, coincidiendo la dirección de propagación y la de vibración.	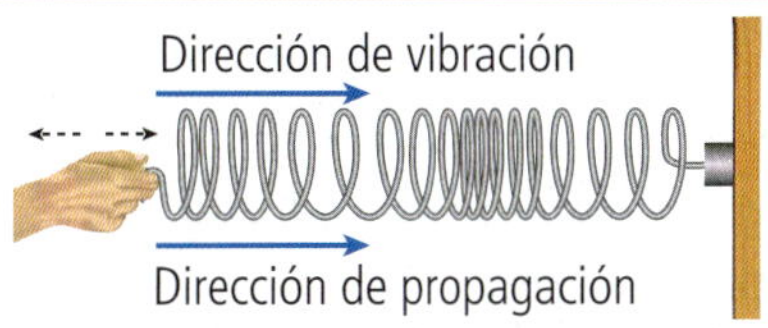
	Ondas **transversales**. La dirección de propagación es perpendicular a la de vibración.	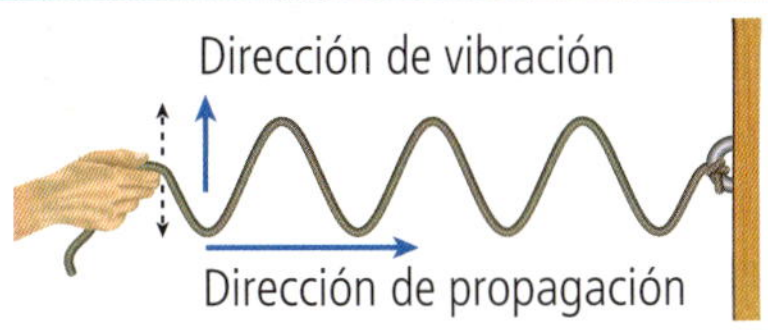

2 ¿Cómo se propaga la energía en las ondas?

Transporte de energía en las ondas

Para producir movimiento en un cuerpo es necesario aportar energía. Cuando se estira un muelle, es la energía cinética de la mano la que genera la vibración de las partículas del muelle. Esta vibración se transmite a las partículas vecinas dando lugar a un movimiento ondulatorio.

3 **Interpreta lo que ocurre.** **Se ata un lazo en una parte cualquiera de un muelle y genera de nuevo la onda.**

a. ¿Se mueve el lazo al avanzar la onda?

b. ¿Qué crees que significa? Argumenta tu respuesta.

Todos los tipos de ondas tienen en común que son perturbaciones en las que se transmite energía en el espacio, ya sean las partículas que se mueven en el muelle, las ondas sonoras o las ondas electromagnéticas de la luz.

Si es necesario un medio material para que se propague la onda, se definen como **ondas mecánicas**, mientras que si pueden hacerlo en el vacío son **ondas electromagnéticas**.

El **movimiento ondulatorio** es la propagación de un movimiento vibratorio en el que existe transporte de energía pero no de materia.

En el caso particular del sonido, la energía se transmite en las vibraciones por la compresión y dilatación de las partículas del medio, desde donde se emite el sonido hasta llegar a nuestros oídos.

Las ondas de luz transmiten su energía por medio de vibraciones magnéticas y eléctricas. La luz viaja en línea recta. A las líneas rectas imaginarias en las que se propaga la luz se las llama rayo.

Puedes practicar de forma interactiva cómo se transmiten las ondas en las dos webs siguientes: https://www.e-sm.net/Ondas y en https://www.e-sm.net/Cuerda.

4 Actividad resuelta

El péndulo de Newton permite explicar la transferencia de energía sin transporte de materia. ¿Podrías exponer brevemente su funcionamiento?

Al dejar caer una bola desde cierta altura, su energía potencial se transfiere en forma de energía cinética, a través del choque a la siguiente bola. Las partículas que forman la bola sufren compresiones y dilataciones, y la energía va pasando de una bola a la contigua hasta llegar a la última que asciende. Después, el proceso se repite.

5 **En la onda de la figura determina los valores de su amplitud, período y frecuencia. ¿Se podría saber si se trata de una onda electromagnética o mecánica? ¿Por qué? Justifica tu respuesta.**

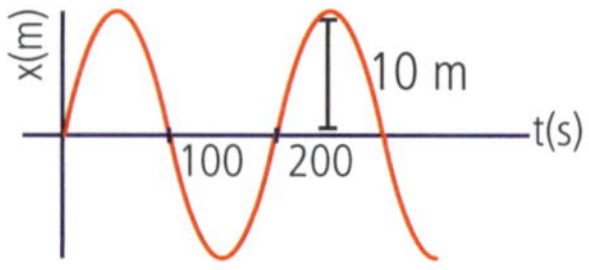

6 **TRABAJAMOS POR TURNOS.** **Dispones de tu móvil y de una campana donde se puede hacer vacío. Conecta la linterna y la alarma de un reloj despertador y diseña un experimento que permita comprobar que la luz es una onda electromagnética y el sonido, una onda mecánica.**

3 ¿Qué tipo de onda es el sonido?

El sonido

TALLER

Paso 1 Coloca dos diapasones próximos entre sí. Golpea uno de ellos.

7 **¿Qué tipo de sonido emite el diapasón?**

Paso 2 Acércate al diapasón del otro extremo e intenta escuchar si hay algún sonido.

8 **¿Emite algún sonido el diapasón del otro extremo? ¿Por qué crees que ocurre?**

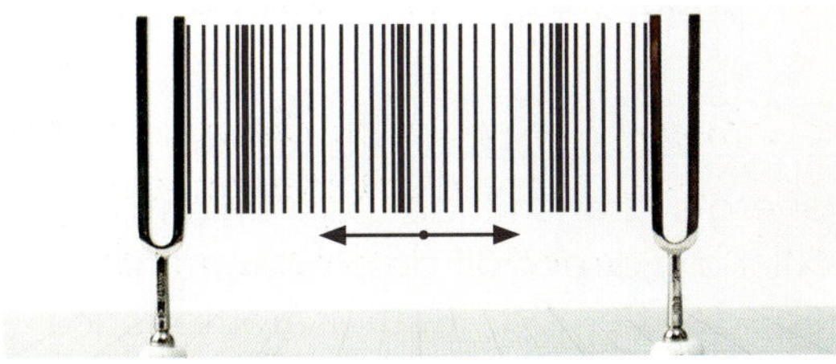

El **sonido** es una onda **mecánica,** ya que necesita de un medio material para propagarse, y es una onda **longitudinal** ya que la dirección de vibración y la dirección de propagación coinciden.

¿A qué velocidad se propaga?

El sonido no tiene la misma velocidad en todos los medios. En general, podemos decir que, independientemente del sonido emitido, la velocidad aumenta con la densidad del medio. En particular, para medios homogéneos se propaga con un movimiento rectilíneo uniforme. Por otro lado, la velocidad también se ve afectada por las condiciones de presión y temperatura.

$$V_{\text{sólidos}} > V_{\text{líquidos}} > V_{\text{gases}}$$

Medio	v (m/s)
Vacío	0
Aire	$3,31 \cdot 10^2$
Aire (15 °C)	$3,4 \cdot 10^2$
Vidrio	$1,45 \cdot 10^3$
Agua	$5,5 \cdot 10^3$

Tabla de velocidad del sonido en diferentes medios.

9 **Actividad resuelta**

El eco es la repetición de un sonido cuando se refleja en un obstáculo, siempre que la diferencia de tiempo con el que llegan la onda emitida y la reflejada al oído sea de al menos 0,1 s. ¿A qué distancia mínima se debe colocar María de una pared para que se produzca eco, si la velocidad de dicha onda es de 340 m/s?

El sonido posee un *mru*, cuya ecuación es: $e = v \cdot t$.

La mitad del tiempo lo emplea en llegar a la pared y la otra mitad en volver, ya que ambas ondas recorren la misma distancia en el mismo medio. Así:

$$e = 340\ \text{m/s} \cdot \frac{0{,}1\ \text{s}}{2} = 17\ \text{m}$$

10 **En algunas películas que transcurren en el espacio exterior hay explosiones que se oyen estruendosamente. ¿Crees que son realistas estas escenas?**

4 ¿Cuáles son las cualidades del sonido?

Las cualidades del sonido

El oído es capaz de diferenciar los sonidos por sus cualidades, que son las siguientes:

Tono. Permite diferenciar los sonidos por su frecuencia y los clasifica en agudos (de alta frecuencia) y graves (baja frecuencia). Un oído humano sano percibe, en general, sonidos de entre 20 y 20 000 Hz.

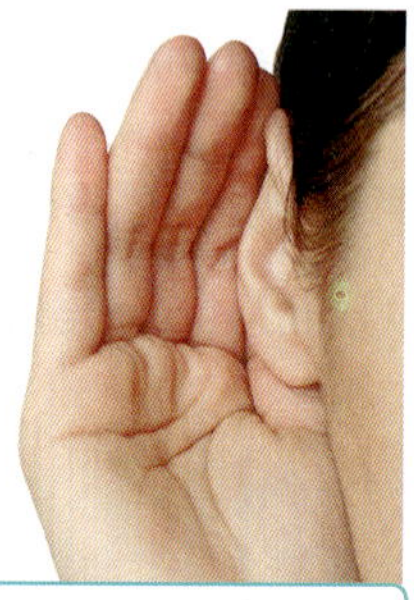

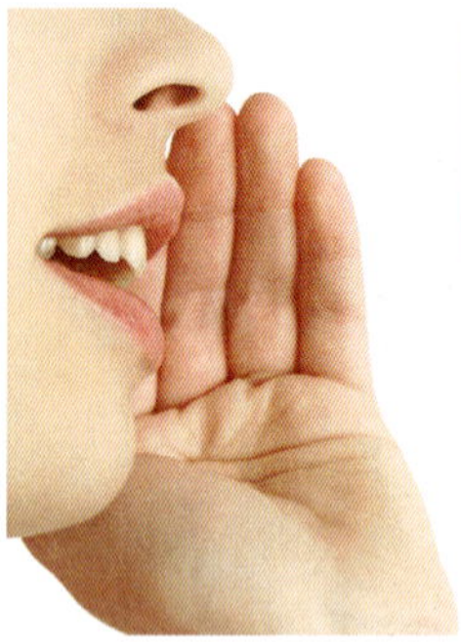

Timbre. Es la cualidad que permite diferenciar dos sonidos de igual intensidad y tono.

Intensidad. Es la energía transmitida por unidad de superficie perpendicular a la dirección de propagación de la onda, por unidad de tiempo. Esta característica depende del cuadrado de la amplitud de la onda, lo cual permite clasificar los sonidos en fuertes o débiles.

Otros sonidos que no perciben los humanos pero sí otros seres vivos son los infrasonidos con frecuencia inferior a 20 Hz y los ultrasonidos con frecuencia superior a 20 000 Hz.

Aplicaciones de los ultrasonidos

Actualmente existen una gran variedad de aplicaciones para los ultrasonidos:

Sonar. Permite localizar obstáculos, bancos de peces, estudiar fondos marinos, hacer un mapeado del relieve de un bosque sin cortar la vegetación, etc.

Ecografías. Los ultrasonidos se suelen emplear en la toma de imágenes de tejidos, órganos o fluidos.

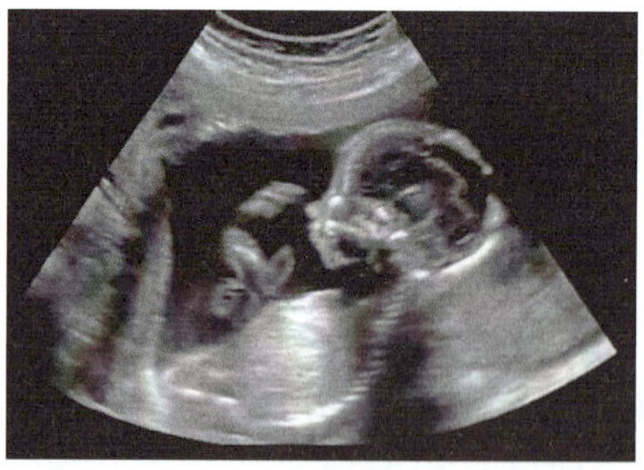

Litotricia. Es la fragmentación de un cálculo renal o biliar mediante el uso de ultrasonidos de alta frecuencia, sin necesidad de realizar una cirugía que es más invasiva y requiere una mayor recuperación.

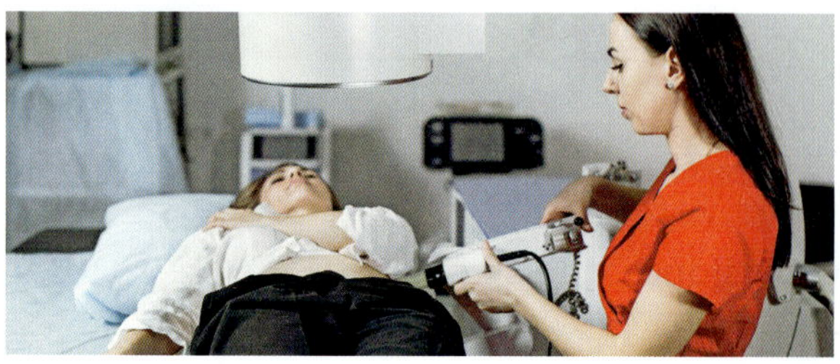

Limpieza de joyas. Se sumergen en unas cubetas con agua, en las que se transmiten los ultrasonidos que rompen los enlaces de todas las partículas que no forman parte de la pieza.

5 ¿Qué tipo de onda es la luz?

Naturaleza de la luz

A lo largo de la historia, la visión de la naturaleza de la luz ha ido variando según los descubrimientos realizados:

La luz está formada por pequeñas partículas, siendo su naturaleza corpuscular.

Isaac Newton (1643-1727)

¡Qué va!, su naturaleza es ondulatoria, ya que hay fenómenos inexplicables si fuese corpuscular.

Christian Huygens (1629-1695)

Ambos lleváis razón. La luz posee una doble naturaleza, y dependiendo del fenómeno manifiesta su naturaleza corpuscular u ondulatoria.

Louise De Broglie (1892-1987)

Por los experimentos realizados por De Broglie, sabemos que la luz manifiesta una doble naturaleza: no solo se comporta como una onda, sino que bajo determinadas condiciones lo hace como una corriente de partículas. A este comportamiento se le denomina dualidad onda-corpúsculo. Las partículas de la luz se denominan fotones y se caracterizan por su energía, o de forma equivalente, por su frecuencia.

¿Puedes enunciar algo que no hubieras oído antes?

Velocidad de la luz

11 Actividad resuelta

¿Podrías explicar por qué se forma el arcoíris al atravesar la luz blanca una gota de agua o un prisma?

Las ondas luminosas se transmiten a la misma velocidad en el vacío o en el aire, pero no en otros medios como son el agua o el vidrio (prisma).

Así, al atravesar una gota de agua, la luz blanca se descompone en los colores que la forman, este fenómeno se conoce con el nombre de dispersión.

La velocidad de cualquier onda electromagnética, como es la luz, depende del medio en el que se propague. Su valor máximo (*c*) es de $3 \cdot 10^8$ m/s y se alcanza en el vacío.

12 **Aprendo a pensar.** ¿Se podría aplicar la teoría onda-corpúsculo de la luz al sonido?

6 ¿Qué es el espectro de la luz?

Espectro electromagnético

La luz es una onda electromagnética, pero existen muchas más a nuestro alrededor que no siempre podemos percibir. El conjunto de todas las radiaciones electromagnéticas constituye el **espectro electromagnético**.

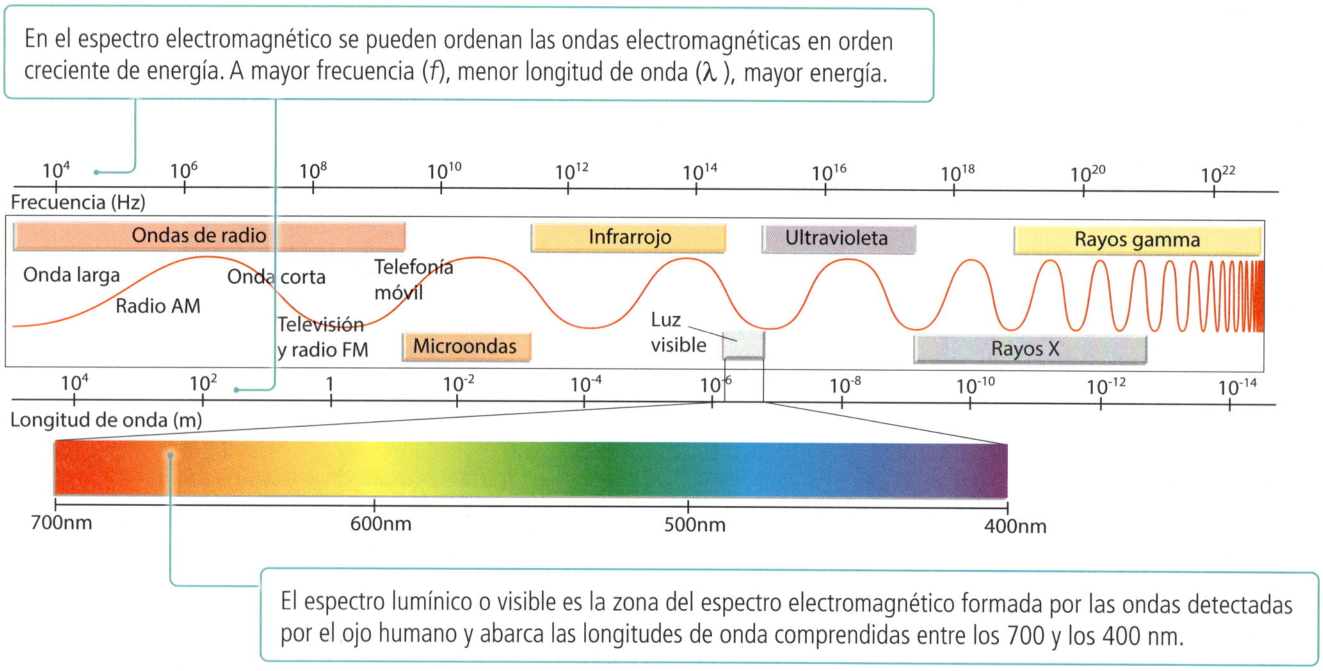

La longitud de onda y la frecuencia se relacionan con la energía a través de las siguientes ecuaciones, en las que intervienen la constante de Planck (*h*), que tiene un valor de $6{,}63 \cdot 10^{-34}$ J/s, y la velocidad de la luz (*c*), con un valor de $3 \cdot 10^8$ m/s.

$$E = h \cdot f \qquad \text{Dado que } c = \lambda \cdot f \;\rightarrow\; E = h \cdot c/\lambda$$

13 Actividad resuelta

Una de las aplicaciones más frecuentes de las radiaciones electromagnéticas son los láseres. Su uso depende de la zona del espectro a la que pertenezca la radiación empleada. El láser emplea luz monocromática. Basándote en este hecho, calcula la energía que transporta si se trata de una luz roja o de una luz verde; si sus longitudes de onda son, respectivamente, 650 y 520 nm.

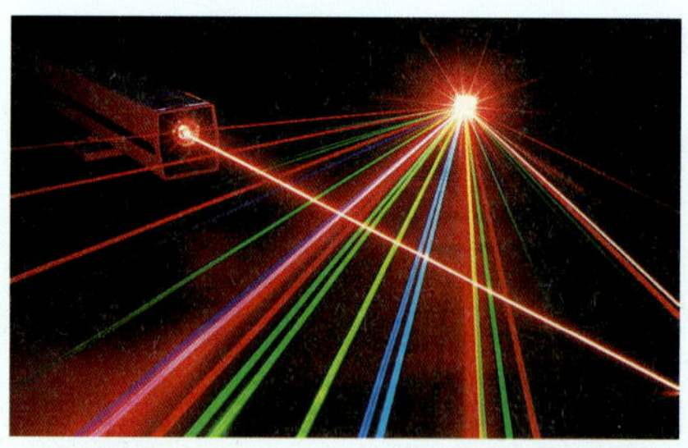

Dado que $E = h \cdot c/\lambda$ y que 1 nm = 10^{-9} m, entonces:

$E_{roja} = 6{,}63 \cdot 10^{-34} \cdot 3 \cdot 10^8 / 6{,}5 \cdot 10^{-7} = 3{,}06 \cdot 10^{-19}$ J

$E_{verde} = 6{,}63 \cdot 10^{-34} \cdot 3 \cdot 10^8 / 5{,}2 \cdot 10^{-7} = 3{,}83 \cdot 10^{-19}$ J

14 Investiga cómo son las ondas que aparecen en la superficie del agua de un estanque cuando se tira una piedra. Determina:

a. ¿Qué tipo de ondas se forman? Clasifícalas de forma justificada.

b. Haz un esquema indicando la dirección de vibración y de propagación en las ondas.

15 ¿Un obstáculo puede ser transparente para una radiación y translúcido u opaco para otra? Para responder básate en el funcionamiento de las paredes de un invernadero.

7 Transporte de energía mediante ondas electromagnéticas

Transporte de energía

Todas las ondas electromagnéticas se propagan en el vacío a la velocidad de la luz, pero no todas transmiten la misma cantidad de energía. Dependiendo de la zona del espectro electromagnético en la que se sitúan, la energía que transportan es mayor o menor y como consecuencia puede tener distintos usos.

Es importante tener en cuenta que las ondas electromagnéticas que transmiten mayor cantidad de energía son las más peligrosas para los seres vivos. Por ello es importante la protección, por ejemplo, de los rayos ultravioleta en épocas de alta insolación, ya que pueden producir enfermedades tanto en la piel como en los ojos en los humanos y alteraciones a nivel celular en los animales y las plantas.

Los rayos X y los rayos gamma, por su alta frecuencia, también son peligrosos para los seres vivos, por ello se usan para evitar sobreexposiciones cristales emplomados o delantales con plomo para hacer radiografías.

Aplicaciones tecnológicas

Rayos gamma

Son las radiaciones de mayor energía y se emplean para esterilizar material quirúrgico o erradicar insectos en obras pictóricas.

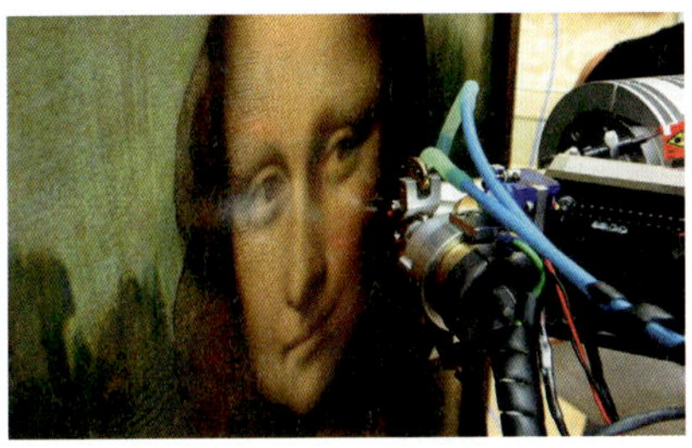

Rayos X

Son radiaciones de alta energía, de ahí su peligrosidad. Son muy empleados en medicina.

Radiación ultravioleta

Se emplean en la esterilización y la desinfección por su carácter bactericida.

Radiación infrarroja

Sirven para la detección de fuentes de calor, como incendios; permiten la visión nocturna, y se usan en aparatos de control remoto, como son los mandos a distancia.

Radiación microondas

Se usan para calentar o cocinar alimentos, en telecomunicaciones a grandes distancias, GPS y radares.

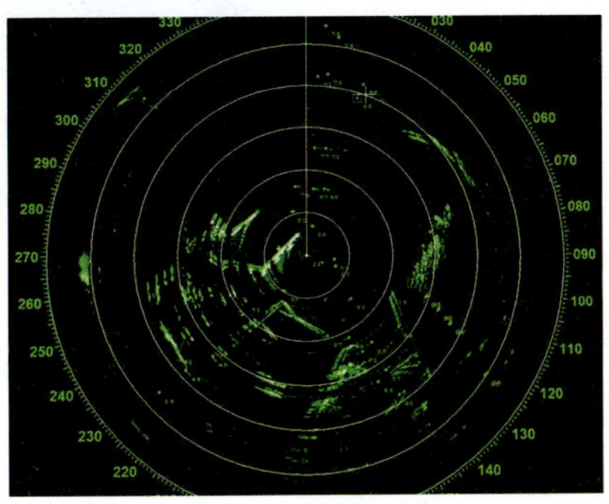

Ondas de radio

Se emplean en telecomunicaciones, estética y radioastronomía, entre otras aplicaciones.

Radiación visible

Además de las aplicaciones en espejos, se usan en instrumentos que requieren un foco de luz, como microscopios y telescopios ópticos; en fibras ópticas para técnicas de diagnóstico endoscópico, o para corregir defectos de la visión a través de lentes por el fenómeno de la refracción.

8 Contaminación acústica y lumínica

Contaminación acústica

Se denomina **ruido** (contaminante sonoro) al sonido no deseado que puede generar molestias o lesiones en el oído. La Organización Mundial de la Salud (OMS) considera ruido a cualquier sonido que tiene un nivel de intensidad superior a 65 dB. Si se superan los 75 dB el ruido es dañino y por encima de 120 dB, doloroso.

Los principales focos emisores de ruido son:

Tráfico rodado. Es el principal foco emisor de ruido en las ciudades. Por ejemplo, el claxon de un coche produce 90 dB, y el de un autobús, 100 dB.

Obras. Cuando se hacen nuevas construcciones o asfaltado se usa maquinaria que genera niveles altos de ruido. Por ejemplo, un martillo neumático produce 110 dB.

Tráfico aéreo. Aunque el tráfico aéreo es menor que el rodado, su impacto acústico es mayor en momentos como el despegue o aterrizaje, llegando a los 130 dB.

Otros focos son:

- **Ocio.** Las calles con bares llenos de gente, conciertos con público y terrazas llegan a producir emisiones de ruido que pueden alcanzar 110 dB.

La contaminación acústica genera serios problemas de salud, tanto en los humanos como en el resto de los seres vivos, ya que se modifican las condiciones de su hábitat natural.

Contaminación lumínica

Se denomina **contaminación lumínica** a la alteración de las condiciones normales de oscuridad natural y que genera problemas de salud. En este caso también influye en los seres vivos cuyos hábitats están cercanos a poblaciones, puesto que modifica sus hábitos y sus ciclos vitales.

Los principales focos responsables de esta contaminación son la iluminación de las ciudades, el uso de farolas con iluminación dirigida hacia arriba en lugar de hacia abajo, luces de automóviles, etc.

No es realista pensar que sea posible la eliminación completa de los focos de la contaminación acústica y lumínica, pero es necesario llevar a cabo medidas que reduzcan el impacto ambiental que producen.

16 **Cierra los ojos, para así centrarte en el sonido ambiental, y localiza e identifica las fuentes sonoras que nos rodean. Haz esto en una calle concurrida y en tu casa. Pon en común los resultados.**

17 **Apaga la luz de tu habitación e identifica los focos responsables de contaminación lumínica, si los hubiera. Ve ahora a la cocina y al salón y haz lo mismo.**

18 **Elabora un listado de acciones que contribuyan a proteger nuestro planeta y nuestra salud en relación con el Día Mundial de la Salud 2022 "Nuestro planeta, nuestra salud".**

19 **Busca información sobre la fotofobia y la hiperacusia. ¿Cómo crees que afecta a la salud de quien la padece?**

NUESTRO RETO

¿Cuánto ruido hacemos?

Analiza el nivel de contaminación acústica de tu centro.

NOS REPARTIMOS EL TRABAJO. ¿Somos completamente conscientes del nivel de ruido que soportamos a diario? Para medir el nivel de intensidad de los sonidos que nos rodean, el instrumento que se suele utilizar es un sonómetro, que incluye un micrófono para una mejor recepción de los sonidos ambientales.

En nuestro caso, para que sea más fácil medir los sonidos, vamos a usar una *app* que habremos descargado en el móvil, que permite que este funcione como un sonómetro.

Paso 1

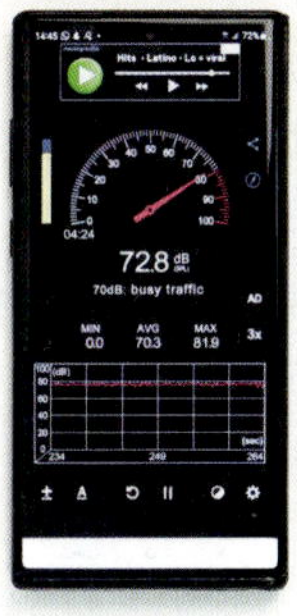

Haz un mapa de tu colegio en tu cuaderno y recórrelo tomando medidas en diferentes localizaciones. Señala en el mapa el lugar donde haces la medida con el sonómetro y el valor que se obtiene.

Realiza medidas en los mismos lugares señalados en tu mapa a diferentes horas, incluyendo la hora de entrada al colegio, el recreo y la salida.

1 **Según los resultados que obtienes, ¿qué zonas tienen más nivel de ruido? ¿A qué crees que se debe?**

2 **Enumera las causas de los niveles de ruido en cada punto del mapa del colegio.**

Paso 2

Durante el desarrollo de una clase (explicación del profesor, movimiento de hojas, etc.), mide el nivel de ruido en la primera fila de la clase y en la última fila.

3 **¿Se obtiene el mismo nivel de ruido en la primera fila que en la última? ¿A qué crees que se debe?**

4 **Si se hace una medida del nivel de ruido con todos los alumnos en silencio y quietos, ¿crees que habría mucha diferencia?**

5 **Haced una puesta en común de los resultados obtenidos y de vuestras conclusiones.**

6 **¿Crees que trabajas en un ambiente saludable desde el punto de vista sonoro? Haz propuestas para mejorarlo tanto a corto como a largo plazo.**

7 **Según tu opinión, ¿qué es más perjudicial para un individuo, un sonido esporádico de alta intensidad o uno persistente pero algo menos intenso? ¿Por qué?**

¿Qué te sale mejor trabajando en equipo?

¿Cómo te ha ido el reto? Entra y haz tu valoración

EN RESUMEN

Las ondas

- Una onda es la propagación de una perturbación a partir de un foco, en la que se transfiere energía pero no materia.
- Las ondas mecánicas necesitan un medio para propagarse, mientras que las ondas electromagnéticas no lo necesitan.

El sonido

- Es una onda mecánica longitudinal. Su velocidad varía con la densidad del medio en el que se mueve.

La luz

- Es una onda electromagnética transversal, que permite ver los objetos al estimular el ojo.

El espectro electromagnético

- Es el conjunto de todas las ondas electromagnéticas ordenadas en sentido creciente o decreciente de energía.
- Las aplicaciones de las radiaciones electromagnéticas son muy variadas y dependen de la energía que transporta dicha radiación.

Contaminación acústica y lumínica

- Se refiere a la modificación de las condiciones naturales de sonido y luz en un lugar determinado. Se deben buscar medios que permitan su reducción, ya que son perjudiciales para el desarrollo de los seres vivos en nuestro planeta.

PRACTICAMOS

1 Copia y completa el siguiente mapa conceptual en tu cuaderno.

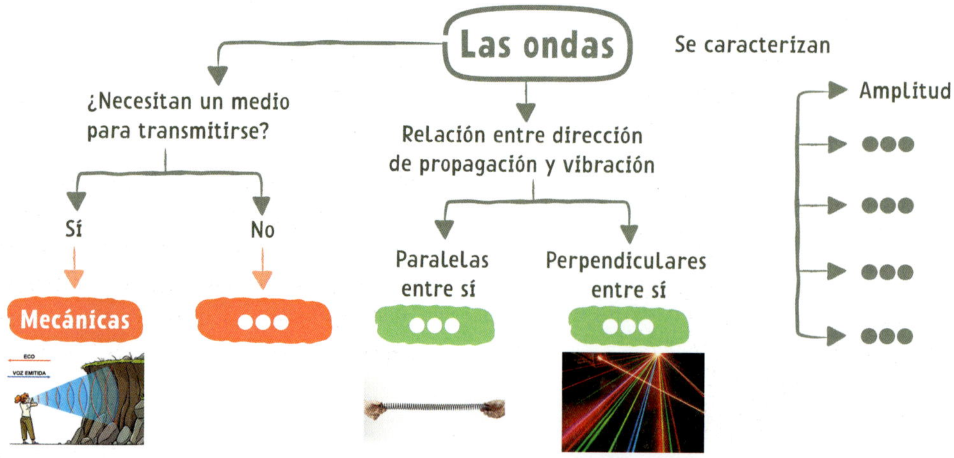

2 Discute la veracidad de la siguiente afirmación: "Es imposible escuchar desde varios kilómetros de distancia cabalgar caballos si apoyamos nuestra oreja en el suelo".

3 Cuando queremos saber si una tormenta se está acercando o alejando, basta con contar el tiempo que transcurre entre que vemos el relámpago y escuchamos el trueno. ¿Por qué?

Suponiendo que la tormenta esté a 2 km del observador, calcula el tiempo entre la visualización del relámpago y el sonido del trueno.

4 Coge tres monedas y colócalas según la imagen. Pon un dedo sobre la moneda central y lanza hacia ella la moneda que está separada. ¿Qué ha sucedido? ¿De dónde ha sacado la tercera moneda la energía para moverse?

5 Cuando se ilumina un objeto con luz blanca, este puede absorber parte de la luz y reflejar el resto. El color de dicho objeto coincidirá con el de la luz reflejada. Así, podremos decir que:

a. El objeto será de color ●●● si absorbe toda la luz blanca, ●●● si no absorbe ninguna de las radiaciones y rojo si absorbe todas las radiaciones visibles menos la de color ●●●.

b. ¿Qué crees que pasará si iluminamos un globo de color rojo con un puntero láser rojo? ¿Y si este fuera un láser verde? ¿Por qué?

c. ¿Qué es el daltonismo?

6 ¿Crees que un viento suave puede hacer vibrar un puente, hasta el punto de provocar su derrumbe? Da tu opinión y después busca información sobre el puente de Tacoma.

7 Calcula la distancia a la cual se encuentra una estrella si la luz que emite tarda en llegar al observador 10 minutos.

8 Un piano emite un sonido de longitud de onda $1{,}26 \cdot 10^{-9}$ nm. Calcula la frecuencia de la onda sonora:

a. Si se propaga en el aire (340 m/s).

b. Si se propaga en el agua ($5{,}5 \cdot 10^3$ m/s)

9 Coge dos vasos de plástico o dos envases de yogur. Únelos por sus bases con sedal y utiliza el montaje como un teléfono casero. Si empleamos lana en lugar de sedal, ¿se recibiría el sonido con la misma claridad? ¿Por qué?

10 Un murciélago emite un ultrasonido de 20 500 Hz de frecuencia con el fin de cazar un insecto. Si la velocidad del sonido en el aire es de 340 m/s, calcula a que distancia está su cena si a los 0,3 s recibe el eco.

11 Fijándote en el espectro lumínico, calcula las energías asociadas a cada color.

12 Las serpientes son capaces de detectar una radiación de 10^{13} Hz.

a. ¿A qué zona del espectro electromagnético pertenece dicha radiación?

b. Calcula su longitud de onda.

c. ¿Para qué crees que la serpiente utiliza su capacidad de detección de esta radiación?

13 Busca información sobre los defectos de la visión y el uso del láser para corregirlos. Elabora una exposición para presentarla en clase.

14 Si se colocara un cuerpo opaco en el camino de un rayo de luz y se observara cómo se proyecta su sombra en una pantalla, ¿qué demostraríamos sobre la trayectoria de la luz? ¿Qué le pasaría a la trayectoria del rayo si cambiara de medio o no fuera homogéneo?

Mis competencias — Autoevaluación

¿VERDAD O MENTIRA?

En la literatura

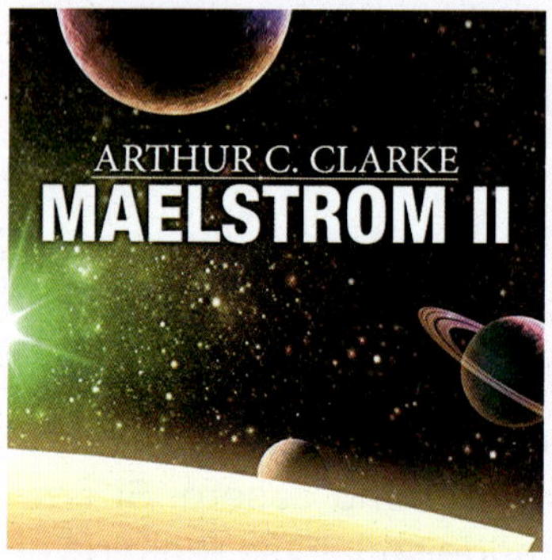

Maelstrom II

Arthur C. Clarke

Una cápsula tripulada es lanzada desde la luna a través de un dispositivo electromagnético. El lanzamiento falla y no alcanza la velocidad de escape. El tripulante queda atrapado en la nave en una órbita alrededor de la Luna.

Él no era el primer hombre, se decía Cliff Leyland amargamente, en saber el segundo exacto y la forma precisa de su muerte. Los criminales condenados habían aguardado innumerables veces su último amanecer. Sin embargo, hasta el verdadero final, podían esperar el indulto; los jueces humanos podían mostrarse misericordiosos. Pero no existe apelación posible contra las leyes de la naturaleza.

[...} Y todo porque había intentado ahorrar novecientos dólares-esterlinas iniciando el viaje con la catapulta de carga, en vez de utilizar la pista de cohetes.

Había previsto que los doce primeros segundos del viaje serían difíciles debido a la fuerte aceleración imprimida a la cápsula por el lanzador eléctrico a lo largo del carril de diez millas, del que habría de salir disparado para alejarse de la Luna. Aun con la protección del agua en que flotaba durante la cuenta atrás, no le producían tranquilidad las veinte g del despegue.

Y cuando la cápsula entró en la fase de aceleración, no tuvo conciencia de las inmensas fuerzas que actuaron sobre él. El único ruido consistía en un débil crujido de las paredes metálicas; para cualquiera familiarizado con el tronar de los cohetes de lanzamiento, el silencio era pavoroso. Cuando el altavoz de la cabina anunció: "t más cinco segundos; velocidad, dos mil millas por hora", apenas podía creerlo. Dos mil millas por hora en cinco segundos, desde una posición parada... y aún faltaba siete segundos, mientras los generadores vomitaban violentamente sus chorros de fuerza en el lanzador. Cliff guiaba esa centella por la faz de la luna. Y a los siete segundos la centella vaciló.

Aún protegido en esa especie de seno materno del tanque, Cliff pudo notar que había ocurrido algo. El agua que le rodeaba, hasta el momento fría y casi rígida por su propio peso, pareció cobrar vida de pronto. Aunque la cápsula se desplazaba vertiginosamente por la pista, había cesado toda aceleración y se deslizaba tan sólo por su propio impulso. [...]

1 **Reflexiona e investiga para responder a las siguientes preguntas:**

a. Averigua la variación de energía cinética que alcanza la nave en 5 segundos en unidades del sistema internacional si parte del reposo y la cápsula tiene una masa de 1,5 T.

Dato: 1 milla = 1,6 km

b. La aceleración de la gravedad es de 9,8 m/s^2, y a esto se denomina 1 g. Con la masa supuesta en el apartado anterior y con la aceleración adquirida, averigua el trabajo que se realiza para el despegue.

c. Investiga cual es el máximo valor de g que puede alcanzar el cuerpo humano. ¿Es factible el valor de aceleración que alcanza el protagonista?

d. Teniendo en cuenta la longitud del carril del lanzador eléctrico, ¿qué energía cinética habría alcanzado la cápsula si no hubiera fallado la propulsión del lanzamiento?

e. ¿Qué diferencia de trayectoria crees que tendría una cápsula lanzada con una catapulta en lugar de usar un cohete en una pista, como indica el texto?

Einstein se refirió a ella como "la Marie Curie alemana".

Nació en 1878 en Austria en el seno de una familia judía, es en 1901 cuando comienza sus estudios de Física y Matemáticas en la Universidad de Viena, tras aprobar un examen que le permitía el acceso. En esa época los institutos de enseñanza secundaria superior solamente admitían a chicos.

Alcanza el grado de doctora en 1906 con su tesis "Prueba de una fórmula de Maxwell" que fue publicada bajo el título "Conducción del calor en sólidos no homogéneos" con la calificación de *summa cum laude*.

Es a finales de 1907 cuando toma la decisión de ir a Berlín, cuya universidad era puntera en física nuclear. Max Planck (premio nobel de Física en 1918) le permite acudir a sus clases por su extraordinario talento, a pesar de que se oponía a la presencia femenina en la universidad. Es aquí donde conoce a Otto Hahn, quien solicitó trabajar con ella, comenzando así una larga y productiva colaboración.

Sin embargo, aunque parezca increíble, Lise tenía vetado el laboratorio de su compañero. Sus investigaciones las llevaría a cabo en un sótano acondicionado para ella y por las que, por supuesto, no recibía retribución económica alguna, por lo que al principio dependió económicamente de sus padres. Aunque ambos científicos descubrieron la fisión nuclear en el uranio, solamente Otto Hahn recibió por ello el Premio Nobel de Química en 1944.

Lise Meitner fue la primera mujer que ocupó el puesto de profesora titular de Física en Alemania, aunque su "alegría" duraría poco, ya que en la década de 1930 tuvo que huir del régimen nazi.

En 1942 le ofrecieron formar parte del grupo que desarrollaba la bomba atómica, lo que ella rechazó enérgicamente: "¡No tendré nada que ver con una bomba!". Sin embargo, tras los bombardeos de Hiroshima y Nagasaki en agosto de 1945 se la consideró la madre de la bomba atómica, por haber descubierto la fisión nuclear.

Al final de su vida y tras su muerte en septiembre de 1966 fueron múltiples los premios y las distinciones otorgados a esta gran científica; como la de dar su nombre a un elemento de la tabla periódica o incluso a un cráter lunar.

1. Investiga sobre la biografía de Lise Meitner y debate con tus compañeros sobre los puntos que consideres de interés.
2. La epidemióloga Alice Mary Stewart se especializó en los efectos de la radiación sobre la salud. A partir de sus estudios se dejaron de hacer radiografías a embarazadas y a niños. ¿Sabrías decir por qué no se deben realizar?
3. No todas las radiaciones tienen el mismo peligro. Busca información sobre las llamadas "chicas del radio".
4. Investiga las características del elemento que lleva su nombre, el meitnerio.

4.4 La energía en nuestro mundo

¡EMPEZAMOS!

La presa de Itaipú, en el río Paraná, se construyó en 1985 en la frontera entre Brasil y Paraguay. Es la segunda más grande del mundo y produce el 20 % de la energía eléctrica consumida en Brasil y el 90 % de la energía eléctrica consumida en Paraguay. Gracias a ella, puede decirse que este último país utiliza casi en su totalidad recursos energéticos renovables.

Pero no siempre se dispone de un caudal de agua tan grande y constante. En otras partes del mundo los científicos idean otras formas de obtener energía con el menor impacto ambiental posible.

- ¿Cómo se obtiene la energía hidroeléctrica?
- ¿Qué problemas ocasiona la construcción de diques? ¿Son siempre necesarios para obtener energía hidroeléctrica?
- ¿Cuál es la cuenca fluvial española con mayor aprovechamiento hidroeléctrico?

¡VAMOS A APRENDER!

1. Llegar a acuerdos.
2. Conocer cuánta energía consumimos en nuestra vida cotidiana.
3. Indagar sobre las reservas mundiales de fuentes de energía disponibles.
4. Distinguir los problemas ambientales causados por el uso de las fuentes de energía.
5. Reconocer las causas del cambio climático y aplicar las posibles soluciones.
6. Desarrollar conciencia ecológica e implicarse en la conservación del medioambiente.

NUESTRO RETO

Construye un colector solar

Vamos a provechar la energía solar que recibimos diariamente.

¡Vamos allá!

1 ¿Cuánta energía consumimos en nuestra vida cotidiana?

El consumo energético en nuestro entorno

Se denomina **energía primaria** a la obtenida de las fuentes de energía (en todo el mundo fue de unos $1{,}6 \cdot 10^{14}$ kWh en 2021), y **energía final** a la que está disponible para ser consumida, después de transformarse la energía primaria.

El consumo mundial anual de energía final es del orden de $8{,}5 \cdot 10^{13}$ kWh, pero el consumo per cápita es muy diferente en los distintos países, como muestra el siguiente mapa de 2021.

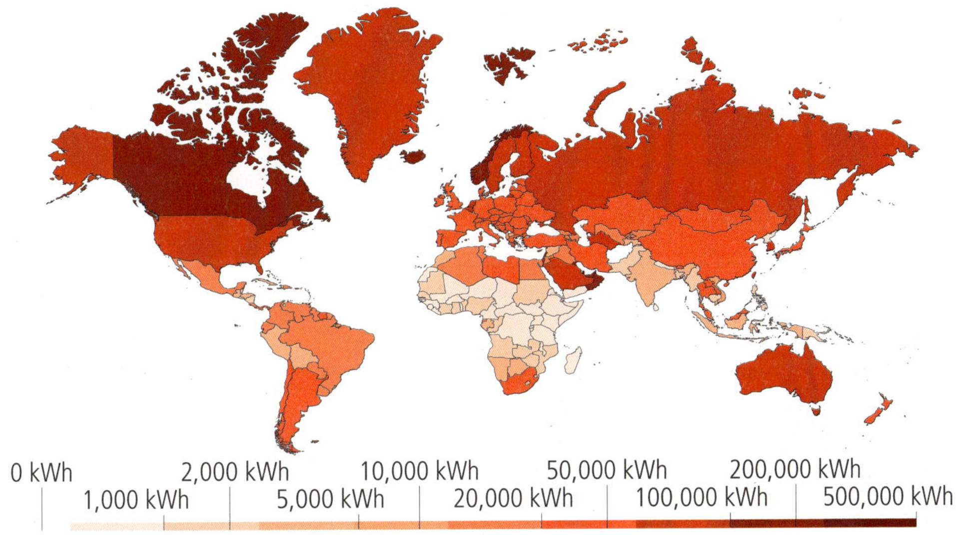

¿Qué ha despertado tu curiosidad?

1 ¿En qué países se consume más energía por persona? ¿Y en cuáles menos?

2 ¿Crees que existe correlación entre la energía primaria que tiene disponible un país y el consumo anual de energía?

3 Indaga sobre el desarrollo industrial de los países con menos consumo.

4 **Interpreta lo que ocurre.** El consumo medio anual de energía en una vivienda en España es 9922 kWh. La gráfica muestra el uso de la energía consumida.

a. Calcula el consumo medio en calefacción en kWh. ¿Crees que es excesivo? ¿Será igual en Asturias que en Almería?

b. Busca alternativas para reducir el consumo de calefacción.

c. ¿De qué manera se podría reducir el consumo de la iluminación?

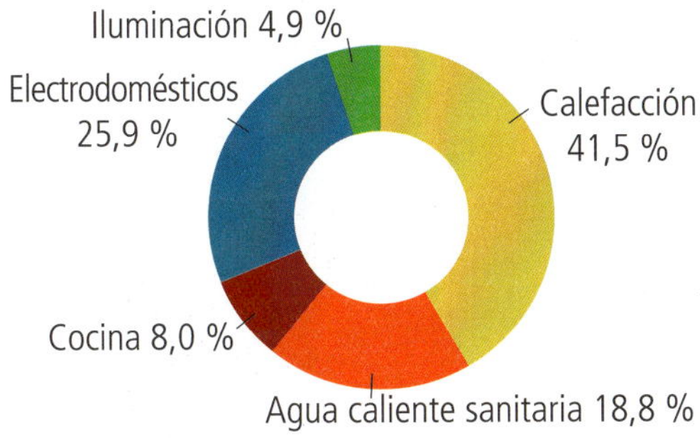

5 **Interpreta lo que ocurre.** La gráfica muestra el porcentaje de energía eléctrica que consumen los distintos electrodomésticos en un hogar medio.

a. ¿Cuál es el electrodoméstico que más consume?

b. Los electrodomésticos se califican, de mayor a menor eficiencia energética, con las letras A, B, C, D, E. ¿Qué electrodomésticos de nuestro hogar deberían tener la máxima eficiencia?

c. ¿Qué es el consumo por *stand by*? ¿Cómo podemos eliminarlo?

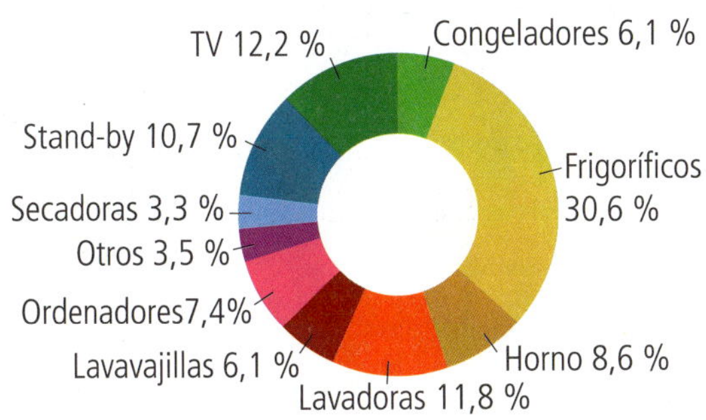

2 ¿Hay suficientes fuentes de energía en el mundo?

Reservas comprobadas de combustibles fósiles

Reservas mundiales comprobadas		
Petróleo	**Gas natural**	**Carbón**
• Las reservas mundiales comprobadas en 2022 son de 1 570 000 millones de barriles, con una disminución de 1 520 000 millones de barriles respecto a 2021. • Su distribución es muy desigual en todo el planeta. • Habría petróleo crudo extraíble hasta la década de 2040. Sin embargo, la cantidad extraída depende del precio y de otros aspectos técnicos.	• Las reservas mundiales comprobadas en 2022 son de 193 944 millones de km^3. • Su distribución mundial es desigual. • Quedaría gas natural para unos 65 años aunque, de nuevo, esta previsión depende de factores imposibles de prever como el precio de mercado, las técnicas de extracción, etc.	• En 2022 son aproximadamente 1 billón de toneladas que, al ritmo previsto de consumo, durarían unos 200 años. **Uranio** • Las reservas comprobadas en 2022 son de 2 643 000 toneladas que se agotarían en unos 100 años. • En ambos casos las previsiones de agotamiento son inciertas y sujetas a factores que no se pueden prever.

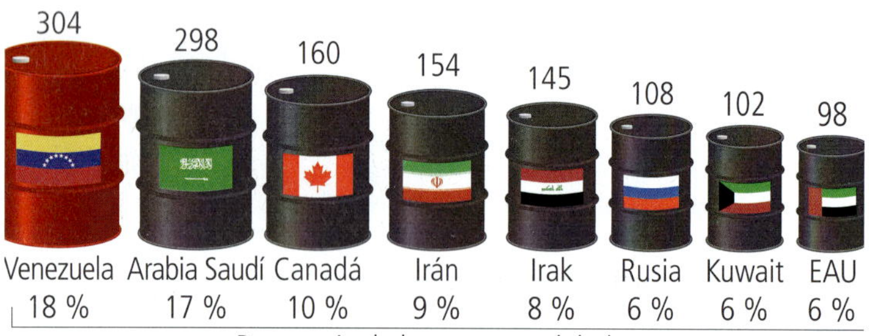

Porcentaje de las reservas globales

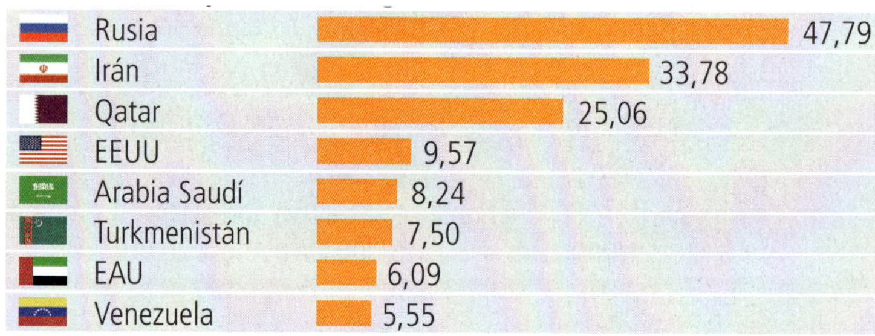

Reservas comprobadas de gas natural en el mundo.

6 ¿Es lo mismo reserva comprobada que petróleo extraíble? Razona tu respuesta.

7 ¿Piensas que el consumo masivo de estos combustibles es asumible desde el punto de vista ambiental? Razona tu respuesta.

Las fuentes renovables de energía y el consumo global de energía primaria

8 **Interpreta lo que ocurre.** En 2021 la energía primaria en el mundo, obtenida de las fuentes de energía, fue de unos $1{,}6 \cdot 10^{14}$ kWh. El origen de esta energía se muestra en la gráfica.

a. ¿Qué cantidad de esa energía corresponde a fuentes renovables?

b. El carbón es la fuente energética más contaminante. ¿Qué porcentaje corresponde al carbón?

c. Indica alguna razón por la que el uso del carbón sigue siendo muy importante.

d. El petróleo representa aproximadamente un tercio de la energía primaria. Investiga combustibles alternativos, los llamados combustibles verdes, para diferentes medios de transporte.

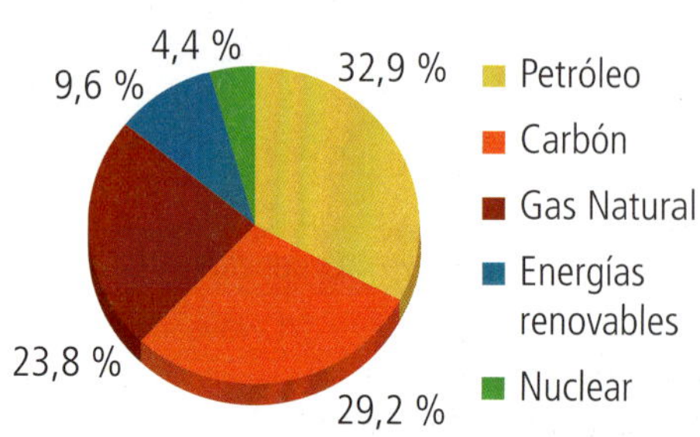

3 ¿Qué impacto ambiental tiene el uso de las fuentes de energía?

Problemas ambientales por el uso de fuentes no renovables

La contaminación del aire por óxidos de nitrógeno y de azufre y partículas debida al tráfico rodado y a algunas industrias.

Los residuos radiactivos de las centrales nucleares tienen una actividad de miles de años, lo que dificulta su eliminación o almacenamiento.

La lluvia ácida se produce cuando los óxidos de azufre y nitrógeno se combinan con el vapor de agua. Los ácidos producidos cambian el pH de los suelos, lo cual afecta a la vida vegetal y acuática.

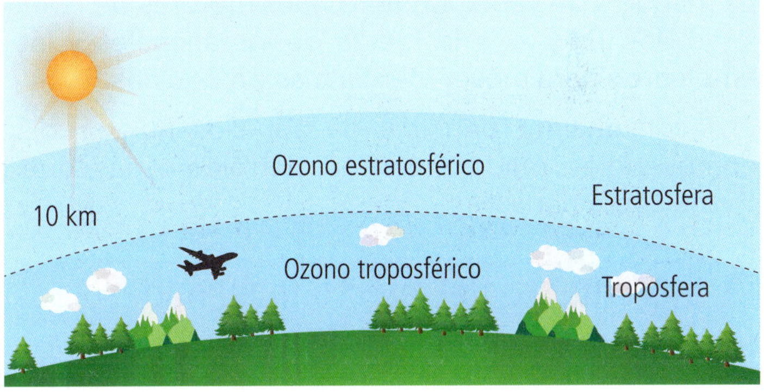

El ozono troposférico se produce por la combinación de los óxidos de nitrógeno e hidrocarburos emitidos por los motores de combustión. Tiene efectos nocivos para la salud y reduce el rendimiento de los cultivos.

Problemas ambientales por el uso de fuentes renovables

Los diques para obtener energía hidroeléctrica inundan valles, provocan depósitos de sedimentos y desplazan poblaciones.

Las turbinas eólicas y las "huertas solares" tienen sobre todo un impacto paisajístico y algunos efectos sobre los animales salvajes.

9 **TRABAJAMOS POR TURNOS.** Investiga sobre algún problema ambiental global causado por el hombre, actualmente en vía de solución: el agujero de ozono.

4 El gran problema del cambio climático

El cambio climático

10 **Interpreta lo que ocurre.** La gráfica muestra la evolución de las temperaturas medias mundiales desde 1850, más o menos desde que la Revolución Industrial incrementó la producción de bienes y servicios hasta nuestros días.

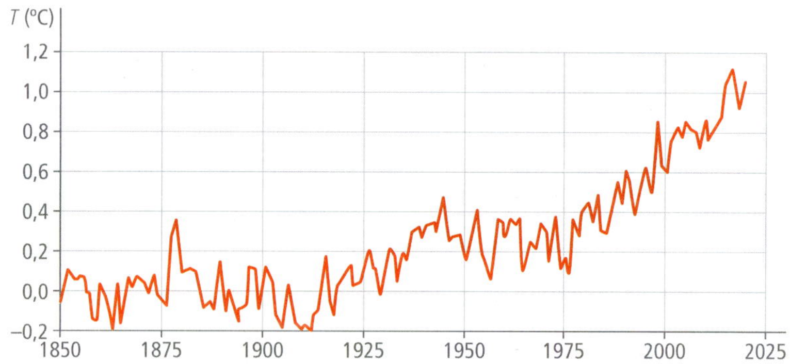

Fuente: Organización Meteorológica Mundial

a. ¿Qué te llama más la atención en esta gráfica?

b. ¿En qué avances se basó la Revolución Industrial para incrementar la producción de bienes y servicios?

c. ¿Es razonable relacionar el aumento de temperatura con la Revolución Industrial?

La máquina de vapor, primero, y los motores de combustión interna, después, sustituyeron en los siglos XIX y XX a la fuerza de los animales y las personas. Este tipo de dispositivos se emplearon para mover mercancías y máquinas.

El inconveniente principal de aquellos nuevos dispositivos era que necesitaban quemar combustibles: madera, carbón, petróleo o gas, que generaron emisiones a la atmósfera de forma continuada.

El incremento del efecto invernadero

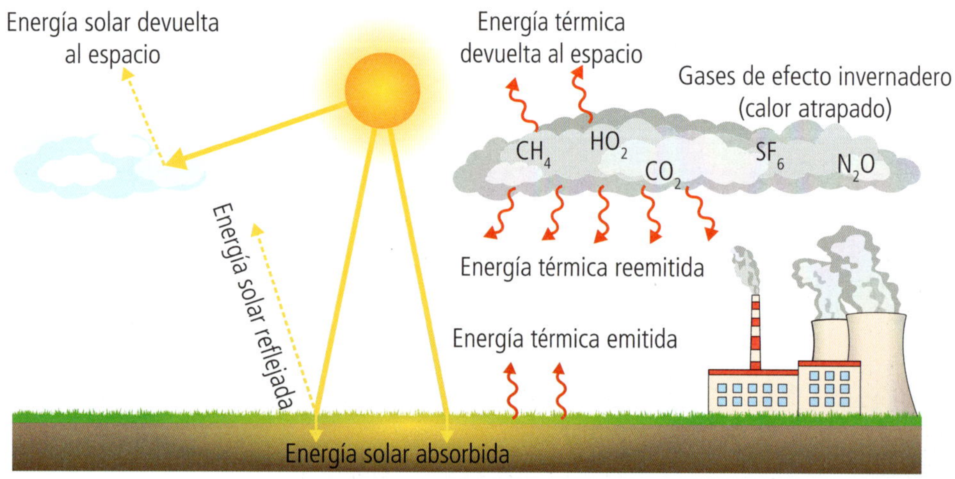

El vapor de agua, el CO_2 y el metano son los principales gases de efecto invernadero. Estos gases provocan que de forma natural se mantenga la temperatura media de la Tierra en unos 15 °C en lugar de –18 °C.

El problema surge cuando la concentración de estos gases aumenta de forma desmesurada.

El dióxido de carbono (CO_2) es el responsable principal del incremento del efecto invernadero en la Tierra; tiene su origen de emisión en las actividades humanas. El gráfico muestra la relación entre las concentraciones de CO_2 y los aumentos de temperatura media de la Tierra en los últimos mil años.

En abril de 2022, la concentración media de dióxido de carbono alcanzó 421,95 ppm (partes por millón). En los últimos ocho millones de años nunca ha estado tan alta.

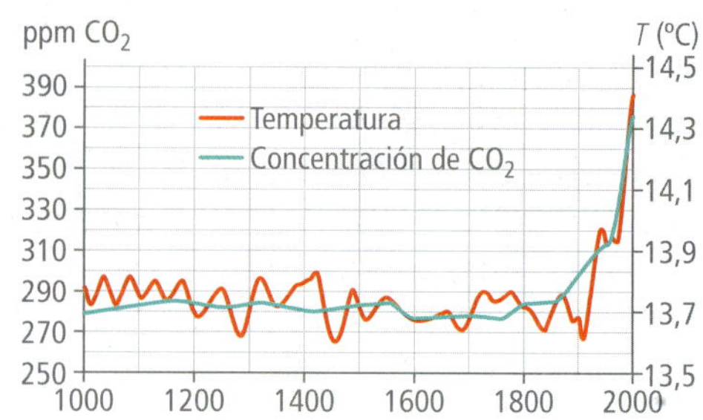

11 ¿Cómo varía la temperatura en intervalos de 100 años? ¿Se aprecia alguna tendencia en intervalos de tiempo más largos?

12 ¿Los gases que se emiten en una gran ciudad pueden afectar a zonas lejanas rurales? Argumenta tu respuesta.

Soluciones para el futuro

El Acuerdo de París sobre gases de efecto invernadero y cambio climático, firmado por 192 países, entró en vigor en 2016, y su objeto es limitar el calentamiento global medio a menos de 2 ºC sobre los valores previos a la Revolución Industrial.

Pero, a medida que pasan los años, la mayoría de los científicos opina que limitar ese calentamiento a menos de 3 ºC es casi imposible y que lo único que podemos hacer es paliar sus consecuencias. A pesar de todo, es necesario intentarlo por las generaciones futuras y el resto de seres vivos.

¿Qué sabías ya de este tema?

Acciones para limitar el cambio climático	
Reducción del consumo de bienes y servicios	**Reforestar y cuidar los bosques**
 El consumo energético para producir bienes y servicios produce grandes cantidades de gases de efecto invernadero. La limitación del consumo ayuda a frenar el aumento de la temperatura media.	 Las plantas verdes absorben el CO_2 durante la fotosíntesis. La roturación de bosques para los monocultivos, la desertificación, así como los incendios forestales, incrementan el efecto invernadero.
Sustituir los motores de combustión interna	**Reemplazar el uso de combustibles fósiles**
 El uso en lo posible de motores eléctricos para el tráfico de personas y mercancías, movidos por energía eléctrica obtenida de fuentes renovables, disminuiría la emisión de gases de efecto invernadero.	 Las centrales térmicas de carbón o gas emiten grandes cantidades de CO_2. Es necesaria su progresiva sustitución por alternativas renovables como turbinas eólicas, paneles solares o centrales de biomasa.

Los ciudadanos pueden contribuir a frenar el cambio climático con pequeños gestos como disminuir el consumo de energía en los elementos de climatización y ahorro en la vida cotidiana, reciclar materiales, hacer un consumo consciente de recursos de ropa y otros servicios, comprar alimentos de proximidad, etc.

5 El sol como fuente de energía limpia y renovable

En última instancia, el sol es el origen de todas las fuentes energéticas (excepto el calor interno de la Tierra proveniente de la desintegración de materiales radiactivos):

- La energía solar origina el viento (energía eólica).
- La atracción gravitatoria del sol, y también de la Luna, originan las mareas (energía mareomotriz).
- La fotosíntesis que produce la luz solar en las plantas verdes aumenta la biomasa (energía de la biomasa).
- Los combustibles fósiles (carbón, petróleo y gas) se formaron en la antigüedad a partir de plantas y animales que se desarrollaron gracias a la luz solar.

Actualmente, la energía solar se puede aprovechar directamente de distintas formas.

Energía solar fotovoltaica

Se basa en el efecto fotoeléctrico: cuando la luz incide sobre paneles de silicio, se genera un flujo de electrones o corriente eléctrica.

Las células fotovoltaicas convierten aproximadamente el 20 % de la energía radiante emitida por el sol en energía eléctrica, aunque diversas células solares experimentales pueden llegar a alcanzar un rendimiento del 30 %, concentrando luz solar o aprovechando también la radiación no visible.

Las células fotovoltaicas se agrupan en paneles solares que, en algunos casos, giran siguiendo el movimiento aparente del sol.

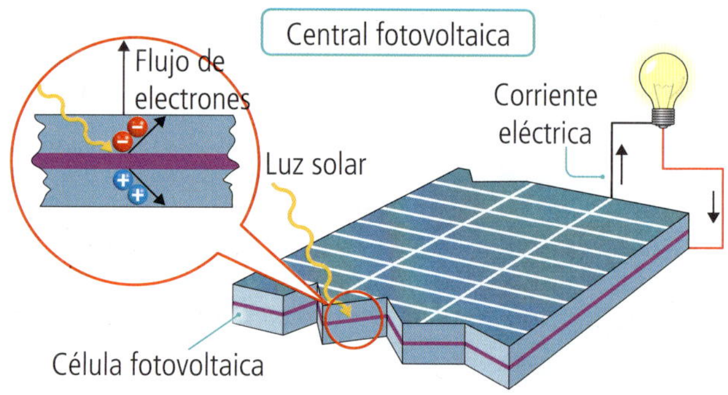

Energía solar térmica

El aprovechamiento térmico de la energía solar se realiza de dos formas diferentes:

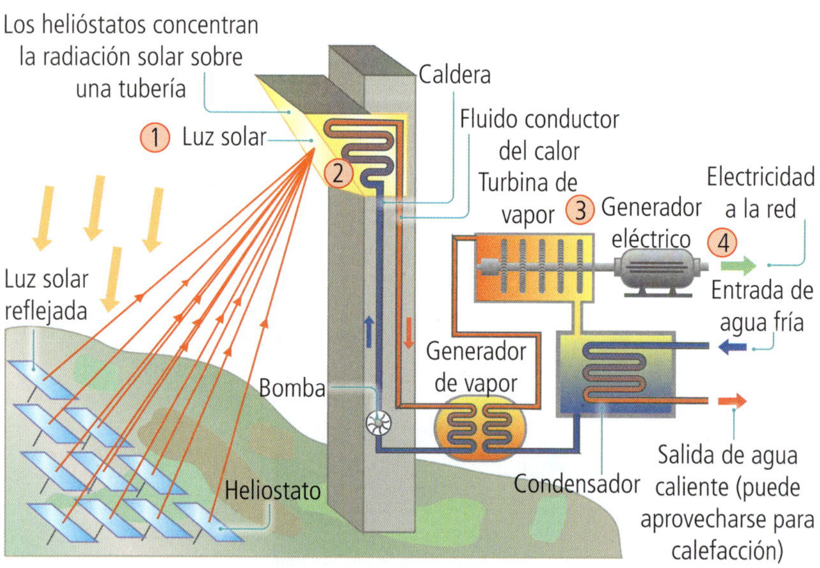

La **energía solar térmica de alta temperatura** se basa en la concentración de la energía solar mediante espejos para calentar un fluido a alta temperatura; en general, suele ser agua.

En una central solar, la energía térmica produce vapor, que mueve un generador eléctrico.

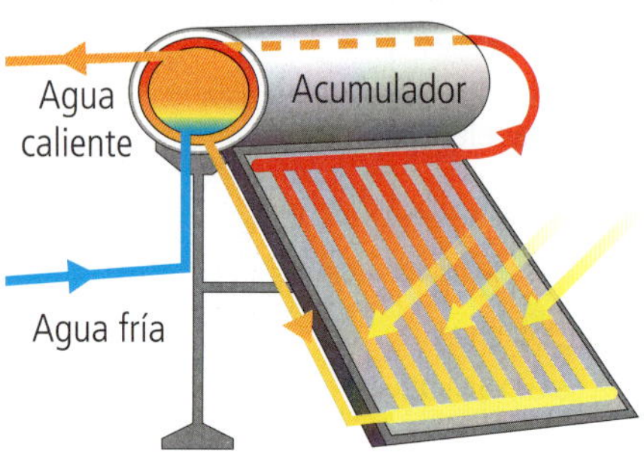

La **energía solar térmica de baja temperatura** se basa en el calentamiento de fluidos en un colector solar y se suele emplear para calentar agua sanitaria en edificios.

13 **Aprendo a pensar.** Identifica las transformaciones energéticas que se producen los distintos dispositivos de captación de la energía solar y realiza un esquema de estas transformaciones.

NUESTRO RETO Construye un colector termosolar de baja temperatura

Aprovecha la energía solar de manera sencilla

NOS REPARTIMOS EL TRABAJO. El aprovechamiento de la energía solar para calentar agua se basa en crear un "efecto invernadero" dentro de un recipiente.

- La radiación solar atraviesa el cristal e incide sobre una superficie.
- Esta superficie se calienta y comienza a radiar energía con una longitud de onda mayor, la cual no puede atravesar el cristal.
- El aire del interior se calienta, y aumenta de temperatura.

Paso 1

Construye un cajón con madera con unas dimensiones de 80 x 80 x 10 cm. Pinta de negro el interior del cajón para que la radiación solar incidente se absorba mejor.

1 **¿Por qué la pintura negra favorece que se absorba la energía incidente?**

Paso 2

Construye un serpentín de tubo de cobre recocido, para que sea más fácil doblarlo. Colócalo en el interior de la caja, con la entrada y la salida encajadas en unos orificios previamente practicados.

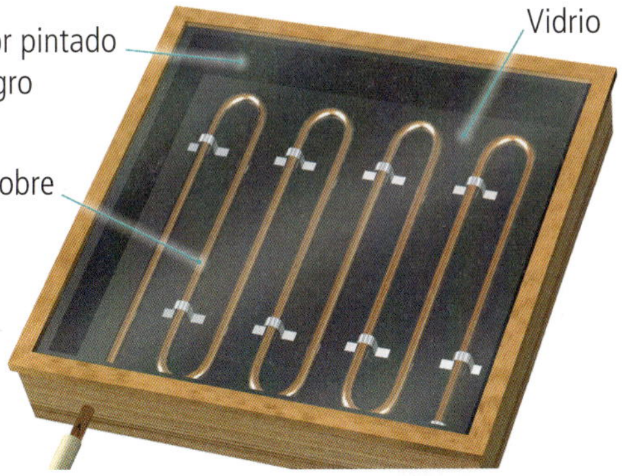

2 **¿Por qué crees que es necesario que el tubo de cobre tenga varios dobleces?**

Paso 3

Tapa la parte superior con un cristal cortado a medida y sujetado con silicona.

Asegúrate de que el sol incide completamente sobre el dispositivo.

Conecta una manguera de agua a un extremo del tubo de cobre y abre un poco el grifo para que entre agua.

Comprueba la temperatura del agua que sale por el otro extremo del serpentín.

3 **¿Qué diferencia de temperatura hay en el agua en cada extremo?**

4 **En la práctica, el agua calentada por el sol se emplea en calentar el agua sanitaria de un depósito mediante otro serpentín denominado intercambiador. ¿Qué mecanismo físico garantiza la circulación del agua en el serpentín?**

5 **Investiga cuánta energía se puede ahorrar si se usa un colector termosolar para calentar el agua en un hogar medio.**

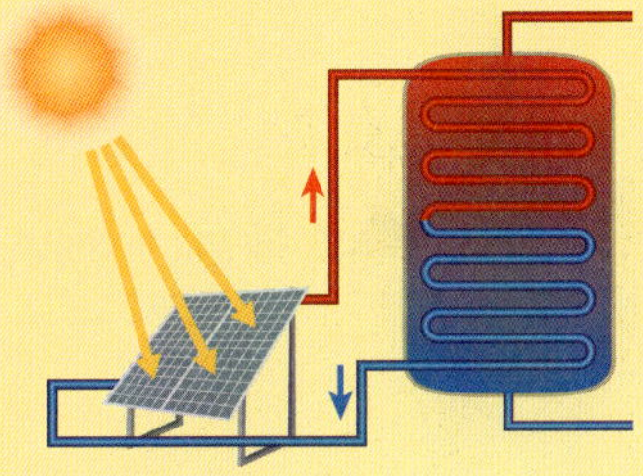

¿Cómo te ha ido el reto? Entra y haz tu valoración

EN RESUMEN

La energía en el mundo

- Se denomina **energía primaria** a la obtenida de las fuentes de energía.
- Se denomina **energía final** a la que está disponible para ser consumida, después de transformar la energía primaria. Es posible medirla con mayor precisión.

Las reservas de energía

- Las reservas mundiales comprobadas en 2022 para el petróleo son de 1570 000 millones de barriles, las de gas natural son de 193 944 millones de km^3, las de carbón son aproximadamente 1 billón de toneladas y las de uranio son de 2 643 000 toneladas. Calcular el fin de estas reservas es complicado, pues depende de muchos factores.

Impacto ambiental del uso de las fuentes de energía

- El uso de combustibles fósiles, como el carbón, el petróleo, el gas o el uranio, produce contaminación atmosférica: lluvia ácida, aumento del ozono troposférico y residuos radiactivos de larga duración.
- El uso de fuentes renovables de energía ocasiona impacto paisajístico y algunos efectos sobre animales salvajes.

PRACTICAMOS

1 Copia y completa el siguiente mapa conceptual en tu cuaderno.

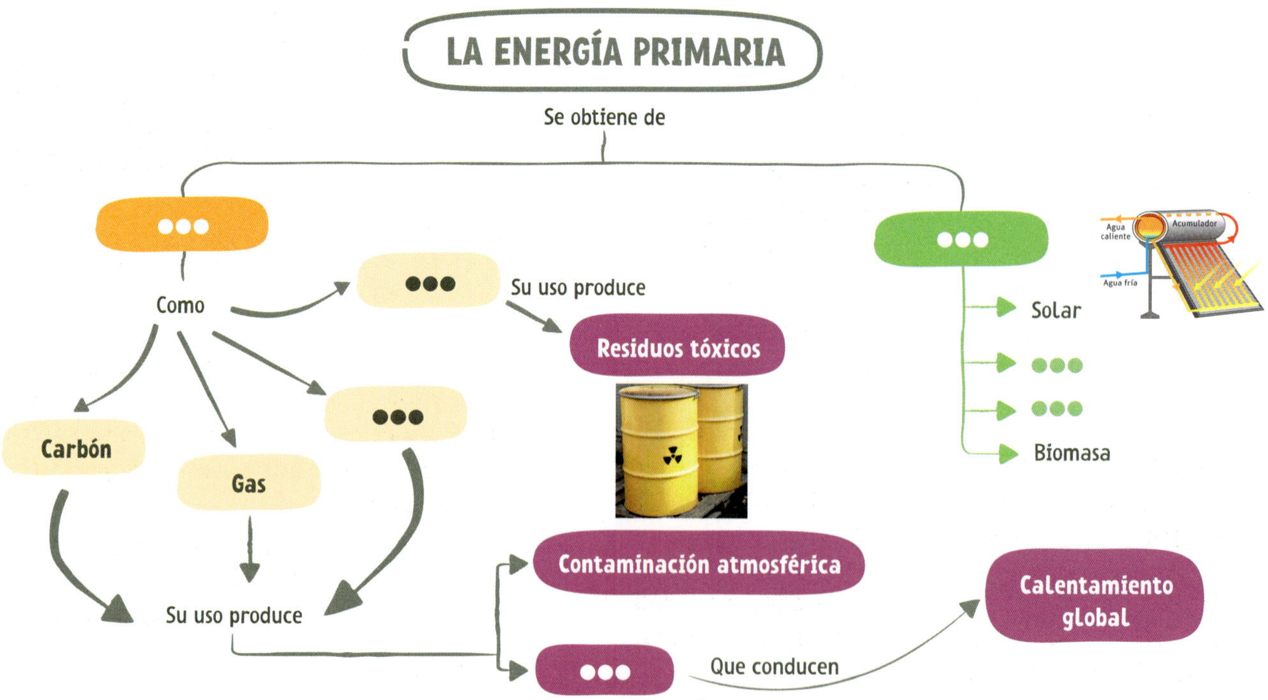

2 Actualmente se habla mucho de "crisis energética". Califica de verdaderas o falsas las siguientes afirmaciones y razona tu elección.

a. Una causa de la crisis es que la energía se termina.

b. Una causa de la crisis es que la energía utilizable obtenida de combustibles fósiles disminuye.

c. Una causa de la crisis son los conflictos económicos y políticos.

d. Una causa de la crisis es el cambio climático.

3 En Almería se reciben hasta 2000 kWh por m^2 de energía solar cada año. Suponiendo que los paneles fotovoltaicos tienen un rendimiento del 20 %:

a. Calcula qué superficie de paneles habría que instalar para satisfacer las necesidades energéticas de una casa que consuma un total de 4500 kWh al año.

b. Razona si será necesario instalar algún dispositivo de almacenamiento de energía eléctrica en caso de usar solo paneles fotovoltaicos.

4 El poder calorífico de la gasolina es de $4{,}3 \cdot 10^7$ J/kg y su densidad es de 729 kg/m^3.

a. ¿Cuántos kWh de energía primaria se pueden obtener de un litro de gasolina?

b. Si un motor de combustión tiene un rendimiento del 30 %, ¿cuánta energía final se obtiene?

5 La unidad de energía en el SI es el julio (J) pero para expresar grandes cantidades se emplean unidades como el kWh y la tep, tonelada equivalente de petróleo (1 tep = 11660 kWh). Expresa razonadamente las equivalencias en julios de estas unidades. Dato: 1 J = $2{,}778 \cdot 10^{-7}$ kWh

6 La concentración de CO_2 en la atmósfera va aumentando cada año.

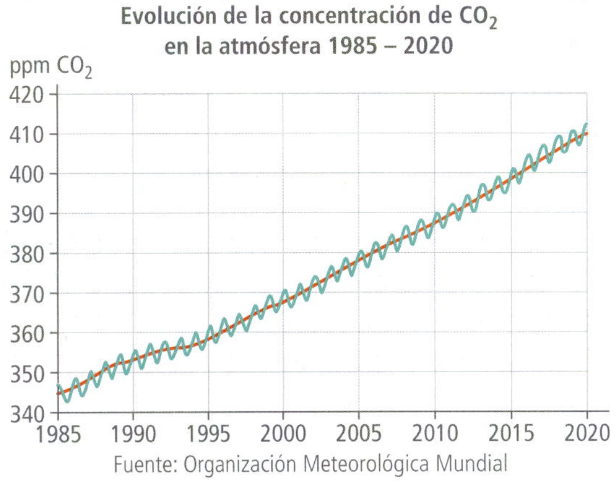

Sin embargo, a lo largo de un año se observa una pequeña variación, durante 6 meses aumenta y los 6 meses siguientes disminuye. ¿Podrías dar una explicación a este hecho?

7 Mantener las centrales nucleares en funcionamiento para atajar el cambio climático es un debate que se mantiene en la actualidad.

Señala las razones principales que esgrimen los defensores y los detractores de esta idea.

8 El cambio climático está produciendo la fusión del hielo del ártico y de la Antártida. Esa agua fundida termina en los océanos.

a. ¿Contribuye por igual la fusión de estos hielos al aumento del nivel del mar?

b. ¿Qué problemas ambientales está ocasionando la fusión de los hielos árticos?

9 La contaminación del aire de las ciudades por óxidos de nitrógeno y azufre y por partículas es una consecuencia de la combustión de hidrocarburos por el tráfico rodado y las calefacciones.

a. Indica algunas acciones o dispositivos para reducir esta contaminación.

b. ¿Qué soluciones han implementado algunas ciudades?

Mis competencias
Autoevaluación

¿VERDAD O MENTIRA?

En los medios

https://climate.nasa.gov/evidencia/

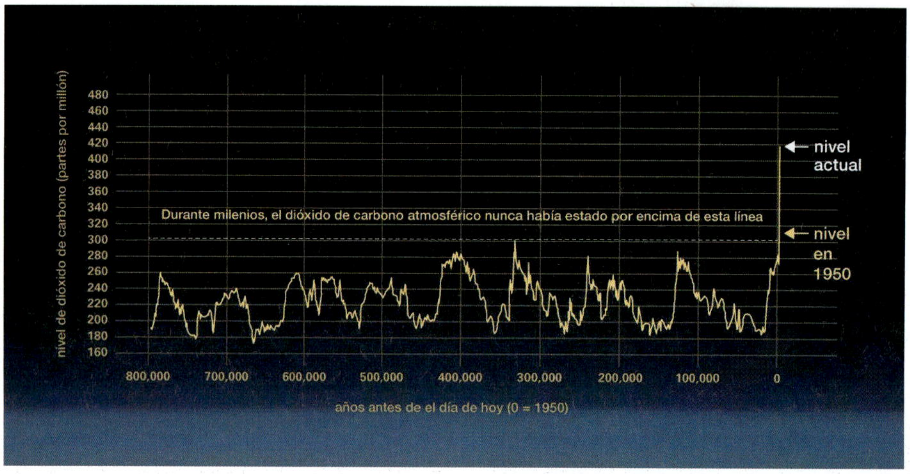

El clima de la Tierra ha cambiado a través de la historia. En los últimos 800 000 años, se han dado ocho ciclos de avances y retrocesos glaciales, con el abrupto final de la última era de hielo hace alrededor de 11700 años, lo que marcó el comienzo de la era climática moderna y de la civilización humana. La mayoría de estos cambios climáticos se atribuyen a variaciones muy pequeñas en la órbita de la Tierra, las cuales alteran la cantidad de energía solar que recibe nuestro planeta.

"La evidencia científica sobre el calentamiento del sistema climático es inequívoca".

Grupo Intergubernamental de Expertos sobre el Cambio Climático

[...] La tendencia al calentamiento actual resulta de particular importancia, ya que es extremadamente posible (con una probabilidad mayor del 95 por ciento) que la mayor parte de ella sea el resultado de la actividad humana desde mediados del siglo XX, y avanza a un ritmo sin precedentes de décadas a milenios. [...]

1 **Reflexiona e investiga para responder a las siguientes preguntas:**

a. El desarrollo industrial hace que se emitan ciertos gases a la atmósfera. Además del dióxido de carbono, ¿qué otros gases se emiten a la atmósfera? Investiga qué problemas causan estos gases.

b. En la gráfica vemos una variación en el nivel de CO_2 en la atmósfera. Observa a partir de qué año ocurre e indica cuáles pueden ser las causas.

c. Investiga cuál puede ser la causa que relaciona la variación de la temperatura media de la Tierra con la emisión de CO_2.

d. ¿En qué consiste el cambio climático? ¿Crees que existen evidencias de que está ocurriendo actualmente?

e. En la actualidad existen grupos de negacionistas del cambio climático. Busca una argumentación que rebata sus argumentos basándote en la gráfica.

f. Indica en una lista las medidas que son necesarias para revertir el cambio climático.

g. ¿Qué consecuencias puede tener a largo plazo un aumento desmesurado de la temperatura global de la Tierra?

La importancia de la Ciencia

¿Conseguiremos una energía barata y abundante con la fusión nuclear?

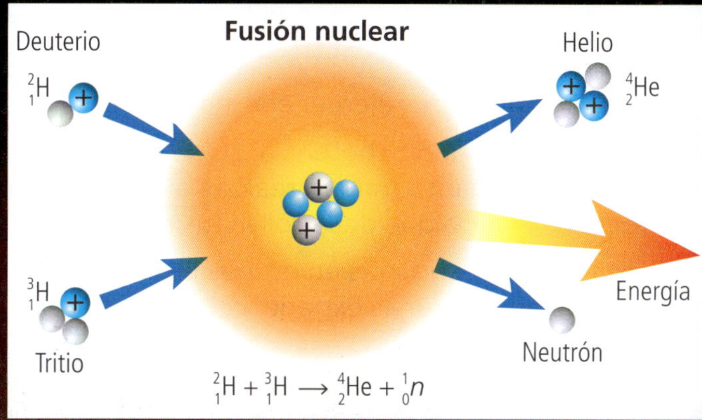

La unión de isótopos del hidrógeno para producir helio promete una energía limpia y abundante. El problema es que esta reacción, que se produce en las estrellas, necesita de temperaturas muy altas. Actualmente, los científicos trabajan en dos posibilidades:

El confinamiento magnético

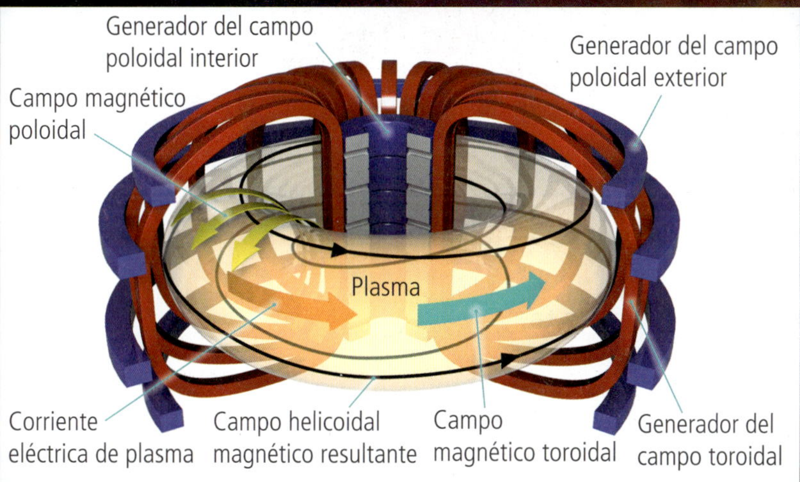

Las investigadoras españolas del CIEMAT Elena de la Luna y Emilia Rodríguez Solano trabajan en proyectos del Joint European Torus (JET). Esta instalación científica ubicada en Oxford es la mayor instalación mundial de fusión por confinamiento magnético en operación.

Actualmente se está construyendo en Cadarache (Francia) el que será el primer reactor de fusión experimental, el ITER (International Thermonuclear Experimental Reactor), que se espera que comience a funcionar sobre el año 2025. Una vez que esté demostrado que es posible fabricar reactores de fusión, la siguiente fase será la construcción de un prototipo: DEMO (Demostración de Generación de Potencia, por sus siglas en inglés) que se construirá en Granada, España, con una fecha prevista de funcionamiento para 2033, con el que se espera suministrar electricidad limpia a la red.

El confinamiento inercial

Consiste en disparar múltiples rayos láser sobre una bolita de combustible (deuterio y tritio) de un tamaño similar a la cabeza de un alfiler. La energía aportada calienta la bolita y se produce la fusión.

El dispositivo de este tipo más prometedor es el NIF (National Ignition Facility) en Estados Unidos. En agosto de 2021 consiguió producir 1,3 MJ en una ínfima fracción de un segundo, habiéndose aportado 1,9 MJ con los múltiples láseres utilizados.

Este resultado es un avance en el desarrollo del proceso de fusión para que sea eficiente energéticamente.

1 ¿Cuál es el origen de la energía que producen las estrellas?

2 ¿Cuál es la principal dificultad para conseguir la fusión nuclear controlada?

3 ¿De qué formas intentan los físicos conseguir una fusión nuclear controlada? Investiga sobre los procesos.

¡RESUELVE EL PROBLEMA!

Mide la potencia muscular

¿Cuánta fuerza puedes ejercer con los brazos? ¿Y con las piernas?

¿Es lo mismo fuerza que potencia? ¿Qué magnitudes necesitas medir para poder calcular cuánto trabajo realizas al hacer un ejercicio físico? ¿Y para conocer la potencia que desarrollan tus músculos?

En esta tarea, investigaréis en grupos la potencia de vuestras piernas y de vuestros brazos con unas experiencias muy sencillas.

¿Qué vas a hacer?

1 Tendrás que poner en práctica una serie de conocimientos y habilidades. Para saber cuáles son y poder realizar esta tarea con éxito, lee con atención la rúbrica.

2 Cuando termines esta tarea competencial, completarás la rúbrica para reflexionar sobre la manera en que has trabajado.

3 Para la tarea de medir la potencia muscular de vuestras piernas solo vais a necesitar vuestro cuerpo, un cronómetro, una regla y una balanza de baño.

Debéis hacer grupos de trabajo de cuatro miembros y llevar a cabo la tarea siguiendo las indicaciones.

- Mediréis el trabajo que realizan y la potencia que desarrollan los músculos de vuestras piernas al realizar un ejercicio de subir varios pisos de escaleras.
- Podréis repetir las medidas realizando un ejercicio de levantamiento de pesas. Así calcularéis el trabajo realizado y la potencia desarrollada por la musculatura de vuestros brazos.
- Completaréis una tabla de datos en cada una de vuestras experiencias para poder hacer los cálculos.
- Realizaréis una comparativa entre los valores de los miembros de un mismo equipo y entre los de los diferentes equipos.

Paso 1 Subiendo escaleras

- Al subir corriendo por las escaleras, la fuerza ejercida es el propio peso. Si lo multiplicamos por la altura que se sube, hallamos el trabajo (que se invierte en adquirir energía potencial). Para calcular la potencia necesitaréis medir el tiempo empleado. Por todo ello:

1. Elegid un buen tramo de escaleras; con subir un par de pisos es suficiente.
2. Medid la altura total. Se puede hacer midiendo un escalón y multiplicando por el número total de escalones.
3. Anotad la masa de cada miembro del equipo.
4. Completad una tabla como la siguiente.

Nombre	Masa (kg)	Peso (N)	Altura que se sube (m)	Tiempo (s)	Trabajo realizado (J)	Potencia (W)
•••	•••	•••	•••	•••	•••	•••

Paso 2 Comparando los datos

- Podéis comparar los datos de los miembros de vuestro equipo y de los distintos grupos de la clase. Analizad quién ha realizado mayor trabajo y quién ha desarrollado mayor potencia. ¿Coinciden?
- Comparad vuestra potencia con la que desarrolla un ciclista. Tened en cuenta que no es lo mismo medir la potencia en una tarea "explosiva" que a lo largo de más tiempo.
- Buscad los datos de la potencia de vuestros electrodomésticos y calculad cuántos "voluntarios" se necesitarían pedaleando para que funcionasen.
- Se puede hacer una cronología de los inventos que han supuesto una liberación de los trabajos manuales, tan pesados en la antigüedad, y valorar así el papel de la ciencia y la tecnología.

Paso 3 Medida de la potencia muscular del cuerpo

- Sin hacer esfuerzos excesivos, podéis hacer también levantamiento de pesas (varias levantadas). Para hacer los ejercicios correctamente y sin dañaros, consultad al profesor de Educación Física.

- Medid la altura alcanzada y calculad el trabajo de subir las pesas.
- Midiendo el tiempo, se puede calcular la potencia. En una sola levantada es difícil; es mejor realizar varias seguidas.
- Mientras un miembro del grupo levanta las pesas, otros dos miembros medirán el tiempo que invierte y la altura a la que las sube. El cuarto miembro rellenará el cuadro con los datos (el tiempo será la media de las dos medidas que hayan hecho).
- Podéis completar una tabla análoga a la del ejercicio anterior y repetir el paso de comparación de datos.

Nombre	Masa (kg)	Peso (N)	Altura a la que eleva las pesas (m)	Tiempo (s)	Trabajo realizado (J)	Potencia (W)
●●●	●●●	●●●	●●●	●●●	●●●	●●●

¿Cómo te ha ido el ABP? Entra y haz tu valoración

El libro de **Física y Química** de 4.º de ESO forma parte del Proyecto Editorial de Educación Secundaria de SM.

Autoría
Aureli Caamaño, Pablo Nacenta, Nicolás Romo, Alicia Sánchez; José María Cañizares y Rocío Medina (*Verdad o mentira*)

Edición
Marta Llordén, Mercedes Heras, Estrella Moral, Mónica Norte, 3.14. Servicios Editoriales

Revisión pedagógica
José María Cañizares

Colaborador
Juan Antonio García-Monge

Corrección
José Manuel González, Javier Domingo, Lourdes Jiménez, Alejandro Feijóo

Ilustración
Alberto García Ayerbe; Alya Mark; Archivo SM; Ariel Alejandro Gómez; Avi; David Gómez Castro; Diego Conte Peralta; Drop Ilustración; Félix Moreno Arrastio; Guillermo Díez Celaya; iStock; Jacinto Rodríguez Montoro/ Archivo SM; José Manuel Pedrosa Pérez; José Santos González; Juan Francisco Cobos Hernández; Luis Mosquera Arancibia; Myriam Alicia García Marquet; Nicolás Fernández Prímola; Pablo Jurado; Ramón Colera Cañas; Ricardo de Arce Borda; Santiago Alberto Moralejo
Díptico: Nicolás Fernández Prímola; Pablo Jurado; Ramón Colera Cañas; Félix Moreno Arrastio

Fotografía
Sergio Cuesta; Javier Calbet; Juan Baraja/Archivo SM; 123RF; 6 x 6 P.F.; Age Fotostock; Agencia Estatal de Meteorología (AEMET); AIRBUS; ALAMY IMAGES / CORDON PRESS; Album; Ariel Alejandro Gómez; AUDIBLE STUDIOS; CORDON PRESS; Diego Conte Peralta; Dotta; Dreamstime; ESA (Agencia Espacial Europea); G Tres Online; Getty Images; Gran Vía Productions / High Bridge Productions / Sony Pictures / AMC; Ingimage; Instituto Catalán de Nanociencia y Nanotecnología ICN2; iStock; Jaume Pahissa i Laporta / Wikimedia; JOINT EUROPEAN TORUS (JET) /CIEMAT / MINISTERIO DE CIENCIA E INNOVACIÓN; Juan Antonio Crespo; Joaquín Sacanell; lemerpax.com / MEDISYSTEM; Lucasfilm / Twentieth Century Fox Film Corporation; Luis Mosquera Arancibia; Montse Fontich; mujeresconciencia.com; MUSEO DEL LOUVRE DE PARÍS / ESRF; NASA; Opencooper / Wikimedia; PHET / phet.colorado.edu; Photodisc; Photolink; Phovoir; PRISMA; Ramón Colera Cañas; Shutterstock; Thinkstock; vascak.cz; Wikimedia Commons; © Kajima Construction; Archivo SM.
Agradecimientos al colegio *Gamo Diana*

Iconografía
Sergio Cuesta, Fidel Puerta

Diseño de cubierta e interiores
Estudio SM

Maquetación
Patricia Fernández, 3.14. Servicios Editoriales

Responsable de Desarrollo
Mireia Casaus

Responsable de Producto
Laura Pérez, Ángel Rubio

Gerencia de Desarrollo
Yolanda Hernández

Gerencia de Arte
Mario Dequel

Gerencia de Producto
Charo Zazo

Gerencia de Producción
Antonio de Pedro

Dirección editorial
Jorge Lite

Todas las actividades contenidas en este libro han de ser realizadas en un cuaderno aparte, nunca en el propio libro. Los espacios incluidos son meramente indicativos y su finalidad es puramente didáctica.

Gestión de las direcciones electrónicas
Debido a la naturaleza dinámica de internet, SM no puede responsabilizarse de los cambios o las modificaciones en las direcciones y los contenidos de los sitios web a los que remite en este libro. Con el objeto de garantizar la adecuación de las direcciones electrónicas de esta publicación, SM emplea un sistema de gestión que redirecciona las URL que con fines educativos aparecen en la misma hacia diversas páginas web; entre otras de uso frecuente: http://es.wikipedia.org, www.youtube.es. SM declina cualquier responsabilidad por los contenidos o la información que pudieran albergar, sin perjuicio de adoptar de forma inmediata las medidas necesarias para evitar el acceso desde las URL de esta publicación a dichas páginas web en cuanto tenga constancia de que pudieran alojar contenidos ilícitos o inapropiados. Para garantizar este sistema de control, es recomendable que el profesorado compruebe con antelación las direcciones relacionadas y que comunique a la editorial cualquier incidencia a través del correo electrónico ediciones@grupo-sm.com.

ISBN: 978-84-9856-148-7
ISBN: 978-84-9856-146-3 (Andalucía)
ISBN: 978-84-9856-147-0 (Comunidad de Madrid)
Impreso en la UE / *Printed in EU*

fundación sm

La Fundación SM destina los beneficios de las empresas SM a programas culturales y educativos, con especial atención a los colectivos más desfavorecidos.

Si quieres saber más sobre los programas de la Fundación SM, entra en **www.fundacion-sm.org**

Este libro es 100 % reciclable. Está fabricado por empresas certificadas siguiendo criterios de sostenibilidad para cuidar el planeta.

Hemos eliminado el plástico de la cubierta y utilizamos papel procedente de bosques gestionados de manera sostenible. Con el uso de este libro contribuimos a plantar árboles y a reducir el CO_2 de la atmósfera.